识干家

企業閱讀　學以致用

36个拿来就用的企业文化建设工具

海融心胜◎著

中华工商联合出版社

图书在版编目（CIP）数据

36个拿来就用的企业文化建设工具/海融心胜著.
—北京：中华工商联合出版社，2017.10
ISBN 978-7-5158-2101-6

Ⅰ.①3… Ⅱ.①海… Ⅲ.①企业文化-建设-中国
Ⅳ.①F279.23

中国版本图书馆CIP数据核字（2017）第235153号

36个拿来就用的企业文化建设工具

作　　者：海融心胜
责任编辑：于建廷　臧赞杰
责任审读：郭敬梅
封面设计：久品轩
责任印制：迈致红
出版发行：中华工商联合出版社有限责任公司
印　　刷：北京富泰印刷有限责任公司
版　　次：2017年12月第1版
印　　次：2017年12月第1次印刷
开　　本：710mm×1000mm　1/16
字　　数：387千字
印　　张：22.25
书　　号：ISBN 978-7-5158-2101-6
定　　价：128.00元

服务热线：010-58301130
团购热线：010-58302813
地址邮编：北京市西城区西环广场A座
19-20层，100044
http：//www.chgslcbs.cn
E-mail：cicap1202@sina.com（营销中心）
E-mail：gslzbs@sina.com（总编室）

编　委

本书基于企业管理实践，汇集整理了36个通用的企业文化实践工具。它们来自企业文化一线工作者、咨询专家的实操案例和研究成果，是行之有效的方法论。内容立足原理，基于方法，借鉴案例，力求简明扼要、通俗易懂，真正做到“一看就会”；文章采用模板化写作，每个工具独立完整，方便实用，篇章之间互相支撑，浑然一体，真正做到“拿来即用”。

全书立足于企业人的立场，分为“顶层设计”“机制建设”“传播强化”“综合应用”四大板块，涉及管理者如何创建和垂范企业文化、如何运用机制保障与植入企业文化、如何通过沟通手段传播和强化企业文化、如何全方位进行企业文化建设与管理，解决了企业文化“做什么”的问题，内容翔实，自成体系。以“道”“法”“术”三个层面，囊括原理、方法、操作和案例分析，解决了企业文化“怎么做”的问题，层次分明，点面俱到。鼓励读者立足企业实际，工具既可单独使用，又可组合运用，可以满足不同企业、不同阶段的企业文化实践需求，将飘在空中的企业文化落到实处。

海融心胜作为国内企业文化管理实践领域的领跑者，建立了企业文化管理专业交流平台，汇聚了上百名企业文化管理实战专家和优秀管理实践精英。海融心胜携手32名专家作者合力写作，凝聚了来自理论和实践相结合的宝贵经验，旨在传播行之有效的企业文化工具与方法，帮助企业文化管理者提升业务技能，提高企业文化管理水平，助力企业基业长青。本书是企业人管理企业文化、建设企业文化必备的实用工具书。

企业文化：众人拾柴，落地有方

本书是集体智慧的结晶，它有两大特点：一是众筹，二是实战。34 位来自不同行业的优秀企业的企业文化工作者，结合自己的实践和思考，分别从不同角度撰写、分享企业文化落地的方法和路径。

本书的策划、出品单位——海融心胜，是企业文化实践领域的领跑者之一，汇聚了大量企业文化工作者和专家。海融心胜组织过众多的企业文化学习、交流、观摩活动，深入到企业中去，把先进理论与文化实践紧密结合，搭建了线上、线下的企业文化分享平台，撰写过大量企业文化建设的原创文章，积累了丰富的企业文化观点与案例，使很多企业文化工作者受益，为我国企业文化事业发展做出贡献。

2016 年夏天，一众企业文化工作者到吉利、娃哈哈、华立进行企业文化学习时，本书总编陆斌冰先生就跟我聊起拟众筹出版一本企业文化落地实战的书，邀请那些既有实战经验又有理论功底的企业文化专家和企业文化总监参与。我极为赞赏、支持，并作为参与者之一撰写其中一篇文章。

在海融心胜的策划和号召组织下，全国各地的企业文化总监一呼百应，热情参与，不到 3 个月时间就形成了本书的雏形。我想，一是大家对几位热心总编的认可，二是大家的奉献和分享精神，三是大家对这样一本企业文化实战书籍的期望和重视。

一流的企业一定有一流的企业文化，能够跨越百年的企业必然是有着深厚的文化底蕴，并且它的企业文化能够持续不断地创新。企业文化越来越成为企业经营的关键因素，企业文化如何有效落地也越来越被关注和重视。市面上有很多关于企业文化的书，理论层面的书居多，或者是只讲某一家企业的案例。像本书由三十多位企业文化工作者集体撰写，里面囊括众多企业文化的优秀案例和有效路径的书，难得一见。

除了总编陆斌冰先生，本书大部分作者也都是我的好友，有过交集，这次因为企业文化和海融心胜的顾问团队一起合作，得以与他们在此书相聚，深感开心、荣幸。

企业文化是国家文化、民族文化的重要组成部分。现在我们正努力实现中华民族的伟大复兴，民族复兴，必有政治复兴、军事复兴、经济复兴、文化复兴。通过企业文化工作者的努力，促进企业发展、文化崛起，是多么有价值有意义的事。

众人拾柴火焰高，众筹文化落地好。读者可借鉴本书的案例和方法，让自己的企业“文化”起来。

中国企业文化促进会工业文化专业委员会主任　杨克明

2017 年 5 月 18 日

取企业文化之道，筑企业长青之基

企业文化是什么？企业文化有什么用？企业文化怎么做？当我们提到“企业文化”这个词时，意味着什么？海融心胜曾展开一次对企业文化认知的调查，将近1000 份答案基本没有相同的。每个人从自己的立场，从某一个点或面对文化的概念、应用范畴和目标提出自己的理解。这说明企业文化作为一门综合学科，博大精深。同时，业内缺乏统一的声音阻碍了企业文化建设工作的顺利展开。归根结底，进行企业文化建设基于两种看法：一是企业是文化，我们接触到的一切都是文化，是一种综合视角；二是企业有文化，文化是企业的一部分，管理者可以分析文化，测量、改变文化。基于此，理解企业文化，使其为我们所用，应注意以下几个要点：

（1）不要把企业文化当作管理时尚。

尽管流行的管理理论在一定程度上可以推动管理提升，如果只是将企业文化看作管理时尚，便偏离了企业文化的真相。许多企业轰轰烈烈搞企业文化建设，可惜没有抓住企业文化的核心，将企业文化口号化、娱乐化……听起来不错，实际上作用甚微。不慎跌入管理时尚陷阱的管理者，一般有以下几种误区：

第一，过于简单。认为企业文化就是搞一套“使命、愿景、价值观”，不去理解这些概念背后的含义和逻辑关系，知其然不知其所以然。

第二，形式主义。认为企业文化是形式，别人什么搞得好就学什么，不结合企业实际情况和需求。

第三，含糊不清。没有明确的目标和衡量标准，不知文化作用机理，认为只要搞文化总会有效果。

第四，以偏概全。把企业文化当作万能药，不去考虑体制、企业发展阶段、企业性质等因素。

第五，割裂化。把企业文化当作一部分人的工作或额外工作，无视文化的广度、深度。

第六，理想化或功利化。认为有了文化就能马上起作用或让员工无私奉献，忽略了内在平衡性，成为洗脑的工具。

持这些理解的企业，往往先视企业文化为至宝，最后不了了之，造成领导者热衷，员工烦，管理者怨，文化工作者劳而无功的状况。更可惜的是浪费了资源，全员失去了激情，失去了对企业文化的信心。因此，一定要深刻把握企业文化的内涵，不可为了文化而文化。

（2）企业文化是独特的和内生的。

企业文化理论产生的背景是20世纪80年代，美国企业面临日本企业异军突起带来的巨大的挑战。以威廉·大内为代表的学者们对日本企业进行了深入的研究，探寻并解释日本企业成功背后的道理，创立了Z理论等理论。看待这些成功模式，我们必须注意两个陷阱：

第一，共性与个性。《追求卓越》之所以畅销，因其总结出了卓越企业的8大特质，这些特质的本质是共性，是商业伦理、逻辑和规律。它们只是成功的必要条件，不是充分条件。比如，有些企业有良好的道德素养，缺乏商业能力挣不了钱；有些有商业能力，缺乏道德素养风光一时却不能长久。

企业独特的经历、环境、行业、领导人和宏观文化差异造就了企业的个性特质。从结果上看，这些特质保持了企业独特性，构成了企业独一无二的竞争能力。这种特性从形成上讲是个性，从呈现方式上讲是鲜明且持久的。文化管理既要抓住企业共性，借鉴操作方法，又要重视企业个性，把握独特内涵。

第二，企业文化的内生性。许多企业开展学习阿里巴巴文化、华为精神的活动，一波波人到海尔学习海尔文化，也没见哪家企业成为海尔第二。究其原因，“不是强者胜，而是胜者强”的逻辑颠倒了企业文化发生作用的因果关系，且这种因果关系不能逆推。企业文化具有内生性，盲目照搬照抄优秀企业的文化是徒劳无益的。

既然文化具有内生性，如何解释稻盛和夫用京瓷哲学拯救了濒死的日本航空公司？用稻盛的话解释：“‘经营哲学’是经营之根本，只要拥有出色的哲学，企业经营便能无往不利。”由企业文化内生出的经营模式是可以复制的，正如其创办了与京瓷行业完全不同的第二家世界500强企业——第二电电，打破隔行如隔山的公理，强有力地说明了一个真理：内生的企业文化会成为经营管理的种子，对这些特质显化和强化会结出成功的果实。

（3）你不管理文化，文化就要管理你。

企业文化理论之父埃德加·沙因教授将组织文化定义为：一个群体在解决其外

部适应性问题及内部整合问题时习得的一种共享的基本假设模式。简单地说，只要有共同的经历就有组织文化。循理而言，企业也会受到国家、地域、行业和职业等宏观文化的影响和约束。从这种角度来看，每个企业都“有”文化，不管你承认不承认，文化都客观存在。文化直接作用的方式是柔性的，文化的存在和效果却是刚性的。作为客观存在，企业如果不了解文化，就会被文化左右；如果不管理文化，就会被文化伤害。如何应对和管理企业文化，比企业文化本身更重要。

那么什么时候我们需要去关注它？可用四个字概括，即起、承、转、合。

起：在组织创立之初，就要有意识地关注企业文化，从开始就把握大方向，有意识地创造一种“理想的”企业文化，这对组织未来的发展至关重要。

承：在企业发展期或瓶颈时，发挥文化的作用，支持战略的实施，借助文化的力量凝聚人心，把握方向，顺势而为。

转：面对瞬息变化的环境，企业永恒的主题——变革，搞清楚哪些不变、哪些要变十分关键。届时要减小文化阻力，利用文化势能。

合：兼并战略是企业最直接的成长方式之一，往往因为文化冲突惨淡收场。文化的评估和管理，对执行成功起决定性作用。

（4）企业文化的关键在于实践化。

如果说价值观是企业文化的核心，那么企业文化实践就是企业文化真正发挥作用的关键。把企业文化融入企业日常运行的方方面面，才能对企业的经营和发展起推动和支撑作用，每一个群体或个体都能够且应该对企业文化实践做出贡献。全体成员践行理念，正是企业文化实践的真谛。试以明茨伯格对组织 5 大组成部分的划分，举例不同立场的个体对企业文化应（可）做的贡献。

明茨伯格对组织 5 大组成部分的划分表

层级	举例	企业文化实践	效果
战略高层	董事会、总裁、创始人	创立、管理、垂范或变革企业文化，决策、支持	企业宗旨品牌化
分析者	办公室、人力资源、行政、智囊外脑等	企业文化植入招聘、流程、制度、薪酬、培训	
支持部门	宣传、党群、人力资源、公共关系、员工关系	沟通、传播、强化企业文化等各项活动（警惕脱离企业文化展开工作的形式主义）	
中间层	副总、部长、科长、班长等	文化的上下衔接，上传下达，企业文化传承与发扬	
基层一线	一线员工、销售等	文化执行	

值得一提的是把企业文化工作放在哪个部门，代表着企业对企业文化的理解和重视程度。海融心胜调查500家企业后发现：企业文化工作归属最多的三个部门是人力资源部门（23%）、党群部门（16%）、宣传部门（14%）。归属老板和高层领导的比例都仅为6%。可见企业文化实践在企业实践中仍边缘化，究其原因还是缺乏具体做法和工具，使得企业人不能有效地进行企业文化实践。

海融心胜旨在分享企业文化实践经验和做法，取企业文化之道，持文化实践之器，发挥企业内动力，引领企业发展，构建企业品牌，造就基业长青。

本书总编　陆斌冰

2017年5月

第一部分 企业文化的顶层设计 001

第一节 领导者如何缔造企业文化 …… 003
第二节 企业文化理念体系：使命、愿景、精神、价值观、亚文化 …… 011
第三节 工作中的仪式 …… 034
第四节 榜样的力量 …… 038
第五节 企业文化符号的提炼 …… 044
第六节 企业历史读本 …… 054
第七节 企业文化主题年 …… 062
第八节 企业文化辩论赛：文化越辩越明 …… 072
第九节 企业文化手册：宣言企业文化 …… 082
第十节 企业礼仪手册：修炼企业内功 …… 091

第二部分 企业文化的机制建设 099

第十一节 胜任力模型的构建 …… 101
第十二节 怎样开展员工教育 …… 112
第十三节 从文化角度对企业中层骨干的培育 …… 119
第十四节 班组建设：激活企业“细胞”，浇灌文化“根须” …… 125
第十五节 如何把文化“相人术”运用在面试中 …… 133
第十六节 文化价值观的360°考评 …… 140
第十七节 企业文化培训 …… 148
第十八节 校园招聘：企业文化第一课 …… 158
第十九节 企业内刊：软实力综合平台 …… 165
第二十节 内刊创新模型 …… 176
第二十一节 新媒体工具 …… 187

第三部分　企业文化的传播强化　199

第二十二节　企业要学会讲故事 …… 201
第二十三节　企业晚会：企业文化盛宴 …… 207
第二十四节　司歌唱响企业文化 …… 216
第二十五节　企业文化拓展活动 …… 226
第二十六节　节日活动策划 …… 236
第二十七节　文化故事会：讲述身边的事迹 …… 244
第二十八节　VI 手册制作 …… 250
第二十九节　用漫画提升企业文化 …… 260
第三十节　企业文化微电影 …… 265
第三十一节　企业文化展厅 …… 274
第三十二节　企业建筑与雕塑 …… 285

第四部分　企业文化的综合应用　293

第三十三节　企业文化管理沙漏模型 …… 295
第三十四节　P－MEME 企业文化落地模型 …… 302
第三十五节　构建企业文化同心圆 …… 308
第三十六节　企业文化金字塔的构建 …… 316

第一部分
企业文化的顶层设计

“其身正，不令而行；其身不正，虽令不从。”

——《论语·子路》

第一节　领导者如何缔造企业文化

一、工具属性

（一）工具的基本属性

工具的基本属性如表 1－1 所示。

表 1－1　工具的基本属性

联动工具	可根据企业需要制定领导力模型、绩效考核等
适用范围	适用于企业每个阶段
主体与客体	社会、企业、个人

（二）工具作用

领导者的个人文化是企业文化的种子，个人文化的优劣直接影响企业文化的优劣。企业文化具有鲜明的个性和差异性。不同的企业具有不同的成长经历和企业文化，这往往是由企业经营者的文化素质、性格特征及处理事情的能力等决定的，现实中企业领导人的风格对企业的经营风格具有决定作用。一个优秀的企业必然源于一个卓越的领导，组织越小，“英雄创造历史”的现象越明显。

领导者是企业“隐性”文化理念，即核心价值观、远景和使命的设计者和传播者。企业经营管理围绕的三个核心问题就是坚守核心价值观、实现愿景和完成使命。核心价值观、愿景和使命也是企业文化的“金三角”，是企业文化建设和管理的基石。

领导者是企业“显性”文化的践行者和代表者，其言行是企业文化的直接体现。了解一个公司企业文化最简单的方式是听、看这个组织领导者的言行。无论是组织外的成员还是组织内的员工，只要通过听领导者说什么、看领导者做什么、观察领导者的言行是否一致三个方面，就可以了解这个组织的文化。

（三）基本原理

从心理学上而言，人们都会有尊崇权威的思想。由于中国独有的历史原因和文化背景，中国传统文化中看重血缘关系，为子尊父是文化的特点之一。进而，

"泛血缘"关系的为臣尊君思想也根深蒂固，人们往往将领导者的重要性看得很高，在企业中，对于有着"领导者为大"思想的中国企业来说就是员工尊崇领导。领导者是企业经营管理的主导者，自然是企业员工群体中的权威，而权威应该受到尊崇，与西方以契约精神为基础的文化有较大的区别。

从行为模式上而言，人们都有学习模范的行为习惯。学习好、贴近模范的"偶像"情结是每个人自然而然的行为习惯。领导者作为企业的代表人物，是企业自然的模范，自然会引起员工的模仿。领导者的好恶会成为员工行动的指南，领导者的价值选择是员工行为的风向标。员工做事首先是为了自己的利益，他们会评估自己的行为是否有利于保障利益和争取更大的利益，会随时调整自己的行为模式来迎合领导者的好恶。

二、操作方法

（一）基本原则

领导者在企业文化建设和管理方面言行一致，利用一切时空传播和践行企业文化核心主张。这个方法简单，成本低，但宣传效果非常好，尤其是领导者的个人文化特征明显，对推动企业文化的建设与管理效果很明显。

使用原则：企业领导者要负责主导企业文化、指引组织方向、决策组织战略、推行管理决策等各项工作，但精力有限、时间有限，需要领导者在经营管理的各个方面抓重要、做要点。如果说领导者在企业文化建设与管理中只做一件事，那就是结合企业的外部市场环境和内部经营状况的优劣势，明确定位适合企业长远发展需要的企业文化的"金三角"——核心价值观、愿景和使命，并利用一切时空传播企业文化"金三角"，落实企业文化考核。

使用要点：领导者传播企业文化"金三角"的方法很多，要是面面俱到，很难取得良好的效果。企业领导者要通过传播让公众和每一位员工都了解企业文化的核心主张，这方面主要做好以下三点：

一是讲话，如内部讲话、讲故事、讲座授课、接受视频节目访谈、会议讲话等。

二是写文章，如内部邮件、内刊和内网文章、出版书籍、接受报刊采访等。

三是亲身示范，如以身作则示范理念、深入基层交流、参加员工面试等。

无论什么形式，内容的核心都是企业所倡导的文化理念，主要是使命、愿景和核心价值观。因为愿景是股东和员工最关注的，使命和核心价值观是公众、员工和政府最关注的。所以，只有这些话题才能引起大众的关注，才能成为大众热议的焦点，从而起到理念传播的作用。落实企业文化考核简单也最难，企业文化考核涉及企业招人、留人和用人的各个环节。企业文化不考核或考核不到位是企业文化落地难的首要原因。企业文化考核的基点是企业的核心价值观，凡背离企业核心价值观的言行都应及时予以考核。

（二）操作方法

第一步，领导班子可以通过“头脑风暴会”“核心问题法”等方法，明确定位适合企业长远发展需要的企业文化的“金三角”——核心价值观、愿景和使命。

第二步，通过企业文化主管部门和中层管理者把“金三角”细化成企业的战略理念、经营理念和管理理念，从而形成企业的管理原则和制度流程。

第三步，领导者可利用一切时机，通过讲话、写文章、亲身示范等形式传播企业的“金三角”及各种理念。企业文化管理者的一项重要工作就是有意识地为领导者设计相关的时机。

第四步，建立企业文化相关考核制度，对违反企业文化核心价值理念的行为毫不留情地进行考核，及时辞退踩踏核心价值观红线的职员。

三、案例解读

（一）马云“杀”卫哲事件后的内部邮件

1. 案例背景

2011 年 1 月的一天，马云偶然上网收邮件，发现某封邮件有蹊跷。几个阿里巴巴老同事在邮件里讨论吃什么，一个女员工在邮件里随口说了句：“我还在看一个案子，可能个别员工涉及欺诈问题。”

马云非常好奇：什么案子会让一个女孩子这样抱怨。

马云找她聊了聊，觉得可能有问题。后来通过调查，2009 年及 2010 年，分别有 1219 名及 1107 名阿里巴巴会员涉及诈骗全球买家，且有迹象表明，为了做出业绩，有员工默许甚至参与协助那些欺诈公司规避认证环节加入阿里巴巴平台。

马云立即找到 B2B 电子商务总裁卫哲。事实上，卫哲和他的团队很早就知道阿里巴巴 B2B 平台上的商家欺诈问题，也一直在用常规方式调查、处理、防范并有了一定成效，作弊商家比例已从 1.1% 下降到 0.8%。在该领域内横向比较，这个比例并不算高。但卫哲搞不清阿里巴巴员工跟作弊商家的关联度有多高。

马云认为卫哲触碰了阿里巴巴的高压线，“这个一亮，谁都跑不掉的。当我发现公司内部的员工对诚信问题居然睁一只眼闭一只眼的时候，那是大问题。假如 B2B 一万三千名员工中几个、十几个人有诚信问题还正常，但将近 100 个销售人员有诚信问题，这就是系统问题，是管理层的问题！”

后来，卫哲辞职，阿里巴巴继续增加核心价值观考评体系权重。

2. 案例思路

价值观和使命是马云口中频率最高的两个词，也是马云得以控制阿里巴巴的生命线。阿里巴巴的员工考核体系分为两类：KPI体系和价值观考评体系。其中，价值观考评据说比重占一半以上。为了保证核心价值观的纯正，阿里巴巴有一个很特别的非官方职位或称谓——“闻味官”，看到一个人，他能迅速“闻”出此人适不适合阿里巴巴文化。被马云认为能做到称职的“闻味官”的“十八罗汉”之一的戴珊曾说：“认同我们价值观的，这里是你的天堂，如果你不认同，这里是你的地狱。从招聘讲，‘闻味官’可以‘闻’出跟我们类似的人。真的把客户需求放在第一位，真的有些理想化，真的不只看重短期利益。”

马云更是坦言：“业绩与价值观对立，这事儿不通。做企业不能当侠客，我是公司文化和使命感最后一道关。作为大家信任的CEO，我要做的是捍卫这个公司的价值体系。如果你叫我一声‘大哥’我就不杀你，那么以后有多少兄弟叫我大哥？我不是大哥。”

面对商家集体作弊和高管卫哲失职，马云如何处理影响到公司的整体发展。事件发生后，马云对整个事件的应对思路和方法给管理界留下了深刻的印象。让人们再一次确认了马云常挂在嘴边的价值观是阿里巴巴的生命底线，谁碰谁死。包括事发后，马云更是借机给所有阿里巴巴员工写了一封内部邮件，阐述了事件本身、自己与阿里巴巴对事件的主张。

3. 案例产出

通过内部邮件，马云以坦诚的态度阐述了整个事件发生的背景、过程和事件发生后自己的心情，以情动人，以理服人，借助事件他再次阐述了自己和阿里巴巴的文化核心主张，并以实际言行捍卫了阿里巴巴的核心价值观。变坏事为好事，既缓和了事件对公司的危机程度，又再次向社会公众和全体员工强调了阿里巴巴的核心价值观与使命的红线是任何人都不能触碰的，哪怕是企业的高管。这是一个成功的危机处理案例，也是由领导者主导的一个成功的文化传播案例。

4. 案例原文

各位阿里巴巴人：

大家已经看到了公司的公告，董事会已经批准B2B公司CEO卫哲、COO李旭晖引咎辞职的请求，原B2B公司人事资深副总裁邓康明引咎辞去集团CPO，降级另用。

几个月前，我们发现 B2B 公司的中国供应商签约客户中，部分客户有欺诈嫌疑！而更令人震惊的是，有迹象表明直销团队的一些员工默许甚至参与协助这些骗子公司加入阿里巴巴平台！

为此，集团迅速成立了专门小组，经过近一个月的调查取证，查实 2009 年、2010 年两年间分别有 1219 家（占比 1.1%）和 1107 家（占比 0.8%）的“中国供应商”客户涉嫌欺诈！骗子公司加入阿里巴巴平台的唯一原因是利用我们 12 年来用心血建造的网络平台向国外买家行骗！同时查实确有近百名为了追求高业绩、高收入明知是骗子客户而签约的直销员工！

对于这样触犯商业诚信原则和公司价值观底线的行为，任何的容忍姑息都是对更多诚信客户、更多诚信阿里巴巴人的犯罪！我们必须采取措施捍卫阿里巴巴的价值观！所有直接或间接参与的同事都将为此承担责任，B2B 管理层更将承担主要责任！目前，2326 家涉嫌欺诈的“中国供应商”客户已经全部做关闭处理，并已经提交司法机关参与调查。

阿里巴巴从成立第一天起就从没以追逐利润为第一目标，我们绝不想把公司变成一个仅仅是赚钱的机器，我们一直坚守“让天下没有难做的生意”的使命！客户第一的价值观意味着我们宁愿没有增长，也决不能做损害客户利益的事，更不用提公然的欺骗。

过去的一个多月，我很痛苦、很纠结、很愤怒……

但这是我们成长中的痛苦，是我们发展中必须付出的代价。很痛！但是，我们别无选择！我们不是一家不会犯错误的公司，我们可能经常在未来判断上犯错误，但绝对不能犯原则妥协上的错误。

如果今天我们没有面对现实、勇于担当和刮骨疗伤的勇气，阿里巴巴将不再是阿里巴巴，坚持 102 年的梦想和使命就成了一句空话和一个笑话！

这个世界不需要再多一家互联网公司，也不需要再多一家会挣钱的公司；

这个世界需要的是一家更加开放、更加透明、更加分享、更加负责，也更为全球化的公司；

这个世界需要的是一家来自于社会，服务于社会，对未来社会敢于承担责任的公司；

这个世界需要的是一种文化，一种精神，一种信念，一种担当。因为只有这些才能让我们在艰苦的创业中走得更远、走得更好、走得更舒坦。

令人欣慰的是，这次调查中我们发现绝大多数直销同事面对诱惑坚守住了原则，我很欣慰，在这里向他们致敬！我们更要感谢在面对这类事件中勇于站出来抗争的同事们，在他们身上我们看到了坚持诚信的勇气和原则的力量。我们看到了阿里巴巴的未来和希望！我们需要更多这样的阿里巴巴人！成非凡之事者，必须有非凡之担当！

卫哲和李旭晖的辞职是公司巨大的损失，我非常难过和痛心。但我认为作为阿里巴巴人，他们敢于担当，愿意承担责任的行为非常值得钦佩。我代表公司，衷心感谢他们对公司付出的不懈努力和贡献。

各位阿里巴巴人，B2B 董事会任命陆兆禧兼任阿里巴巴 B2B 公司 CEO；集团任命彭蕾兼任集团 CPO。希望大家全力配合工作，相信我们可以让自己的公司更与众不同！

这是一个好时代，这是一个谁都不愿错过的时代！坚持理想、坚持原则能让我们成为这个时代中的时代！

If not now？when？

If not me？who？

此时此刻，非我莫属！

马云

2011 年 2 月 21 日

（二）稻盛和夫新任日本航空公司董事长时致辞

1. 案例背景

日本航空公司创建于 1951 年 8 月，最初以一个私有制公司的形式建立。1953 年日本航空成为政府所有的航空公司，1987 年日本政府将日本航空公司民营化。日本航空是目前全球第三大航空公司。

2010 年 1 月，日本航空公司因为经营陷入困境，不得不向东京地方法院递交了破产申请。为了拯救日本航空公司，日本政府邀请了年近 80 岁、有“经营之神”之称的京瓷公司创始人稻盛和夫出任日本航空的董事长。

在他的领导下，日本航空公司接受了日本政府企业再生支援机构的 3500 亿日元的资金援助。同时，各交易银行也最终同意放弃 5215 亿日元的债权。日本航空公司在实施一系列“重建计划”后，在宣告破产重建的第二年，就实现了扭亏为盈。

2. 案例思路

面对即将破产的世界第三大航空公司，面对即将失业的几千名员工，稻盛和夫如何做才能让其获得新生？他清楚地知道，企业管理的本质是管人，管人的关键是人心，人心就要靠文化。在摸清楚企业存在的问题之后，他通过和中高层管理者的一对一交流、对全员的讲话，靠自己的文化价值理念来统一思想，形成合力，共同解决了面临的问题。

3. 案例产出

稻盛和夫在日本航空上任董事长时的致辞，已经明确透露了扭亏为盈的秘密。这篇致辞中，稻盛和夫上至国家和社会的使命，下至公司和员工的切身利益，多角度地全面融入“敬天爱人”的经营思想，从而鼓舞和号召全体员工，为日本航空的革新和扭亏打下了坚实的基础。

4. 案例原文

大家好！我是新就任日本航空公司的董事长稻盛。

在此就任董事长之时，请允许我谈谈自己的想法。

正如诸位所知，日本航空公司于 2010 年 1 月 19 日申请适用《公司更生法》，将在企业再生支援机构的帮助下，迈出重组步伐。

选择通过法律程序进行重组，这样是否会严重损害日本航空公司迄今所建立的品牌形象、使员工士气低落，或对飞机的运行造成障碍？这种忧虑之声有很多。

尽管如此，托大家的福，日本航空公司集团的运营没有发生任何混乱，许多乘客和以往一样搭乘我们的班机。这也是日本航空公司集团全体员工在如此严峻情况下仍然不忘珍视乘客、没有失去在日本航空公司集团工作的自豪感、拼命努力的结果。这更是拜众多国民和旅行社等有关方面所赐。日本航空公司加油！我要由衷感谢如此温暖的鼓励和支持。真的太感谢了。

我今天就任了日本航空公司的董事长，但对航空业界完全是个门外汉，对日本航空公司集团的业务内容和经营状况也不是很了解。我用了一周时间努力学习，终于对整体情况有了大概的认识。

我听取了企业再生机构和日本航空公司的人员一同就业务重组计划做的说明，我也进行了分析。我作为长期从事经营的人，认为如果切实执行这个重组计划，重组是完全有可能的。

我希望从今天起，以新社长大西为首的新领导层和日本航空公司集团的全体员工团结一致，切实执行这个重组计划并早日完成目标，使日本航空公司尽快得以重生。我已再次下定了这一决心。

为什么这样说呢？我认为日本航空公司是日本具有代表性的企业之一，日本航空公司的兴衰对日本经济也将产生不小的影响。从这个意义上讲，使日本航空公司重新成为优秀企业，这对激发低迷的日本经济也将是巨大贡献。

此外，我在学习过程中懂得了航空业务原本是连接远离的人们、连接人与地区的巨大网络型商务，是极其重要的社会性基础设施。使作为基础设施的日本航空公司尽早得以重生，这不仅在全球化日益发展的现代社会是最重要的，对日本通过旅游业取得进一步发展也是不可或缺的。

当然，航空公司的根本在于安全飞行。无论何时，日本航空公司都将为实现万无一失的安全飞行而努力，在今后的重组过程中将进一步致力于飞行安全，作为受乘客信赖、使乘客放心的航空公司发展下去。

从古至今，人们都说企业的兴衰取决于领导者的素质。从这个意义上讲，我深感自己所负责任之重大。我虽然初涉航空业务，但从迄今的企业经营经验中获得了经营理念和经营管理体系知识，并从人生中学到了做人之道。我想把这些传授给日本航空公司的每一个人，使全体员工抱着同样的理念，一致致力于日本航空公司的重组。我认为重组的成败与否就取决于能否建立起这样的体制。

企业的每名员工都从心里热爱公司、都不惜余力地为公司的发展而合作，树立起这样的公司风气是经营成功的必要条件。如果能树立起这样的风气，公司一定能够发展。

换言之，企业最重要的财产就是汇集在这里的员工，就是员工的心。如果每名员工都能发自内心地盼望重组、发自内心地配合，我坚信这个企业能持续发展。

基于这样的想法，今后我将尽量深入第一线，与每名员工面对面地接触，直接倾听他们的想法、了解他们的感受，同时向他们诉说我的想法。我希望建立起这样的企业环境，使员工更愿意在日本航空公司工作、更愿意为重组提供协作。

我希望经营干部和第一线的每名员工都能齐心合力，以更温馨的姿态和更明朗的态度接待乘客，使日本航空公司重新成为深受乘客信赖和喜爱的企业。

和日本航空公司一样，在日本还有全日空这样具有代表性的企业。我们追求的不仅是日本航空公司一家的重组与繁荣，我希望两家航空公司能够彼此切磋，作为日本国内以及联接日本与世界的基础设施，为日本经济乃至全球经济共同做出贡献。

我虽然年事已高，但决心粉身碎骨、竭尽全力。衷心希望大家能给予我大力帮助。这就是我就任日本航空公司董事长的致辞。谢谢大家。

（三）任正非机场排队等出租车

1. 案例背景

任正非，生于1944年，世界500强公司——华为创始人，华为2016年营业收入5215亿元，净利润高达370亿元。

2. 案例思路

企业要想传播和推行一种价值理念，最有效的方式是领导者做出与理念相符的行为。

3. 案例产出

领导者是企业文化的象征，其言行直接诠释着企业的文化主张。辨别一个企业的文化真伪的办法就是听领导言、观领导行，言行一致为真。任正非坐出租车和公交车的行为，践行了华为的核心价值观——艰苦奋斗，也为华为的企业文化传播加了不少分。

4. 案例原文

2016 年 4 月 16 日，72 岁的华为创始人任正非，深夜独自一人在上海虹桥机场排队等出租车。有网友拍发相关照片，一时间刷爆朋友圈。有媒体甚至翻出任正非在深圳机场坐公交车的照片。

在常人眼中，任正非这样的身份、地位，他完全可以选择助理、保镖前拥后呼、走 VIP 通道、豪车接送。但是，他却选择像普通人一样排队打车，他自然而然地成为公众和员工赞誉和模仿的对象。无论何时何地，领导者的一言一行都会被公众和员工作为企业文化的价值主张来遵循。

作者：王明胤，企业文化管理专家、“企业文化金字塔”系统创建者、深圳市委讲习团成员、深圳市总工会职业核心能力师资班导师、深圳市美术家协会、作家协会会员、特约专栏撰稿人。著有《企业文化定位·落地一本通》，管理专栏发表《企业文化定位与聚焦》、艺术评论专栏发表《艺境》等。

第二节　企业文化理念体系：使命、愿景、精神、价值观、亚文化

一、工具属性

（一）工具的基本属性

工具的基本属性如表 1－2 所示。

表 1-2　工具的基本属性

联动工具	企业文化手册、企业培训、网站、内刊、新媒体、员工教育等
适用范围	企业理念声明、文化建设纲领、员工社会化、组织变革
主体与客体	企业领导者、经营管理者、企业文化部门；企业全体员工；内外各利益相关方

（二）工具作用

管理大师亨利·明茨伯格把领导者比作蜂王：蜂王释放化学物质牢牢吸引住一个家族，领导者也通过释放文化，保持组织稳固。企业理念宣言就是声明、释放文化的有力工具。

1. 行动基础

企业理念通过强调被广泛共享，可以成为基准。企业理念能够成为经营管理的决策依据和指导性纲领，制定政策和行为纲要，在共享理念的指导下高效制定战略、计划和决策，并被全员理解。共享的思维方式和行动准则，可以规范行为，在复杂的情况下根据理念展开行动，指明方向增进协调，自觉做出符合基础的选择和行为。

2. 约束经营

在经营层面，成文的企业文化体系标志着企业的承诺，为全体成员遵循，能使企业的经营行为同企业价值取向和长期目标保持一致，减少短期利益产生决策的失误和偏离，规避经营风险，塑造企业品牌。同时，保持各方需求的动态平衡，维护企业长期有效性。在管理层面，作为处理各项矛盾的准则，所有人可据此对企业的管理政策和行为进行监督，防止权力滥用对员工造成伤害，保护员工积极性。

3. 持久激励

突出具有激励价值的理念，明确企业的追求和价值，使企业形成一个共同利益体，围绕共同的目标，共享身份，增进相互支持。通过理念共享增进理解，有效沟通，避免官僚作风，提高效率。公开、真诚的理念体系必然具有先进性，为全体成员认可，产生凝聚力和归属感、提供持续动力。

4. 文化建设纲领

企业文化理念体系构建是理性的、自觉的顶层设计，是企业文化实践的纲领。对于企业文化工作者，清晰、明确、系统的理念体系，是企业文化工作顺利展开的基础。

（三）基本原理

1. 从本质上说

企业理念声明是领导者的意识形态的公开。埃德加·沙因教授认为企业文化分三个层次：如图 1－1 所示，枝叶为人工成分涵盖了一切可见行为；树根是基本假设已成理所当然，决定了真实的行为、感知、思想和情感。文化宣言处于树干的中间层次，主要包括理想、目标、价值观和意识形态内容。这个层次与内在的假设和外显的行为之间存在不一致的风险。构建了完整的理念体系仅仅完成了10%的工作，任何理念声明都需要内化成为基本假设，才能形成真正的企业文化。

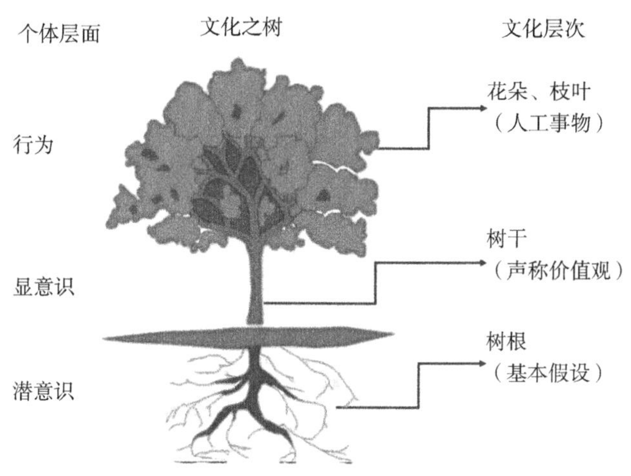

图 1－1　企业文化的三个层次

2. 从作用上说

对一些重要理念进行总结和公开声明，明确理念的意义和范畴，建立共同的语言和思维方式，对于协调和沟通十分关键。基于标准的、清晰的企业文化理念体系，能为企业达成广泛共识奠定基础。

3. 理念体系构建的三大目标

提炼与完善：挖掘经营管理实践中有价值的文化要素，使隐性文化显性化，零碎文化系统化，模糊理念清晰化。完善企业理念体系内涵，避免理念矛盾和片面，强化企业文化理念的可操作性。

强调与淘汰：突出企业文化理念中需要特别强调重要的部分价值观；对于不合时宜、不适合企业发展的文化理念进行淘汰。

创新与引入：引入适合现代企业发展的理念，根据发展需要进行文化创新。

（四）企业文化理念体系的基本要素

企业文化理念体系应该包括哪些内容没有标准答案，但这个问题是构建企业文化体系的基础，如何描述企业文化要点、有哪些维度，这里通过功能视角，以埃德加·沙因提出的十大维度为框架，结合大量实证研究，囊括为五大声明工具：企业使命、企业愿景、价值观、企业精神、职能文化（亚文化），如图1－2所示。

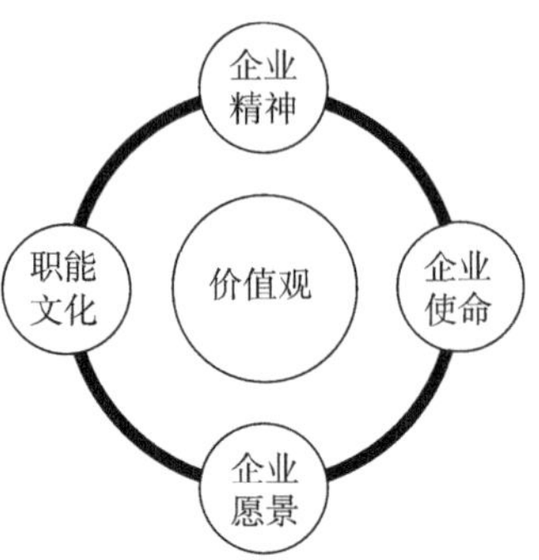

图1－2 企业文化理念体系

1. 企业使命：企业的目的和功能

（1）什么是企业使命？

京瓷创业第三年，员工们提出了集体交涉，要求公司给予未来保证。稻盛和夫以此为契机认真思考公司存在的意义，确立了“追求全体员工物质与精神两方面幸福的同时，为人类和社会的进步和发展做出贡献”的经营理念，阐述了企业存在的理由和经营的目的。为了统一术语，一般称为企业使命。

企业使命即企业存在的大义名分和根本目的，包含了企业的功能和对各方肩负的责任。通俗讲即回答了“我是谁?”“为了谁?”的哲学命题，界定了企业在社会中的“身份”与存在的目的。

（2）使命的作用。

使命宣言回答了企业做什么，为什么做，是企业存在的最终目的。清晰且具有感召力的使命能为企业指明方向，明确工作的意义从而激发内心深处的动机。

引导作用：使命界定企业需要什么，有什么，放弃什么，从而为企业发展指明方向，保持经营的统一性，成为配置资源的标准进行取舍，集中资源引领企业发展。

持久激励：使命解决了企业为什么存在、员工为了什么工作的问题，使命感能激发人的深层动机，让平凡的工作拥有意义，增强对企业的认同感和归属感，激励人们为了使命奋斗。

协调作用：管理者位于各方压力中心。使命宣言中体现的核心价值观能成为协调准则，合理处理企业内外相关方的各种矛盾。在外部，重视企业的社会价值；在内部，建立统一的企业氛围，为企业稳健成长打下基础。

2. 企业愿景：远大的目标与梦想

（1）什么是愿景？

当京瓷还是一家町级（街道）的创业公司时，就已经树立了宏伟的目标：

成为原町第一企业，然后成为中京区第一企业，之后是京都第一，日本第一，世界第一。京瓷敢于描绘远大梦想并为之努力，从而发展成为全球性企业。

“愿景”这个词用法混乱，主要在于概念和范畴的混乱。广义的愿景定义，在《基业长青》中，由“核心理念”（使命 + 核心价值观）和“未来前景”（长远目标）组成，包含了变与不变两方面的内容。狭义的愿景就是通常所说的企业宏伟的目标，回答了“我们要去哪里”的问题。“愿景”一词引进前，企业实践中常以“长远目标”“未来方向”等词描述：企业的梦想是什么、长远目标是什么、要办成什么样的企业，愿景定义了成功的标准。

本文取狭义的愿景定义：企业长远的目标，根据习惯使用“愿景”一词。愿景是使命的延伸，是核心价值观的体现方式，三者内在统一。使命作为抽象的目的和动机主要作用在意识形态领域，发挥基础性作用，愿景目标则让使命具体化，引出实现使命的战略和具体实施方法。如果说使命确立了登山者的身份，代表“做什么”，愿景则代表要爬什么样的山即“做到什么程度”。

（2）愿景的作用。

凝聚作用：上下同欲者胜，拥有共同愿景，全体人员不是从属关系，而是为了同一个目标，为了实现自己的梦想走到一起的同志关系，因而产生超强的凝聚力。

激励作用：梦想激励人，发展鼓舞人。共同愿景是一种远大的目标，能给人希望，并激励全体员工为之努力。与全体利益相协调的共同愿景，把个人的前途和组织前途挂钩，激励个人为共同目标而奋斗。

整合作用：共同的愿景能形成氛围，协调各方展开支持行动，形成战略合力，使各利益相关方成为一个共同目标的整体。

定位作用：共同的愿景能给企业一个清晰的定位，在企业困难、面临巨大压力或迷茫时期，愿景着眼未来，坚守信念，使企业不会被眼前的困难打倒，愿景会给人们克服困难的勇气和希望。

3. 企业精神：创造奇迹的力量

（1）什么是企业精神？

企业文化实践来源于日本，相比西方的价值观管理，东方企业实践更重视企业精神的塑造。东西方文化研究中，东方特有的维度被称为“儒家精神动力”，即为寻求品德而做出的努力程度。其中一端包括：坚韧、责任、自律以及追求终身的人际关系和面子。

在我国，企业精神一词广为流传。企业精神是一个企业全体成员（或多数）共同一致的内心状态、意志状况、思想境界和理想追求。企业精神的本质是人对价值观的高度体现。企业精神外化称为企业作风，篇幅有限不再赘述。

（2）企业精神和价值观的联系和区别。

广义的价值观包含企业精神，价值观是基础，企业精神是延伸。在东方宏观文化背景下，重视精神的力量是必要的：企业价值观是向量，决定做不做的问题，企业精神是尺度，决定做到什么程度问题。对于员工来说，价值观衡量对错，是否合格；企业精神则衡量优秀或是卓越——英雄或楷模。两者的区别不在内容而在程度，有时会重合描述，但它们的内涵、作用方法和影响方式是不同的。

（3）企业精神的特点和作用。

以 GE 为代表的价值观管理有两个维度：价值观、能力；稻盛和夫的成功方程式则有三个维度：思维方式、热情、能力，如“自我燃烧”。我国文化管理实践中，以“铁人”精神为代表的企业精神不是舶来品，重视企业精神的作用是东方企业文化的精髓。

鼓舞士气：企业精神的作用在于发挥人的潜能，化不可能为可能，创造奇迹。特别是在困难和攻坚时期，精神的力量是无穷的，帮助企业克服难关，取得辉煌——这就是战后日本企业创造奇迹的根源。

形成氛围：企业精神往往从突出人物、企业家等英雄模范身上提炼，学习倡导，带动形成东方式的工作氛围，如马云的“永不放弃”精神，不一定正式表达而作用实实在在，影响了整个集体。

与时俱进：企业精神的内核稳定，内涵不断丰富和传承，与时俱进。海尔精神曾历经三次升级：1984—1995 年“无私奉献、追求卓越”，1995—2005 年“敬业报国，追求卓越”，2005 年后“创造资源，美誉全球”，企业精神正是海尔创造奇迹的法宝。

4. 价值观：管辖行为的准则

（1）什么是价值观?

价值观是喜欢某种事态而不喜欢其他倾向带有正负性的感情，是用来衡量价值的准则。对于企业来说，在经营管理的矛盾中取舍，表明什么是重要的、什么是所追求的、什么是不能做的以及如何行动的标准就是企业的价值观。

（2）价值观的两个层面及作用。

价值观是企业文化的基石，为所有员工提供共同的目标，并成为他们日常生活的行动指南。理解价值观有两个层面：目标以及达成目标的行为方式。

价值观的第一个层面是追求层面，包含了企业对目标的价值判断，即我们要什么，终极的价值取向包括富裕、快乐、安全、家庭幸福等个人及社会价值，是个人或企业靠一生去实现的目标。企业价值观的这个层次通常在企业使命、愿景等工具中体现。

价值观的第二个层次是行动层面，包括了道德和能力，比如勤奋、开放、独立、理性、自律等，是达到终极目标的手段和行为方式。对于企业来说，价值观的意义在于指引人们的思考和行为方式。

5. 职能文化与专项文化：不容忽视的亚文化作用

企业文化在宏观文化中本身是一个亚文化系统。企业中又以职能单位为中心，基于成员相似的背景、共同的任务和经历发展出亚文化，仅对部分群体产生作用。基于亚文化或致力于解决某些具体问题构建文化理念，称为职能文化或专项文化。

二、操作方法

（一）视角问题

与企业有关的问题一般有三个视角：员工个人视角，企业视角及社会视角。因为企业并不是抽象的实体存在，企业的活动是通过关键管理者或领导者的个人行为来实现的。企业的理念体系构建是以企业视角（管理者和领导人）来构建，成为企业意志，指导企业经营管理活动。

从管理者角度，应该如何去清晰表达和激活企业价值观，使全体人员（包括管理者）的决策、思维方式和行为与企业意志标准相符，从而实现企业诉求。从员工个体角度，应该如何理解企业意志，具体能做些什么，才能支持企业意志并实现与个人需求的统一。

（二）企业使命宣言

1. 制定企业使命的原则

（1）领导制定。

使命宣言的本质是企业责任的界定，因此要把握谁对企业负有最终责任，谁来制定使命的原则。确立使命是对领导能力最大的考验，不应该也不可能授权给别人。

作为企业文化工作者自然不能代劳，但作为技术人员，应该把握使命的规范性、清晰性和实用性。

（2）恒久原则。

管理的本质就是界定使命，并激励和组织资源去实现使命。业务和产品会淘汰，追求使命永远有价值，是一项永远完不成的事业，持续引领和激励企业为达成使命而奋斗。正如迪士尼“让人们快乐”的使命可以永远指引企业前进。

（3）真实原则。

使命是全体员工为之奋斗的终极目的，使命没有高尚和低俗之分，最重要的是让全体员工相信，成为“共有使命”，并为之努力。使命对内部人员有激励作用，不必在意外人的眼光。

2. 使命宣言的要素

使命本身是企业价值观的重要部分，蕴含着核心价值取向。使命体现企业的价值取向应该从以下两个层面理解。

（1）为了谁——谁对企业有价值？

企业的长期成长和生存的关键是各方利益相关者需求的平衡。比如，通用使命：在对顾客、员工、社会与股东的责任之间求取互相依赖的平衡（没有清楚的等级之分）。企业的功能不止一个，关系到员工、股东、客户、社会及其他利益相关方之间的可持续关系。企业功能有些是显化的，有些会保持在潜在状态。因此，企业使命的描述一般都由某一个角度来表述，即企业核心使命。（见后面使命宣言案例 1）

企业作为盈利组织不能否定盈利的正当性，但声称股东价值不能达到激励和引导作用，在保证员工激活 + 客户价值满足的情况下，股东价值亦可保证。吉姆·柯林斯强调：使命是组织在赚钱之外的根本原因。使命宣言极少公开宣称盈利但并非不能提出，如：《京瓷哲学》中明确表述，光明正大地追求利润。

（2）你是谁——企业的价值在于什么？

理解使命的第二个层面是企业的价值在于什么？企业能提供什么价值？为了实现企业的功能，企业能够提供什么样的产品和服务？企业具有什么样的特殊/核心能力？正如德鲁克在事业理论中提出以下问题：

· 谁是我们的顾客？他们在哪里？

· 客户认知价值是什么？

· 我们用什么特殊能力来满足顾客的需求？

使命不但界定了最终目的，同时需要界定事业范围和能力，怎样才能赢得业务。正如军人、医生和教师拥有职业文化给予的身份认同一样，明确“我们是谁”也是使命的重要内容。用马云的话来说，就是：“你有什么？你要什么？你能放弃什么？”

使命宣言描述的经营领域应适当，太细的限定会抑制创造力和企业发展，表述太宽泛容易失去明确方向。合适的使命描述，既能为企业发展指引方向，又不会限制企业发展潜力。（见后面使命宣言案例 2）

3. 使命宣言的制定流程与方法

（1）确定谁来制定使命。

谁对企业负最终的责任即是使命的制定者，企业文化工作者作为专家提供技术支持。

（2）刨根问底挖掘使命。

方法：先描述一个产品或服务，然后刨根问底。

流程实例：某企业主打小微金融产品。

Q：为什么搞小微金融？

A：解决客户融资难的问题。

Q：为什么要解决客户融资难？

A：因为小微客户融资难、融资贵，被银行拒之门外。

Q：为什么客户要融资不难、不贵？

A：小微客户规模小，需要发展经常缺乏周转资金。

从而得出："发展小微金融，帮助小微企业发展"的使命。

流程实证：阿里巴巴使命推演。

Q：为什么要创建全球贸易批发市场网站？

A：为买家找卖家，为卖家找买家。

Q：为什么要为买家找卖家，为卖家找买家？

A：因为他们很难找到。

Q：为什么要让他们互相找到？

A：互相找到才能达成交易。

从而得出：让客户容易达成交易。

（3）解释加工。

通过加工能让使命宣言清晰、明确，具有感染力和号召力。比如，推演出来的使命"让客户容易达成交易"加工成：让天下没有难做的生意。

4. 企业宗旨：全方面的承诺

研究表明，优异的公司必须同时注重股东、员工、顾客三大要素的重要作用。如果使命宣言是企业成员共享身份和功能的基础，是保持各相关要素平衡的内在需求，那么对各利益相关方的公开表态，取得理解和支持，则是这个公理的外在体现。这种对各相关方公开承诺的方式，在国外称为"企业承诺"，在国内一般用"企业宗旨"表达。（见后面使命宣言案例3）

企业以对各利益相关方的承诺为准绳，与愿景和战略相协调，以价值观和行为为支撑，言出必行塑造企业品牌，取得各利益相关方的信赖与支持：包括对员工塑造雇主品牌、对客户塑造价值品牌、对股东塑造蓝筹品牌、对社会塑造责任品牌及对伙伴塑造信赖品牌，从而达到各方需求平衡，实现企业基业长青。如图1－3所示。

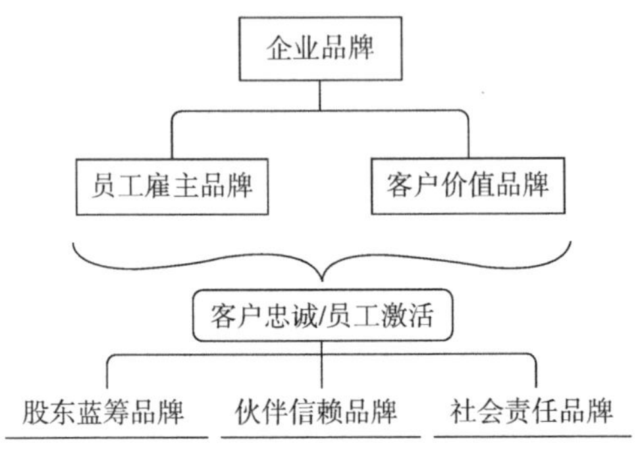

图1－3 企业宗旨品牌化

（三）企业愿景制定

1. 优秀愿景的特点

（1）清晰可见。

愿景既是一种“愿望”，也是看得见的“景象”。愿景使企业未来清晰、可感知，让使命具体化，具有清晰性和操作性。如微软在1991年就提出的愿景：让计算机进入家庭，放在每一个桌子上，使用着微软的软件。

（2）志存高远。

愿景是企业长远发展的基础，是推动企业发展的根本动力，远大的目标能激励企业为了目标而努力。愿景应该是高标准的，长期性的，就像攀登珠峰，有挑战性，需要努力和运气，但具有激励性，能振奋人心。柳传志说联想要办就办长、办大，要办高科技……

（3）共享共荣。

必须强调愿景的共享性，愿景的实现对员工、经理人、客户、社会有什么意义，愿景的实现能够满足各方需求从而汇聚支持力量。特别是要将企业愿景和员工愿景相协调，成为共同愿景，从而激发员工积极性。比如，阿里巴巴的愿景之一“成为全球最佳雇主”。

（4）可分解性。

愿景是具有前瞻性的长远目标，宏大但并非虚无，必然具有可操作性。要能合理分解成各阶段的可行战略，分解成各层次的具体目标，如万向集团实现两次“三级跳”：省级集团——国家级集团——跨国集团，与京瓷的目标异曲同工。

（5）愿景不是僵化的。

愿景不是僵化的，随着自身的发展和认知提升而升级。马云曾提出要“成为全球十大网站之一”的目标，海尔在20世纪80年代的愿景是成为冰箱“中国第一”的目标均已升级。也可能因为市场和时代的变化而改变，如福特“大众化汽车”和波音“进入喷气式时代”的愿景均已重塑。

2. 愿景的制定和案例

（1）挑选核心团队（同使命）。

（2）愿景角度。

制定愿景的角度可从自身目标、行业地位、规模、年限、对各利益相关方的价值和梦想等方面进行思考。

（3）头脑风暴，可参考以下问题：

· 20年后这个企业会怎样？

· 会达到什么程度？

· 对于员工、客户、股东、社会等来说意味着什么？

· 世界因我们发生了什么样的美好改变？

（4）以愿景草案的形式，与员工、客户探讨，收集反馈意见。

（5）进行多次修正、内涵扩充和解释，得到广泛认同、一致的愿景。

（四）如何提炼企业精神？

精神的作用先于表达，应采用实证的方法提炼。

（1）核心/骨干团队座谈会，讲述历史和故事。

· 企业发展重要事件有哪些？

· 印象深刻/令人感动的事件有哪些？

· 贡献最大的人有哪些，他们有哪些宝贵精神值得学习？

· 我们有什么优良传统？有什么启发？

统计出现频率最高的人和事，加工整理。

（2）员工代表座谈会，验证讨论。

将上一个问题的事和人向员工讲述，并了解以下问题：

· 对这些故事的了解程度？

· 描述感受和体会？

· 哪些地方让人有感触？

· 这些事和人体现了什么样的精神，用形容词表达。

（3）企业精神提炼。

对上述结果进行加工、提炼、优化，找出最恰当的词语或表述方式，并结合故事或人物对精神进行合理解释。

（五）价值观体系与核心价值观的提炼

1. 企业价值观体系的挖掘维度

研究表明，建立并奉行明确的公司价值观的成功企业是失败企业的5.53倍，可见建立清晰的企业价值观体系十分重要。不管是客观事物还是思想观念，对企业有价值的对象很多。企业本身也可能有许多价值，这些价值观念在不同维度、不同方面发生着作用，还有许多没有被大家意识到，所以无法讨论的价值观。对于企业林林总总的价值对象和企业本身多种价值，形成了企业庞大的价值观体系。本着实用的原则，提炼那些与企业发展至关重要的价值观。任何组织都必须解决两个关键问题：应对外部环境以保证组织成长，管理组织内部的整合问题。以此为基准抓住重要的价值观，以管理企业及全体成员的关键行为。如表1-3所示。

表1-3　组织必须解决的两个关键问题

维度1	维度2	提示	举例
外部适应	使命	企业的功能和作用？我们的身份	阿里巴巴：客户第一 华为：成就客户 太阳纸业：社会责任
		如何看待利益相关方，有什么责任和义务？客户、员工、股东、社会、伙伴……	
		什么是重要的？做什么不做什么……	沃尔沃：安全 百度：简单可依赖
	目标	企业想做成什么样？什么愿景	三星：追求一流 波音：永为先驱 脸书：专注于影响
		如何达成使命	
		成功的定义……	
	方式	如何做事？如何实现使命目标（方式）	3M：创新 华为：艰苦奋斗 脸书：快速行动 统一：三好一公道 海尔：创新 谷歌：不做恶也能赚钱 联想：精准求实
		我们的优势和特色是什么？与众不同处？我们靠什么成功？保持哪些优势	
		我们擅长什么？不擅长什么	
		我们有什么样的品格和精神？如何思考？需要保持什么	
		……	
	测量	什么是成功？如何判定成功	华为：自我批判
	修复	企业如何发展	GE：渴望变革 阿里巴巴：拥抱变化 新希望：自谦
		企业如何变革……	

续表

<table>
<tr><th>维度 1</th><th>维度 2</th><th>提示</th><th>举例</th></tr>
<tr><td rowspan="15">内部整合</td><td rowspan="3">概念和范畴</td><td>我们有什么共同的思维方式</td><td rowspan="3">万科：健康丰盛
脸书：“黑客”文化
丰田：乡巴佬精神</td></tr>
<tr><td>如何沟通和互相理解</td></tr>
<tr><td>有什么文化理念、意识形态或特殊语言</td></tr>
<tr><td rowspan="2">成员标准</td><td>我们身边的人有什么共同点？如何界定身份</td><td rowspan="2">阿里巴巴：激情、诚信、敬业
微软：正直诚实
松下：自觉守纪</td></tr>
<tr><td>对新成员有什么期待？他们应该有什么特征……
有什么值得弘扬的精神</td></tr>
<tr><td rowspan="4">权力权威美德</td><td>什么样的人可以得到权力和提升？谁能成为英雄？什么人是能获得地位和受人尊重的？如何衡量评估身边的人</td><td rowspan="2">阿里巴巴：胸怀、眼光、超越伯乐
京瓷：实力主义</td></tr>
<tr><td>什么样的品质精神是受到尊重的？谁是优秀的</td></tr>
<tr><td>如何决策、参与？权力的来源？</td><td rowspan="2">谷歌：网络的民主作风</td></tr>
<tr><td>组织与个体的关系……</td></tr>
<tr><td rowspan="3">关系准则</td><td>员工和管理者、同事之间、企业和成员保持什么关系？如何看待彼此</td><td>阿里巴巴：团队合作
百事：开诚布公
卡夫：相互信任</td></tr>
<tr><td>沟通的开放程度？信任、亲密程度</td><td rowspan="2">丰田：亲如一家
京瓷：伙伴关系</td></tr>
<tr><td>……</td></tr>
<tr><td rowspan="2">赏罚规则</td><td>什么样的行为和人会受赏或罚？底线和追求……</td><td rowspan="2">顺丰：诚信底线</td></tr>
<tr><td>如何界定赏罚？如何体现……</td></tr>
<tr><td>信仰</td><td>企业或管理者有什么特殊的信仰和共识……</td><td>京瓷：敬天爱人</td></tr>
</table>

通过以上维度的思考，可以显现那部分对企业生存和发展至关重要且相对完整的价值观体系，不论好坏，价值观都存在于企业中，必须保证这些价值观是真实的。通过右端案例可以看出，任何一个维度的价值观都可能是某个企业十分重要的价值观念从而被强调。从实用角度，这些价值观的相对重要性可以从它们在企业中的深入程度、与关键成功因素的相关度和对愿景的支持度等方面考量，以提升组织未来取得更大成功的可能。

2. 核心价值观

（1）企业的 DNA。

“生命诚可贵，爱情价更高。若为自由故，两者皆可抛。”裴多菲用简短的诗歌，揭示出核心价值观的真谛。在企业的价值观体系中，哪些是最核心的、不可动摇的？这些价值观是企业根本的、不需要外部调整的永恒指导原则。核心价值观是组织长盛不衰的根本信条，不能为了财务利益和短期权益自毁立场。

为了传播方便，有些企业只抓住核心价值观，如阿里巴巴、GE（小于10条）等。也有的文化宣言的体系相对完整，如京瓷（多达72条）。这跟企业实际需要、协调类型、传播方式及领导偏好有关。

（2）检验核心价值观。

核心价值观是企业的价值观体系中长盛不衰的核心部分，一般只有少数几个（3个以内），以下问题有助于检验核心价值观。

· 是否是始终追寻的，不管是否有益都会坚持？如果有人指出你坚持的核心价值观会使你在竞争中有所不利，是否还会坚持？

· 是否会向亲人形容这些价值观，并希望他们工作时同样坚守？

· 假如明天一早有足够的财富，是否还会遵守？

· 这些核心价值观100年后还会有意义吗？

· 如果你要建立一个全新领域的公司（不论什么行业），你也会注入这些核心价值观吗？

3. 将价值观合理分类

实践中混乱的价值观体系会让管理者和员工无所适从。对价值观做一些基本界定，有助于让价值观变得清晰而有效。将价值观分四类大有裨益：

（1）核心价值观。

核心价值观是企业的DNA，是企业独特性的源泉，是需要企业不惜一切捍卫的，是指导公司所有行动根深蒂固的原则，也是企业文化的基石。

（2）目标价值观。

是企业获得成功必须拥有的但现在还不具备的价值观，是企业发展和适应性的需求。目标价值观的确立不能与核心价值观矛盾或引起混乱。比如扎克伯格曾提出“注重质量，力求完美”的要求，这与facebook“唯快不破”的核心价值观可能存在冲突。

（3）基本价值观。

可以理解为底线，是行为和社交的最低标准。企业之间的基本价值观差异不大，因此不能作为区分，基本价值观对企业起到保护和预防作用。如顺丰的诚信基本准则：诚实正直，信守承诺。

（4）附属价值观。

是企业自然形成而非领导培植的，会随着时间的推移在公司生根。附属价值观能使企业更加融洽，也可能起到阻碍作用，如“师徒情义”。

上述分类从价值观的性质和作用区分，而不是从价值观的描述区分。比如，诚信（戒欺）在胡庆余堂既是基本价值观，也是核心价值观。

4. 如何提炼价值观

我们可以用两种角度去研究企业价值观，一种是以局外人的角度进行演绎，优点是全面，缺点是缺乏情境性；一种是以局内人的角度进行归纳，强调文化特殊性，但缺乏对情境以外的洞察。企业文化工作者可参考以下方法：

（1）企业文化模型分析法。

借助企业文化模型的维度，有助于简化思考，提供完整框架。比较经典的是联想集团在竞争性文化价值模型（Quinn）的基础上发展出“企业文化螺旋发展模型”，从目标导向、规则导向、支持导向、创新导向，分别衍生出四个核心价值观与之对应：“服务客户、精准求实、诚信共享、创业创新”16 字核心价值观。

另一种模式是确定一些维度来分析，比较典型的是青岛啤酒根据丹尼森模型，从使命、一致性、参与性和适应性四大维度，12 个小维度发展出青啤的文化细胞：诚信、和谐、开放、创新。这类模型关注组织内的平衡，为企业文化全面考虑提供了框架，但可能存在过于简化的缺点。

（2）富有洞见的归纳法。

研究表明，领导者决定了绝大部分的企业文化。由富有洞见的领导人与核心团队在专业人士的帮助下，通过归纳整理进行价值观的梳理和提炼，再进行分类和排序。常用的方法有头脑风暴、德尔菲法，优点在于实践性强，缺点是会受视野的限制。

可借助以下方式：

标杆借鉴：可借鉴先验特质，如《追求卓越》中卓越企业的八大特质，结合企业自身情况。尽管没有企业公开承认这种方法，不可否认“接近客户”“以人为本”“组织简单”等都是出现频率高的企业文化。成功企业实践经验具有普遍性，可借鉴标杆企业的文化实践，如汇川技术借鉴华为，赢家服饰借鉴京瓷。

全体参与：由核心团队提出初版后，应尽可能地进行全员广泛地反复公开讨论。这种方式不但能够有效提高洞察力，查漏补缺，同时过程本身是一种传播和认同。阿里巴巴从几十页价值观中选取“独孤九剑”又经 300 人会议优化成

"六脉神剑"；杰克·韦尔奇在两三年内动员5000多名员工进行价值观优化等。

积累挖掘：这种方式注重对积累素材的分析和整理，通过资料回顾和调查研究，如讲话稿、重要文件、企业资料和关键事件等内容的深入挖掘，提炼出真实可靠的企业文化核心。稻盛和夫通过对30余年积累的8000多条感悟笔记的筛选，整理出京瓷哲学78条。

（3）参考价值观量表。

一般认为价值观是企业文化的核心，因此大多数个体层面上的组织文化量表严格地说都是组织价值观的量表。可以参考一些成熟的组织文化量表的描述和维度，审视自身的企业价值观体系。比如，价值观量表（简称SVS）、价值观调查（简称RVS）、组织文化剖面图（简称OCP）等，这些量表在西方国家应用广泛，但它们大多以西方人为研究对象，应注意中国人存在"应然"与"实然"脱节问题。

组织文化剖面图（OCP）从团队导向、注重细节、进取心、结果导向、尊重员工、稳定性、创新七个组织文化维度进行测量。我在此基础上结合东方文化的特质，加入华人价值观调查（简称CVS）研究成果，增加道德纪律、融合与仁心、精神力量三个维度，编制了实用的东方组织价值观参考工具，如表1－4所示。

表1－4　东方组织价值观参考工具

工作热情	稳定发展	关系和谐	不断创新	社会责任	职责明确
冒险精神	职业成长	工作自主	井然有序	工作投入	注重细节
绩效至上	团队合作	同事融洽	以人为本	赏罚分明	追求真理
宽容大度	雇佣稳定	迅速果断	竞争精神	不受太多规则限制	积极进取
有清晰的经营理念	结果导向	克服困难敢于尝试	工作高要求	沉着冷静	直面冲突
不拘形式	表扬先进	互相支持	自我激励自我反省	信息共享	把握机会
适应环境	理性分析	声誉至上	质量至上	与众不同	追求卓越
诚信原则	规则导向	深思熟虑	公平公正	自我牺牲	谨慎小心
忠诚	服从执行	勤劳勤奋	包容	谦虚	团结
尊重传统	财富	安分守己	信赖	修养德行	尊卑有序
正义感	恩威并济	知耻	稳重	廉洁自律	爱国精神
诚恳坦诚	坚韧毅力	耐心	节俭	信用	感恩

本价值观参考工具包括了中西方常见组织价值观表述。回顾我国企业家的演讲稿，有很多诸如“坚韧”之类东方价值观。其他如忠诚、感恩、执行、团结、廉洁、谦虚等也非常常见，这些关乎道德的价值观相较更加稳定。

测试方法：表1－4提供了基本框架，宜结合本单位情况增减后使用。初步筛选后以Q分类法将测量条目按最期望到最不期望（最符合到最不符合）的尺度分类。

5. 形成价值观描述

通过整理提炼，描述完善（见价值观案例）后，可从以下方面检验。

· 描述是否清晰准确（可通过询问、辩论、质疑等方法检验）。

· 是否具有可操作性，能够转换成实际行动，是否可衡量。

· 是否实事求是，是否符合企业长远利益，是否能代表企业意志。

· 是否关联了关键的成功因素、是否支持愿景与战略。

· 是否关联了各利益相关者的需求，是否有基础支撑。

· 企业理念体系是否内在统一，没有矛盾，是否互相支持。

（六）职能文化或专项文化构建

1. 理清亚文化的基础

以实用为导向构建的亚文化理念可以称为职能文化、专项理念或者子文化，首先要理清亚文化的基础。

（1）多数亚文化以组织分组为基础。

常见的组织分组有：

· 按知识和技能分：研发理念（技术工作）。

· 按工作方法和职能分：制造理念、财务理念、营销理念、生产理念、采购理念、人力资源理念……

· 按产出分：服务理念（提供服务）、质量理念（提供产品）。

· 按地区分组：分公司理念体系、子公司企业文化理念体系、班组文化。

· 解决某部分人某些问题：安全理念、廉洁理念、会议理念、环保理念等。

（2）按阶层分组。

提得不多，如廉洁理念、执行理念……创始人的职业背景也可能决定核心价值观带有某些职能文化的特点，如汇川技术的工程师文化。

3. 职能理念确立原则

（1）实用导向。

企业文化宣言作为一种工具，在系统性和完整性的前提下，秉承实用性原则，即突出什么提什么、解决什么问题提什么，让企业文化职能理念成为各个部门展开工作的指导原则。

（2）谁用谁提。

专项理念或职能理念是帮助具体的某一部分人解决某类专项问题，应该在全公司企业文化的框架范围内，由履行职能的相关人士进行提炼总结。

4. 提炼方式

由各分组单位成员进行头脑风暴会议，讨论以下问题。

· 本部门的核心职能是什么？发挥什么作用？对整体使命达成有何作用（使命）？

· 本部门的员工对部门发展有何畅想和期望？对达成公司愿景有何贡献（目标）？

· 哪些要点能让本部门更好地实现价值、达成目标和使命？

· 哪些具体的做法和工具可以使用？

三、案例解读

（一）经典使命案例

1. 使命宣言案例 1（各角度的使命描述）

（1）客户角度。

华为使命：聚焦客户关注的挑战和压力，提供有竞争力的通信解决方案和服务，持续为客户创造最大价值。

阿里巴巴使命：让天下没有难做的生意。

（2）社会角度。

松下使命：贯彻产业人的本分，谋求社会生活的改善和提高，以期为世界文化的发展做出贡献。

（3）员工角度。

住友商事使命：实现富裕和理想。

日本航空公司使命：追求全体员工物质和精神两方面的幸福。

（4）产业链角度。

新希望集团使命：为耕者谋利，为食者造福。

2. 使命宣言案例 2（主要能力与价值范围）

沃尔玛使命：帮助顾客省钱，让他们生活得更美好。

百事公司使命：我们立志成为世界首屈一指的、主营方便食品和饮料的消费品公司。

万达使命：共创财富，公益社会。

国家电网使命：奉献清洁能源，建设和谐社会。

华泰集团使命：产业报国，造福社会。

丰田汽车使命：通过汽车创造富裕社会，追求人与社会、环境的和谐。

日本富士通使命：为构建舒适安全的网络社会做出贡献……

三一集团使命：品质改变世界。

GE 使命：最具创新能力的电气产品设计商。

百时美施贵宝使命：研发并提供创新药物，帮助患者战胜严重疾病。

3M 使命：永远用创新方法解决未解决的问题。

惠普使命：在技术上为人类进步和福利做贡献。

京瓷使命：提供深受顾客喜爱的产品及真诚服务，即提供质优价廉的产品，不断致力于新技术开发，提供优质新产品……

迪士尼使命：使人们过得快活。

3. 使命宣言案例 3（对各利益相关方的承诺）

GE 承诺：服务于我们业务所在社区，为客户提供创新的、高质量的产品和服务，保护工人和环境健康。

强生信条："五个负责"——我们的首要责任是对医生、母亲和所有使用我们产品的人负责；我们的第二责任是对我们一起工作的同仁负责；我们的第三个责任是对我们的管理层负责；我们的第四个责任是对我们所在的社区负责；我们的最后一个责任是对股东负责。

联想集团宗旨："四为"——为客户、为员工、为股东、为社会。

万向集团宗旨：为顾客创造价值，为股东创造利益，为员工创造前途，为社会创造繁荣。

国家电网宗旨：服务党和国家工作大局，服务电力客户，服务发电企业，服务经济社会发展。

万科宗旨：建筑无限生活——（含义：对客户……对投资者……对员工……对社会……）

蒙牛：公司的承诺——对消费者：提供绿色乳品、传播健康理念。对客户：合作双赢、共同发展。对股东：高度负责、长效回报。对员工：教育培训、成就人生。对社会：依法经营、强乳兴农、保护生态、回馈大众。

格力企魂：给顾客以精品和满意，给创业者以机会和发展，给投资者以业绩和回报。

（二）经典愿景描述

1. 愿景案例 1（自身目标）

腾讯愿景：最受尊敬的互联网企业。

三星电子愿景：领导数字，融合潮流。

英特尔愿景：超越未来。

三一集团愿景：创一流企业，造就一流人才，做出一流贡献。

邦泰愿景：中国有影响力的城市运营商。

联想愿景：高科技的联想、服务的联想、国际化的联想。

海尔愿景：创中国名牌，为民族争光。

2. 愿景案例 2（行业地位）

松下愿景：在 2018 年公司创立 100 周年时，成为电子产业 No. 1 的环境革新企业。

阿里巴巴愿景：成为全球最大的电子商务服务提供商（愿景之二）。

LG 电子愿景：在 21 世纪成为数字领域的全球领袖。

格力愿景：缔造全球领先的空调企业，成就格力百年的世界品牌。

万科愿景：成为中国房地产行业的持续领跑者。

百度愿景：成为全球知名的搜索服务商。

3. 愿景案例 3（规模与年限）

万达愿景：国际万达，百年企业。

娃哈哈愿景：使中国的娃哈哈成为世界的娃哈哈，实现基业长青。

华立集团愿景：创全球品牌，树百年华立。

阿里巴巴愿景：做 102 年的企业（愿景之一）。

佳能愿景：成为一百年、两百年永久发展，持续繁荣的“真正全球优良企业”。

迪士尼愿景：成为全球的超级娱乐公司。

4. 愿景案例 4（价值与梦想）

吉利汽车愿景：让世界充满吉利。

Facebook 愿景：链接全世界。

华为愿景：丰富人们的沟通和生活。

碧桂园愿景：希望社会因我们的存在而变得更加美好。

GE 愿景：使世界更光明。

苹果公司愿景：让每人拥有一台计算机。

谷歌愿景：组织全球信息，并使其普及、有用。

笔者注：案例4的愿景是广义的，需要解释和分解，才能发挥作用。

（三）企业精神案例

企业精神的作用常常先于表述，常见的企业精神表述方式有比喻式、人格式、陈述式、目标式及提炼指代式。

1. 比喻式

日本丰田精神：从毛巾中拧出水来。

王府井百货精神："一团火"精神。

2. 人格式

大庆油田精神：铁人精神。

太钢集团精神：李双良精神。

阿里巴巴精神：马云"永不言弃"精神（非官方）。

3. 陈述式

京瓷精神："自我燃烧""成为旋涡中心"等条目。

华为精神：责任意识、创新精神、敬业精神、团队合作精神（官方）；奋斗者精神、自我批判精神……（非官方）。

同仁堂精神：同修仁德，济世养生。

佳能精神：忘记技术开发就不配称为佳能。

4. 目标式

彩虹集团精神：敬人敬业，追求卓越。

联想精神：求实进取。

海尔精神：创造资源，美誉全球。

5. 提炼指代式

华为精神："床垫"文化。

Facebook 精神："黑客"精神。

东汽精神："泰山压顶不弯腰"（"5·12"地震时提炼）。

（四）价值观经典表述方法与案例

研究发现，价值观的表述可能差不多，但不同企业对价值观内涵的理解有很大差异。价值观的表达方式是多种多样的，要根据企业对价值观的理解和运用方式进行表达。不管怎么表达，最重要的是清晰、到位和真实。为了直观，笔者以"客户"价值观为例，罗列几个经典的描述加以简评，供各位参考。

1. 关键词解读式

联想核心价值观：服务客户。

· 内涵解释。

· 故事印证。

· 为什么要客户服务？

· 客户服务怎么做：5 点提示、7 个习惯。

· 客户服务自我检查表。

· 客户服务方面的自我成长计划。

联想的价值观解读全面、阐述合理，从知、信、行多个角度解读，系统实用，操作性强。

2. 价值观分解描述式

阿里巴巴六脉神剑之：客户第一。

· 客户是衣食父母。

· 无论何种情况，微笑面对客户，始终体现尊重和诚意。

· 在坚持原则的基础上，用客户喜欢的方式对待客户。

· 站在客户的立场思考问题，最终达到甚至超越客户期望。

· 平衡好客户需求和公司利益，寻求双赢。

· 关注客户需求，提供建议和资讯，帮助客户成长。

价值观考核条目描述：

· 尊重他人，随时随地维护阿里巴巴形象。

· 微笑面对投诉和受到的委屈，积极主动地为客户解决问题。

· 与客户交流过程中，即使不是自己的责任也不推诿。

· 站在客户的立场思考问题，在坚持原则的基础上，最终让客户和公司都满意。

· 具有超前服务意识，防患于未然。

阿里巴巴价值观呈现阶梯式的分解描述，清晰、准确、可操作，便于参照考核。

3. 谆谆教导表达式

京瓷哲学：经营之心——贯彻顾客至上主义。

京瓷创业之初是一家生产零部件的厂家。自创业之初起，京瓷就不是从属的承包企业，而是一家完全独立自主的公司。

所谓的独立自主，也就是要不断地创造出客户所期望的、有价值的产品。因此，在这个领域里，必须比客户拥有更先进的技术，必须凭借先进的技术在产品的交货期、品质、价格、新产品的开发等环节，全方位地满足客户需求。

这就要求经营者彻底改变陈旧的观念，以挑战的姿态去迎合客户的口味。满足客户的要求是经营之本，否则是无法持续获利的。

京瓷哲学循循善诱式的价值观描述，符合日本员工教育的做法和领导风格，具有感染力。

4. 直抒胸臆式

GE 价值观（前两条，摘自 GE 的价值观卡）：

以极大的热情全力以赴地推动客户成功……视“六西格玛”质量为生命，确保客户永远是第一受益者，用质量推动增长……

GE 的价值观直截了当、简短有力。

沃尔玛核心价值观：顾客就是上帝。

为了给顾客提供物美价廉的商品，沃尔玛不仅通过连锁经营的组织形式、高新技术的管理手段，努力降低经营费用，让利于顾客，还从各个方面千方百计地节约开支……对这些做法尽管有各种评论，但传达给顾客的信息却是：沃尔玛时刻为顾客节省每一分钱。沃尔玛公司采取各种措施维护顾客的利益，如在销售食品时，从保质期结束的前一天开始降价 30% 销售，保质期到达当天上午 10 点全部撤下柜台销毁。

在沃尔玛看来，顾客就是上帝。为了给顾客超值服务，沃尔玛想尽一切办法，沃尔玛要求员工遵守“三米微笑”原则，尽量直呼顾客名字，微笑时只能露出八颗牙等。正是这样，沃尔玛在顾客心目中留下了深刻的印象。

沃尔玛对“顾客就是上帝”的做法和表现进行了详细的说明，让人印象深刻。

5. 个性化表达

吉利的营销文化：经销商是爹，客户是爷。

吉利集团借用李书福的原话，富有企业家特色，直截了当又深入人心，堪称经典。

（五）亚文化表达案例

1. 吉利集团制造文化

用人品铸造产品。

做法：

三现主义：现场、现实、现物。

四项原则：贴近市场、敏捷制造、绿色工厂、和谐员工关系。

五零目标：零事故、零缺陷、零延误、零浪费、零库存。

六自管理：自律、自检、自觉、自主、自强、自豪。

2. 青岛啤酒的营销文化

· 营销团队基本特征。

· 营销团队文化的结构模型。

· 营销团队的理念文化——诚、知、行（诠释、内容、要求、作用）。

· 营销团队的行为文化——沟通、合作、分享（思维方式、行为文化）。

· 营销团队文化模型——团队目标、理念文化、行为文化、十大观念。

作者：陆斌冰，海融心胜联合创始人。研究方向：企业文化、组织与变革、亚文化管理、稻盛哲学应用及组织文化理论的实证研究。

第三节　工作中的仪式

工作仪式是企业管理的日常表现形式，它通过引导企业员工在企业中的行为习惯，形成独具特色的企业文化，使企业中的某些活动固定化、程式化。

一、工具属性

（一）工具的基本属性

工具的基本属性如表 1－5 所示。

表 1－5　工具的基本属性

联动工具	管理制度、作业流程、表格、会议、培训会等
适用范围	适用于企业文化理念展示与传播、管理制度宣贯、管理目标落地、团队建设、优秀氛围营造、强势企业文化形成等方面
主体与客体	全体企业员工、外部企业相关者、社会等

（二）工作仪式的意义

1. 有利于企业价值观的传播

精心设计的工作仪式用同一个主题贯彻整个活动，将理论性的、抽象晦涩的价值观等企业文化语言转化为形象生动、有形、可见的行为，在一种或庄严，或欢乐，或热烈，或随和的情境氛围中，让员工自觉不自觉地接受隐性教育，深化对企业价值理念的认识、理解，进而产生强烈的认同感。

2. 让成员产生强大的归属感、自豪感和向心力

在参与工作仪式、感受企业文化熏陶的过程中，员工充当仪式中不可或缺的一个角色，获得一种心理体验，发现自己的重要性，意识到自己是企业大家庭中的一员，企业的发展有自己的贡献和力量，从而增强员工的归属感和自豪感，提高员工的工作热情和对企业的向心力。

3. 具有较强的规范作用

工作仪式强调一定的程序、步骤、规矩和特殊的要求。如果仪式组织得紧凑、有序、意义深远，员工可以从中认识到行为规范的重要性；如果仪式组织得形式新颖、创意十足，则能让员工认识到公司对于“创新”的导向要求。

4. 激励员工的有效方法

激励包括奖和惩。奖惩仪式与企业文化对接，彰显企业的文化价值。比如，在年终奖发放上，年底举办颁奖仪式，选择现场发送，借助颁奖仪式从而带给获奖对象以荣耀并感染其他人。同时，企业可通过奖金的额度和奖项设定表述其价值取向和重视程度（这体现了企业文化的提升功能），更能提高员工对企业文化的认同感和对公司的归属感。

5. 使价值观的传播具有生动活泼的形式

抽象的价值观通过仪式的体现变化为有形、可见的东西，要是没有仪式，文化可能很僵硬。通过一定的仪式进行企业文化活动，使那些抽象的、口号式的企业文化语言变成生动的活动、具体的行为，进行形象化的表达，变得可视可解，有利于员工对企业文化的认识、理解和支持。这就进一步使企业的价值观向个人的价值观转化，对广大员工的心理和行为产生潜移默化的作用。

（三）基本原理

工作仪式，即企业日常经营管理活动中常规性的工作仪式，如工作例会、晨会、培训会、展会等。工作仪式是企业管理的日常表现形式，它通过规定企业家和员工在企业中的行为习惯，形成自己独具特色的企业文化，使企业中的某些活动固定化、程式化。

强调活动过程中的仪式感，能让人认识到神圣性与严肃性，从而在后期执行过程中推进工作。

企业文化是以观念的形式潜移默化地渗透于员工的思想，用以调节员工行

为，而在企业文化中，工作仪式是最直接的、更深层次的影响因素，其塑造强势企业文化的作用是毋庸置疑的。

在企业管理中，其实这种仪式感也是无所不在的，也为企业各项工作的顺利开展提供了有力的基础，特别是有些运用得好的管理者，还以此创造出了优秀的管理模式。

二、操作方法

（一）操作原则和要点

工作仪式的策划必须首先明确自身文化的本质内涵，要与企业精神、使命、愿景和价值观等紧密结合。

如果我们没有为自己的企业建立最能引发全员共鸣的独特使命、愿景和核心价值观、企业精神；没有为自己的企业设计完美表达理念精髓的徽标、旗帜和吉祥物、主题歌曲等形象工具；没有深入挖掘自己企业的历史故事与习俗，就无法找到富有深刻内涵和教益的神圣仪式。

工作仪式的设计要有广泛的参与性，不能成为某几个部门或几个人的游戏，更不能三分钟热度或三天打鱼两天晒网。很多企业存在“面子工程”意识和受制于经费的问题，对工作仪式的策划很难做到长期规划，往往是设计一次场面很大的仪式就草草了事，很难发挥长远的影响作用。

工作仪式具有文化角色体验作用。企业按照一定的仪式，把文化戏剧化为具体的形式，参与仪式的员工就成为其中的一个角色，使他们在感受企业文化意识氛围的同时，充当了意识中的一个角色，在工作仪式的情景下，获得一种心理体验，在思想、情感上得到陶冶和为仪式的庄重情景而信服，产生了认同感、使命感和自豪感。通过文化的角色体验，发现自己角色的重要性，感受到自己是企业大家庭中的一员，企业的发展有自己的贡献和力量，从而提高员工的工作热情和企业的向心力。

（二）工作仪式操作方法

工作仪式有很多内容、主题和形式，比如，晨会仪式、拜师仪式、升旗仪式、开工建设奠基仪式、新员工加盟仪式、庆功仪式、团拜仪式、授奖仪式、老员工退休辞别仪式、合作签约仪式、合资项目签字仪式、上班自警仪式、下班反省仪式，等等都属于仪式类文化形式。这些仪式，一方面是表现企业文化的内涵；另一方面是通过仪式凝聚人心，提高人们对企业价值观的认同度。

表彰仪式。企业塑造了自己的英雄或模范后，一般会选用表彰仪式来发布或强调这些英雄或模范的成绩。在我国企业中，这种表彰仪式司空见惯。

责任书签约仪式。目的是希望通过举办签字仪式，将工作通过目标责任状的形式确定下来，让各单位更加明确自身工作的责任和压力，增强大家的执行意识、责任意识，统一思想，提高认识，理清思路，推动各项工作在新的一年里再上新台阶。

升旗仪式。可以增强企业员工爱国、爱司、爱岗的责任意识和荣誉意识，塑造和培育良好的企业文化氛围，促进企业文化建设工作健康、有序发展，展示企业员工良好的精神风貌。

开会仪式。会议是塑造企业文化形象最直接的手段。开会仪式的重要性主要体现在：可以统一思想，把会议组织者的想法传达给每一个参会者；开会可以增加人脉资源，让会议参与者和组织者逐渐熟悉起来；开会可以让人从繁忙的工作中解脱出来，换一个心态和思路；开会可以发挥与会者的聪明才智，共同完成对某事的策划并做出决定。

任何一个会议，需要每个参与者精心设计。从开会的时间、内容、会议的参加人等都需要事先做好准备，有些看起来不起眼的会议，其实可以起到重要的文化宣导作用。

三、案例解读

（一）海尔6S大脚印激励仪式

6S是海尔集团实行多年的“日事日毕，日清日高”OEC管理法的主要内容之一。在海尔生产车间，在开班前、班后会的地方，有两个大脚印，被称为“6S大脚印”。它是一块60厘米见方的图案，红框白地上印有两个比普通人的脚都要大两圈的绿脚印，脚印的正上前方高悬着6S标语：整理、整顿、清扫、清洁、素养、安全。

“6S大脚印”既可以作为负激励的工具，也可以作为正激励的工具。违反了6S中的任意一条，工作有失误的或表现不佳，下班开会的时候，就要站到大家面前的这两个脚印上，自我反省，说明情况并教育批评。海尔称这种做法为负激励。这种基于羞耻文化心理的管理制度通过“负激励”，有效地规范了员工的行为。每日当班表现优秀的员工要站在脚印上介绍自己的先进经验，同大家分享好的工作方法，海尔称这种做法叫“正激励”。

（二）中粮干部年度述职仪式

中粮集团下属许多业务板块和子公司的负责人，要在每年规定的日期，统一到集团总部进行年度工作现场述职。

仪式现场情况是这样的：述职现场有考核人与述职人两部分人员。考核人包括了集团高管以及各职能部门的负责人。考核人坐于述职人的对面——老总、高管、职能部门负责人按座次落座。按照要求，述职人要在规定时间内向考核人面对面汇报规定的述职内容。述职结束后，各职能部门负责人要向述职人提出相关专业的问题，要求述职人马上回答。对述职人员的回答进行评估，如果回答不符合要求，述职人则会被责令重新述职甚至受到计入考核的处罚。

中粮集团通过在述职过程中营造的仪式感，达到了以下效果：第一，使述职人充分重视述职工作，述职人必须对本企业的业务烂熟于心，才能准确回答问题，避免了别人代为撰写述职报告的可能性；第二，通过这个过程营造总部职能部门的职能权威，避免形成地方人员尾大不掉，只认老总不认部门的情况；第三，促使述职人能够在工作中更加敬业，避免因为业绩等问题，在大庭广众之下出洋相，从而间接促进述职人的努力工作，提升工作业绩。

作者：杨克明，中国企业文化促进会工业文化专业委员会主任。

第四节　榜样的力量

一、工具属性

（一）工具的基本属性

工具的基本属性如表1-6所示。

表1-6　工具的基本属性

联动工具	企业内刊、培训、宣讲
适用范围	企业内部
主体与客体	全体员工

（二）工具作用

树员工身边典型人物是企业文化建设的重要手段，对企业文化建设起到有力的推动作用。通过员工身边典型人物看得着、听得到的事例教育广大职工，引导职工树立正确的人生观、事业观、价值观，为企业科学发展、和谐建设提供强大的精神动力和良好的氛围。

· 诠释企业文化理念内涵。
· 传承企业文化，烘托企业文化氛围。
· 塑造企业品牌。

（三）基本原理

通过典型人物，能够生动形象地将理念具象化，可以感染人、鼓舞人、带动人，将优秀品质人格化、具体化、形象化，把文化理念转化为可触摸、可感知、可学习的鲜活样本，更能让人以此为镜，反复检视自己、透视自己，从中查找自身不足。

树立员工身边的典型人物应该是一个系统工程，是一个分层级的组合体。按照评选的过程来看，主要分为两类：一是层层推荐、评选的；二是信息自动抓取、评定的。

在浙江吉利控股集团，通过评选的典型人物荣誉如图 1－4 所示。

· 吉利最高荣誉——书福奖。
· 年度综合类荣誉——年度先进工作者。
· 各类业务翘楚——业务标兵。
· 针对全员身边的榜样——奋斗者。

通过评定的有：针对一线员工的身边榜样——星级员工。

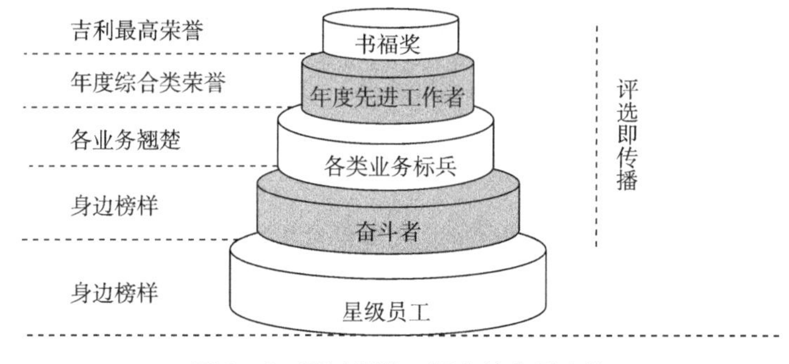

图 1－4　通过评选、评定的典型人物

二、操作方法

（一）使用原则及要点

全员参与：评选过程即企业文化传播的过程，让每个员工都参与其中，让榜样凸显标杆力量。

持续进行：评定过程则以积分形式自动升降，其中员工行为积分体系会对日常工作行为进行正向积分和负向积分评判，升降级体系自动实时做出星级调整。

（二）具体操作

1. 评选类奖项

（1）奖项设置：评选的过程即传播的过程，以书福奖评选为例。

书福奖：以吉利创始人李书福名字命名，是吉利内部最高荣誉。书福奖获得者是在平凡岗位上为吉利事业做出突出贡献、业绩品行皆为楷模的优秀员工，每年 10 名左右。

（2）评选过程。

初评：在每个子公司成立以总经理为组长的初评委员会，通过员工自荐或者科室班组推荐方式，将候选人提交本公司总经理办公室（企业文化系统）、人力资源部进行资格审查及测评。子公司开展候选人事迹宣讲会，全员参与，候选人亲自宣讲事迹，初评委员会成员和全员按一定比例进行投票，并将初评结果进行公示，无异议后提交各系统进行复评。

系统复评：各系统对各单位提报的候选人进行资格审查并复评。复评结果报集团进行终评。集团企业文化系统组织人员，对通过系统复评的候选人进行视频拍摄和组织优秀事迹采访。

集团终评：集团人力资源部联合纪检监察部、合规办、党群办对所有进入终评的候选人进行资格审查并召开集团终评会。候选人亲自宣讲，终评委员会进行投票。董事长有一票否决权，也可以在终评委员会提报的最终名单基础上填补不多于 3 人。所有名单在集团内部进行公示。

2. 员工星级评定

（1）评选规则。

吉利一线员工工作满一年后，即可参与星级员工评定，从一星级员工至七星级员工，分为 7 个层级。如图 1－5 所示。

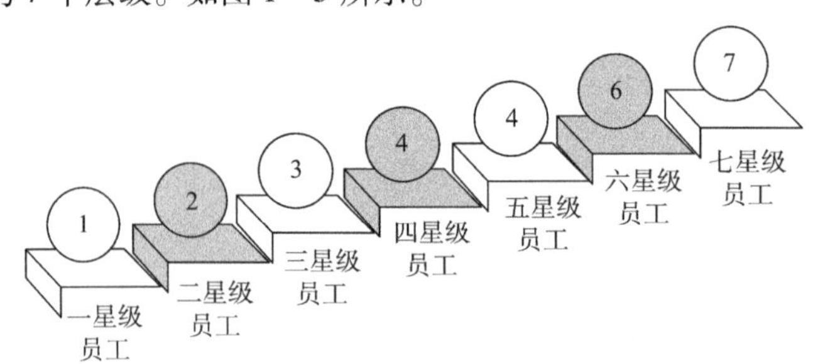

图 1－5 星级员工评定

基本要求：

1. 吉利工龄满3年（含）以上的员工；

2. 具有高尚品德，忠诚于吉利事业，认同吉利文化；

3. 为吉利发展无私奉献，有降低成本或提升效率或攻克技术/质量难关或取得突出销售业绩或取得重大创新成果或感人事迹；

4. 具有就业精神，用于承担责任；实事求是，敢说真话；严于律己、廉洁奉公；

5. 管理干部（科技以上）应以CPV绩效模型作为通用选拔标准。

否决项：

违反员工行为准则，并对公司造成重大经济损失或恶劣影响的员工，或有贪污腐败、在业务活动中收受贿赂的员工，或被集团组织监察部门、合规办及各单位总经办、人力资源部门作出处理决定的员工，不得参评。

图1－5　星级员工评定（续）

（2）评选标示。

每位星级员工都会得到一枚属于自己星级的圆形徽章，上面有员工姓名及相对应的五角星数量，佩戴在左胸处。

（3）指导思想。

星级员工评定指导思想——充分授权、严格监管、考核清晰、过程透明，遵循吸引人才、科学配置人才、培育多技能人才、人性化管理留人的原则，为公司发展提供充足的技能人才保障，同时收入公开透明化、多劳多得，实现全员岗位价值阳光化，营造人人比技能、赛技能的良好文化氛围。

（4）评定项目。

具体评定项目包括基准项、核心项、加分项、否决项。

基准项：特指同工种操作的工作经验，一般要求至少一年吉利工龄。

核心项：指胜任相应岗位所需达到的专业能力等级要求及行为能力情况，包含元动力指标达标、多技能岗位、员工技能提升理论考试、机械行业技能鉴定、培训学时几个科目。

核心项的评估维度主要分为工作技能、工作环境、工作强度和工作责任四个方面。工作技能指可顺利履行某工作职责所要求的最适宜的技能，以其培训、养成的时间长短为衡量标准；工作环境包括可能存在的苯类物质、高温、粉尘、光等危害的程度；工作强度指该项工作的弹性情况、作业姿势等；工作责任指该岗位的设备、工具管理责任及质量责任。

基于工作岗位的核心项标准制定（相当于将各岗位明码标价），其目的是为了在公开透明的形式下，鼓励全员不断提升技能，同时尊重奋斗者，给予高压力下的奋斗者高回报。

加分项：包括专业成就、业绩表现、集团内外专业表彰奖励等专业技能提升得到认可的事项，以及其他日常生产作业过程中产生的激励。

否决项：重大失误、过错。

员工在申报星级基准项和核心项后，开始累计计算加分项和扣分项，在有效期内分数累计达到晋升分数线，自动晋升。通过系统自动生成每一位员工的星级积分，自动触发“苹果”与“地雷”，实现员工星级的自动“升”与“降”。加分项在员工晋升上一星级后，扣除晋升星级分数线所需分数，超出分数带入下一星级，依次类推。如图 1 –6、表 1 –7 所示。

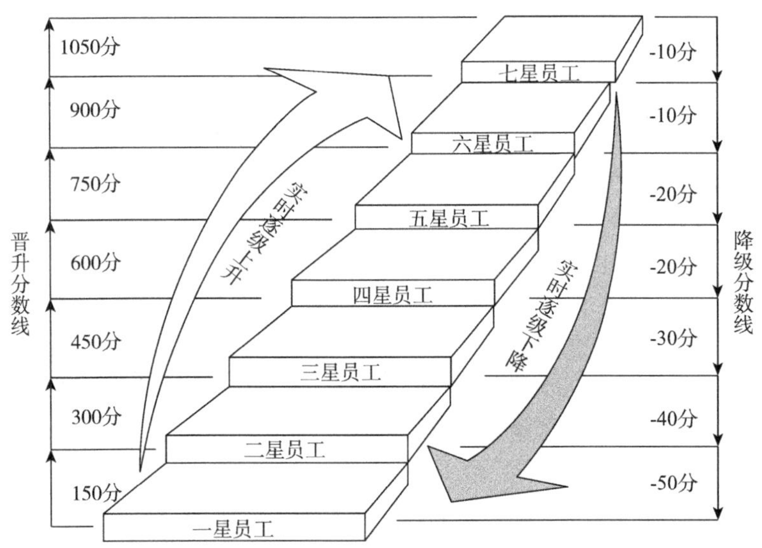

图 1 –6　星级员工晋升、降级分数线

表 1 –7　加分项和扣分项举例

积分类型	项目 1	项目 1	项目 3
创新型	成果维持	QCD	发明专利
学习型	学习计划	师资队伍	后备人才
和谐型	文化活动	获得荣誉	先锋事例
技能型	一会三	师带徒	
效益型	质量扣款	改善效益	
安全型	劳保用品佩戴	安全整改	

在工厂内设立多个信息化系统终端查询平台，员工通过系统终端触摸屏可以实时查询当前星级状态和行为积分，晋升到上一星级仍需多少积分，晋升核心项各科目具体积分达成情况，以百分数表示星级晋升进度，使努力目标更加明确。

三、案例解读

吉利集团通过设立身边榜样，特别是员工星级评定工作，营造学习星级员工、争做星级员工的良好工作氛围，激励员工自愿自觉参与培训，提升员工的整体素质和实际操作能力。星级积分、晋升状况实时动态管理，能上能下的机制，通过行为积分与绩效管理体系对接，激发员工立足本岗位参与公司元动力的积极性，进一步提高产品质量。

系统自动生成星级员工动态积分，实现星级晋升自动升降级，积分、晋升过程标准、公正。一方面，为管理者提供实时信息，针对个别情况波动较大员工采取措施，帮助其实现自身发展；另一方面，为评优定级提供科学依据，减少以前人为主观评价的缺点，增强管理过程的标准化。

颁奖仪式化：在司庆日给书福奖获得者颁奖。如图 1 - 7 所示。

图 1 - 7　颁奖仪式

获奖者访谈：针对获奖者举办座谈会，聆听榜样背后的故事，学习榜样的精神。如图 1 - 8 所示。

图 1 - 8　获奖者访谈

制作获奖者手模墙：采集获奖者手模，集中展示于各子公司复制的手模墙，增强获奖者荣誉感，同时激励员工向获奖者学习，打造良好的企业文化氛围。如图 1 -9 所示。

图 1 -9　手模墙

作者：叶万芳，浙江吉利控股集团、企业社会责任及内部宣传高级经理，创办《吉利汽车报》，曾先后负责内刊《吉利汽车报》（报纸）、《吉利汇报》（杂志）、《吉利车友》（杂志），微刊《吉利人》。历任企业文化经理，负责集团企业文化建设工作，企业社会责任部高级经理，负责 CSR 工作，重点推进吉利精准扶贫项目。

第五节　企业文化符号的提炼

一、工具属性

（一）工具的基本属性

工具的基本属性如表 1 -8 所示。

表 1 -8　工具的基本属性

联动工具	案例论证、专家文献、媒体、雕塑厂、文创基地、传媒公司
适用范围	树立行业标杆和影响力 企业品牌建设、文化建设、传播推广 核心文化理念具象化
主体与客体	公司领导、企业文化执行部门

（二）为什么要搞文化符号

文化符号是代表企业文化、具有高度影响力的象征形式系统，具有以下重要作用。

1. 践行社会价值理念

社会价值理念是主流的文化导向，该案例是建立在工匠精神基础上，选定在中国建筑史上具有深远影响的“样式雷”建筑文化艺术作为标杆，去践行和传承。

2. 梳理核心价值体系

“样式雷”传承下来的核心理念很多，中恒在自身文化理念基础上，提炼和吸收“诚信做人、自强不息、精益求精、通力协作、百年传承”的优秀理念与企业文化大纲，共同构成企业核心价值体系。

3. 挖掘文化遗产元素

“样式雷”家族掌案清代200余年的皇家建筑，故宫、天坛、圆明园、颐和园、承德避暑山庄、清东陵和清西陵等一系列的建筑艺术成为世界文化遗产，这些文化遗产背后是“人”的精神元素起重要作用，通过深入挖掘、二次升华，有利于继承中华民族优秀的传统文化。

4. 建立广泛传播机制

文化符号是一个载体，通过媒介传播，有利于宣传企业核心理念和价值导向；将文化符号进行二次开发的文化衍生品，进一步扩大传播范围，提升企业品牌号召力和影响力。

（三）文化符号的内涵和作用原理

文化符号是一个国家、一个民族、一个地域甚至一个企业独特文化的抽象体现，是文化内涵的重要载体和形式。文化符号可以是理念的载体、可以是领袖人物、可以是标志性建筑、可以是大事件的影响传承……

汉语、孔子、书法、长城、中医、故宫等文化符号，代表了中国文化符号在世界文化中的地位。

企业实践中的文化符号在此基础上一脉相承，通过文化符号，把握、感知企业乃至行业的价值观念，是建立企业文化自信的基础。随着企业实力的不断提升，凝聚成为员工、客户高度认同的核心文化，具有影响或引领行业的价值导向作用。

这里以中恒建设集团（简称中恒）“样式雷”文化符号的提炼升华为实践工

具案例，为企业文化符号的落地提供系统参考。

1. 何谓“样式雷”

“样式雷”是清代主持皇家建筑设计雷氏建筑世家的誉称。从第一代“样式雷”雷发达在康熙年间掌案伊始，先后有七代人在长达200余年的时间内为清朝工部样式房的掌班。

“样式雷”注重建筑与环境的协调配合，显示中国建筑布局艺术，就建筑的精度与广度来说，雷氏家族创造了世界建筑史的奇迹。国内已经列入世界文化遗产名录的单位，有近1/5是“样式雷”世家的建筑作品，创世界之最。

因此，“样式雷”代表了先贤匠心独运的建筑美学、匠气沉淀的实干精神，在国家倡导工匠精神的文化引领下，传承和发扬“样式雷”的精神与建筑文化是企业的历史使命。

2. 文化传承

中华文化源远流长，伴随着大国崛起、民族复兴，让世界聚首东方，聚焦中国。文化的传承与复兴是每个中国公民的责任和使命，我们生活在一个伟大的时代，见证民族的崛起；我们也生活在多元价值并存与冲突的时代，是听凭个体感性还是做出理性选择，这是一个需要高度重视的问题。

社会是一个组织，组织需要核心文化的引领。在提倡“大国工匠”的时代，中恒的“匠心精神 · 百年传承”不是一句口号，而是实实在在的践行，通过文化符号让思想升华到行为落地和广泛传播的高度。中恒只是千万家建筑企业的一员，但榜样和示范的力量是无穷的，他将成为“星星之火可以燎原”的起点。最后，尊重工匠、尊重建筑文化的观念，进一步深入人心。

（四）原则与要点

1. 核心前提

符合社会普世价值和企业核心理念，具有独特性、代表性和推广价值。

2. 类别划分

（1）传统文化艺术，包括文学、绘画、雕塑、建筑、音乐、舞蹈、戏剧、电影、曲艺、工艺等。

（2）文化遗产，包括物质文化遗产和非物质文化遗产。

（3）重要节日活动，既包括中国传统的春节、端午、中秋等，西方的圣诞节、感恩节、父亲节、母亲节等，也包括衍生创造的“中国好声音”“双11”“双12”等。

（4）基于企业核心价值理念的自我创造，如万达春晚、华为基本法、阿里太极禅等。

通过上述类别划分，在企业文化实践中，有的文化符号传承发扬，有的文化符号进行二次开发和挖掘，有的文化符号借助企业品牌影响力进行自我创造，引领风尚，让文化符号具有多样性，提升社会文化内涵。

3. 三个区别

（1）区别于吉祥物。吉祥物是赛事、企业标识及艺术创作的产物，适用范围比较小，文化符号具有广泛性和标志性。

（2）区别于艺术作品。艺术作品是在创作基础上的艺术呈现，文化符号可以融入艺术创作，但表现方式和手段比艺术作品更加多元化。

（3）区别于流行符号。社会不断进步会产生诸多流行符号，如摇滚、选秀、健美操、广场舞等，代表了某个阶段最时尚和最流行的符号，只有价值认同、经久不衰、持续传承的元素才是构成文化符号的基础。

二、操作方法

（一）操作程序

如图 1－10 所示，文化符号的操作程序具体包括：价值提炼、案例甄选、确定符号、二次创造、品牌规范、传播推广。

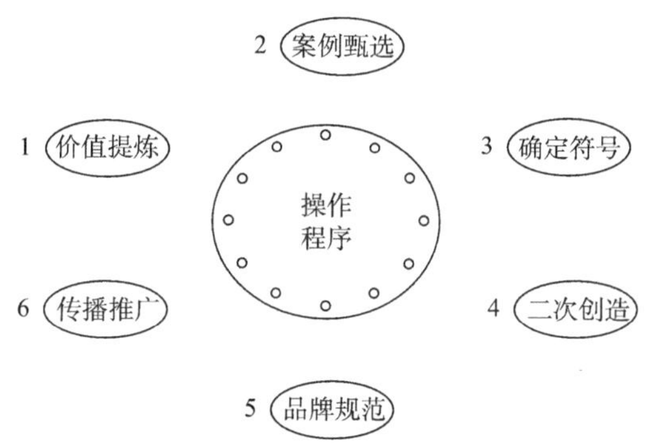

图 1－10　文化符号的操作程序

（1）价值提炼。

文化是企业的 DNA，价值理念决定行为，行为决定结果，重点把握愿景、使命、价值观。中恒以工匠精神为核心价值理念，提炼出“匠心缔造精品，传承建筑文明”的企业使命。

（2）案例甄选。

围绕核心价值理念，寻找与之对应的案例，包括历史文化、标志性符号、文化活动。中恒在体现工匠精神的时候，甄选过诸如技能大赛、参评鲁班奖、打造产业工人等多个案例，但是这些案例的共性在于，60%以上的优秀建筑企业都在践行，不具备标志性和独特性，通过梁思成《中国建筑史》深入挖掘“一家样式雷，半部建筑史”的雷氏家族，将建筑作品升华为建筑艺术和文化，符合“大国工匠”的价值理念，进行多方论证和考察后，确定“样式雷”。

（3）确定符号。

以案例作为参照，融合核心理念，需要物质符号进行具象的呈现。比如，华为体现“以奋斗者为本”，具象的物质呈现是“加班床垫”；阿里里巴巴组织体系建设，具象的呈现是“政委体制”；中恒工匠精神，具象和标杆是“样式雷”。

（4）二次创造。

这是进行深度挖掘的前提，重点从以下三个方面考虑二次创造的可行性：一是视觉规范；二是传播与推广机制；三是融入员工行为管理。

（5）品牌规范。

重点体现在品牌标识。历史上的孔子标识曾有多个版本，代表了不同历史时期的审美理念，在新的历史时期和国家建设孔子学院的时候，最终确定唐代吴道子绘制的孔子像作为规范。中恒深入挖掘“样式雷”的第一步除了梳理核心价值理念，重要的工作是规范标识头像，在北京故宫博物院、南昌名人园及“样式雷”族谱里，并没有统一的标识头像，于是聘请了滕王阁群雕和海昏侯根雕的雕塑创作大师对“样式雷”标识像进行了二次创作，四易其稿，汇集政府、雷氏后裔、史学界、新闻界、文学界、美术雕塑、古建等领导、专家，举办了专家论证暨新闻发布会，进一步增强了公信力和影响力。

（6）传播推广。

包括自媒体、新媒体和主流媒体推广，也包括文化衍生品的开发。

（二）如何运用文化符号工具

1. 庆典仪式

文化符号是建立在价值理念基础上的具象体现，仪式的庄重感体现出对文化内涵的敬重和敬畏。儒家的“仁义”、道家的“无为”、佛家的“禅修”均是文化理念的范畴，标志性符号是孔孟、老庄和释迦牟尼，千年流传下来的拜祭叩首、修行顿悟、授业布道等，均是仪式的庄重感和行为的常态化，最后达到“神形合一”。中恒创作《中恒“样式雷”训》，在年会上集体诵读，在开工仪式上集体朗诵，成为传导工匠精神的重要形式，如图1－11、图1－12所示。

图 1－11　中恒年会董事长聂吉利领头诵读《中恒“样式雷”训》

图 1－12　施工现场全体领导和项目管理成员齐诵《中恒“样式雷”训》

2. 文化培训

确立文化符号，需要通过年度、半年度工作大会、新员工入职培训、专题培训和专题授课的方式，并通过在线测试的手段（选择题＋填空题），让理念、规范、常识深入人心。

3. 整合传播

中恒“样式雷”在自媒体、新媒体平台开辟“中恒样式雷”专栏，定期进行知识普及；在施工一线，进行“样式雷”VI 设计落地推广；加大主流媒体推广比重，并在 CCTV 发现之旅频道推出《铸梦中恒》纪录片，以中恒“样式雷”作为切入点讲述“匠心缔造精品，传承建筑文明”的企业历程和未来愿景，如图 1－13、图 1－14 所示。

图 1－13　中恒在一线项目部建立“样式雷”VI 标化

图 1－14　央视栏目组进驻中恒进行“样式雷”摄制并播出

4. 文创作品

为了进一步扩大传播影响力，进行文创作品开发，精心编订《中恒“样式雷”知识手册》向全国客户和研究者发行，将标准像制作成办公室装饰品摆件、创作《中恒“样式雷”训》、制作竹简作为礼物等，实现传播方式多样化。如图 1－15 所示。

图 1－15　文创作品《中恒文化大纲》的“样式雷”视觉设计

5. 品牌建设

让文化符号升华为企业品牌资产和无形资产，需要扩大视野，站在业界乃至知识产权的高度建设品牌。中恒成功举办“样式雷”金像专家论证暨新闻发布会，启动外观专利申请加强知识产权保护，未来将设立“样式雷”建筑文化艺术奖、特色文化小镇等，借助政府力量，推动工匠文化、优秀建筑设计的评选，让匠心精神百年传承。如图 1－16、图 1－17 所示。

图 1－16　文化符号之“样式雷”金像专家论证暨新闻发布会留影

Baidu百度 样式雷金像闪亮南昌 百度一下

网页 新闻 贴吧 知道 音乐 图片 视频 地图 文库 更多»

百度为您找到相关结果约43个 搜索工具

中国"样式雷"金像闪亮南昌_江西_江西网络广播电视台
1天前 - "样式雷"金像专家论证暨新闻发布会在南昌召开。会议汇聚了30余位政府、协会领导,文史、新闻、美术、雕塑、古建、雷氏后裔、企业家代表等权威论证专...
news.jxntv.cn/2017/040... - 百度快照 - 评价

中国"样式雷"金像闪亮南昌_新浪江西_新浪网
1天前 - 中国"样式雷"金像闪亮南昌,2017年4月1日,"样式雷"金像专家论证暨新闻发布会在南昌召开。会议汇聚了政府、协会领导,文史、新闻、美术、雕塑、古建...
jx.sina.com.cn/news/zh... - 百度快照 - 1966条评价

中国"样式雷"金像闪亮南昌-搜狐
20小时前 - LatestNews雷氏资讯中国"样式雷"金像闪亮南昌文/谯锋秦犇2017年4月1日,"样式雷"金像专家论证暨新闻发布会在南昌召开。会议汇聚了政府、协会领导,文
mt.sohu.com/20170401/n... - 百度快照 - 1637条评价

中国"样式雷"金像闪亮南昌_中新网江西新闻
1天前 - 百年 中国"样式雷"源于江西,中国"样式雷"金像第一次闪亮南昌,将"样式雷"文化的传承与弘扬推向新高度。"中国样式雷"金像 工匠精神:中国"样式...
www.jx.chinanews.com/n... - 百度快照 - 417条评价

中国"样式雷"金像闪亮南昌

2017年4月1日 - 中新网江西新闻4月1日电(谯锋 秦犇)4月1日,"样式雷"金像专家论证暨新闻发布会在南昌召开。百年 中国"样式雷"源于江西,中国"样式雷"金像第一次闪亮南昌...
www.jx.chinanews.com.cn - 百度快照

"中国样式雷"标准像首次闪亮南昌
1天前 - 百年"中国样式雷"源于江西,"中国样式雷"标准像第一次闪亮南昌,将"..."中国样式雷"金像。(摄影:王健) 五个标准:"中国样式雷"像的前世今生...
www.chinadaily.com.cn/... - 百度快照 - 273条评价

中国"样式雷"金像闪亮南昌_中新网江西新闻
1天前 - 百年 中国"样式雷"源于江西,中国"样式雷"金像第一次闪亮南昌,将"样式雷"文化的传承与弘扬推向新高度。"中国样式雷"金像 工匠精神:中国"样式...
www.jx.chinanews.com/n... - 百度快照 - 417条评价

图1－17 “样式雷”金像专家论证矩阵传播“霸屏”百度

三、案例解读

（一）万达春晚的“极致”文化符号

《万达工作法》曾披露万达“春晚”是万达集团每年最大的一次盛会。万达文化旅游规划研究院的周××是2013年万达好声音的季军，2014年她还参加了《中国好声音》，她说能登上万达年会的舞台是她的梦想。那么，万达的年会和其他企业的年会有何不同？它有何魅力让员工把它当成“梦想”？

不仅仅是节目精挑细选、精彩纷呈，还因为对节目的编排及呈现的要求非常严苛，并将万达的“极致”精神、梦想荣耀的文化符号通过“春晚”的形式呈现出来。首先，导演来自第一阵营，央视副导演级别和地方春晚的总导演级别；其次，节目筹划、选拔、审查极为严格，先后要用半年时间，在彩排程序、主持人服装上都有严格的规定。

古人云：以小见大。表面上看万达的“春晚”是土豪行为，但万达的“极致”思维、执行效率业界尽知，能将年会如此当回事儿并且做到“极致”的有几家公司呢？

（二）中恒“样式雷”的“建筑工匠”文化符号

一提到“建筑工匠”，普遍的联想是楼宇建设、木工干活、泥工砌墙等，但背后用什么样的精神在承载，历史的标杆是谁，通过建筑作品传承下来的建筑文化与艺术如何体现工匠精神？在建筑领域，除了传说中的鲁班，真正深入人心的并不多。

纵观建筑历史，世界级的“普利兹克奖”，对象是建筑设计大师，美籍华人贝聿铭、中国的王澍曾获此殊荣；中国建筑界的鲁班奖，授予对象是精品建筑，代表质量最高荣誉。那么，缔造建筑文化与艺术的“建筑工匠”有没有参照系？除了部分活动，从官方到民间再到企业，还没有真正意义上的倡导和深入挖掘。

中恒作为拥有近40年发展历史的老牌建筑企业，将“匠心缔造精品·传承建筑文明”作为企业使命，通过对“样式雷”的二次开发和挖掘，让“建筑工匠”焕发生机与活力，具有时代意义。

附：《中恒“样式雷”训》

始祖鲁班　华夏圣灵
江西雷氏　匠心为魂
始于康熙　蟾宫德润
七代掌案　千秋功勋
创新卓越　奉献精品
人类遗产　名震古今
适逢盛世　孕育中恒
赣鄱崛起　天工传承
国内国际　世界经营
建设大业　利国为民
立足科研　创新引领
问鼎鲁班　匠心独运
用户至上　担当守信
精诚合作　开放共赢
百年守望　雷氏精神
建筑文明　永续传承

中恒后辈　谨从此训

立身处世　铭刻于心

作者：谯锋，男，籍贯陕西安康，擅长品牌战略定位、互联网品牌架构与社群运营、企业文化建设、矩阵式媒体整合传播，案例作品常见于搜狐、今日头条、中国江西网等。

第六节　企业历史读本

一、工具属性

（一）工具的基本属性

工具的基本属性如表 1－9 所示。

表 1－9　工具的基本属性

联动工具	有关企业发展过程中的文献、文件、重要决策记录、文字、图片、影像、媒体报道、实物等都应有相应的记录保存方式，有些条件允许的企业可以建立自己的博物馆和不同主题的展室
适用范围	企业历史读本是企业文化工作的重要组成部分之一，是传播企业文化的载体。根据企业的不同行业特性，企业历史读本可以影响与企业有关的人群，是企业员工、客户、本行业及社会各界了解企业成长的教科书
主体与客体	企业员工；客户、供应商、合作伙伴；行业系统；政府机关；媒体； 社会团体等关注企业的人群

（二）工具作用

企业家尤其是企业文化工作者更要从职业和专业化的角度去认知对企业历史读本创作的重要意义。必须学习研究企业和行业的历史，不断增强历史意识，学会历史思维，自觉培养历史眼光，以此来分析在企业成长过程中遇到的问题，吸取企业历史中的经验与智慧，按照历史发展的客观规律去办事。

· 企业历史读本是见证企业发展的记录，是企业文化传播与传承的重要载体之一。

· 是企业员工了解企业成长历程并为企业付出智慧与能量的精神源泉，是企业对客户群体、社会群体传播企业品牌与文化的推手。

· 先进企业的历史读本往往代表着企业所属行业的发展历史，具有在某一个时间段记录行业发展史的代表价值。

· 企业是社会的一部分，企业的历史也是社会、国家乃至世界发展的一个缩影，科技、政治、经济、人文等方面都呈现多方面的立体构成，所以，企业的历史也是社会与人类文明发展史的一个组成部分。

· 以史为鉴，读史明智。这是多少年来人们从对历史的研习中感悟的真理，学习历史，从历史中取得借鉴，是企业发展的永恒课题。当企业能够从历史中不断汲取力量、不断思考、不断创新、不断反省的时候，必定是企业健康地走向美好未来的时刻，这也是企业历史读本给企业与社会带来的最有价值的作用。

（三）基本原理

企业历史读本是由企业创立以来所发生和经历的重要事件构成的，也是企业员工与企业共同成长的记录。员工是创造企业历史的主体，也是形成企业文化的探索者与实践者，这里面有个体但更多的是群体。在所属行业处于领先地位的企业的历史，通常也代表着这个行业在某一阶段的发展历史。

许多成功的企业都将创业初期的历史场景用不同方式展现给后人，我们看到过惠普公司创业时的车库、联想公司创业时的传达室、夏普取得专利设计的圆珠笔等，这些不同方式的展示都向人们传达了一种理念：不忘自己的起点，不忘自己的历史，今天的成功来自于最初的信念。

由此可见，对历史的尊重和研究对企业的发展同样有重要和深远的历史与现实意义。企业家和每个企业文化工作者都要把对企业历史的研究与应用工作放到事关企业能否健康发展的高度。

二、操作方法

（一）编辑制作企业历史读本要注意以下几点

第一，尊重历史，尊重创造历史的那些人。企业的历史是由一代一代的员工创造的，尊重这些员工，和他们做朋友，就可以从他们那里了解他们所亲历的企业历史，这也是企业文化工作者必须具备的职业素质。

第二，学习历史，从历史的过往中吸取和发现有益的资源。企业的发展不都是一帆风顺的，高潮、低谷都有可能出现，企业历史读本就是要通过这些历史过往，客观总结其中的经验教训，给现实的工作与后来的员工带来有益的启发与指引。

第三，深入浅出，充分考虑阅读者对企业与行业的知识的掌握程度。企业历史读本不同于专业的行业知识专著，对广大读者要有一定的科普功能，更要从非行业内普通读者的阅读体验与理解角度考虑。

第四，真实准确，对史实的人与事都要做到信息、数据准确无误。

第五，宁缺毋滥，只写事实不编故事，不把没有证实的事件放入历史。

第六，图文并茂。在这个有图有真相的信息时代，一张真实的历史图片可以让读者身临其境。图片素材要靠日积月累，要有意识地以企业文化工作者的职业态度和敏锐目光去发现和聚焦企业在发展过程中的各种变化与决定性瞬间，为历史读本的选择和应用积累素材，否则，图到用时方嫌少。

第七，严格时间，按照历史发展的时间脉络提取有关素材资源。

第八，与时俱进，让历史结合今天的发展为明天的发展提供有益的养分和动力。历史读本不是简单的再现历史，而是需要企业家、企业文化工作者用深远的历史眼光去学习和认识历史，用深刻的历史思维方式去创新发展，企业的历史就是我们今后发展的教科书与方法论。

（二）操作方法及步骤

1. 时间要素

企业历史读本通常是在企业周年庆典、企业重大活动时发布，是企业文化的一个重要组成部分。

2. 编纂小组

组建编纂小组，由企业最高决策者担任小组组长（负责决策最终定稿与成书方式等），下设一个负责编纂小组日常事务的总协调人（协调编纂过程中人员及日常问题的协调、支援保障），读本编纂主笔一人（负责构架整个读本的结构与撰写），资料整理及文本文字处理人员若干，可根据具体工作量安排（负责对企业历史档案的文献实物等资料的查找、调阅，负责对主笔人的文稿进行誊写、核对并打印，负责对最后定稿的文字进行校对），读本成书制作协调人（负责读本的装帧设计、印刷出版事务）。这些小组成员是按功能设置的，具体执行需根据工作量设置，有些人员会一职多能，由具体人员素质确定。

3. 开研讨会

组织召开企业历史读本编纂研讨会，主要参会对象为企业的老职工，可根据不同工龄段和不同岗位员工召开不同主题的回顾与访谈（涉及不同时期的战略制定、重要事件、重大项目、主要经历、决策与实践者）。

4. 文献素材

由熟悉企业发展历史情况人员组成企业历史影像图片搜集审定小组，主要工作是征集和甄选有关企业历史的影像图片资料用于企业历史读本入册。同时也要对比企业发展的变化，拍摄新的影像及图片（使用原则是历史影像要真实，新的拍摄图片要有美感）。合格入册的图片是构成企业历史读本的重要组成部分，如有可能最好标注图片拍摄时间、出处等。

5. 读本构架

对企业历史读本的叙事结构提出有关的设计方案，对各结构点上的标题进行斟酌（企业历史读本的主体结构涉及企业发展的各个方面，但又不是简单的企业年代流水账，要根据不同时期发展所形成的不同特色与重要事件确定。企业的发展是立体的形态，展示出的特色应该也是立体的，所以主要标题要涉及战略、科技、管理、文化、市场方面，包括国家政治、经济、科研等宏观环境的影响等因素。避免在一个方面单一地叙事成册，成为产品样本或者先进人物表彰文集）。

6. 核实论证

确定与核实企业历史读本所涉及的事件及人物，历史读本不同于文艺创作，要真实，不能任意想象，许多事实要经过多方核实认证，要经得起时间的考验。事实不清的素材可以不采用，不能带着疑问发布，涉及技术与科研的数据更要做到客观、准确。

7. 图文并茂

关于企业历史读本编辑工作涉及阅读与传播的把握原则，历史是由人创造的，所有读本内容涉及的人都是看得见、摸得着的，这样就构成了我们在把握历史读本的可阅读性上的选择机会，企业的产品可能是机械的、科研的、技术的、数据的，但是构成这些事物的人是鲜活的、有思想的、有趣味的。

有目标地采用企业发展过程中的人物的思想活动与行为记录，这样就避免了历史读本中只有事件和结果的记录，让历史鲜活起来，避免读本只是机械数据化的累积（因为涉及历史人物，很多企业会有一定的争议，尤其对读本成型的决策者是一个考验，因为企业在不同时期有不同的问题存在，为避免争议，很多企业采取只记录事件而不涉及具体人物的方式。其实这种方式不值得采用，历史是客观存在的，不应该用现在的得失去衡量历史的价值）。

8. 传播发布

企业历史读本的设计、排版有不同的方式，如传统纸质图书、画册、挂图等，也要考虑现在多媒体传播的方式，适合传统互联网和现在常用的移动互联网等媒体。传统纸质媒体也有内部传阅和市场发行等手段，要根据企业的实际情况安排，因为涉及读本的内容与出版发行机构的审核等。新媒体发布可设计与读者产生互动的有关链接等程序，这样可以及时了解读本发布后取得的效果。

（三）对企业文化读本的反思

是不是客观？我们对过去发生的事情是否有客观的、实事求是的态度，决定了这个读本的历史与文化价值。

书稿反复核对后的重要数据是否还有遗漏？

内部交流还是市场发行的远见与短视？很多企业历史读本可能就是这个行业的发展史。

印刷纸张的选择与后期运输成本，纸张的重量与成书的印量。

文献档案与图片采集需要制度化，是一项长期工作，只有长期记录才能有素材可用，尤其在重视知识产权的今天，用自己的历史素材最有说服力。

企业历史读本不是报喜不报忧，要成绩更要反映问题，这样才能给后面的人带来思考与启发。

撰写者尽量选择本企业内部的人员，熟悉企业各个阶段情况，文字可能不如外来代笔的作家好，但真实、接地气，更有企业特色。

三、案例解读

（一）北京无线电厂建厂50年编辑制作的企业历史读本——《走过五十年》

这是2006年北京无线电厂创立50年时编辑制作的企业历史读本，该读本由企业自己完成编辑创作，通过对企业从1956年创立开始到2006年不断发展的50年历程的认真梳理，从多个角度立体地展示了企业成长的过程。如图1－18所示。

图1－18　《走过五十年》

读本记录了“牡丹”收音机及其系列电子产品的创立与成为我国著名品牌的成长历史，鉴于“牡丹”收音机在研发、设计、生产、市场反应等方面的代表性，“牡丹”收音机的成长历史也代表着我国在这个阶段的行业历史。

（二）思路分享

关于读本名称《走过五十年》，这个读本是为北京无线电厂建厂五十年厂庆编辑创作的，由于着重企业的成长历史，所以采用了《走过五十年》这个名称。作者原本建议为《国色》，本意为国企本色，也借助唐人诗句“唯有牡丹真国色，花开时节动京城”中的“国色”二字比喻“牡丹”这个代表中国电子工业著名品牌的历史，也考虑这本书如果进入市场发行的可能性。最终决策者还是采用了稳妥的书名《走过五十年》，而且读本也没有在市场上发行。后来《国色》成为记录“牡丹”收音机发展历史纪录片的名字。

我对企业经历的五十年历史做了认真细致的梳理，从中找到了一些规律和叙事要点，决定用“10 个 5 年”来分阶段地展示这段岁月。每一个 5 年都有所处时期的侧重点，“10 个 5 年”这条时间线构成了企业的历史脉络，用 10 个标题展现了企业不同时期的风云变幻。

· 重要历史图片，按历史沿革展示企业重要历史事件图片。如图 1－19 所示。

图 1－19　历史读本《走过五十年》厂容变迁

· 企业产品沿革图片（如图 1－20 所示），按照时间线排列企业影响重大的产品图片，这也算是企业产品的历史表述，图文并茂，一目了然，社会读者可以迅速通过图述了解企业的产品路程。

· 企业沿革图表：按照时间顺序采用表格方式体现了企业 50 年所经历的行政体制变化过程。

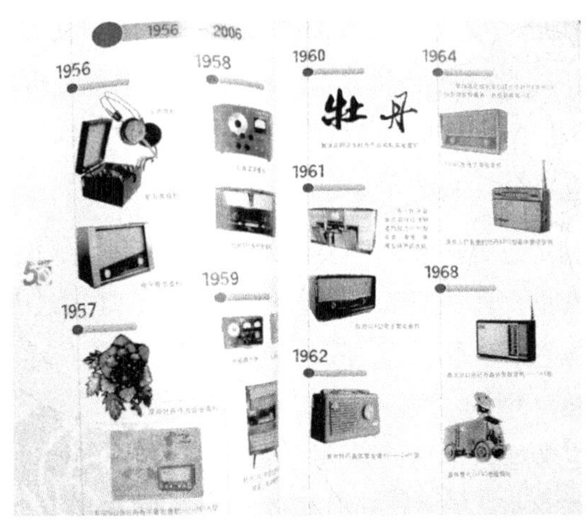

图1－20　历史读本《走过五十年》产品沿革

· 企业主要产品名录表：按照时间顺序记录了企业主要产品的型号、名称。

· 企业主要产品、技术获奖情况表格：按时间记录企业的科技、技术进步获奖情况。

· 企业大事记：按照时间顺序采用简短文字，简述企业50年的重要事件。

· 企业员工名单（如图1－21所示）：按照入厂年代把在企业工作过的所有员工名单列入历史读本。以人为本，尊重每个为企业发展做出努力的人。许多老员工看到读本中自己的名字时，眼中含着动情的泪，企业读本以这个方式向所有员工表示最崇高的敬意，让员工在精神上获得极大的归属感与自豪感。

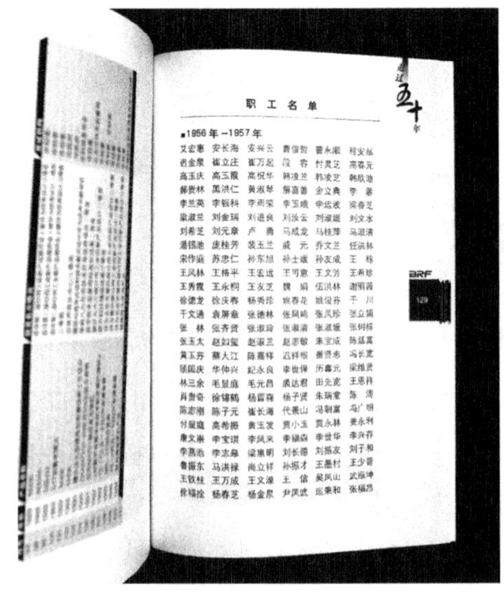
职工名单

■1956年－1957年

图1－21　历史读本《走过五十年》员工名录

（三）工具后记

上述是10年前制作本企业历史读本《走过五十年》的一些感受，每个企业的具体情况有所不同，因为是工具书，我尽量只谈创作操作过程。

我在自己所属的企业工作了36年，是两代人都在这个企业，所以对这个企业了解得多一些，写作更顺利一些。很多新企业建立时间不长，所以希望这些企业在创立之初就要从企业文化的战略角度对此有所重视，尤其是素材的积累，需要企业里面的有心人。

2004年，北京的媒体发布了一条广告，内容是在北京经营电器行业的大中电器创始人张大中花重金召回自己在20世纪80年代下海创业时期在街边销售的自制落地灯，最后用6万元收回了20年前客户用6元购买的落地灯，实现了用万倍的回报感谢当年购买他创业初期产品的人的承诺。为什么很多企业家在取得成功之后才想到要寻找最初的历史证明呢?

作为一个企业文化工作者，我要感谢企业创始人，是他在创立初期就意识到企业历史对未来发展的重要性，从制度上建立企业历史元素的积累程序，在建设物质文明的同时也为精神文明的传播打下了坚实的基础。

企业的历史读本《走过五十年》完成以后，受到很多行业内和收音机爱好者的关注，他们认为我们的企业做了一件非常有意义的事情，这本书基本可以代表中国1949年以后收音机行业的发展历史。

由于技术的发展，收音机行业与过去几十年市场状况相比有了很大的变化，许多当年的收音机生产企业都不存在了，可惜的是那些企业几乎没有留下从企业文化角度记录与评价企业成长的历史读本。

企业历史读本还有很多种表现方式，比如，日本松下公司的松下幸之助年表，从企业家出生开始记录个人历史，同时贯穿松下企业的重要历史事件、产业发展道路。包括松下幸之助的自传，也是图文并茂地记述着他与企业的成长历程，都是对人们有启发的企业历史读本。如图1－22所示。

历史读本可根据不同的需求设计成繁简不同的形式，如图书、看板、折页、视频、多媒体传播等，企业可根据实际情况设计制作。

每个希望健康成长的企业时刻都在创造着自己的历史，未来的成功取决于当下的努力。企业历史读本记录着企业的昨天，是今天成长的教科书，更是预示明天的启示录。

做好企业历史读本这项工作，既是物质文明，又是精神文明，两个文明缺一不可。只要企业存在一天，就有其存在的历史，能否从战略的高度重视自己的历

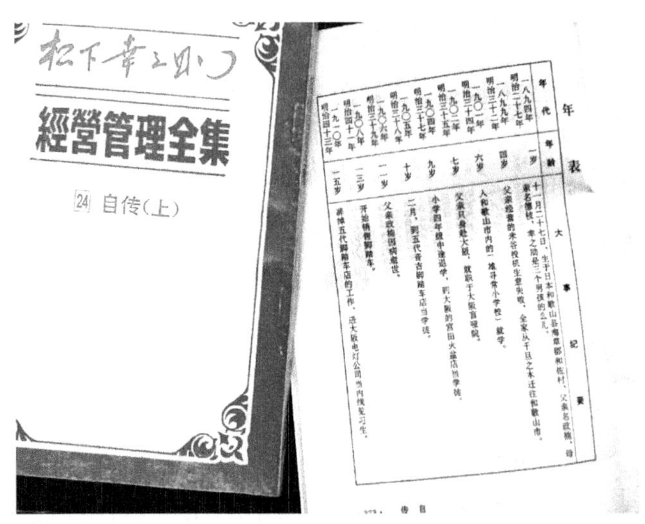

年表

年代	年龄	大事纪要
一八九四年 明治二十七年	一岁	十一月二十七日，生于日本和歌山县海草郡和佐村，父亲名政楠，母亲名德枝，幸之助是三个男孩的幺儿。
一八九九年 明治三十二年	四岁	父亲经营的米谷投机生意失败，全家从千旦之木迁往和歌山市。
一九〇一年 明治三十四年	六岁	入和歌山市内的"雄寻常小学校"就学。
一九〇二年 明治三十五年	七岁	父亲只身赴大阪，就职于大阪盲哑院。
一九〇四年 明治三十七年	九岁	小学四年级中途退学，到大阪的宫田火盆店当学徒。
一九〇五年 明治三十八年	十岁	二月，到五代音吉脚踏车店当学徒。
一九〇六年 明治三十九年	一一岁	父亲政楠因病逝世。
一九〇八年 明治四十一年	一三岁	开始销售脚踏车。
一九一〇年 明治四十三年	一五岁	辞掉五代脚踏车店的工作，进大阪电灯公司当内线见习生。

图 1-22 《松下幸之助自传》年表

史，体现了企业家更高格局的思维方式，是每个企业文化工作者展示自己专业化能力的一个重要领域，反映着企业文化工作者的综合能力。一部优秀的企业历史读本可以更快地提升企业的社会影响力，为企业的健康发展起到促进作用。

具有战略发展目光的企业家们，历史与未来是由你们带领员工共同创造的，走向辉煌的明天从记录今天的脚步开始，祝你们成功。

作者：沈方，北京人，祖籍江苏，北京无线电厂高级企业文化师。常年从事企业形象、品牌、广告设计策划工作，工艺美术师。1998 年创建“ether 益泰”品牌，任品牌及企业文化管理人、企业报纸内刊主编，为多家企业提供品牌及文化设计推广咨询服务。2005 年创立“smarticon 神马特爱看”摄影工作室，任摄影师独立撰稿人。

第七节　企业文化主题年

一、工具属性

（一）工具的基本属性

工具的基本属性如表 1-10 所示。

表1-10　工具的基本属性

联动工具	企业内部宣传平台及外部宣传平台，包括OA、期刊、海报、论坛、宣传栏、平面媒体、新媒体、培训课程等
适用范围	企业文化主题年策划必须与企业的经营管理有效黏合，要将企业年度所确立的主要理念，贯彻落实到经营管理的各个层面，并保持对信念执着的坚守，从而推动企业持续发展
主体与客体	企业内部员工；客户、渠道商、供应商、合作伙伴；政府机关、行业协会等

（二）工具作用

企业文化的本质是为经营服务，是一种高效经营之道。企业文化主题年的本质是每年解决一个关键问题、每年完成一次重要的突破。用一支旋律来带动全员，用同一种声音来唱响全年。

企业文化主题年是管理变革的重要举措，确保年度企业文化建设规划的有效落实。文化主题年与企业年度发展规划相呼应，通过确立相应的运营型组织，开展各类活动，包括价值评价、流程再造、绩效管理与激励机制的深入变革实现企业的管理目标，进而实现企业与员工共同发展，用文化提高工作效率，用文化提升企业活力，推进企业持续健康发展，为公司发展提供强有力的文化支撑和精神动力。

企业文化主题年是对企业文化的巩固继承和开拓创新，确保年度企业文化建设工作与实际运营无缝对接。企业在长期发展过程中，积淀并形成独特的企业文化。在企业发展的不同阶段，企业文化所包含的企业理念及价值观有着不同的时代内涵。在企业转型期，在对原有文化的继承中进行巩固和创新，找准“变”与“不变”，用企业文化主题年引领企业转型发展。

塑造企业品牌，通过主题年的宣传推广，展现企业创新管理思维和变革措施，对内提升员工责任感和敬业度，对外树立品牌企业形象。

（三）基本原理

在新的一年里，企业的领导者都在思考，如何用一种声音统领全体员工的思想和行为，增强凝聚力、激发创造活力，共同实现全年的经营目标；如何采取有效措施，真正发挥杠杆作用，对企业的管理效率和经营业绩产生实质性推动，使公司有计划、有步骤地向既定的目标迈进。开展企业主题年活动，确定企业年度内的工作重心，每年解决一个问题并实现全局化的创新和突破。

1. 顶层设计和基层实践相结合

企业文化主题年的制定不能只靠上层“一厢情愿”，要把顶层设计和基层智慧、顶层拉动和基层推动结合起来，使变革规划更具系统性、整体性、协同性。首先，要从企业发展的战略角度，强化宏观构建和前瞻思考，根据“战略地图”，提炼勾勒与企业战略目标相吻合的企业文化年度主题，找准关键字。其次，关注基层对转型战略的执行及对年度关键字的吸收情况，倾听基层呼声，不断强化年度重点文化因子，让基层员工深刻理解企业转型的坚定信心和方向。此外，企业管理者要身体力行做好年度重点文化因子的倡导者、宣传者和践行者。

2. 管理变革和环境营造双管齐下

确立年度主题后，就要改变传统的管理方式与方法，从组织架构、责任机制、激励机制和约束机制等方面建设新的管理机制，通过管理的变革来完成文化转型。围绕年度主题，以管理人员的思想变革为切入点，以点带面，进而由管理人员向团队成员进行对内传播和深化，并通过一系列的管理机制和措施推动年度主题目标的落实。

在环境营造方面，通过主题年海报、宣传栏、期刊等目视系统，以及企业OA专栏、微信平台、网络等渠道，进行立体式、全方位的宣传和推广，并策划年度专题，由浅入深，横向拓展、纵深拉伸，多维互动，让员工随时随地感受企业的变革之心以及变革之路，让员工积极投身到企业的变革实践中去。

3. 注意企业与员工共同成长

根据年度战略规划，完善相应的人才激励机制和考核机制，对员工进行职业规划，使员工职业成长与其对企业的贡献成正比例。当企业与员工共同成长时，员工才会发自内心地与企业同呼吸、共命运，进而实现企业年度目标。

二、操作方法

（一）使用原则和要点

企业文化年度主题为年度经营目标服务，与年度经营计划合拍。即要建立全局化和系统化的“经营思维”，站在战略的高度看待和规划年度企业文化主题，运用企业文化创造的策略和方法，采取切实的行动推动实现年度经营目标。

重点突出，针对性强，每年制定一个文化主题并围绕该主题落地。做到重点突出、有的放矢，集中力量做好一项关键要务，年度重点工作均围绕年度主题布局和规划。

项目具体，切实可行。依据年度主题，确立年度开展的项目，每个推进项目要细化和具体，要切实可行。

（二）操作步骤

企业文化主题年规划的制定流程如图1－23所示。

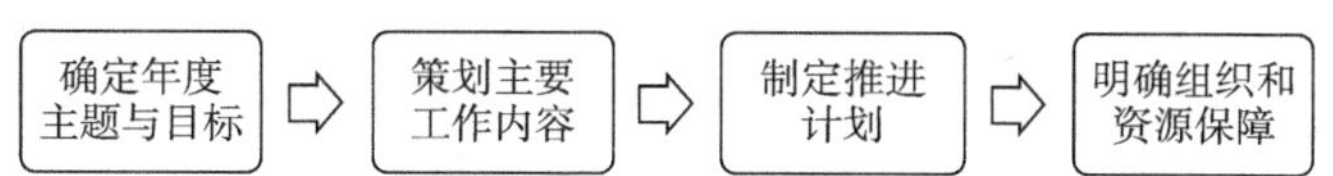

图 1－23　企业文化主题年规划的制定流程

第一步，确定年度主题与目标。

企业文化建设年度主题的确定依据：要遵循三结合原则，既要依据企业文化中期规划的总体部署，又要依据下一年度的经营目标和计划，还要依据当年经营管理中存在的突出问题进行分析和诊断，以问题为导向，以经营计划达成为目标，从而筛选出年度主题。

广泛征集各方建议集中分析研讨、比较筛选，通过研讨会、调研或高层访谈等方式，广泛收集各职能中心和业务板块的建议，找出各方的共性问题，确定出最突出、最需要解决的重点问题。如图 1－24 所示。

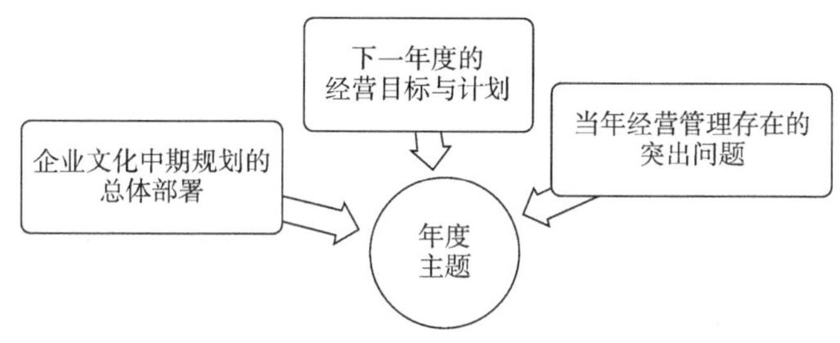

图 1－24　年度主题

将所筛选的年度主题形成优选提案，报经高层决策，提炼主题口号，据高层的决议明确年度目标任务。

第二步，策划主要工作内容。

围绕年度主题，依据企业文化建设的基本原理和流程，多层次思考切实有效的解决之道。

企业文化主题年策划的主要内容如表 1－11 所示。

表 1－11　企业文化主题年策划的主要内容

主要内容	说明
主题年年号	主题年主题的最凝练、最准确、最传神的表达
主题年口号	对主题最贴切、最具感召力的诠释性标语
主题年视觉形象	专门为主题年设计的图文标识、海报及宣传片等
主题年目标任务	在年度主题下需要达成的具体目标和阶段性成果
保障与激励机制	完善和出台与主题年的主题密切相关的、确保主题目标实现的一系列保障、考核、激励政策和措施

续表

主要内容		说明
实施计划	内部造势活动	围绕主题年的主题，统一策划、开展一系列的企业内部宣传造势活动，如主题年启动仪式、培训、研讨会、比赛、团队训练、企业周年庆典、年会等
	外部推广活动	围绕主题年的主题，策划、开展一系列的企业形象、品牌宣传、产品营销推广活动，比如，主题年新闻发布会、经销商/供应商会议、终端主题促销活动、媒体广告和软性宣传文章

第三步，制定推进计划。

将年度主要工作和形式进行合理的安排，形成计划方案。制定分阶段主要活动、工作任务及时间要求，并确定活动宣传的形式，明确活动开展的要求及制定相应的工作程序。

制定企业文化主题活动计划表（如表 1－12 所示）。该计划表主要用于企业文化活动实施的计划安排，以便进行企业文化活动的统筹和安排，一般由企业文化活动策划及具体负责执行人填写。

表 1－12　企业文化主题活动计划表

活动主题	活动类别	活动目的	活动形式	活动时间	活动地点	参与对象	人员规模	活动负责人	活动执行人	需配合事项	备注

第四步，明确组织和资源保障。

建立企业文化推进组织机构（包括领导机构、专职管理部门、实施小组、宣贯队伍），完善各项制度（宣贯制度、激励等）、制定企业文化活动预算以及考核管理办法等；要求各部门要认真落实活动方案，特别要注意将活动覆盖到基层员工。

方案中的活动将纳入各部门管控指标体系，根据开展情况和成效进行考核评价。

（三）如何运用

企业主题年计划操作指南：

企业文化主题年计划落地要“五入一出”，即“入脑、入心、入制、入行、入形、出绩”。主题年倡导的理念在员工思想层面的落地，即理念的“入脑、入心”；主题年理念在企业经营管理制度中的落地，即主题年理念的“入制”；主题年理念在企业运营和员工行为层面的落地，即理念的“入行”；主题年理念在企业产品、生产工艺、物质环境、员工精神面貌乃至于一切企业形象中的落地，即理念的“入形”；但是，这还不够，判断企业文化主题年实施成功与否的最终标准是“出绩”，即企业的经营业绩是否得到了提高、企业的战略目标是否得到了实现。

（1）确立组织机构。

为加强活动的组织领导，需成立活动领导小组，对活动开展情况进行检查和督促，并设定相应的组长、副组长以及组员，以各部门为单位开展活动。具体由企业文化部门负责活动的促进，并对活动的开展情况进行阶段性的检查和监督。

（2）拟订具体计划。

企业文化主题年系列活动是一项年度渐进的系统工程，具有实践性和渐进性，在活动推进中要按照全面规划、分步实施的原则分阶段进行，同时突出重点，分步实施，逐渐提高。

（3）有效分解任务。

制定“企业文化主题年”的几个不同阶段，确立不同阶段的重点任务和时间要求，明确各经营管理阶段的执行理念，并开展相应的宣贯传播。

（4）策划特色活动。

围绕年度主题，策划一系列的特色活动，通过活动的开展让广大员工进一步了解企业的经营目标和规划，并将企业的要求自觉转化为行动来落实。

（5）精心组织实施。

每一个确立的活动方案，均需进行精心组织落实。每个活动环节均体现企业的变革之心，从而让员工深谙企业提倡的行为规范和准则。

（6）及时总结改进。

在每个阶段活动开展之后，要进行及时总结和改进，以便在下一阶段的工作活动中持续优化和完善。定期开展管理审计工作，对经营管理决策与执行的理念匹配性，进行阶段性的检查、总结反思，及时发现整个组织的信仰偏差，并提出改进方案。

（7）注重实际效果。

对企业运营行为考核评估与持续改进。参照经营管理理念的要求，对各环节的工作进行定期考核评估，公布考评结果，对表现突出的业务模块给予表彰和事迹宣传；对存在欠缺的行为表现，提出改进建议，以持续改进、优化。

三、案例解读

万科主题年如表 1－13、图 1－25 所示。

表 1－13　万科主题年

年份	主题年年号/主题词
2012	向着阳光奔跑
2011	境由心生　知止无界
2010	城市，让生活更美好
2009	零·壹
2008	虑远积厚　守正筑坚
2007	大道当然　精细致远
2006	变革先锋　企业公民
2005	颠覆·引领·共生
2004	成就生活梦想
2003	生活无限
2002	客户微笑年
2001	网络联盟年
2000	职业精神年
1999	团队精神年
1998	职业经理年
1997	客户年
1996	质量管理年
1995	资金年

图 1－25　万科主题年设计示例

图 1－25　万科主题年设计示例（续）

（1）1995 年主题：资金年。

万科身处资金密集行业，结合国家提出的宏观调控政策，通过分析 1994 年集团存在的问题并结合 1995 年业务特点，提出资金年的主题。1995 年将在重点发展房地产业务的基础上继续完善包括贸易、工业、文化、股权投资组合在内的策略，连锁零售业务已被本集团确立为新的业务增长点，未来将大力拓展。万科逐步将一些新的居住模式和理念引入人们的生活。

（2）1996 年主题：质量管理年。

随着买方市场的形成和成熟，顾客越来越重视工程质量，而万科地产视质量是企业的生命线。万科提出全面质量的概念，贯穿整个房地产开发过程。一是选项质量，地产开发首先是房地产开发品种的选择，如别墅、居民住宅、商铺、写字楼等。二是建造质量，在逐渐成熟的买方市场下发展商都很重视选项，质量建设过程中的质量管理非常重要。三是发展商和客户的关系质量，强调物业管理始终把为客户提供优质满意的服务当成公司的经营理念。

（3）1997 年主题：客户年。

万科要求集团各级管理人员善待客户，并从善待为客户提供专业化服务的员工开始。善待客户、尊敬客户、让客户满意是集团重要的经营理念，没有客户的满意就没有公司生存的意义。顾客不仅是购买商品的人，而是所有的人，包括公司内部的职员和外部的顾客。职员满意、顾客满意和公司满意三者会互相回报。

万科提出了健康丰盛的人生的八大标准，公司在与员工共同创造健康丰盛的人生时，为员工创造一个发展的空间，并通过提供适当的工作指导和专业的培训机会帮助员工提升工作能力。

（4）1998 年主题：职业经理年。

1998 年提出职业经理年的管理主题和“专业追求　永无止境”的口号，推动万科业务经营、管理的专业化进程。从工作观念、管理技能、专业技能等方面提出万科职业经理的核心素质，并强化职业经理阶层，有效运用训练有素的职业经理队伍将直接推动日益专业化的企业提高竞争力。强调专业化精神，促使职业经理持续进取、保持创新的活力，同时通过合理授权等一系列措施，为职业经理的专业素质转化为生产力创造空间，加大培训力度，培养职业经理，提升其工作效率，并通过企业文化塑造职业经理的激情和持续进取心态。

（5）1999 年主题：团队精神年。

1999 年，决定为万科团队精神年，正是职业经理年的丰富和延续。组合也是生产力，1999 年新春伊始重新分工，王石宣布辞去万科集团总经理职务。辞去总经理职务的王石继续担任万科集团的董事长，总经理一职由原常务副总姚牧民接任，原集团副总郁亮任常务副总经理兼财务负责人。此外，万科提出了团队合作和梦幻组合的要求，强调发挥每个成员的优势，如何用其所长、补其所短，是团队迈向成功的关键所在。从人力资源和管理效率的角度，对万科的职业经理的素质和才能进行合理配置，从而实现更优化的组合，使团队发挥出威力。

（6）2000 年主题：职业精神年。

延续 1998 年的职业经理年和 1999 年团队精神年，2000 年提出职业精神年，倡导万科人要心存梦想，创新更和谐，以人为尊，与环境共生。

（7）2001 年主题：网络联盟年。

互联网的迅速崛起，在开发商和顾客之间构筑起直接、便利的沟通渠道，促使双方从引导走向对等。在网络时代，房地产开发商应当成为互联网上的一个结点，中心概念消失，开发商要转变角色并与多方紧密联系。面对越来越挑剔的购房者，面对竞争对手越来越严峻的冲击，面对中国加入 WTO 的市场压力，在网络时代下，就要讲求整合、联盟。

（8）2002 年主题：客户微笑年。

客户是万科永远的伙伴，没有客户的支持和敲打，就不会有万科的今天。因此，2002 年，万科提出客户微笑年，万科以你的生活为本。以客户为中心，提升客户的满意度和忠诚度，努力打造客户满意的产品和服务。

（9）2003 年主题：生活无限。

2003 年，生活无限——用心入微，分享点滴关怀。成就梦想，共享精彩未来。这提示万科要回到精神的原点，生活无限是一个新的层面和一个新的开始。同时，提出职员对理想生活的梦想也是万科的梦想，万科对发展与成功的向往也是合作伙伴的向往。

（10）2004 年主题：成就生活梦想

万科细分市场，为不同客户提供适合他们需要的住宅产品此时已成为万科新的发展目标。开展磐石行动，推出倡导改善住宅质量，成就生活梦想，在满足客户对住宅品质的追求上，成就客户进而体现万科建筑无限生活的美好愿景。

（11）2005 年主题：颠覆·引领·共生。

颠覆：颠覆惯性时代，拥抱变革时代；引领：引领行业发展，推动持续增长；共生：携手合作伙伴，共同成就未来。

（12）2006 年主题：变革先锋　企业公民。

历史未来，共襄和谐。说明万科 2006 年将要做一番创举，带动行业，吸收历史经验，吸取历史教训，团结合作，和谐发展。

（13）2007 年主题：大道当然　精细致远。

在持续深入的变革中，将义不容辞地担起行业先行者的责任，同时，通过脚踏实地的精耕细作，在通往基业长青的道路上迈出新的步伐。大道当然：行业领跑者的位置不仅意味着业绩和能力领先，还意味着更广泛的社会责任和引领行业健康发展的使命。万科人需要对行业产生更大的影响力，促进行业朝规范、公平、高效和可持续发展的方向不断进步。万科必须走“精细管理，有效运营”的可持续发展之路，方能基业长青。随着公司快速、大规模地增长，万科必须完成新阶段的变革，即围绕客户导向、资源整合、组织架构与员工能力、风险管理体系四方面打造竞争优势，在保持高速成长的同时，实现“有质量增长”的战略目标。

（14）2008 年主题：虑远积厚　守正筑坚。

回归到质量这一最本源的问题，力图通过产业化技术的持续推进和产品质量的切实改善，为企业的长远发展奠定坚实的基础。未来只有那些真正创造价值的企业才能在这个充满竞争的行业中长存；只有那些转化资源效率最高、能以最低消耗创造最高性价比的产品的企业才能最终赢得胜利者的桂冠。万科意识到只有回到市场逻辑的起点，不断强化自身的能力，才是应对一切市场变动最简洁、最有效的终极策略。

（15）2009 年主题：零·壹。

这一主题词的解读是“万象更新美好明天”。零既是原点，也是起点。万科将放下往日的成功，修正过去的不足，以永远年轻的锐气，将每一天视为新的起跑点，象征着希望，也代表着行动。“千里之行，始于足下”，从现在开始，万科将一步一步、脚踏实地，与股东共同迎接美好的未来。

（16）2010 年主题：城市，让生活更美好。

万科较为准确地把握住了城市发展的方向，造就了万科往日的成功和今日的地位。“与城市共同发展”这一原则不会变化，如养老住宅、旅游度假物业等细分市场的形成、绿色建筑（倡导节能环保）。

（17）2011 年主题：境由心生　知止无界。

文化、价值观、理念决定了一个组织所能到达的高度。志存高远、尊重各类相关主体、有质量增长、可持续发展，这是万科一贯的追求与理念，永远不会改变。这是支撑万科取得今天成就的力量，也是万科未来继续前行的根本。企业存在的理由是能为社会创造价值，企业的边界在于对社会需要的遵从。坚持客户导向、报效股东、尊重社会等取舍和自律原则，万科才能获得可持续发展的空间，才能实现追求卓越的理想。

（18）2012 年主题：向着阳光奔跑

这一主题词的诠释是——“冬练三九，创造健康人生；日善毫厘，成就健康企业”。万科相信，只有珍惜冬日的时光，才能更早跟上春天的步伐；只有通过每一步的积累，才能到达理想的彼岸。万科相信，只有健康的体魄，才能更好适应季节的变化；只要心存坦荡，阳光会指引我们正确的方向。这是万科全体同仁的共勉。

作者：谢凤婷，深圳市金溢科技股份有限公司企业文化负责人，金溢科技品牌与文化管理委员会委员，任《金溢时代》主编。

第八节　企业文化辩论赛：文化越辩越明

一、工具属性

（一）工具的基本属性

工具的基本属性如表 1－14 所示。

表 1-14　工具的基本属性

联动工具	企业媒体、部门间会议、内部培训、新员工入职、领导宣讲、行业媒体、人力资源媒体、企业间辩论赛
适用范围	核心价值观落地，员工行为准则引导，部门沟通理解渠道，新员工入职引导
主体与客体	领导、企业文化执行部门、全体企业员工

（二）工具作用

文化本质是一种选择，而辩论天然地就是选择，并为选择辩护。

口者，心之门户，智谋皆从之出。辩论算是人类文化的重要组成部分，自古以来便是探求真理的常用方式。

古希腊的哲学辩论，如苏格拉底在大审判厅的辩论，点亮了哲学之光；遥想春秋战国，儒道法墨，合纵连横，各种思潮激荡、学派交锋，催生文明灿烂星空；三国演义中，诸葛亮舌战群儒，“是抗曹还是降曹”主题大辩论；宋代陆九渊和朱熹的“鹅湖之会”；民国时代白话文论战；改革开放时期市场经济与计划经济之争……

辩论的价值在于真理越辩越明。在此过程中，辩论都是价值观之争、理念之争、客户之争、信众之争，谁赢得辩论的胜利，就意味着谁的“文化”获得了认同、信服，谁占领了“思想阵地”。

辩论过程绝非强制服从，而是深度说服，以理服人。这恰恰就是文化的过程，也是目标。因为企业文化落地生根，不是企业强制性的单向灌输，或者单纯地行政命令服从（当然，文化落地天然地具有强制性），而是双向的全员共建。因此，个性崛起的时代，应当重视并有效应用辩论。

企业文化辩论赛的主要作用：

（1）将价值观与企业实践有效对接落地。

辩题选择，可以紧密结合企业日常管理实践。将理念在管理动作、员工行为中的事例、现象生动地呈现出来。在正反观点交锋中，符合企业文化的理念、行为就能明确提出，从而引发辩手、观众、评委、读者等思考。而经过公司层点评、选择，就能明确公司的理念选择。

（2）创造开放包容的文化氛围，提升活力。

与其让员工猜测、疑惑、私下议论，不如直接抛出问题，从而创造开放、包容的文化氛围，提升员工的参与感、学习力和创造力，形成主人翁意识。

（3）发掘企业文化故事，敢于呈现不足。

正反方辩论中的观点争鸣，需要论据佐证。这势必会发掘出企业文化中典型性的优秀员工故事，以及文化缺位或不达标的负面现象，从而鲜活地呈现企业核心价值观和行为准则中“提倡什么和反对什么”。

（4）发现企业内文化建设人才，壮大团队。

辩论本身能够锻炼辩手的逻辑思维能力，对文化和管理的思考、理解力、表达和演说能力、团队协作能力等，而过程中他们的文化认同度、理解力更高，会成为文化建设在各部门、岗位的骨干，有助于搭建文化梯队，助力企业文化联络网和传播网的形成。

（5）吸引关注和引起共鸣。

语言交锋、竞技，有可感性、观赏性，又有智慧思辨的乐趣和快感。文化形式必须考虑受众，关注市场需求，可以从《中国诗词大会》《中国成语大会》中得到启迪。

（三）基本原理

如图1－26所示，辩论会的组织过程、形式只需要按照辩论的正统模式，适当结合企业特点，进行个性化设计。

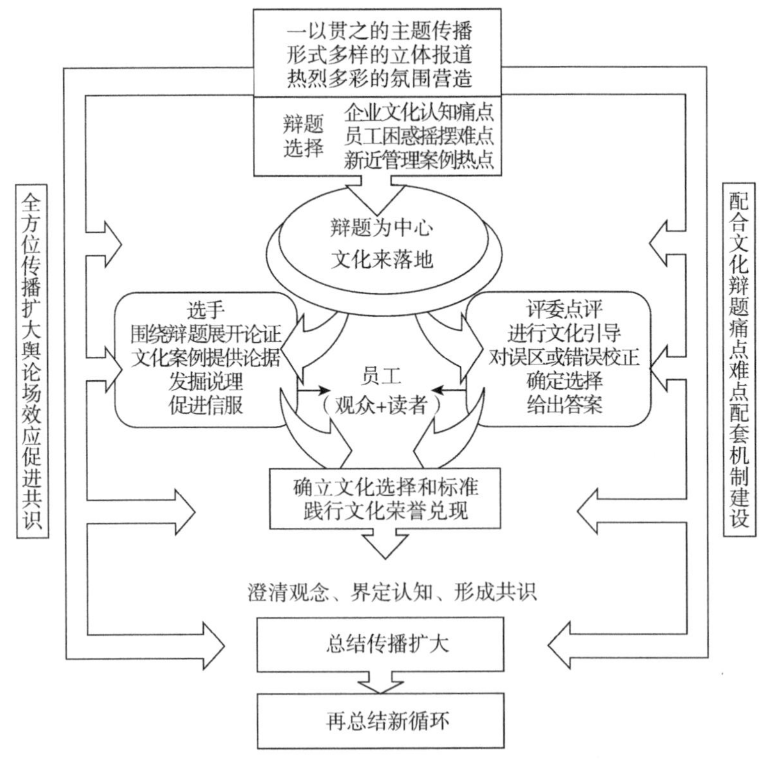

图1－26　企业文化辩论赛

关键点在于辩题设计，如文化就是选择，辩题选择本身，就是文化导向、判断标尺。

辩题设计关键是抓“痛点”。切忌选择一些不痛不痒、无关紧要的辩题，把文化辩论弄成了娱乐会演。

企业可以在自身文化大系统下考察，充分发掘当前员工认知上最疑惑、最摇摆、最分歧的问题，提炼辩题。

需要注意，辩论会不要局限在“会”本身，赛场本身是以小时计费，因此要充分发掘会前、会中、会后的整体气氛营造、传播推广，加强文化落地。

辩论可以分为线下和线上两种形式：

线下即传统认知的辩论会。其赛程可根据规模大小，设置初赛、复赛和决赛等，由此调动各部门，层层选拔，形成有节奏的刺激，引发全员的关注和话题效应。

辩论会具有“秀”的基因，有现场感、有可看性，是首选也是必选。以其为中心，能全方位调动员工，也能全方位地进行气氛铺垫。

线上辩论类同“论战”。以媒体为平台，展开笔战、论战，是观点争鸣、澄清误区、开宗立派的有效手段。比如，文言白话之争，民国文人的笔战，可参阅《鲁迅与他的论敌》一书；韩寒参与的各种笔战等；房价是上涨还是走低的辩论；张艺谋电影是越来越好还是越来越差……从早期的博客到现在的微博、微信，辩论双方你来我往、以笔为枪，都是为了说服人相信自己的观点。

线上辩论的关键是发现与公司文化不匹配、不和谐、不统一的现象（线下辩题设置道理相同），敢于揭露、善于分析、长于传播，或者是大家争议较多的现象、难点，如某个制度推出产生异议就可以展开辩论，观点鲜明，形成话题，引发员工高关注、广参与，最终达成共识。

二、操作方法

（一）操作原则与要点

1. 总原则

不止辩论会，任何文化活动，都不是目的本身，而是达成目的的形式，而文化落地要和公司管理实践紧密结合，不能成为空中楼阁。如公司推进项目制，辩题设置就可以向此靠拢，使文化与管理紧密互动。因此，辩题小组可以由企业创始人、总裁、高管确立。

辩论会的主题聚焦，必须配套其他传播、培训、评优、绩效引导等形式，辩论会能澄清理念、界定行为、达成共识，但能否入脑入心，实现行为转化和习惯养成，需要组合拳。失去文化理念多维度的组合，文化形式容易沦为一场文艺表演。

辩论会本身设置，必须给出符合公司文化导向的结论。让每个辩题本身都成为一种情境下企业的选择。比如，“绩效考核时应该/不应该考察客观情况”“下大雨员工迟到该/不该处罚”，每个企业的选择不同，关键是你的企业如何选择。

2. 需要避免的误区

（1）辩题选择，隔靴搔痒。

辩题必须接地气，紧扣企业文化现状和管理实践，不要夸夸其谈，和企业文化离题万里。

一些企业组织辩论会，在辩题选择上为了省时间实行“拿来主义”，不管和企业有无关联。比如，有的企业辩论“酒香不怕/也怕巷子深”“现今社会更需要理想主义/现实主义”，这种辩题虽然也能和企业文化关联，但距离太远，辩论结论和员工关联度很低，无疑是对机会、时间、人力的浪费。

企业辩论会的目的是解决企业文化落地的问题，不能成为“吃瓜群众”的自娱自乐。

（2）少数人玩，多数人看。

在企业里，有才艺、性格活泼、有时间参与的人占比较小。很多活动，往往总是那几个人参加。组织活动，包括辩论会，要尽量规避“少数人玩，多数人看”。在组织过程中，对不同环节设置不同的参与门槛，在保证辩论会本身的基础上尽量扩大参与的广度。

要记住，活动发动和连接越多的人，活动的影响力就越大，越能深入人心。可参考一些选秀、明星真人秀等，学习其和观众互动、连接的技巧。

比如，辩题的投票选择、辩手的评分构成、对辩题的外围支持、论坛或留言互动、啦啦队……都可以让观众参与。在某次组织辩论会上，把辩论题用情景再现的方式展现，由员工表演，既喜闻乐见，又最大化地动员更多员工参与。

（3）活动顺利，大功告成。

任何企业搞文化活动都应该遵循小活动大传播、大活动巨传播的原则。很多企业搞文化活动，因执行层级考核方式所限或理解程度不同，往往以把活动做完为标准，以活动顺利进行、领导看着满意为目的。

有的企业辩论会往往在执行上控制过紧，双方辩论选手严格“剧本化”，缺少自由辩论的智慧碰撞和灵感交织，弄成了“群口话剧”，削减了感染力。

（二）操作方法和步骤

辩论会形式很成熟，一般可以分为预选赛、初赛、复赛、半决赛、决赛。若企业规模小，可以省略预选赛、复赛和半决赛。

1. 选拔辩手

在自荐、推荐的基础上，让选手无题目或设置题目演讲，内容不限，时间要求 3 ~5 分钟。设置题目，可同题目，或分题目抽签，进行不同比较。

也可以采取答辩式。组成 3 ~5 人的考评团，向辩手一一提问，由辩手“舌战群儒”，从而考察辩手的临场反应、解题思维、语言表达能力。可参考节目《奇葩说》《超级演说家》等。

2. 活动流程

在流程设置上，包括辩论报名、组队、辩题选择或推荐、辩论现场等环节。

辩论组队可在全公司内自由组队，一般比赛前数日，由组织方通知参赛队伍辩题，每个辩题由 2 支队伍参加，正反方由各队代表抽签决定。

一般情况下，初赛实行淘汰制，进入复赛或决赛，再根据初赛排名进行组合，从而排定冠军、亚军、季军。

辩论赛现场还分为立论、攻辩、攻辩小结、自由辩论、嘉宾提问、总结陈词等环节。

比赛分组：每组可由 3 ~4 名辩手组成。

立论阶段：由正反双方的一辩选手来完成，要求立论能够正确阐述己方的立场，框架明确，语言通畅，逻辑清晰，一般是 3 分钟。

攻辩阶段：双方的二辩、三辩或四辩选手来完成，旨在针对对方的立论发言进行回驳和补充己方立论观点、扩展立论方向，并巩固己方立场。互相问答，要求问、答均简洁明确，回答方须正面回答提问方提出的问题，重复提问、回避问题均要被适当扣分。每一轮 2 分钟，需要计时。

攻辩小结：正反方一辩选手进行攻辩小结，1 ~2 分钟。

自由辩论：正反方自动轮流发言。提倡积极交锋，重要问题不回避，已明确回答不纠缠，违反者适当扣分，限时 4 ~5 分钟。

嘉宾提问：现场嘉宾经过讨论可向每队提一个相关问题，被提问队队员均可作答或补答，时间为 1 分钟。

总结陈词：正反方三辩或四辩选手总结陈词，总结本方立场，巩固战果，时间各 3 分钟。

评分：现场评委按评分标准为参赛队打分，评委超过 5 名时扣除一个最高分和一个最低分，其余分值的平均分为最后得分。为扩大参与度，可组合网络人气、现场观众评分，占比10% ~20%等。现在手机端互动参与方式很丰富，能有效互动。

奖项设置：冠军、亚军、季军。对优秀个人，可分别设置最佳辩手、最佳台风、最具人气等奖项。

现场组织人员：需设立主席（可以是主持人）一名，进行介绍和控场；计时员按照辩论细则对每支代表队分别计时，举牌提醒或吹哨终止发言；计分员负责汇总，并将最后得分交辩论会主席处。

3. 辩题的确立

前面反复强调辩题很关键，必须结合企业文化体系、价值观和行为准则的“痛点”“困惑点”进行设立。只有这样，才可能走进员工心里。

如果企业在推行“绩效文化”，就可以结合员工思想认知和行为上的摇摆现象设置不同的辩题，如针对功劳和苦劳的比较、过程和结果的比较，进行辩题设置。

在某企业中，经常发生营销、生产部门互相推诿的事件：营销责怪生产排期不合理，生产责怪营销发货随机性太强，这种矛盾是管理问题，但管理者经常和稀泥。如果想建立开放、阳光的文化，就可以摆在桌面上，让企业的文化选择越辩越明。

辩论过程中，双方辩手代表各自立场，抛出观点、举出事实、严密论证，从而形成认知上观念的碰撞。

站在文化角度，很多结果并不是绝对正确或绝对错误的。它只是某个企业个体的抉择，或基于历史，或基于企业家个性，或基于企业的发展战略，或基于环境的现实压力，抉择本身就是专属企业的文化个性。

辩论的意义在于把抉择的道理讲明白，把抉择的标准说清楚。

4. 人员的组织和部门落实

从辩论会来看，无非是由辩手、评委、观众和组织者构成。

对于辩手，需要面向全员征募。会前预热，调动员工参与热情，比如，先抛出三五个选题，要接地气、吸引眼球，吊足胃口。还可进行辩题征集，利用内网、内刊、OA或微信发起讨论、投票，并开发留言功能，引发关注和参与。

辩手可自由报名，并带动部门负责人内部发掘举荐，具体落实则可由各部门通信员或企业文化员对接。

评委：建议由企业管理层、干部和员工层综合构成，注意话题引导力。

企业导师：在辩论设置中，每队可配置1名导师，由企业内部高管担任。主要是从文化、职业化角度，对正反方进行辅导和建议，加深辩题解题深度，保证辩论在企业文化上的聚焦和收放拿捏。

专家导师：可外聘高校老师或辩论高手，给予辩手专业性辅导，使其在逻辑、语言、事实、价值、论证辩驳等方面具备一定专业度。

5. 舆论场氛围的营造

一定程度上，所有的形式都是为了传播，只是方式不同、力度有别。

传播学的观点中，有一个AIDA模型，也称“爱达”公式。任何产品说服都具有层级性，由浅入深可逐层划分为注意（Awareness）、兴趣（Interest）、愿望（Desire）和行动（Action），实体产品、服务、观念、思想等，广义上看都是产品。组织一场辩论会，也要不断地引起员工“注意”、激发“兴趣”、刺激其“愿望”、改变其“行为”或者“行为意向”。

基于此，要以辩论会为中心，在会前、会中、会后展开系统传播，形成舆论场效应，不断刺激话题、关注话题，促使员工自发传播，持续引发和扩大文化落地的深度和广度。

因此，组织者必须有效调动媒体，包括内网和微信的选题征集、整个活动进程中的动态，进行及时、有趣、系列的报道和过程展示。在传播风格上，辩题思考上紧张严肃，外在手段上则要轻松活泼，适合新媒体时代的调性习惯。可仿照《我是歌手》等节目，为辩手设计个人主题海报，甚至拍摄、剪辑各队选手视频宣传片，给予充分的荣誉感，提升积极性。

通过企业微信号、论坛等，进行投票、竞猜、辩题或辩手队宣传口号征募、朋友圈主题活动海报、H5页设计等，不断丰富传播形式和手段，吸引员工参与。

在此过程中，文化的引导已经潜移默化地发生了作用。

三、案例解读

某企业《文化听我说——××公司2015年度辩论赛》：

1. 总形式

打破传统辩论模式，引入娱乐元素，首次引入导师制度，全过程多方位包装。

2. 招募文案思路简述

《文化听我说——××公司2015年度辩论赛》将于×月×日晚22：00再掀“辩”风！

来自××公司10个部门的6支队伍的24名选手，将在这里交流心声，说出他们的管理和文化主张。

小编保证，这绝对是你从没见过的辩论赛，也是文化共建，不应该错过的文化盛事。

“文化听我说，辩题听你的”——现向员工广泛征集辩题，要求与公司文化主题“结果文化”紧密相关，您可以直接提供辩题，或描述案例背景和困惑。

凡是参与者，均有机会获得参与奖，入选者将提供奖励。

3. 辩手海报文案

“文化听我说”（加粗、设计字体，当时设计采用凡客体，可根据不同时期热点，如“我是歌手版”“奥运版”“世界杯版”“三生三世十里桃花版”等）。

×××：某某部名嘴。

爱辩论、爱思考。

爱 PPT 制作，也爱 BBQ。

爱××（公司名），更爱让公司变得更好。

活泼、自由、干一行爱一行。

我并不犀利，还有些温柔。

我是××，和你一样。

这次，让文化听我说。

4. 辩题选择

正：营销销量增长重在激励；反：营销销量增长重在考核。

正：文化建设，理念比制度更重要；反：文化建设，制度比理念更重要。

正：企业的发展应以文化为重；反：企业的发展应以营销为重。

正：领导干部可以不拘小节；反：领导干部更要拘小节。

正：达成业绩重在奖励；反：达成业绩重在处罚。

正：跨部门协作应该优于本职工作；反：本职工作应该优于跨部门协作。

正：×××迟到应该受惩罚；反：×××迟到不应该受惩罚（有故事背景）。

正：××制度利于交流应坚持；反：××制度影响团队应废止。

正：××制度符合文化导向不需更改；反：××制度不符合文化导向应修订。

正：OA 流程设置使项目工作简化了；反：OA 流程设置使项目工作复杂了。

正：行政部服务优化应提升员工素质；反：行政部服务优化应加强员工考核。

正：公司应该统一着装、统一形象；反：公司应该尊重个性、不统一着装。

正：打造优秀团队需要严格考勤；反：打造优秀团队不需要考勤。

正：价值观中提倡效率必然牺牲公平；反：价值观中提倡效率不一定牺牲

公平。

5. 辩论赛程序（由主席执行）

· 辩论赛开始。

· 宣布辩题。

· 介绍参加代表队及所持立场。

· 介绍参赛队员。

· 介绍规则、评委及点评嘉宾。

· 比赛开始。

· 评委点评评议、合议。

· 点评嘉宾评析发言。

· 宣布比赛结果。

· 总裁点评，基于辩题给出文化选择。

· 颁奖（可配合主题相关的优秀员工表彰）。

6. 辩题评分

分数构成公式：现场打分 ×80% + 观众打分 ×20%。

辩论赛评分：

评委________ 第________场

辩论队：

20 分审题

20 分论证

20 分辩驳

20 分配合

20 分辩风

正方总分：

反方总分：

评分细则：

（1）扣分原则。

上述项目中，不符合评判要求和违反规则的，均应酌情扣分。

由于参赛队自身原因造成突发事件影响比赛的，扣除责任方 10 ~ 20 分。

（2）评分标准。

审题：对所持立场能从逻辑、理论、事实等多层次理解，论据充足，推理明晰。

论证：立论简洁明了，切入正题迅速准备，鲜明而中要害。有说服力，论据充分，推理合乎逻辑，事实引用得当。

辩驳：提问能抓住对方要害，问题简单明了。正面回答攻辩问题，有理有据。不回答或不正面回答要相应扣分。

配合：有团队精神，相互支持，论辩衔接流畅，自由辩论发言错落有致，产生合力。

辩风：语言流畅、用词得当、语速适中、态度尊重、落落大方、有幽默感。

作者：季伟，现任某新媒体副总裁，历任咨询机构、制药企业、医学新媒体总监、副总等职，为多家药企提供品牌提升服务，全案规划某企业文化，从理念、机制、载体到传播并落地。发表文章近百万字，著有《突围》。

第九节　企业文化手册：宣言企业文化

一、工具属性

（一）工具的基本属性

工具的基本属性如表1－15所示。

表1－15　工具的基本属性

联动工具	企业文化培训、学习；辩论赛、研讨会、演讲；员工教育、新员工培训
适用范围	理念声明、强化传播、员工教育、组织变革、文化输出
主体与客体	企业经营管理者、全体员工

（二）工具作用

传播性：企业文化手册是企业理念的文本化，是企业理念体系广泛传播和共享的有效媒介，使全体成员能够突破时间、空间的限制，完整、深入地共享企业理念，提升全体成员对文化的认知和理解程度，让全体员工能够随时随地自主学习，在工作中践行企业理念，有时还承担文化输出的功能。

系统性：企业文化手册能够整合企业的理念、追求、历史等内容。明明白白地展现主要理念体系，告诉员工什么是重要的，企业的追求是什么，如何实现目标。可以保护企业的独特性，强化员工认同感和归属感。随着企业发展，能向陆续进入企业的新人传递理念和文化，能使新员工快速对企业文化建立系统概念。

权威性：纸质媒体白纸黑字，保证企业理念的准确性和严肃性，避免对理念的片段化理解和随意解读，保持理念体系逻辑完整、清晰，维护全员对企业理念理解的一致性，提高重视程度和理解深度。

（三）基本原理

1776 年美国签署《独立宣言》，把“人人生而平等”作为美国立国的基本原则。其深深影响了美国未来的发展，被后世所遵循。把原则和理念通过宣言确立，并非美国首创。我国古代文献中早有“铭，明旌也”的记载，确立公开持久的理念做引领、警戒之用自古有之。

企业文化手册的本质是规范性文件。文化的规范性定义表明：文化是规范与方法，强调文化的理想和行为因素。企业理念体系是企业的理想追求、价值规范和行为方式，作为一种根本的规范，发挥指导和约束作用。编制企业文化手册就是把潜在的规范进行文字化、系统化，以清晰的方式传播文化，进而指导实践的指南性工具书。

二、操作方法

（一）制作原则

易读：文化宣言语言清晰明白，手册方便易用；描述方式应根据受众情况，做到信、达、雅。信即准确，语言阐述到位，精准表达，没有歧义，不可含糊其辞。达即明白，简单明了，通俗易懂，不要故弄玄虚，不留想象空间，解释清楚，必要时辅以故事、图表说明。雅即富有感染力，语言朗朗上口，好记好理解，能深入人心，具有激励性。

易用：企业文化手册的意义在于实用，能够在实践中反复使用和参考。作为内容性的载体，应该把企业文化手册场景化、角色化。印刷质量好，使用方便。

实用导向：无论是阶段性总结、文化建设纲领、传播工具、员工培训教材还是变革铺垫，带着目的制作企业文化手册，依据需要制作，让其发挥作用才是工具的使命。

（二）企业文化手册的主要形式

企业文化手册到底什么样，要有哪些内容，没有严格规定。国内外知名企业的实践也没有统一模式和范本，从内容和形式上看，主要有以下几类。

（1）独立文件。

主要体现的是企业理念主体即精神层面的内容，以《企业文化手册》《伦理手册》《哲学手册》等形式出现，适用于较为完整的企业文化体系，优点为系统、权威、方便反复学习，较为典型的有《京瓷哲学》《联想文化手册》等。

（2）综合文件。

包含较多附加内容，包含企业精神层、制度行为层及部分形象层的内容。内容上融合了企业文化手册、员工手册甚至企业故事集的内容，如《万科企业文化手册》除了包括欢迎词/致辞、企业沿革、理念体系外，还包括入职程序、职场纪律、员工关系、健康与安全等内容，主要体现其场景实用价值。

（3）载体式。

简化文化理念后，通过饭卡、员工卡、文化墙等形式声明文化理念，方便快捷，缺点是过于简单。典型的有“GE 价值观卡”，中集集团的“文化工卡”。

（4）其他形式。

印刷品只是载体，随着时代进步出现了多种形式，诸如新媒体展示，其他载体如内刊、重要文件、培训教材等，也有通过讲话、培训的方式反复强调，以阿里巴巴文化为典型。

注：本书以纸质媒介为主要探讨对象。

（三）企业文化手册的组成部分

1. 附加内容

企业文化手册作为一种载体，根据企业实际情况可附加各种内容，以充分发挥手册价值。笔者通过研究大量企业文化手册样本，总结出手册附加部件一览表，供大家参考，如表 1－16 所示。

表 1－16　手册附加部件一览表

部件	解释	典型案例
领导背书	由领导者签署，说明文件的权威性	万科文化手册王石寄词
签收承诺	由接收人承诺，表明文件的严肃性	德胜员工手册宣誓
序	由领导者对企业文化的核心或来源进行说明	京瓷哲学稻盛和夫的话
前言	由领导者对企业文化手册编制目标和期望进行阐述	日本航空公司哲学前言、千誉文化手册
编者注	由编制者对企业文化体系结构及内容做简要说明	联想企业文化手册

续表

部件	解释	典型案例
企业辞典	对概念和范畴进行集中解释	沃尔玛辞典、吉利辞典
名言语录	将企业领导人或重要语录收入，用以强化解读	万达文化手册万达箴言
企业历程	讲述企业创业历程，感受企业文化魅力	碧桂园文化手册
VI& 企业形象	对企业 VI 体系的含义、内容进行简要介绍	益泰文化手册第一部分
后记	对企业文化手册的编撰过程进行简要说明	汇川技术企业文化手册
公司简介	简单介绍公司概况	同仁堂企业文化手册
企业歌曲	刊登企业歌曲的词曲，方便员工学习、吟唱	吉利集团企业文化手册
领导关怀	一般在分公司手册或者央企中，是子公司，体现领导重视	康佳电视企业文化手册
特色介绍	介绍企业的特殊内容，如特别的仪式、特别的方法	沃尔玛喊话内容、松下早会
其他内容	表达性内容，如插图、故事、案例等	

2. 主体部分

主体部分即企业文化的理念体系，通过大量的样本分析可知，这些价值观表达方式是多种多样的，在我国企业实践中，这些价值观的表达工具包括但不限于企业使命、企业愿景、经营/管理理念、××观/××理念、核心价值观、企业精神、员工/领导素质、哲学/原则等。

表 1－17 为我国企业文化手册编制实践常用的表达名词表。

表 1－17　我国企业文化手册编制实践常用的表达名词表

常见名词举例	说明	注释及案例
企业使命/企业宗旨	企业存在的目的和功能	详见第二节
企业愿景	企业的梦想和长远目标	详见第二节
核心价值观	固有的、根深蒂固的原则	详见第二节
企业精神	员工的态度、意志、境界	详见第二节
企业伦理	人与人之间的道德规则	类似于“企业道德”
企业作风	企业精神的外显和风貌	如同仁堂“六实作风”
经营理念	企业经营活动的指导思想	总揽性
管理理念	企业管理过程中的秉持原则	总揽性
××理念/××观	市场观、质量观、人才观、品牌观、服务观、成本观……	

续表

常见名词举例	说明	注释及案例
企业哲学	对于企业生存发展的根本观点	如吉利“辩证法”
领导要求/员工素质	企业对领导和员工的要求和素养	
企业标语	企业内外部形象标语	海尔“真诚到永远”
……	……	……

（四）企业文化手册的编撰流程

筹备：项目组筹备，立项、项目组成员确立。

动员：动员及说明会，确定宗旨目标、思路探讨、计划宣布。

企业文化诊断：如有必要可对企业文化进行定性、定量专业诊断。

资料研读：包括领导讲话稿、发展历程、内外部资料等。

高层座谈：核心理念的探讨、价值观方案提出。

各级访谈：代表性、重要人物进行交流。

调查问卷：将通过访谈、调查得到的价值观进行分类整理。

部门讨论：各子公司、分工部门研讨问卷。

项目组研讨：召开项目组研讨会议，确定框架，整理资料。

内容整合：搜集图片、文字、案例、故事、资料等。

校对整理：三审三校，精益求精。

高层审核：签署或重复上述任意步骤。

排版印刷：尺寸可采用21×13（cm）或16×9（cm），封面宜采用耐磨耐用的250g左右的牛皮纸，内页可选100g的书写纸，胶装。

发布：召开《企业文化手册》发布会、解读会、签署大会。

以上流程应根据具体情况调整，条件成熟可省略部分步骤。

（五）工具应用

编制好《企业文化手册》仅仅是第一步，应积极使用，使理念广泛共享，必须旗帜鲜明地反对形式主义。领导得之，以此垂范和决策；职能人员得之，以此设计机制；管理层得之，以此展开管理；执行人员得之，以此展开业务和行动。作为企业文化工作者，应该做好广泛的传播和强化工作。

· 以文化手册为载体组织相关员工活动，如征文、演讲、交流会等。

· 新员工入职培训教材之一，老员工深入学习材料。

· 与公司宣传画册一起作为对外礼仪性的赠送材料之一。

· 各单位可通过周会或内部培训等形式对文化手册进行日常化的学习与宣贯。

三、案例解读

企业文化手册形式不一，笔者构建的“文化手册编制4+1”模型对企业文化的内容和内涵进行深入分析。以两个维度：宏观（组织的、整体的）——微观（个体的、具体的）；内生（共识的、道德的）——外向（实用的、绩效的），形成四个象限，分别称为道、德、法、术。

道者，令民与上同意也；道生万物。道是企业的根本目标、意图及核心理念，包括使命、愿景、企业哲学、核心价值观等相关内容。可以比作企业之车的行驶方向。

德者，得也，道生之，德蓄之。德是人对道的秉承，包括员工素养、精神状态、价值取向、群体关系准则等，相当于车上的司机和乘客，一般通过群体确认和共识得到。

法，即方法，是企业达成目标的手段和方法，包括战略理念、组织理念、流程理念等。开省道还是国道，是驾驶技术以及乘车规范，被实践验证有效。

术，是具体的做法，包括工具和具体的做法。如“6S”等，相当于方向盘和油门的具体操作方法。

器，是企业文化手册的附加件，包括企业形象等内容，相当于车型和款式。

以“文化手册编制4+1”模型为分析基础，经过大量实证研究，每本企业文化手册在四部分比例有所不同，但基本可以囊括大部分文化手册的结构和内容，可以此思路演绎出符合本单位需要的企业文化手册。

（一）京瓷哲学手册

京瓷株式会社：世界500强企业，创始人稻盛和夫。

简析：稻盛和夫用“提高心性，拓展经营”概括这样一个基本逻辑：想拓展经营先决条件是提高自己的心性，提升自己的人格，做到这些企业业绩自然就会提高。京瓷哲学是经过实践得出的人生哲学，德的内容占了较大比例。

说明：《京瓷哲学手册》于1994年创作，因原文条目较长，笔者做了意译替换，不尽之处敬请原谅。如图1-27所示。

（二）国家电网企业文化教材

国家电网公司：国有重要骨干企业。

简析：国家电网的企业文化体系完整，层次明确，内容清晰。

说明：国家电网《企业文化》通用教材，2010年，供国企工作的同仁参考。

如图 1－28 所示。

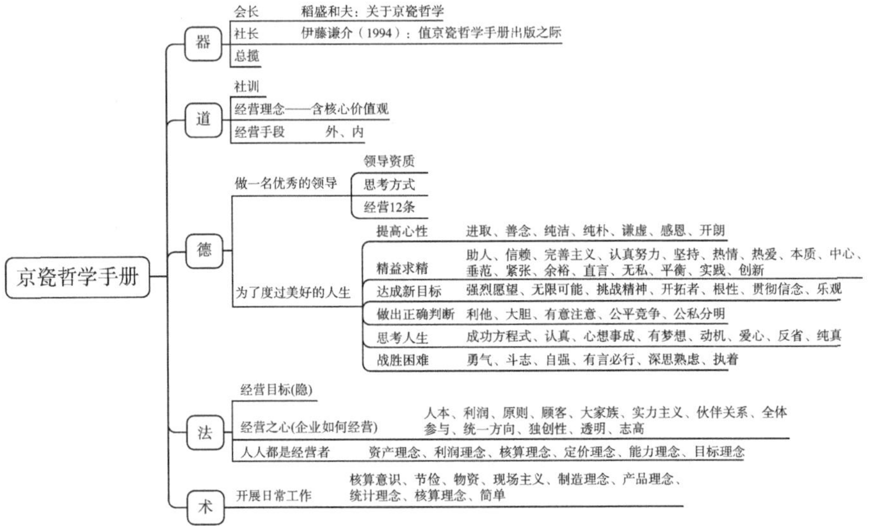

图 1－27 “京瓷哲学手册”

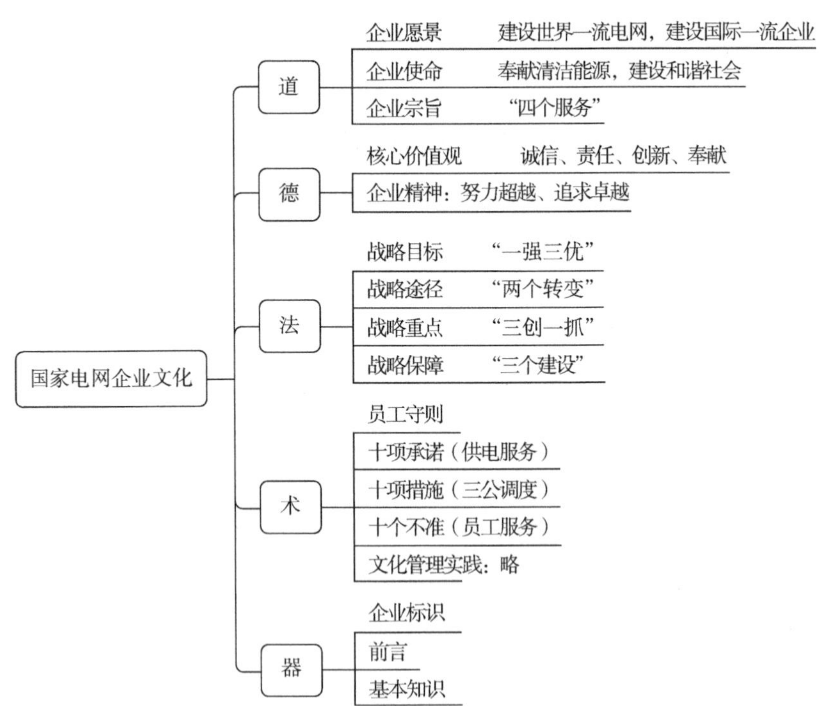

图 1－28 国家电网企业文化

（三）海尔企业文化手册

海尔集团：CEO 张瑞敏，企业文化管理标杆企业。

简析：作为中国企业文化管理的标杆企业，海尔企业文化体系极具特色，具有鲜明的个性特质。海尔文化深植于中国传统文化，手册由十一个部分组成，道、法、术三个层面内容融汇其中，结构清晰，操作性强。

说明：《海尔企业文化手册》内容丰富，结构自成一体，笔者从内容进行分析，仅供参考。如图 1－29 所示。

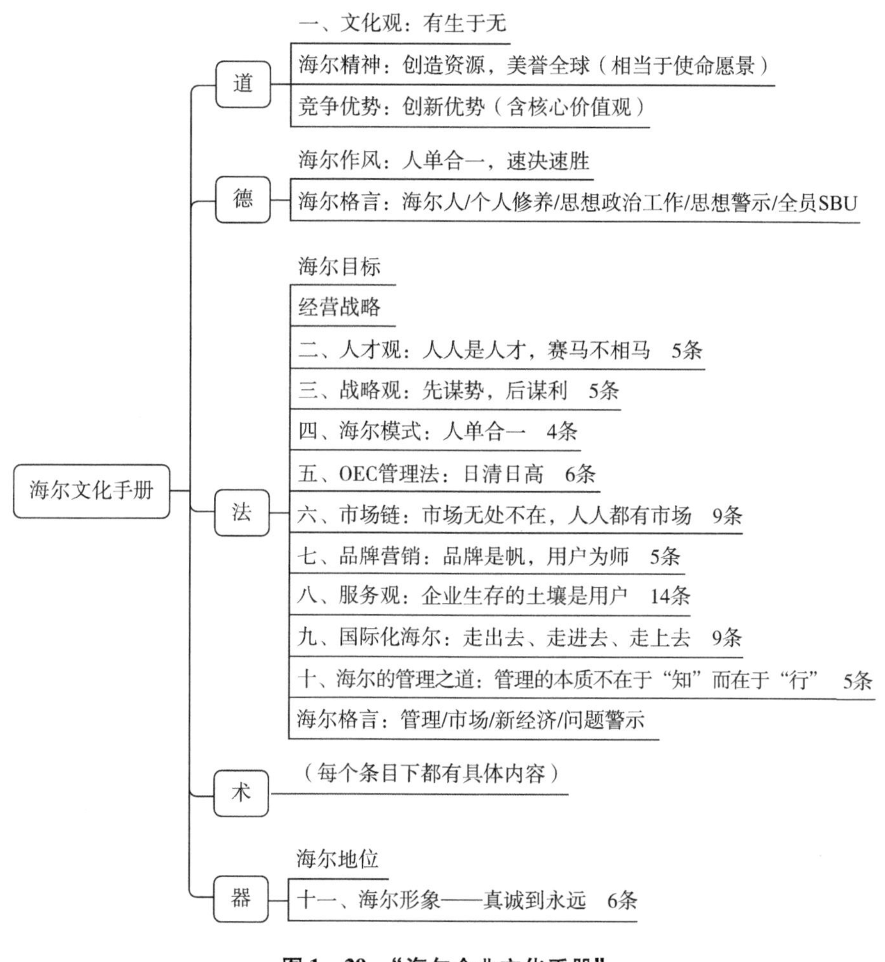

图 1－29 “海尔企业文化手册”

（四）吉利集团企业文化手册

浙江吉利控股集团：世界 500 强企业，创始人李书福。

简析：吉利集团的企业文化体系极具特色，分为“吉利企业文化大纲”和“吉利辞典”两大部分。第一部分阐明了企业哲学、追求和职能文化。其中，职能文化由各部门反复提炼，包括理念、原则和具体做法三个层次，逻辑清晰，操作性强。第二部分“吉利辞典”对吉利企业文化的范畴、内涵和具体做法做了详细解读，内容充实，制作小巧，方便携带，实用性极强。

说明：《吉利企业文化手册》2011 年 9 月第 1 版。如图 1－30 所示。

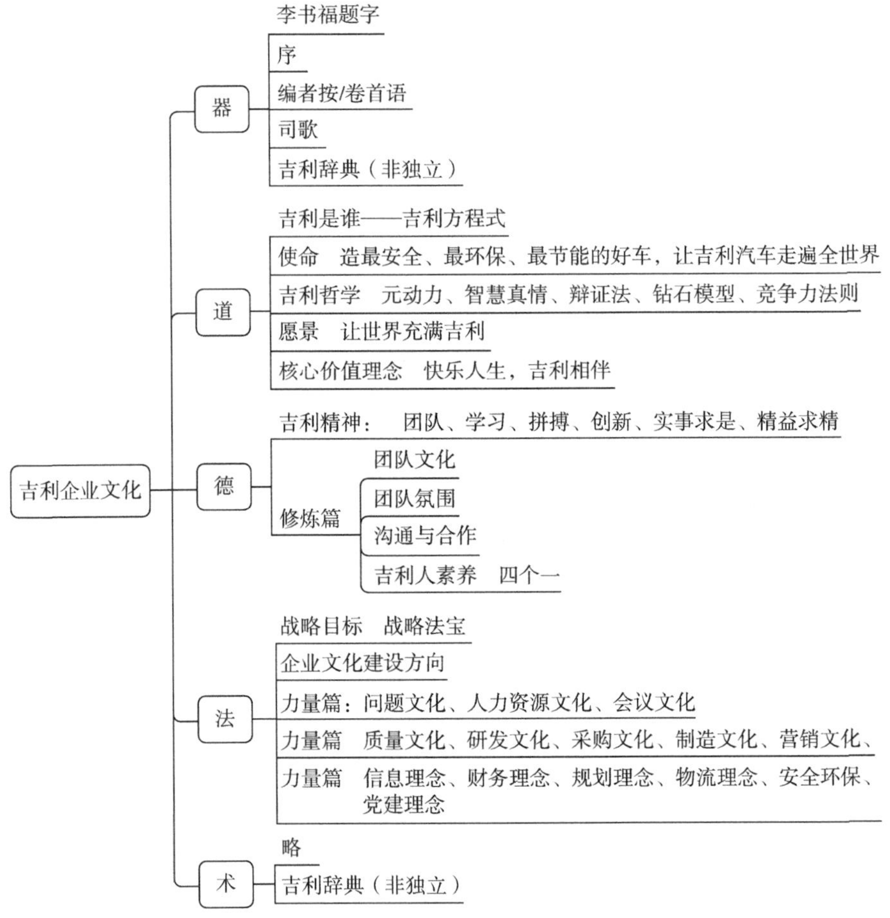

图 1－30　“吉利企业文化手册”

作者：陆斌冰，海融心胜联合创始人。研究方向：企业文化、组织与变革、亚文化管理、稻盛哲学应用及组织文化理论的实证研究。

第十节 企业礼仪手册：修炼企业内功

一、工具属性

（一）工具基本属性

工具的基本属性如表1－18所示。

表1－18 工具的基本属性

联动工具	企业可通过内部培训、外部参观学习、宣传栏、网络和电视宣传、主题活动展示等方式开展员工礼仪培训
适用范围	礼仪培训学习教材 礼仪速查手册 统一礼仪行为的标准参照 企业形象宣传 企业员工队伍素质修炼
主体与客体	企业文化部、企业全体人员

（二）工具作用

礼仪培训手册作为企业团队形象建设不可或缺的重要工具，帮助企业打造统一、和谐、高素质的员工队伍，是企业核心竞争力的重要组成部分。

提升品牌效应：统一的礼仪规范为企业塑造良好形象，提升企业品牌社会影响力，成为企业市场拓展的隐形支持。

增强企业凝聚力：统一的礼仪规范形成强大的视觉、感知觉的冲击力，全面提升团队形象素质，为企业发展凝心聚力。

打造企业和谐团队：优雅的服饰、高雅的言谈举止、舒适的环境布置、统一的接待标准……营造了和谐的团队氛围，也为团队和谐高效工作打下良好的基础。

帮助员工身心健康成长：内在积极、健康的思维模式形成外在良好的礼仪行为习惯，正确的心智模式训练也必将帮助员工身心健康成长。

增强企业市场竞争力：在市场营销中，一个展示着良好行为规范的企业能让客户对企业产生莫大的信任，客户会通过员工看到一个企业背后规范合规的企业管理模式，企业的市场竞争力自然会不断地增强。

（三）礼仪手册的类型

礼仪培训手册通过图片和文字传递企业形象、礼仪规范，帮助员工增长礼仪知识、规范言行，从而形成个性化、独具特色的员工行为文化。

图文手册：将设计好的礼仪规范内容印刷成册进行展示，手册可以进行多样设计，可以设计成口袋手册，方便员工使用，亦可作为礼物馈赠宾客；可以将手册制作成广告纸的样式，放在公共场所供员工参考、学习、使用；还可将手册内容制作成桌签，提示员工随时规范礼仪行为。

电子手册：通过电子软件设计成电子手册，该手册可以通过电脑、手机、电子屏进行查阅和展示，简便易操作。

语言手册：可将礼仪规范制作成录音，作为客户来电提示音，帮助客户学习礼仪知识，进而提升企业品牌形象。

礼品手册：可以将礼仪规范印制在企业馈赠客户的礼品包装上，印制一些简单的带有图文的礼仪提示语即可，既不影响礼品美观，又能帮助客户增长礼仪知识。

奖品手册：在团队训练、文体活动、技能竞赛等活动中，可以将礼仪规范印制在奖品上，作为礼仪规范宣传的一种方式。

二、操作方法

（一）礼仪手册的编撰原则

1. 明确编撰企业礼仪手册的核心要义

要明确编写礼仪手册的目的：一要体现企业的文化理念，展现企业特色的风采；二要强化企业形象，即图片元素中的员工、办公场所、办公用品尽量采用本企业的人、场地或物品；三要体现国家特色、地方特色，尊重民俗文化和员工习惯。

2. 礼仪手册的主要结构

格式性内容：如前言、分章节引言、结束语等。

形象礼仪：如着装规范、仪容仪态等。

商务礼仪：主要是商务行为的相关礼仪，如接待、签约、访问等。

社交礼仪：如称呼、吃饭、介绍、递交名片、娱乐、礼品赠送等。

办公礼仪：如会议、仪式、电话传真、电子邮件、礼品、合影等。

出行礼仪：如乘车、乘电梯等。

沟通礼仪：如演讲、交谈等。

3. 企业礼仪手册编写的原则

（1）具体可行，方便操作。

（2）图文并茂，便于理解。

（3）体现企业文化特色。

（4）制作合理，方便使用。

（5）美观大方，色彩明快。

4. 基本要求

此项内容可根据企业的实际情况，设置员工执行要求，如培训要求、宣传要求、评价要求、奖惩要求等。

礼仪种类包括：

（1）服饰礼仪。

主要培训员工根据岗位身份、环境、时间应该具备的服饰礼仪规范。

（2）沟通礼仪。

主要培训员工面对领导、员工、客户及其他公众应该具备的正确的言词表达方式和能力。

（3）行为礼仪。

主要培训员工在工作和生活中应具备的得体的行、住、坐、卧、走等方面的礼仪规范。

（4）办公礼仪。

它体现在商务活动的各个环节，主要包括柜台待客礼仪、商务洽谈礼仪、推销礼仪、商业仪式、会议仪式等。

（5）礼仪文书。

礼仪文书是人们在日常交往过程中，用书信和其他文字方式表达情感的礼仪形式。常用的礼仪文书有礼仪书信，如邀请信、贺信、感谢信等；礼仪电报；请柬；名片；贺年卡；题词；讣告；唁电；碑文等。

（6）家庭礼仪。

礼仪在家庭及亲友交往范围内的运用是家庭礼仪，它包括家庭称谓、问候、祝贺与庆贺、赠礼、家宴及家庭应酬等礼仪规范。

（7）习俗礼仪。

不同的国家、不同的民族存在着不同的风俗习惯。充分了解这些风俗习惯，并在社交往来中自觉尊重这些风俗习惯，有助于促进交往。习俗礼仪的内容主要包括日常生活礼俗、岁时节令礼俗、人生礼俗（如婚嫁礼俗和丧葬礼俗）等。

（二）礼仪手册的编撰流程

礼仪手册除根据企业需要自行总结编写外，各章节内容可从网站择取，也可参考专家讲座礼仪培训光盘等。图 1－31 为礼仪手册编撰流程图。

图 1－31　礼仪手册编撰流程图

（三）工具运用

1. 礼仪培训

礼仪讲座是礼仪培训必不可缺的环节，主要有两种方式：一是请专家现场授课；二是光盘授课。专家现场授课的优势是效果直观，员工更容易接受，劣势是花费较高；光盘授课优势是花费较少，劣势是员工只限于思维表层的接受，执行力度较弱。不管是专家授课还是光盘授课，都需要实操演练，让员工从亲身体验中学会礼仪规范。

2. 礼仪手册发放

企业要给员工制定礼仪手册，手册中展示各种礼仪规范，需要图片展示的地方，最好是拍摄本企业员工的图片，尽量让更多的员工参与拍摄，拍摄的过程就是礼仪培训的过程。一本画面清新、内容详尽的礼仪手册，对新员工非常有帮助，员工能一目了然地知道企业“有所为有所不为”的要求，帮助员工尽快适应企业生活。

3. 礼仪实操

请员工亲自参与排练需要掌握的礼仪规范，编排成礼仪操，举办礼仪操形象展示比赛，礼仪操还可以作为工间操，既锻炼身体，又强化礼仪规范。

4. 礼仪评比

一是可以组织员工进行礼仪比赛，按不同类别进行评比，可以组织成礼仪展示模特秀、小品展示、情景模拟等。

二是可以采取微视频、微信 APP 场景展示，让员工设计制作礼仪视频进行展播，也可以将员工礼仪展示拍成图片，编成 APP 场景进行展播，由员工亲自参与网络投票。

三是发动员工编写礼仪歌谣，员工可以根据不同类型的礼仪规范编写容易记的歌谣，进行评比。再将优秀的歌谣作为公司礼仪规范在公共区域展示，配上作者的图片会更有感染力。

四是可以组织办公礼仪之星评比，在公共区域设计礼仪之星展示墙，对遵守礼仪规范的员工进行展示、表彰、奖励。在各类的评比展示中，还可以邀请客户参与，如给评比活动打分、投票、点赞等，让客户参与评比还可以拉近客户与员工的距离，提升企业的品牌效应。

五是设置礼仪流动之星。企业可不定期举办办公礼仪评比，设置一个漂亮的礼仪流动标识，由员工组织评比小组，不定期对办公室或服务岗位进行礼仪评比，发放礼仪流动标识。

5. 礼仪答题

可以将礼仪规范编成各种类型的答题，让员工参与答题活动。

一是通过手机网上答题。特别在答题最后给予红包奖励，或者设计其他奖励模式等。

二是现场答题。由主持人组织，队员按组进行抢答。现场可以设计一些情景表演环节，比如，如何接听电话、如何接待来宾、如何交接文件等，还可以设计事先由员工编排的情景剧在现场表演，让参赛选手找出情景剧中违反公司礼仪规范的情节等。

三是每周可通过微信或者内部网络交流工具，发布一道礼仪题，谁先答对，由组织者给予一个小小的奖励，此活动可由工会或团委发起，比如奖励一个水果、一朵花、一个书签、一块巧克力等。

四是问卷答题。将礼仪规范编成问卷由员工进行闭卷或开卷答题，要有奖品设置，激发员工参与活动的积极性。

6. 礼仪提示

一是企业可以充分利用现代网络工具，特别是微信或者内部电脑网络系统，每天或每周选择一两次，通过网络发起温馨小提示，发送一些礼仪规范提醒，最好做成卡通人物形象提示，更具亲和力。企业也可以根据实际情况让员工参与进来，比如，让员工轮流做礼仪值日、让员工亲自发送礼仪提示内容。

二是由员工亲自设计礼仪小书签或者小卡片，在公共区域展示，亦可作为员工礼仪提示。

7. 礼仪拓展训练

礼仪拓展训练可以设置客户开放日，设计一些礼仪答题、情景游戏等，请客户与员工一起参与，特别是通过此项活动帮助客户增长礼仪知识，提升客户与员工的亲密度，帮助企业拓展市场。

8. 礼仪内训师

为鼓励员工执行礼仪规范，可以进行企业礼仪内训师选拔，执行力、协调力、讲解力、沟通力强的员工可以提拔为内训师，这样就可以节省外聘老师的高额费用。对于兼职礼仪内训师的员工，要给予奖励，有助于激发员工的积极性，帮助员工成长。

三、案例解读

礼仪手册的一般结构如表 1－19、图 1－32 所示。

表 1－19　礼仪手册的一般结构

序号	一级目录	说明
1	目录	目录就是介绍手册的每章节的内容，只写标题
2	前言	介绍礼仪的作用和重要性
3	章节引言	在每一个章节前引用一些古今中外讲解礼仪重要性的经典语句，并简单介绍本章节的内容
4	服装	前言
（1）	西装	西装的概念、商务套装的概念、西装的三要素、休闲西装与正装的区别
（2）	职业女装	女士职业装的概念、服装的面料和色彩、裙装的款式、服装的配饰和注意事项等
5	仪容、仪表和仪态	前言
	分类别介绍仪容、仪表和仪态的具体规范	图文说明头部、面部、手臂、腿部、站姿、坐姿、行姿、手姿、表情的规范等
6	商务	前言
（1）	商务邀约	商务邀约的内容和注意事项
（2）	商务接待	商务接待、陪同和迎送客人等规范和注意事项
（3）	商务访问	商务访问需准备哪些内容和注意事项
（4）	谈判与签约	谈判礼仪、谈判步骤和签约注意事项等
（5）	商务聚会	聚会主题设计、邀请人员、聚会原则、聚会话题和注意事项等
（6）	商务娱乐	商务娱乐的方式、跳舞的原则和注意事项等
（7）	商务宴请	公务宴请的程序、房间和座位安排及注意事项等

续表

序号	一级目录	说明
(8)	商务用餐	可分为三个部分：中餐、西餐、自助餐。每一个部分里都要介绍用餐、菜品安排、酒水、气氛和注意事项，配图片加以说明
7	办公	前言
(1)	会议	7S 管理、会议礼仪（视频会议、座谈会议等）、九段秘书等内容
(2)	环境	办公室文件、物品摆放规范和禁忌等
(3)	文件	文件传阅、递交、存档规范和禁忌等
(4)	电子信函、传真	电子信函的书写规范、发传真的注意事项等
(5)	仪式	晨会仪式、升旗仪式、入职仪式、生日庆祝仪式等规范
(6)	开业与剪彩	剪彩的要求、开业与剪彩仪式的作用、开业要注意的问题等
(7)	庆典与发布会	庆典需准备的内容、庆典程序、庆典礼宾次序和注意事项等
(8)	拜访与接待	拜访的种类、接待的方式和注意事项
(9)	签名与赠言	签名书写要求、赠言的内容和注意事项等
(10)	礼品	礼品的选择、礼品的“七不送”原则、送礼的时机和场合、赠送和接受礼品的方式及注意事项等
(11)	拍照与摄影	拍照、摄影技巧和注意事项等
(12)	鼓掌	鼓掌的方式和注意事项
8	出行	前言
(1)	乘车	本章节内容需配合图片加以说明，主要介绍出租车、私家车、公家车、公交车的乘车注意事项，特别介绍座次安排、上下车注意事项等
(2)	电梯	与客人、客户、领导出入电梯的规范和注意事项
9	相见	前言
(1)	称呼	常用称呼、不宜采用的称呼等
(2)	介绍	介绍自己和他人，内容包括自我介绍的时机、内容、注意事项，介绍他人的时机、内容、先后顺序和注意事项等
(3)	握手	握手时机、场合、方式、伸手的顺序和注意事项等
(4)	名片	名片的功能、格式、内容、交换名片顺序、索取和接受名片注意事项、没有名片如何表达、名片存放、递接名片动作、一个人给多人名片的注意事项等
10	沟通	前言
(1)	交谈	交谈的内容、交谈的技巧、倾听的原则、倾听的五个层次、注意事项等

续表

序号	一级目录	说明
(2)	座机	接听电话的语言表达方式和注意事项等
(3)	手机	接听手机、发信息的规范和注意事项
(4)	演讲与口才	演讲技巧、演讲禁忌等
11	礼仪制度	员工是否具有良好的礼仪行为，前提是企业是否需要员工展示良好的礼仪行为。因此，需要企业有完善的礼仪规章制度，包括培训制度、宣传制度、奖惩制度等
12	结束语	一般采用积极向上的鼓励语言做结束语

图 1－32　礼仪手册的目录

作者：如一，企业高管、高级企业文化师、高级政工师、身心灵导师、企业文化培训师，10 年企业文化建设从业经验，为企业构建企业文化理念系统，设计企业品牌文化建设实施方案，帮助企业员工解决身心灵困惑，使众多人恢复健康身心，使众多家庭恢复和谐关系。

第二部分
企业文化的机制建设

指穷于为薪，火传也，不知其尽也。

——《庄子·养生主》

第十一节 胜任力模型的构建

一、工具属性

（一）工具基本属性

工具的基本属性如表 2 – 1 所示。

表 2 – 1 工具的基本属性

联动工具	公司经营管理的各个方面深入联动，尤其是人力资源管理的选、育、用、留等环节
适用范围	适用于企业经营管理的多个方面，文化的落地、人员的招聘配置、培训开发、绩效激励、薪酬福利、员工关系等方面
主体与客体	全体企业员工、外部合作方等

（二）优秀的胜任力模型是企业文化的延伸

胜任力模型中的通用胜任力模型就是全体员工需要具备的，区别于绩效优秀和绩效落后的差异内容。在其提炼的过程中，是基于公司过去的成功经验及优秀的团队成员体现的与绩效落后的差异，是对公司价值观的最直接的体现，公司文化的建设也要坚持“从企业中来，到企业中去”的原则，要在公司发展中提炼。所以，二者是一脉相承的。

1. 优秀的胜任力模型是企业发展的优秀经验总结

胜任力模型在构建的时候需要通过访谈、调查、统计、分析、验证等手段，提取绩效优秀者同绩效平平者之间的行为差异，进行总结提炼。这是对公司过程成功经验的总结，是团队中绩效优秀者精神的集中体现。

2. 优秀的胜任力模型是团队能力的标准和指引

胜任力模型是团队需要具备能力的高度概括，有基于全体人员的通用胜任力，有基于管理层职员的领导力模型（高层胜任力模型、中层胜任力模型），还有就是针对每个岗位的岗位专业胜任力模型，几乎涵盖了公司所有职员需要的能力内容。

3. 优秀的胜任力模型是实现公司战略的法宝

胜任力模型建立在总结过去成功经验的基础上，适合公司发展，是实现公司未来战略的法宝。胜任力模型可以作为公司对外引进人员的标准，如果是参照该标准引进的人员，或者人员在正面行为上同胜任力词条上的内容高度吻合，可以更直观地判断，该应聘人员同公司优秀人员更接近。在培训方面，以更多的胜任力的正面行为培训，让全体员工尽量减少或不发生负面行为。在考核方面可以解决企业文化难以考核的问题，胜任力尤其是通用胜任力，可以通过正面行为描述进行考核。薪酬激励方面也一样，更倾向于同胜任力词条及正面行为吻合，让更多的人员成为团队的优秀分子。

（三）基本原理

1. 胜任力模型背后的原理

20 世纪 60 年代后期，美国国务院感到以智力因素为基础选拔外交官 FSIO（Foreign Service Information Officer）的效果不理想。许多表面优秀的人才，在实际工作中的表现却令人失望。在这种情况下，麦克利兰博士应邀帮助美国国务院设计一种能够有效预测实际工作业绩的人员选拔方法。在项目过程中，麦克利兰博士奠定了胜任力研究的关键性理论和技术。

1973 年，麦克利兰博士在《美国心理学家》杂志上发表了一篇文章——*Testing for Competency RatherThan Intelligence*（《测量胜任力而非智力》）。文章指出：传统的智力和能力倾向测验不能预测职业成功或生活中的其他重要成就，这些测验对少数民族和妇女是不公平的，并且人们主观上认为能够决定工作成绩的一些人格、智力、价值观等方面因素，在现实中并没有取得预期的效果。因此，他强调回归现实，从第一手材料入手，直接发掘那些能真正影响工作绩效的个人条件和行为特征，为提高组织效率和促进个人事业成功做出实质性的贡献。他把这种直接影响工作业绩的个人条件和行为特征称为胜任力。这篇文章标志着胜任素质运动的开端。

斯班瑟（麦克利兰的学生、HAY 咨询创始人、人才评鉴法的著者）1993 年提出了冰山模型概念，如图 2－1 所示。

2. 胜任力模型同企业文化的关系

胜任力模型是企业文化落地的重要工具，是对企业文化的延伸和发扬，通用胜任力的正面行为是对企业文化的落地及正面描述，负面行为是对企业文化的负面案例。

· 素质模型 Competency Model——最科学的人才标准

图 2－1　冰山模型概念

要保证建模的成功，应当以战略文化为导向，以实证调研为基础，多种方法综合运用。

胜任力模型的构建必须要进行企业文化分析。

二、操作方法

（一）工具的使用原则及要点

确定胜任力的过程需要遵循两个基本原则：

一是能否显著地区分工作业绩，是判断一项胜任力的唯一标准。

二是判断一项胜任力能否区分工作业绩必须以客观数据为依据。

胜任素质是有因果关系的个体深层次特征，需特别注意以下三点。

一是效标参考：区别于一般绩效的卓越者具备的知识、技能和行为。

二是因果关系：胜任素质预测行为反应方式，行为反应方式影响工作绩效和结果，遵循意图—行为—结果的逻辑关系。

三是深层次特征：深层的动机、特质、自我形象、态度和价值观对个体保持时间长，影响深远甚至是本质的影响。

（二）操作方法和步骤

1. 操作方法及工具

绩效优秀的特征：对绩效优秀的员工进行行为事件访谈 BEI，提炼核心素质。

外部标杆法：借鉴国外知名企业的做法，看看他们的优秀员工的素质要求是什么，把这些素质和自身的实际情况结合起来。

文化演绎法：对企业核心价值理念及文化的深入对接落地。

战略演绎法：分析公司战略对员工素质提出了什么样的要求和期许。

2. 常规操作步骤

（1）访谈绩效优秀人员。

（2）对建模对象的上级领导进行访谈。

（3）进行战略文化分析。

（4）工作情境分析。

（5）焦点小组访谈。

（6）问卷调查。

（7）内部专家研讨等。

3. 胜任力模型的分类

（1）通用素质能力。

· 全员所需要的关键素质。

· 企业所期望的员工的品性特征。

· 反映企业的价值观和文化。

· 向标杆学习及对战略研究的演译的素质。

（2）领导力。

· 管理人员需要的关键素质。

· 反映企业的竞争优势及行业特点。

（3）专业素质能力。

· 反映在企业履行一个岗位所必须具备的专业知识、技能和素质。

· 与工作任务及业绩密切相关。

（三）胜任力模型的运用

企业文化建设：使用素质胜任模型可产生大量企业故事，这些企业故事集中体现了企业中最好的一面及摒弃的一面。

招聘与任用：重点考察候选人的素质和行为表现，确保其符合企业要求。

培训与发展：根据能力模型，组织培训和职业发展设计，从而加强企业的核心竞争力。

考核与评估：评估员工是否达到素质模型设定的行为表现“目标”。

薪酬与晋升：员工的薪酬及升职应基于个人能力评估结果。

三、案例解读

（一）案例背景

四川邦泰集团是一家追求卓越、专注品质和细节的多元化发展的企业，创建于2007年3月，2013年3月成立集团公司。邦泰总部坐落于成都市高新区，总部设审计部、人力行政中心、财务管理中心、营销投资管理中心、设计管理中心、招采成本中心、工程管理中心，集团下辖双流、乐山、眉山、宜宾、内江、广元、西昌等城市公司及四个专业子公司，业务领域涉及房地产开发、园林景观建设、旅游商业运营、物业服务及销售代理五大板块，现有员工1500余人。

通过10年的发展，邦泰集团已经成功跻身全国房地产百强企业，累计销售面积逾700万平方米，服务业主30余万人。所属开发企业四川邦泰置业系全国房地产开发一级资质企业，所属邦泰物业公司也属于国家物业服务一级资质企业。邦泰热心公益事业，出资修建学生“爱心食堂”“彝家青少年中心”、捐建城市绿地公园、景观城楼、设立爱心基金、帮孤助残、支持教育发展、援助地震灾区等，已累计捐资捐物超6000余万元。

公司及项目先后获得“中国人力资源管理杰出奖”“最具影响力四川品牌开发商”“中国（成都）房地产行业领袖10强”“优秀学习型组织”“中国最佳公益践行奖”“四川省房地产优秀开发企业”“中国好雇主——中国最具影响力优秀企业奖”“中国组织文化建设十强单位”“企业文化顶层设计与基层践行优秀单位”“结构优质工程及标化工地奖”“中国地产100最佳国际品质金奖楼盘”等荣誉称号。

邦泰坚持“让生活更有品位”的使命，在“三讲五要九个重”的理念指导下，践行“客户第一”的核心价值观。邦泰立志成为“中国有影响力的城市运营商”，坚持“品质服务，稳健发展”的经营管理战略，在已进入的城市深耕细作，进一步扩大影响力和品牌知名度，形成邦泰良好的口碑和形象。

（二）案例思路

邦泰集团在2013年的时候，面临房地产行业的激烈竞争，行业“马太效应”日益明显；同时进入新的发展战略规划周期，希望快速推进实施扩张性战略；倡导全员进入二次创业新阶段；公司管理模型也开始从过去的操作管控型向战略管控型过渡等。

集团在2013年启动了企业文化的系统梳理工作。通过大量的访谈、提炼，以及对集团发展历程、典型事件、发展战略的研究解读和本着对中国传统文化的继承、发扬，最终形成了以“三讲五要九个重”为核心的企业文化体系。

在2013年企业文化体系提炼总结的基础上，2014年年初启动了胜任力模型的构建工作，当时也意识到胜任力模型建设的重要性、紧迫性、必要性。在胜任力构建方面，先通用胜任力模型再领导力模型（包括高层领导力及中层领导力），最后专业胜任力模型。基于通用胜任力模型同集团的核心文化体系是生生相惜、相辅相成的关系，所以优先建设的是通用胜任力模型。

在集团快速发展的过程中，面临从2013年年初100多人的团队到现在的1500余人的快速增长，企业文化的稀释是公司团队建设和企业文化建设面临的最大难题。大量新引进的邦泰员工面临着转变为邦泰人，乃至真正的邦泰人的转变。

在实施企业文化阵地的建设、企业文化搭载、企业文化机制建立、企业文化活动的开展、企业文化在经营管理的落地等措施的同时，胜任力模型的建设对企业文化的建设及落地起到重要的推动作用。

（三）邦泰的胜任能力模型搭建基于以下核心原则

邦泰的胜任能力模型的搭建是基于对企业愿景实现的三个核心要素——文化、组织、个人，采用三者良性互动的逻辑思维，推动组织能力提升的基础上开展。

邦泰的胜任能力模型同邦泰文化是“水乳交融”的关系，邦泰文化会指导胜任能力的构建，同时胜任能力的构建又会促进邦泰文化的发展、为邦泰文化的落地提供平台及渠道，二者相互促进、相辅相成。

从员工能力和潜力发展的角度，邦泰主要从通用素质能力、领导力、专业胜任力三个方面进行引导、要求和评价。

通用素质能力指超越于岗位、专业、职责之外的，要求不同岗位、专业的员工具备的共性素质和能力。

领导力指要求公司的所有管理者（指广义的管理者，只要是通过自身的知识、技能，对组织有价值贡献的人都属于此类。管理者都应该积极学习、践行领导力）需要具备的素质和能力。

专业胜任力指每个员工从事其岗位工作所需要的核心专业能力和区别于其他职能岗位的关键素质。

全员通用素质能力适用于全员，对全体员工有直接的指导意义。

中层管理人员除需要具备全员通用素质能力外，还需要达到对中层领导力素质的要求。

高层管理人员除需要具备全员通用素质能力、中层领导力素质外，还需要具备高层领导力素质。

邦泰胜任能力模型的建立经过大量事件访谈、素质编码提取、企业文化标准验证、标杆企业对标、企业未来发展期许等，并充分考虑公司战略，采取归纳和演绎等多重手段，是基于事实和文化的邦泰员工“核心胜任素质”。

素质能力中对关键正面行为的描述，来源于邦泰员工的“真人真事”，也包含邦泰对员工未来发展的期许。

列出负面行为的主要目的，是帮助员工理解每个素质的定义，同时告知不可触犯的行为界限，运用中以正面行为引导为主。

列出的关键正面行为描述及负面行为描述并未囊括该素质涉及的所有行为，随着企业的发展，行为描述可以适当增加、减少或重点调整。

邦泰胜任能力模型基于“来源于邦泰、回归邦泰”的原则，为方便后期的使用，在语言上更贴切实际工作和后期运用。同时从解决实施问题的角度，要简单、易懂，避免使用一些晦涩、难理解的词汇。

（四）具体案例

邦泰胜任力模型中的通用素质能力及领导力模型如下。

通用素质能力：客户导向、诚信正直、学习能力、尽职敬业、务实高效、专业化、合作精神。

领导力：

高层：战略思维、全局观念、引领变革、追求卓越、创建高效团队、影响他人。

中层：以身作则、问题解决及创新能力、系统思维、团队管理、坚韧抗压、发展他人。

备注：

高层领导力的逻辑顺序考虑：“战略思维”和“全局观念”是基于意识、思想形态的，“引领变革”和“追求卓越”是行为层面，而“引领变革”是基于对过去的改变，“追求卓越”是对未来的不懈追求和努力，“创建高效团队”和“影响他人”更多的在落地层面。

中层领导力的逻辑顺序是层层递进关系：“以身作则”是做管理者的根本，“问题解决及创新能力”是一种目标导向，“想干事”的同时“能干事”。“系统思维”是做管理者的必要条件，能看到一个事物的利和弊，过去、现在及将来，正面影响及负面影响等多维度。“团队管理”是重要的带团队的能力，“坚韧抗压”是邦泰至少相当长时期对管理者的要求，“发展他人”是一种胸怀也是一种责任。

通用素质能力的逻辑顺序考虑：客户是公司赖以生存的根本，是公司存在的基石。后面几条是“管理自己”和“管理任务”，最后才是合作，唯有做好自己才谈得上合作，连自己都做不好，谈合作是缺乏基础的。

（五）胜任力词条

1. 示例：客户导向

词条解读：把客户的需求作为一切工作的出发点。

关注、了解内外部客户不断变化的需求；建立和发展与客户间良好的、持续的、共赢的关系；竭尽全力帮助和服务客户，为客户创造价值；成就客户，实现自我成功，成就企业。

（1）正面的行为：

· 发自内心地关心客户。

· 准确定义客户范畴，内部员工也是我们的客户。

· 了解、研究、分析客户的需要和诉求，而不是先考虑企业生产什么产品。

· 以满足客户需求、增加客户价值为出发点来探究客户的需求。

· 深入准确了解公司、团队所提供的产品、服务及其变化。

· 对客户的咨询、要求给予及时的回复，主动寻求客户的反馈，并据此对工作流程提出改善建议。

· 倾听、理解客户的不满及怨言，并努力寻找其产生的根源。

· 微笑面对投诉和受到的委屈，积极主动地在工作中为客户解决问题。

· 将下一道工序当作自己的客户，预见影响并积极预防可能产生的问题。

· 站在对方的立场思考问题，在坚持原则的基础上，最终实现“双赢”。

· 与客户交流过程中，即使不是自己的责任也不推诿。

· 是客户足以信赖的顾问，能为客户提供独特见解。

· 首问责任制，即当我们接到客户的咨询、投诉的时候，无论是否是自己职责（权）范围内的事，都要给客户一个满意的答复。

（2）负面的行为：

· 认为只有外部客户才是真正的客户。

· 时刻考虑自身利益，完全不顾及客户需求。

· 对待客户毫无耐心。

· 完全不重视客户的想法，只顾自说自话，给客户推荐不适合的产品。

· 遇到客户投诉时，在客户利益与自身利益相冲突时，倾向于自身利益。

· 受理客户投诉时只顾按部就班地处理，不能及时安抚客户情绪，甚至态度恶劣，与客户发生正面冲突。

· 接到客户的咨询、投诉时，因为不是自己职责（权）的事情就搪塞客户或请客户找其他同事，而不做好跟踪服务工作。

· 戴着“有色眼镜”区别对待客户。

· 采用“一刀切”方法满足不同客户的需求。

· 客户意识只是挂在嘴上，没有认真落实到行动中。

· 急功近利，损害客户利益最终危害企业利益。

2. 示例：诚信正直

词条解读：信守诺言、客观公平、公正无私。

依据事物原本的情况处理工作事务，不受个人利益、好恶的影响；谨守职业道德，正直高尚，诚实守信；把良好的个人品质和职业操守放在首位。

（1）正面的行为：

· 严格遵守公司的规章制度。

· 面对利益诱惑，能果断拒绝，把公司利益放在首位。

· 正直廉洁，坚持原则，绝不向歪风邪气妥协。

· 工作中不弄虚作假、不徇私舞弊。

· 如实汇报工作情况，不隐瞒、不谎报。

· 不散布小道消息，不传播谣言。

· 信守承诺，说到做到。

· 不玩心计，不背后使“小动作”。

· 不拉帮结派，不搞“小山头”。

· 不泄露公司商业机密，不做违反职业道德的事。

· 真诚对待他人，不欺骗对方。

· 敢于面对自己的错误，不掩盖事实真相。

· 有阳光透明的心态，认同主流文化，讲正气，带头传播正能量，所做的事情能经受时间的检验。

· 客观、公正地对待同事。

· 严于律己，宽以待人。

（2）负面的行为：

· 漠视甚至参与身边不符合职业道德的事情，违反职业规范。

· 迫于压力改变自己的个人观点，不能客观地提供事件的本质信息。

· 从个人利益出发，夸大或缩小事实，散布未经正式渠道证实的信息。

· 从个人利益出发思考工作。
· 不断掩饰错误，损害公司利益。
· 在工作中故意制造障碍，刁难对方。
· 收受贿赂或在拒绝无果时不按制度要求上交财物。
· 以权谋私，向合作商“吃、拿、卡、要”。
· 言行不一致，当面一套背后一套。
· 在公司征求意见的时候不发表意见，在执行的过程中却不严格执行。
· 不能严格要求自己，以“占小便宜”的心态对待工作及同事关系。
· 为同事“挖坑”，设置障碍。

附件一：邦泰集团胜任力模型如图 2－2 所示。

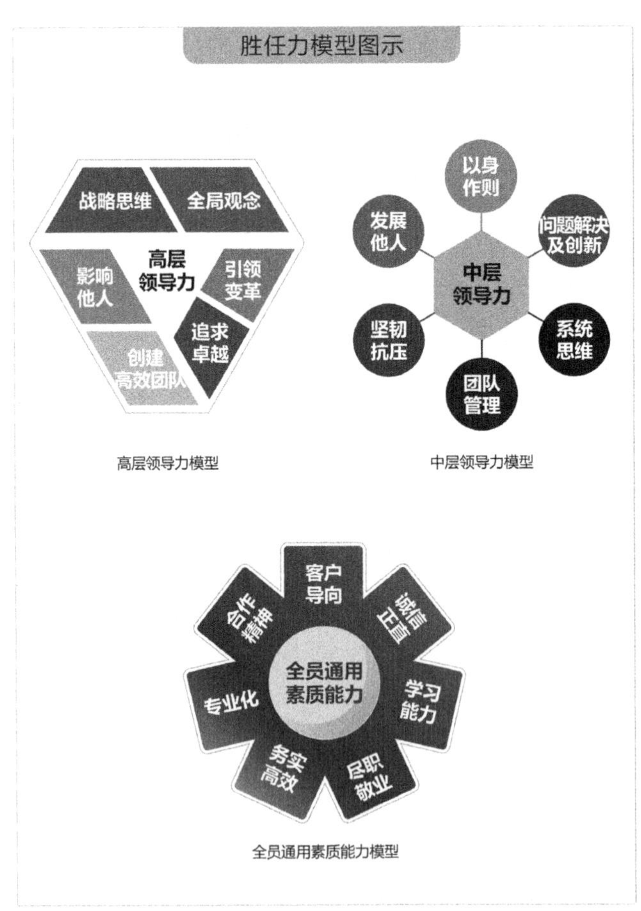

图 2－2　邦泰集团胜任力模型

附件二：《邦泰集团2.0版胜任力手册》部分内容如图2－3所示。

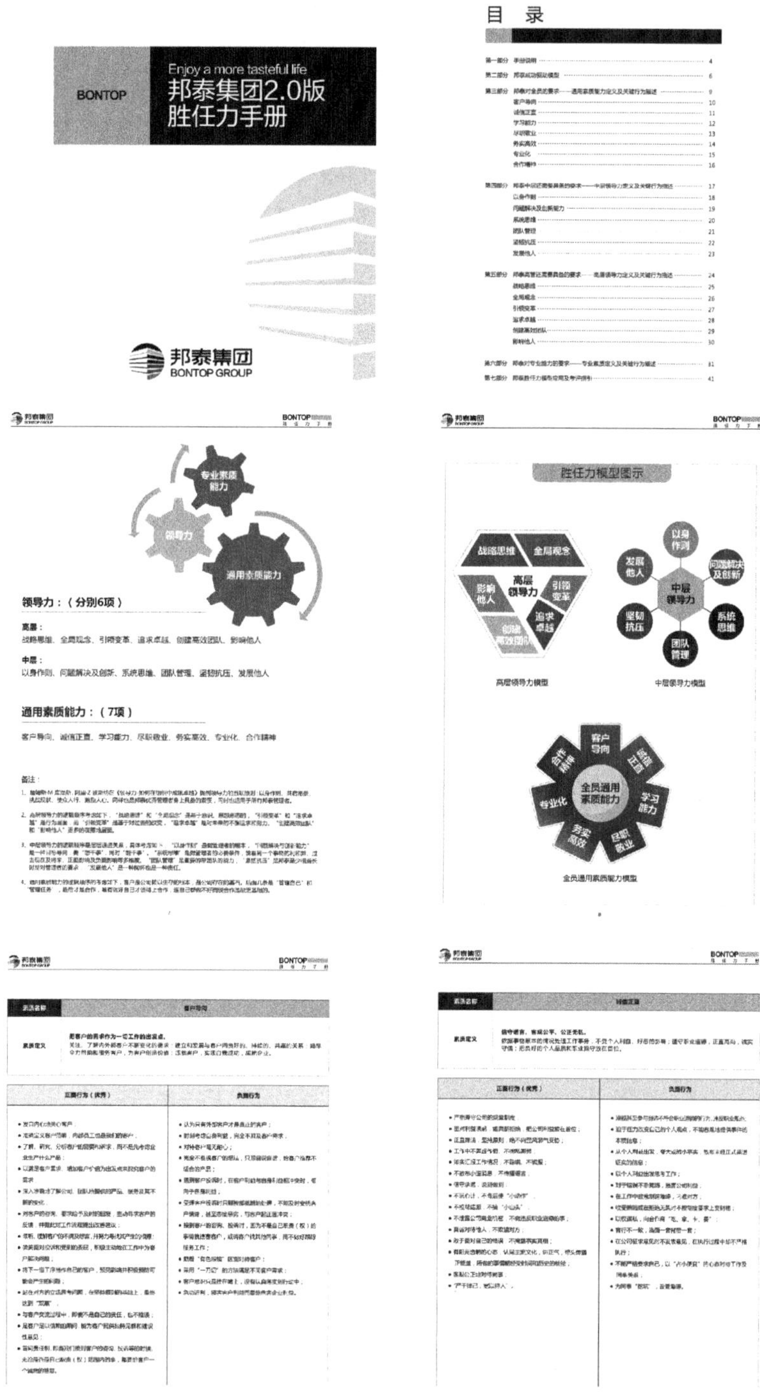

图2－3 《邦泰集团2.0版胜任力手册》部分内容

附件三：邦泰企业文化核心理念体系如图 2 –4 所示。

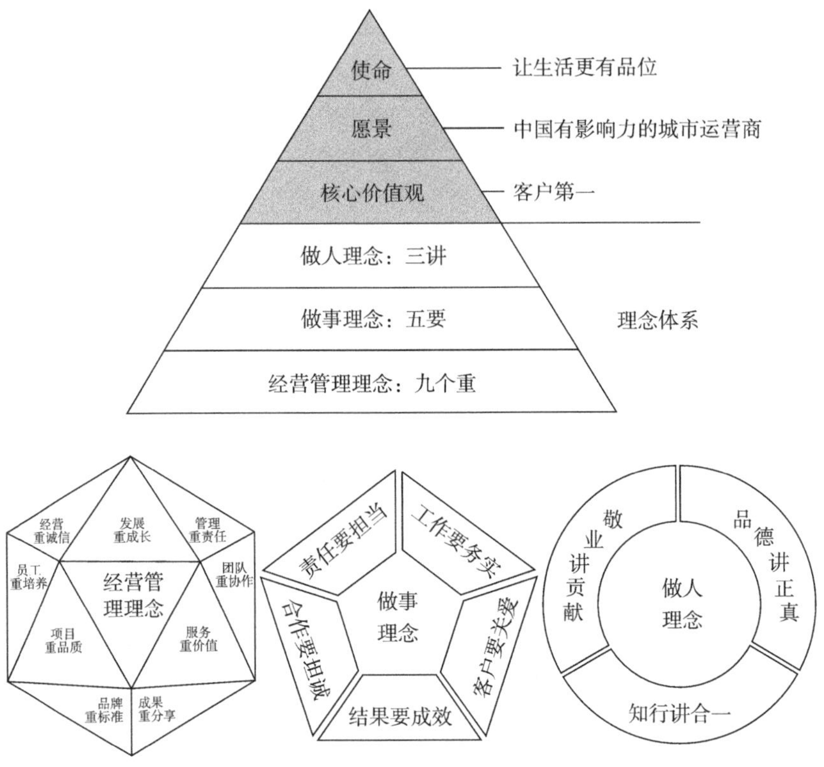

图 2 –4　邦泰企业文化核心理念体系

作者：毛友根，四川邦泰集团人力行政中心总经理，兼四川邦泰物业董事长

第十二节　怎样开展员工教育

一、工具属性

（一）工具的基本属性

工具的基本属性如表 2 –2 所示。

表 2－2　工具的基本属性

联动工具	企业文化宣言、企业培训、企业文化故事集、企业行为手册等
适用范围	领导通过正式或非正式的场合，对直属员工言传身教 适用于以直接监督和相互协调为主要协调方式的团队、组织分组
主体与客体	直属领导与下属

（二）为什么要进行员工教育

1. 建立自愿自觉的人文氛围

笔者理解的公司文化就是一个公司里形成的人文氛围，它不是靠公司制度来规定，而是由领导和员工自觉自愿创造的一种氛围。

那么理想的公司文化氛围应该是什么样的？应该是每个人都积极主动地工作，同事之间平心静气地沟通工作，没有训斥，没有猜疑，员工之间具有良好的合作关系，每个人都站在公司的立场上考虑问题，积极主动地把自己的本职工作做好。经过 13 年的实践，基本上形成了预想的公司文化氛围，因为良好的沟通加深了相互理解，比如，上司从来不对下属发火，也不会当面批评员工。但是，每个员工都能积极主动地工作，上级与下属之间关系融洽。公司有时候周五下班后在院子里举办烧烤活动，公司所有员工的家属甚至男女朋友都会来参加，部分离职的员工也会回来参加。

2. 良好的沟通、协调关系

通过对员工教育方面的努力，公司就像一个大家庭，领导与员工之间、员工与员工之间、各个部门之间沟通顺畅、合作愉快，不会发生推卸责任、互相扯皮的情况，工作效率处于最佳状态。

比如，公司每个月都有两三次从日本进口上万千克的货物，由于北京限行，每次大卡车都会在晚上十一点以后到达公司。遇到这种情况，只要负责外贸的小伙子打声招呼，公司的大部分员工就会留下来搬运货物，经常搬到深夜一两点，第二天照常上班。每天下午一点到三点是发货时间，只要物流部门的小伙子（没有任何头衔）发一封邮件，无论哪个部门，不论硕士还是博士，大家都会帮忙打包。

（三）员工教育基于什么原理

1. 借鉴日本企业管理假设

企业文化实践最早源于日本，理论成于美国。中日同属东方文化体系，有共通之处。

本方法以日本企业的管理经验为基础，把老板的企业发展愿望与员工自身的长远利益紧密地结合在一起，形成了所有人自发自愿地为公司发展共同努力的企业文化，这也是日本员工敬业的基础。

国内大部分公司崇尚美式管理，通过绩效考核优胜劣汰，希望更多的有狼性的员工带领公司创造出好的业绩。在这种文化氛围里，有能力的员工可能主动跳槽，没有能力的员工随时会被开除，形成了和日本企业不同的文化。孰优孰劣，不能简单地判定，笔者通过在中国长期的企业运营和实践，探索如何把日本企业文化与中国的现实氛围相结合，建设一种符合国内实际情况又符合日本企业发展需要的企业文化。

2. 好公司离不开好员工

良好的公司文化的建设离不开优秀的员工，那么把刚出校门的大学毕业生培养成优秀的人才就是笔者的任务。所以，公司文化建设离不开员工教育。在新员工上班的第一天笔者会花费大约一个小时的时间，把自己多年来在企业工作的体会，就是在职场上应该具有什么样的心态与行为传授给新入职的员工，这就叫作员工教育。通过长期实践，顺利形成了预想的公司文化氛围。

3. 本质是思想灌输

通过新成员学习组织团体的价值体系、规范及行为模式，达成社会化。通过非正式的社会活动，运用这种方式可以对成员进行潜移默化的影响。管理者作为组织意识形态的捍卫者，对员工进行教育，通过这种方式，组织成员可以更好地融入组织，确保做出符合需要的行为。

二、操作方法

员工教育有哪些原则和要点？基本上以“我希望我的上司是什么样的人，我就做什么样的上司，我怎样做员工，我就要求我的员工怎样去做”为原则，展开员工教育工作。以真诚为第一要务，不可作秀。

1. 真诚沟通，持续开展

从雇用第一位员工（下属）开始，或者上班的第一天，笔者都会面对面地讲一堂如何做一个合格员工的课，也可以称为入职教育，题目是“职场心态与行为”。难道只通过这样一两次谈话，每个人就会成为笔者希望的样子了吗？当然不是，每年有几次，笔者会利用大约半小时的时间讲一讲笔者在工作中发现的问题。

2. 保护员工情绪

如果发现某个员工存在某方面的问题，笔者也会单独和他谈话，谈话也是从肯定他的成绩开始，最后告诉他哪里还需要改进。

3. 形成氛围

开始的员工教育工作比较辛苦，几年后，很多工作就不需要重复了，因为公司已经形成了人人敬业的氛围，不需要再去啰唆。

4. 带动各层级实践

不仅笔者自己这样做，还要求所有的科长和部长都要这样做。如果一个部长和下属产生矛盾，我们首先要追究部长的责任，因为评价领导的指标之一就是对下属的教育与指导。

5. 领导以身示范与公司文化建设

当然，公司的文化建设光靠员工教育也不行。首先，领导带头遵守规则，以身示范。要求员工做到的事情，领导自己必须先做到。比如，要求员工看到能捡起来的垃圾纸片一定要弯腰捡起来，不能等待清洁工，笔者和其他领导都在这样做。

6. 公司的制度与文化建设

制度制定后，每年都要对制度进行修改，以适应公司的发展。一项好的制度应该平衡公司的利益和员工的利益，在法律允许的范围内尽可能地考虑员工的利益。所以，每次修改制度都要先和工会干部沟通，达成共识后，在员工大会上说明修改制度的理由与合理性。制度有规定的，一律按制度办；制度没有规定，按有利于员工的利益办，因为制度不完善是公司的责任。

三、案例解读

（一）如何进行员工教育

下边给大家分享一下笔者的员工教育内容。假设现在有一名新员工坐在笔者的对面，笔者给他讲的内容如下。

1. 心态决定命运

首先祝贺您成为我们公司的一员。今天你走出大学校门来到了职场，可以有两种心态。一种是被动心态，觉得公司就给 4000 元，那么就干 4000 元的活，认为工作是为公司、为别人干的，能少干点儿就少干点儿。另一种是积极心态，我们签订了劳动合同，说明你接受了现在的公司待遇，那么你的工作态度就和收入没有关系。无论什么事，你都会积极、认真地做好。在短期的时间范围内，被动心态的人和积极心态的人在收入上没有太大的区别，但是到了四五十岁，被动心态的人一定是职场的失败者，他们会把自己的失败归咎于公司、领导、同事，是失败的人生。

不要和我说凭什么他整天趴在桌子上睡大觉拿4000元，我拼命工作也拿4000元。你要是愿意，也可以学坏，那么一年以后我会让你们一起走人。任何场合，我们都要向积极努力的人学习。如果你努力了，你做得很好，能力提高了一大截，那么合同到期时会有两种结果。一种结果是你努力了，其他人也努力了，公司也取得了很好的成绩，我们会把你的待遇提高到与你的能力相符的水平，你留下来继续工作。另一种结果，你努力了，但是公司的其他人不努力，或者领导决策失误，公司没有给你涨工资，那么我会鼓励你跳槽，到时我会给你写推荐信，我肯定不想埋没人才。

2. 勤奋是成功的前提

我想和你谈谈我的英语学习故事和研究故事。有人经常问我："你一个农家子弟，没有钱、没有关系，也没有一个有能力的爸爸，怎么会在20世纪80年代出国留学。那个年代出国留学只有公派留学，国家教委会委托国家教委直属重点大学的教授为一个专业代招一名或两名出国留学生，全中国学这个专业的人都可以去考试，无论你是哪个学校毕业的。我这个专业全国招两名，结果就我一个人合格了。那么很多人没有合格是为什么？大部分人是因为英语没有达到60分。我在上高中的时候英语刚刚学会了26个字母，英语老师就被调走了，所以高考时英语只考了15分，按30%计入总分，我的高考成绩里英语只占4.5分。

大学上英语课我需要上慢班，从A、B、C开始学。为了学好英语，我每天早上朗读半个小时，每天午饭后一个人跑到教室自学英语45分钟。为什么是45分钟？因为12点半我的同学要睡午觉了，我也要回去睡午觉。晚上再加一个小时自学英语，半年后我回正常班参加考试英语及格了，一年级期末考试我到了班级中等水平，二年级上半年成为班上前五名，二年级下半学期考试我是班级第二名。为什么不是第一名，因为我有一位同学入学时分数96分，我上慢班他上快班了。到了三年级，大部分同学不再学习英语，而我仍然坚持学习英语，所以大三时我是系里唯一一个通过英语水平考试的人。1984年，国内研究生的英语分数线是30分，我考了73分，当然其他课程也是班级第一名或第二名，因此我是唯一一个通过出国留学生考试的人。假设当初我不勤奋地学习英语，哪怕我的其他课程都考满分，我也是没有机会出国留学的。

再来谈谈我的研究故事。我曾经设计了一个实验，时间是365天，也就是说365天每天都要去做实验，没有一天是可以不去实验室的。一年后，得到了非常好的实验结果，为了重复这个结果，我又设计了365天的实验，240天以后，实验结果已经重复了第一次的结果，所以老板让我申请专利、开发产品，我中断了实验。在一年零八个月的时间里，我从来没有和家人、朋友一起去郊游过。我觉得既然选择了成为一名科研人员，就要以科学家的态度对待研究。后来我参与开发的第一个产品1996年1月上市、第二个产品1998年1月上市，第一个产品在日本销售20年了。9年时间里获得了7项专利，其中5项国际专利，我因此获得集团颁发的总裁研究奖。

在工作过程中，我从来没有考虑过要加薪、要升职，只是一心把本职工作做好。但是回过头看，公司没有亏待我。和你讲这些不是强调我的优秀，而是要告诉你不要等着领导命令你才工作，要积极主动地工作，只有勤奋工作才能提高能力，有了能力才能抓住机会。

3. 良好的人际关系是工作顺利的保证

首先谈谈和同事的关系。和同事的关系就是简单的“你好我好”的关系。也就是说，永远要以谦虚和蔼的态度和对方说话，不要在意别人的态度。无论什么人，只要你尊重他、真诚地对待他，他是不会不合作的。不要背后议论同事，因为你根本不知道那个同事是真心对你好，也不要参与别人对同事的议论，如果听到了，只是回答“是吗”就可以了。能在你面前说别人坏话的人，一转身可能就会说你的坏话，这种人不仅在职场上，在社会上也是最令人讨厌的。不要在意别人对你的评价，因为你的未来和别人没有关系，如何让同事心情愉快地配合你完成工作是最重要的。这也是为什么我们说成功路上的最大敌人是自己，也就是自己的被动心态、懒惰、自私性格，战胜自己的弱点你就成功了。

再来谈谈和领导的关系。作为员工，除非辞职离开，你没有选择领导的权利，即使你换了一家公司，也不能保证下一个领导比现在的领导更容易相处。领导之所以能成为你的领导，一定有他自身的优点。所以，对待领导的批评，要抱着“有则改之，无则加勉”的态度，不要当面顶撞上司，也没有必要沮丧、生气。如果你确信自己的观点对公司是有利的，你可以用书面形式阐述正确的理由。领导采纳了，更好；不采纳，你就按照领导说的去做，如果结果错了，领导是要负责任的。我是这样做的，所以我从来没有遇到刁难我的领导。

在我们公司，不要试图给任何领导送礼和请客吃饭。无论你送什么，我都会拿出来分享给全体员工。你想一想，你有义务为其他人花钱吗？肯定是没有的。我对你的评价只看你是否努力工作，是否站在公司的立场上考虑问题。

4. 素质决定未来

无论是在工作上还是在社会上，要成为受尊敬的人就必须具备一定素质。我把它总结为素质的十二大要素：

（1）积极学习的能力。

（2）懂礼貌。

（3）和气。

（4）宽容。

（5）有爱心。

（6）感恩。

（7）诚实做人诚信做事。

（8）认真对待工作。

（9）敬业。

（10）整洁。

（11）节俭。

（12）遵守公司规则与法律。

十二大要素中，有些要素前面已经讲了，现在我要特别强调以下几点：

（1）积极学习的能力。工作不会做没有关系，可以问同事、可以问领导，领导不会，公司可以安排外部培训，但是不可以不懂装懂，也不能因为不懂等着别人来教。

（2）诚实做人诚信做事。对了要坚持，错了要主动承认错误。公司里的工作往往是连锁的，也就是说很多人可能需要在你的工作结果的基础上进一步工作，如果你隐瞒了错误，后来的同事的努力就白费了，小错误可能造成大损失。我们允许犯错误，但是绝对不允许隐瞒错误。

（3）整洁。在公司的大厅里、走廊里，看到任何可以弯腰用手捡起来的垃圾都要及时捡起来，因为保洁不可能24小时擦一个地点。整洁的环境不仅可以带来愉悦的心情，还是一个公司良好形象的展示。

（4）节俭。节俭是一种良好的品质。不要有反正不是我的东西，浪费点儿就浪费点儿的心态。在工作的过程中永远要有努力为公司省一分钱，努力为公司多挣一分钱的心态，也就是要有老板的心态，你才会成功。

（5）遵守公司规则和法律。对于规则和法律，要么改变它，要么遵守它，抱怨没有任何意义。上班不能迟到，迟到没有任何理由，所以迟到了也不要和我解释，除非公司所有人都在同一天迟到。

编者说明：本案例有个体特殊性，仅供方法的领悟、参考，非模板化工具，员工教育的内容应因人而异。

（二）员工教育的局限性对策

是不是进行员工教育就一定能让员工符合领导的期望？企业是由不同人格特质的个体组成的，因为经历、背景等原因，个体之间存在差距，我们必须承认这种差异的存在。但是要建立理想的公司文化氛围，就必须进行员工教育。

稻盛和夫在“统一方向，形成合力”条目中阐述了他对员工思想工作的看法。稻盛和夫认为，要使企业的员工形成合力，企业家首要的任务是让全体员工的思维方式、前进方向和目标保持一致。因此，他一直坚持做员工的思想工作，一有机会，就向员工苦口婆心地阐述公司的思维方式和发展目标。大部分员工会赞同，当遇到不以为然的员工，稻盛就把他们当作“攻坚对象”，锲而不舍地努力说服他们。对此，需要倾注企业家大量的时间和精力，为了转变他们的思想，理解公司理念，花再多时间也在所不惜。也有极端情况，对于无论如何都无法接受公司理念的顽固分子，与其在想法不同的公司受苦，不如劝他到与他的想法相符的公司就职。对于当时还只是一家中小企业的京瓷，员工大可另谋高就。不管员工多么优秀，如果与公司的矢量不一致，就会劝其辞职。

稻盛认为，对于一个规模较小的集体（团队或分组），哪怕一名成员的方向与大家不一致，也会对周围的人产生负面影响，因此必须重视员工思想工作。

——参考资料《京瓷哲学》

作者：于福功，博士，宝日医生物技术（北京）有限公司董事副总经理。2004 年被派往北京参与成立宝日医公司，负责公司管理工作至今。陆斌冰整理。

第十三节　从文化角度对企业中层骨干的培育

一、工具属性

（一）工具的基本属性

工具的基本属性如表 2－3 所示。

表 2-3　工具的基本属性

联动工具	中层骨干管理培养具有长期性、重要性、科学性、专业化等特点，必须同企业发展规划、中长期激励、薪酬制度、组织结构、招聘培训、业务拓展、市场推进等多维度、多部门、全方位进行联动
适用范围	适用于企业中高层人员管理、培训、绩效激励、薪酬福利、员工关系等方面
主体与客体	中高层人员、一般员工及外部合作方，如咨询、培训公司等

（二）工具作用

通过中层骨干流失率、绩效提升幅度、满意度调查，以及痕迹化的岗位培训带教等多个指标，全面衡量中层骨干培育效果，并从中找出存在的问题和不足，进一步完善提高。

建立中层骨干成长档案，详细记录工作绩效、能力、潜力等综合素质表现，为动态管理、开展精准培育奠定数据基础。

完善中高层接班人梯队建设，加强高级别专业人才和领导人才培育，打通中层骨干发展通道，激励更多优秀中层骨干脱颖而出。

（三）基本原理

骨干是指人的骨骼主干，比喻在总体事物中起主要作用的人或事。企业中层管理人员，常被称为中层骨干，发挥是上传下达、左右协调、贯彻执行的骨干作用。

中层骨干是企业人才队伍里的中坚力量，他们的素质好与差、能力强与弱、绩效怎么样直接影响企业生产经营效益，甚至未来发展。如果把一个企业比作一个人，高层管理者就是企业大脑，承担谋划重大战略和把握总体方向的职责；中层是企业的脊梁，协助大脑传达命令到四肢——基层，更重要的是，带领基层执行并坚决完成任务指标。可以说，中层骨干实际就是企业高层的“代言人”，也是企业战略落地的践行者。如何充分发挥企业中层骨干的作用，是企业高效运行、提升市场核心竞争力、建立现代企业管理团队的重要课题，也是摆在企业高层面前的重大难题，“脊梁”坚强茁壮，才能坚定、有力地执行。

二、操作方法

（一）实施要点

找出关键问题，分析主要原因，寻找改善办法，评估实施效果。从组织层面来看，企业给予中层骨干一定的信任度，而中层骨干对企业也有了一定的感情。

然而，年富力强的中层骨干是猎头、人力资源咨询公司、各个企业重点瞄准的目标。由于企业往往注重中层骨干的业绩，却很少关心他们的心境，因此，中层骨干又是最容易松动的一块管理基石，在企业管理人员中，成为流动性最大的一部分人。

（二）操作步骤

订立目标。建立企业高层继任计划，每年通过对业绩、沟通、协调、策略水平、潜力等方面的综合考核，选拔特别突出的中层骨干进入准高层管理者队伍；由企业高层管理者负责带教，采取积分制，全程考核记录学习情况，作为今后晋升提拔为高层管理者的重要依据。

清晰职责。兵无常势，水无常形。组织结构设计紧跟业务线发展变化，梳理中层骨干岗位，特别是营销业务相关职位，统计职位价值的同时，进一步明晰其职责，解决职责滞后于业务开展、市场营销需要，职责错位，高层随意干涉中层工作等问题。

加强激励。坚持“不让雷锋吃亏”的原则，为中层骨干争取更多的实物货币激励，让干活出力、能出业绩的人受到应有的表彰。

完善通道。不但给中层骨干建立常规的职务提拔通道，而且开辟专业发展通道。比如，建立总监系列专业职称，在原有职务提拔通道上再增加一条专业成长通道。另外，职务提拔通道上增加准高层管理者位置，丰富中层骨干职务提拔层级。

岗位带教。借鉴惠普“狮子计划”，每季度评选优秀中层骨干，并分享他们的经验得失，同时，高层管理者开展针对性管理教学，联系实际帮助中层骨干分析、解决工作中遇到的难题。

人文关怀。通过各种文化活动，表彰优秀中层骨干的先进事迹，并且采用微信、QQ、电子邮件、微电影等加强宣传，弘扬先进事迹。同时，人力资源部门开展岗位满意度调查，或者进行“每季一谈”走访中层骨干，了解他们的工作强度、业务支持等，掌握他们的思想动态，帮助他们走出心理异动期。

（三）工具应用

实施流程：重要性—问题—分析—借鉴—改善—评估。

从组织职责、晋升通道、沟通渠道、岗位满意度、激励性、岗位带教和组织文化方面，分析企业中层骨干失落感较强烈的原因，发现问题所在，以便从中寻找解决思路。

组织职责不够明晰。高层越俎代庖、越级管理问题，表面看似高层领导能力超强，尤其是董事长管理作风泼辣，实则是“篡夺”下级权力，不给中层骨干应有的授权和履职尽责的权力，问题出在组织职责不够明晰，造成高层大包大揽，而中层却被“挂空挡”。

中层晋升通道单一。在以职能级别提升为主要甚至是唯一通道的现行晋升体系中，中层的职业规划只有升职才能获得晋升。然而，企业高管属于稀缺岗位，一般企业集团往往只有五六个高管位置，而中层骨干却有五六十个，不到10%的晋升概率让90%的中层骨干看不到希望，只能蹉跎岁月。

中层沟通，高层高瞻。中层与高层的沟通，除了日常公司大会和工作会议，缺少一条日常能够轻松沟通的绿色通道，而高层常以“一览众山小”的高瞻方式看报表、听汇报，远远满足不了现代高节奏、快速度沟通交流的需要。

岗位满意度较低。相对物质上有更多保障、更注重精神收获的高层，以及职业通道较宽广、任务较单一的班组长、客户经理等基层管理者，中层骨干肩负众多实打实的任务指标，岗位负荷大、精神压力普遍较大，工作成就获得感较小。

正向激励不足。众所周知，薪酬激励的作用具有短暂性，而较长远的股权激励作用又不明显，所以中层骨干更倾向于“玩现”，更喜欢薪酬提升和奖励兑现。然而现实中，企业为了留住中层倾向于股权激励，在中层骨干眼里却变成了“金手铐”，正向激励作用大打折扣。

中层带教缺失。这是一个充满竞争的时代，人的知识和能力以分分秒秒的速度在淘汰和更新，既是企业的顶梁柱，又是企业主要劳动力的中层骨干，同样需要不断提升自己，才能适应企业和未来发展的需要。即便没有脱岗培训，但至少要安排中层骨干接受岗位带教，指导他们立足岗位提升自我。

缺少组织文化关心，被逼“走麦城”，企业中层的流失率较高。

三、案例解读

（一）惠普的人才“狮子计划”

在外企工作时间长的人或多或少都会感觉到，某一天会触到职业生涯的天花板，那么，能否实现突破呢？在众多全球知名公司中，惠普公司的人才培养体系，尤其是针对本土化职业经理人领导力的培训，解决了职业经理人的这一困惑，也使惠普公司一直在业界保持着很好的口碑和声誉，被誉为“中国IT黄埔军校”。

明确定位。为了在国内培养出更多的国际化职业经理人，作为企业领导团队的预备队，中国惠普专门制定了“狮子计划”。

地位重要。根据这个经理人培训计划，中国惠普每年都会选择有潜力的员工进行领导力和管理能力的培养。“狮子计划”由惠普公司全球副总裁兼中国区总裁亲自挂帅，在每一次的培训过程中，中国惠普核心管理团队成员都要参与、指导分组讨论并现身说法，与参加培训的员工分享自己职业生涯和领导力的心得。

流程清晰。准备阶段（组织优秀学员大量阅读，储备理论知识）—“一对一”（结合学员特点、公司需要，找到合适的资深职业经理人导师，告诉学员怎样管理员工、怎样给员工升职、加薪时如何给员工做评估等）—开展轮训，从带一个团队上升到带多个不同的团队，学习内容也从具体工作向策略制定转化。

成效。员工在惠普公司的成长机会很多，对于立志成为职业经理人的人来说，惠普可以说是一家“没有职业天花板”的公司。21 年来，中国惠普为中国社会培养了数以万计的中高级专业和企业管理人才，先后多次获得“中国最受尊敬企业”“中国最佳雇主”“最具责任感企业”“中国最具影响跨国企业”等称号。

为了更好地满足了中国惠普快速增长的业务需要，更好地服务客户，提高研发能力，强化中国在惠普全球外包市场的领导地位，为“成长企业交付年”提供动力，中国惠普启动了“聚英 1000”大型人才招聘活动，计划吸引千名业界精英和专业人才，区域分布在 22 个省市，涉及区域销售经理、客户经理、技术顾问、解决方案架构师、软件工程师等岗位。这次活动，为中国人才市场的发展提供了新动力，有助于更多本地化人才不断学习和成长，充分展现个人才华和人生价值，跨入事业进步的崭新阶段。

（二）金腰带计划

某知名医药企业实施“大品牌、大战略、大市场”发展策略，从国际国内知名企业引进人才，同时对两家外地公司实施兼并重组，该医药企业在短时间内迅速扩大规模，提拔了一大批优秀骨干担任中层。然而随着业务推进，这些中层出现不适应性，同时，能力强的得不到持续提升，以致很多中层骨干跳槽到其他企业谋求升职。在此背景下，该医药企业提出锻造金腰带计划。该计划是一项立足眼前、着眼长远的系统工程，更是夯实企业管理基础的计划。

1. 金腰带

金腰带为瑞香科植物尖瓣瑞香的干燥根皮或茎皮，因其根皮、茎皮韧性大，不易折断，平日捆在腰间既作腰带，又可治腰痛，因此得名。

金腰带——拳手尊严和荣誉的象征。拳王阿里不仅是著名的职业拳击手，还是追求种族平等、祛除社会歧视偏见的精神偶像、人类的和平使者，曾经多次获得“金腰带”荣誉称号。

企业金腰带——企业优秀中层骨干谓之“脊梁”。

2. 某医药企业中层现状

何谓中层？相对集团高层来说，是集团总监和子公司负责人；就管理团队来说，是总监和子公司负责人及子公司其他核心岗位人员。

该医药企业95%以上的中层管理者都是自己培养的，多为中医学院毕业，年龄30~40岁，基本都经历了营销员、客户经理，车间、职能部门、部门（公司）负责人等职业发展过程，知识结构、工作经验、个人能力等满足一定的要求。

这些中层骨干忠诚度高，对企业感情深，工作有默契；企业自豪感明显，总体个性表现不张扬略显含蓄；对企业高层认同度极高，熟悉高层工作方法，具有一定的模仿性。

3. 存在的问题

独当一面的能力还不够，尤其是实践能力、组织能力、协调能力和理论知识有待加强。

高层拐杖式培育管理模式让中层无法迅速承担起责任，也无法“断奶”，从而使中层成长速度达不到企业发展需要。

中层职业生涯设计不系统，上升空间狭小，发展通道单一，没有多元发展通道。

缺少专业培训，培训内容不实用，培训成绩与考核、晋升联系不紧密。

缺少岗位指导和一对一的带教，更没有拟定个性化的提升方案。

激励手段有限，物质奖励激励作用有限，而精神鼓励和学习提升机会等创新激励办法不多。

4. 思路

结合企业规划，有计划、有步骤、有目标地启动金腰带计划；围绕五年发展目标和业务发展需要，打造准高层经理人；选拔一批候选人列入金腰带行动组，通过业绩、潜质综合能力等参数进行考察；给位子、给票子、给面子，让“三给”成为打造中层的良好机制。

5. 目标

在未来5年中，通过遴选6~8名优秀中层，经过系统培养，使其中3名优秀苗子在5年后成为综合素质和能力全面过硬的准高层管理能手。

6. 突破

以培训为突破口，对现有中层骨干人员进行全面摸底，以期了解“当下集团中层人员整体情况”、近三年业绩表现和提升情况、个人爱好、培训需求等，规划五年培训计划，启动实施等。

7. 措施

由主要高层领导牵头，组成专项小组，人力资源部负责具体实施；拨出专项培训、激励基金，用于保障计划实施；与相关咨询机构共同拟定具体实施方案，并提交企业高层会议讨论通过。

作者：欧阳忠，高级企业文化师。

第十四节 班组建设：激活企业“细胞”，浇灌文化“根须”

一、工具属性

（一）工具的基本属性

工具的基本属性如表 2 – 4 所示。

表 2 – 4 工具的基本属性

联动工具	主要联动工具：培训、教育、QC 小组、PDCA 闭环管理、5S 现场管理、劳动竞赛、学习型班组建设、创新工作室等
适用范围	班组建设是夯实基层管理基础，促进中心工作，培养基层管理人才的工具和平台。将班组建设内容融入班组长、队室长、潜质人才等培训课程中，提升培训效果
主体与客体	全体员工

（二）工具作用

1. 班组建设是企业文化建设的基础和落脚点

班组是企业生产运营最基层的业务单元，作为企业结构中最末端的组织，是企业文化天然的孕育地，也是企业文化建设的前沿阵地和落脚点。班组建设丰富了企业文化建设的载体和途径，通过开展班组建设，把企业文化建设延展到最基层，让员工更广泛地参与进来，让企业文化更好地被广大员工认同和践行。将班组建设的工作机制化、制度化，以制度的刚性辅助企业理念、行为准则、道德规范等一系列文化内涵被基层班组成员接受并自觉执行。

2. 班组建设是提高管理效率和基层执行力的有力工具

班组建设是以班组为单位，运用现代管理工具，发掘班组资源，提升班组凝聚力、执行力和创造力的过程，在班组内形成积极向上、执行高效、创新有为的文化导向和行为习惯，使企业自下而上、由内到外保持旺盛的生命力，使企业的各项计划和指令高效执行。

3. 班组建设是激发创新活力的重要载体

通过开展“小发明、小创造、小革新、小设计、小建议”、合理化建议等群众性经济技术创新活动，以及创建班组创新工作室、QC 攻关小组等，提高班组成员素质，激发成员创造性和活力，推动员工技术创新、流程创新、管理创新，使班组成为企业自主创新的“细胞”、活力的源泉、基业长青的起点。

（三）基本原理

强化班组建设，激活企业“细胞”，浇灌文化“根须”。企业文化落地在于使价值观念、管理理念、企业精神内化于心、固化于制、外化于行。班组之于企业如细胞之于肌体，如同“把支部建在连上”。在企业文化理念体系下，通过开展制度建设、团队建设、可视化建设等一系列班组建设工作，增强员工对企业的认同感、归属感，让企业文化在“细胞”层面落地生根、开花结果。

二、操作方法

（一）操作原则和要点

1. 使用原则

和自上而下的行政管理不同，班组建设的核心与实质是班组的自主管理，实现班组团队全员的自我约束、自我控制、自我激励、自我完善。围绕企业生产运营任务，团队自己定目标、口号、规矩，开辟小园地，解决小问题，主动积极、优质高效、创造性地完成本职工作。

2. 使用要点

（1）对接企业发展目标，结合班组实际情况。

在班组建设过程中，绝不能脱离企业的发展目标而另起炉灶或自由发挥，否则，班组建设做得再好，也是背道而驰、事倍功半。只有在企业核心价值体系框架下，充分结合班组各自的业务特点、人员组成、周边环境等情况，把班组建设与工作实际、自身特点相结合，企业文化才能真正落地有效、枝繁叶茂、开花结果。

（2）选好班组长，充分调动全员积极性。

火车跑得快，全靠车头带，选好、用好班组长是班组建设的关键之一。班组长作为基层组织的工作核心，是各项生产任务的直接组织者和执行者，是“兵头将尾”，也是“领头雁”。班组长的能力、素质直接影响班组的生产和管理水平。

有了好的班组长，还要注意充分调动全员的积极性，注重发挥每一位成员的自主精神、创造力和责任感，强化班组成员的主人翁意识，实现班组管理全员化。只有全员有责、全员参与、全员思考、全员创新，形成“人人有事干、人人都参与、人人都关心”的局面，才能实现班组成员行动自动、自觉。

（3）持续统筹推进，形成特色品牌。

班组建设不能一蹴而就，而是一个长期持续、循序渐进、动态提升的过程，是一项系统工程，需要统筹规划、整体推进。在实践过程中，班组要结合实际不断探索、不断创新、不断完善，找到适合班组自身的方法、举措，并固化成制度、机制，形神统一，形成班组各自的特色、品牌。

（二）操作方法与步骤

1. 确立价值理念——内化于心

一个班组就是一个团队，确立班组全员认同的价值理念是班组建设的首要任务。通过班组建设，帮助团队成员建立起符合社会主义核心价值观和企业文化理念的共同理想和团队使命，通过班组愿景、目标、口号、信条等形式，阐明班组核心价值观和独特的管理理念，最终成为全员共同创造并遵守的心灵契约。重庆机场航务导航运行中心以“守护导航天路”为团队使命，如同北极星指引航程，取名“北极星”班组；保障重庆机场制冷、供暖设备的动力能源制冷站，班组取名“温度计”；“不把旅客当上帝，要把旅客当亲人”“像刺一样守护玫瑰，像花儿一样绽放”“打造安全、快捷、高效的绿色输送线”等班组口号、目标、理念，在班组实践中经过不断凝聚和强化，可以转化为成员的自觉行动和行为习惯，具有柔性的引领作用。

2. 着力制度建设——固化于制

再好的理念，没有制度保障也会流于形式。班组要制定与其价值理念和目标任务相适应的规章制度、操作流程、岗位手册等，并建立配套的执行、落地机制，以及与之相匹配的监督、考核、评价和改进体系，以利于及时发现问题、解决问题、规范班组日常管理。特别是要建立科学有效的激励机制，确保班组高效运行，为班组成员成长成才提供一个公平、公正、充满活力的环境，真正发挥规章制度的刚性约束作用。《成员行为准则》《5S 现场管理制度》《班组培训制度》《班务公开制度》《月度明星评选制度》等一系列规章制度，使班组价值理念在制度中得以体现，落地有了保障。

3. 培育行为模式——外化于行

班组成员在生产运行、经营管理、培训文娱等活动中，受到显性或潜在的价值观念影响，从而表现出种种不同的行为模式，是班组精神的外化体现。通过开展员工喜闻乐见、广泛参与的班组主题实践活动，如拓展训练、QC 小组攻关、工人先锋号创建、创新工作室建设等，在实践中增强文化的感染力和渗透性，通过活动强化成员行为规范、养成教育，增强班组的团队建设，让班组理念融入每个成员的行为中。

4. 实施人文管理——以人为本

以人为本是班组建设的核心，和谐的氛围、融洽的关系是每一位员工向往的工作环境。班组是员工工作和生活的重要场所，应该成为员工情感的归宿。通过“学习型班组”的建设，提高员工个人素质和业务技能；通过班务公开、班组大家谈等方式，促进民主管理、全员管理；通过心理关怀、亲情管理，走访慰问员工，有事一起做，有难大家帮，增强员工归属感。在班组实施情感管理、人文管理，把班组建设成员工成长平台、精神家园，让员工充满自信，对企业充满信任，实现企业与员工和谐共赢。

5. 开展可视化建设——显化于物

在班组的工作场所、休息场所及活动场所等地，以物化形式让班组精神、制度在环境中看得见、摸得着。比如，在班组现场管理中，设立必要的管理看板、流程看板，设置全家福、许愿树、荣誉墙等，使用有班组个性特征的资料盒、标贴、工具箱、餐具、水杯等用品用具。借助互联网等信息技术，建立班组微信公众号、博客、微信群，强化员工的认知、认同，塑造班组形象，打造班组品牌。

三、案例解读

（一）倡导理念引领，强化养成教育，提升服务品质

重庆机场航站楼管理部的“心连心班组”，主要承担旅客投诉受理、需求受理、重庆飞服务、咨询求助服务等职责，班组名称寓意“我们的微笑让您舒心，我们的热情让您暖心，我们的服务让您称心，我们与您心连心”。

亲情的服务理念引领成员。改变行为从改变观念开始，“心连心班组”注重成员服务意识的培养。作为服务型班组，“心连心班组”以“打造真情服务的助

推器”为目标，提炼出“真正把您当亲人，这里就是您的家”的服务理念及“职责有边际，服务无止境”“急事、难事、烦心事，事事关心；舒心、称心、暖人心，心心相印”的服务口号。这些理念、口号和目标组成了“心连心班组”的生命线，在所有员工心中上升为责任，落实到行动。

良好的班组环境浸润成员。“心连心班组”搭建多种平台营造良好氛围，班组成员自制“温情小药箱”“健康小餐桌”“温馨小提示”等创意小物件，构建心灵驿站，缓解投诉受理工作带来的压力，帮助员工保持积极向上、热情开朗的工作态度；建设宣传阵地，开展企业文化、班组内涵、服务理念等宣传教育，以及服务数据、经典案例、成果分析、先进评比等信息分享，让员工自我激励，提升服务品质。

温馨的家园氛围温暖成员（如图 2 – 5 所示）。“心连心班组”推出“三加三减”措施，把班组打造成员工温馨家园。加强党员带头作用，为一线员工业务减负。班组设立党员先锋示范岗，遇到急难险重的工作任务，党员带头攻坚克难，发挥“模范带头”和“业务骨干”双重作用，分担工作重任；加强和谐建设，为一线员工生活减负。班组建立“三必访”制度（员工生病住院时必访；员工直系亲属生病住院时必访；员工家庭有红白喜事时必访），及时将班组关怀传递到员工；加深班组人文引导，为一线员工思想减压。定期组织座谈会，开展“员工幸福指数调查”，了解员工工作状况、思想动态，畅通民主沟通渠道，使一线员工感受到被重视、被尊重，提高员工幸福指数。

图 2 – 5　温馨的家园氛围温暖成员

亲情的理念引领成员，良好的环境浸润成员，温馨的氛围温暖成员，培养了员工的归属感、使命感、认同感、价值感，并将这些感觉内化成员工内心强烈的责任感，主动为企业发展添砖加瓦。“心连心班组”数年保持有效投诉“零”的目标，有力地促进重庆机场服务品质的提升。

（二）推进基础建设，强化制度规范，提升运行效率

重庆机场现场运行指挥中心的“旗舰班组”，承担着重庆机场的运行流程管理、指挥协调监督等职责，是机场运行管理的中枢。

近年来重庆机场停机位资源日趋紧张，新增过夜航空器停放困难，成为制约机场发展的障碍。“旗舰班组”主动提出增加临时停机位的建议，全员谋划、全员参与、全员推进，经过与空管分局、航空公司和机场各运行部门多次沟通、协调，研究制定了《重庆江北国际机场临时机位运行保障手册》（如图2－6所示），在制度上为临时停机位的划设、使用及运行流程提供了标准、规范与支持，获得了监管局和各保障单位的一致好评。为提高临时停机位使用效率，班组还成立了临时停机位运行分析QC小组，收集意见、分析数据、梳理流程，配套制定了《临时停机位分配法则》（如图2－6所示），明确临时停机位使用原则和分配优先级，进一步完善停机位分配管理制度，提升运行品质。

图2－6 《重庆江北国际机场临时机位运行保障手册》《临时停机位分配法则》

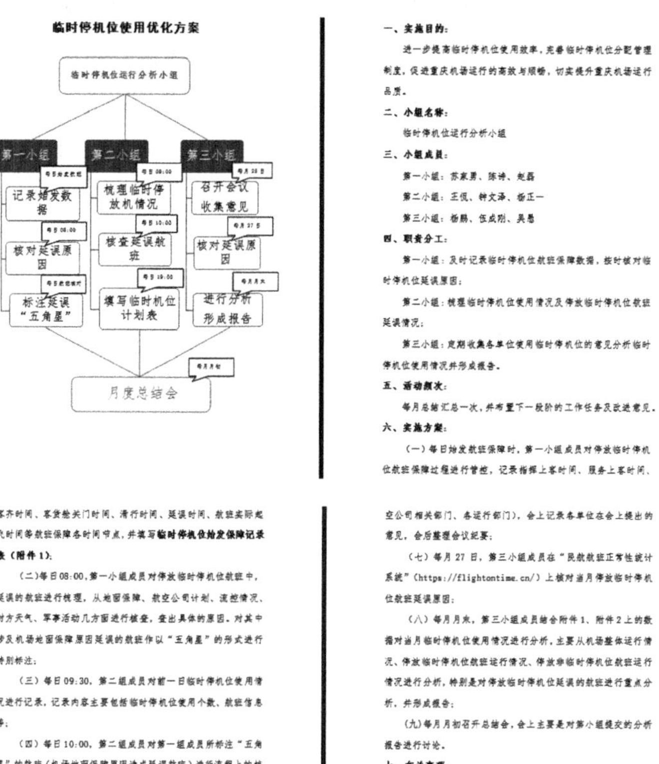

临时停机位使用优化方案

一、实施目的：

进一步提高临时停机位使用效率，完善临时停机位分配管理制度，促进重庆机场运行的高效与顺畅，切实提升重庆机场运行品质。

二、小组名称：

临时停机位运行分析小组

三、小组成员：

第一小组：苏家勇、陈诗、赵磊

第二小组：王侃、钟文泽、杨正一

第三小组：杨鹏、伍成刚、吴悬

四、职责分工：

第一小组：及时记录临时停机位航班保障数据，按时核对临时停机位延误原因；

第二小组：梳理临时停机位使用情况及停放临时停机位航班延误情况；

第三小组：定期收集各单位使用临时停机位的意见分析临时停机位使用情况并形成报告。

五、活动频次：

每月总结汇总一次，并布置下一段阶的工作任务及改进意见。

六、实施方案：

（一）每日始发航班保障时，第一小组成员对停放临时停机位航班保障过程进行管控，记录指挥上客时间、服务上客时间、客齐时间、客货舱关门时间、滑行时间、延误时间、航班实际起飞时间等航班保障各时间节点，并填写**临时停机位始发保障记录表（附件1）**；

（二）每日08:00，第一小组成员对停放临时停机位航班中，延误的航班进行梳理，从地面保障、航空公司计划、流控情况、对方天气、军事活动几方面进行核查，查出具体的原因。对其中涉及机场地面保障原因延误的航班作以“五角星”的形式进行特别标注；

（三）每日09:30，第二组成员对前一日临时停机位使用情况进行记录，记录内容主要包括临时停机位使用个数、航班信息等；

（四）每日10:00，第二组成员对第一组成员所标注“五角星”的航班（机场地面保障原因造成延误航班）进行流程上的梳理，对指挥上客、服务上客、客齐情况、客货舱关门情况等航班地面保障情况进行倒查，可使用生产调度系统的历史数据及视频监控系统的视频回放功能，对发现具体原因用“圆圈”的形式标注，若发现地面保障均符合标准，在“民航航班正常性统计系统”（https://flightontime.cn/）中发起申诉；

（五）每日19:00，第二小组填写**临时停机位停放计划表（附件2）**；

（六）每月25日，第三小组成员召开临时停机位使用协调会（参会单位主要为现场运行指挥中心、民航重庆空管分局及航空公司相关部门、各运行部门），会上记录各单位在会上提出的意见，会后整理会议纪要；

（七）每月27日，第三小组成员在“民航航班正常性统计系统”（https://flightontime.cn/）上核对当月停放临时停机位航班延误原因；

（八）每月月末，第三小组成员结合附件1、附件2上的数据对当月临时停机位使用情况进行分析，主要从机场整体运行情况、停放临时停机位航班运行情况、停放非临时停机位航班运行情况进行分析，特别是对停放临时停机位延误的航班进行重点分析，并形成报告；

（九）每月月初召开总结会，会上主要是对第小组提交的分析报告进行讨论。

七、有关事项：

（一）此方案实施2个月后，将计划成立第四小组着手《临时停机位分配法则》编制工作；

（二）小组成员必须严格按照计划工作。

（三）在实施过程中，若发现什么问题或有相关建，可向副组长报告。

现场运行指挥中心旗舰班组

2016年7月15日

图 2-6 《重庆江北国际机场临时机位运行保障手册》《临时停机位分配法则》（续）

强化基础管理是前提，完善管理手段是核心，优化工作流程是关键，从无到有，从“能用”到“好用”，“旗舰班组”以制度管理为抓手，着力制度、机制固化，通过建立科学有效的规章、流程、手册，解决运行困难，突破瓶颈，践行了“旗舰”人“促进运行品质化发展”的承诺，使班组理念在制度中得以体现，落地有了保障。

（三）培育创客团队，强化队伍建设，提升保障水平

重庆机场信息网络公司的“网畅班组”，负责机场语音、互联网、无线通信等业务的运维保障工作。在2006年班组创立之初，把班组成员日常行为习惯、性格特点中共同的、积极正能量的价值取向提炼出来，提出了“致力于成为值得信赖的专业化网络服务团队”的班组目标。

十年的传承与创新，“网畅班组”始终坚持团队建设第一位，以“感恩心待人、自省心律己、责任心做事”的“三心”文化，营造和谐团队氛围；以“三制一规五库”，即三套人员管理制度、一套设备操作及维护标准规程、五个知识库，强化成员素质提升；推进班组“创客沙龙”、搭建“E 家之言”平台、创立班组创新工作室，着力培育创客团队，实现个人价值与团队发展的和谐统一。如图 2－7 所示。

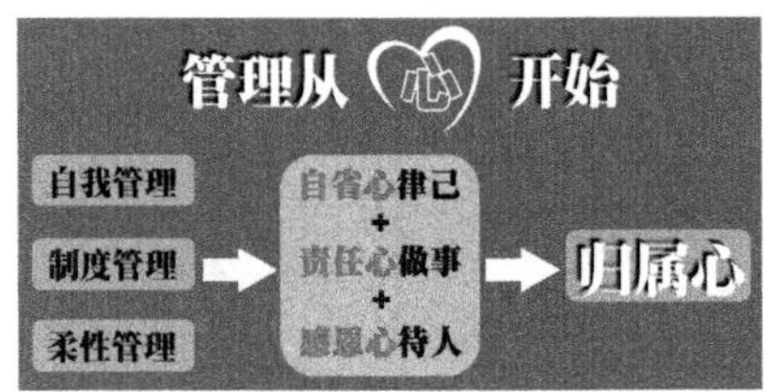

岗位责任矩阵制（2017）

	无线业务组（组长：　　）						语音业务组（组长：　　）				
	1.8G 无线通信系统		数字 400M		模拟 400M	终端维护	软交换系统		传输系统	录音系统	电源系统
	系统+网络	基站维护	系统+网络	直放站维护			系统+网络	应用服务			
第一责任人											
第二责任人											
第三责任人											
	互联网业务组（组长：　　）						运营商业务组（组长：　　）				
	核心网络	接入网络		应用服务			陪同监管	资源管理	业务管理系统		
		无线网络	有线网络	计费系统	短信平台						
第一责任人											
第二责任人											
第三责任人											
	行政业务										
	班组建设	宣传工作	合同（因院申报等）	技术创新	台帐资料	消防工作	安全教育	服务中心			
第一责任人											
第二责任人											
第三责任人											

一、岗位职责

无线业务组：负责 1.8G 无线通信系统核心网络、基站、终端手持机的运维保障工作；负责数字及模拟 400 兆系统主机、服务器、直放站、天馈系统、终端手持机与车载台、对讲录音等系统维护工作；负责数字 800 兆的终端管理工作；负责相关系统的资料文档整理（含设备运行档案、日月季年检、操作手册、应急预案、案例编写、培训材料、理论与实操试题）以及业务系统与各使用单位的沟通协调工作。

中兴软交换系统

操作维护规程

网畅

SURFING

重庆机场信息通信网络公司网畅班组

1、主题内容及适用范围

本预案规定了当信息通信网络公司使用的软交换系统故障，导致机场固定电话通信全部中断或部分中断的情况下采取的紧急处置方案。适用于机场信息通信网络公司通信保障部。

2、依据

本预案依据《重庆机场软交换系统操作手册》。

3、涉及部门及职责

3.1 现场处置组：

组　长：信息通信网络公司值班经理。
成　员：信息通信网络公司通信保障部经理　　巫平
信息通信网络公司通信保障部机务室主任　　张俊
信息通信网络公司通信保障部机务室值班人员

3.2 信息通信网络公司通信保障部机务室

负责对故障类型做出技术上的判断，对于是否启动或终止预案提出专业建议，并且及时排除故障。

3.3 信息通信网络公司值班经理

负责预案启动及终止信息的发布，同时负责在预案实施过程中进行协调和组织工作。

4、可能造成的原因及影响

该类故障一般为其设备或板卡故障，但不排除因线路（光纤）中断引起，一旦出现此类情况将有可能造成全部或部分固定电话通信中

图 2－7 “网畅班组”工作闪光点

网畅班组建设“创客”化方案

（一）目的意义

“创客”是指努力把各种创意转变为现实的人，他们通过行动和实践去发现问题和需求，并努力找到解决方案.“创客”精神代表了一种积极向上的态度，班组建设“创客”化，即是在班组建设中，融入和发扬“创客”精神和文化，紧密围绕中心工作，以创新创效为重点，通过创新、创造等持续推动班组建设，攻坚克难，提升工作效率，最终实现个人价值和企业发展的和谐统一。

（二）具体措施

1、项目筛选. 班组建设“创客”化在实施中需注重对创新理念、意识的培养，强化班组成员的创新思维和创新能力。每季度的第一个月，结合本岗位工作实际，或者结合T3系统建设工作，集思广益，提出1-2个创新项目，并将这些项目申报到信息公司“创客沙龙”活动进行筛选.

2、创客沙龙. 信息公司每季度最后一个月开展一次“创客沙龙”，分享创意，充实创意. 对切实可行的创意进行立项，充分利用集体智慧，开展“头脑风暴”，并根据实际不断完善创意，形成实施方案，由提出该项目的班组独立或几个班组共同推进创意落地。创新项目应有一定成效，能切实解决工作中的某些问题，如提升安全裕度、改善服务质量、提升经济效益、优化工作流程、提高工作效率、增强保障能力等.

3、平台展示。 对于优秀且可落地的创意，可在团建“e家之言”平台上展示创新成果，分享创意思路，传授落地经验。此外，对于公司其他有相同或者相似类别和业务的班组，可将创新成果推广应用，促进班组间的交流，达到共同进步的目的，以“聚合”促进“聚变”。

（三）预期达到的效果

图2－7 “网畅班组”工作闪光点（续）

班组自主研发了SIP电话告警软件、多平台信息互联互通软件、NFC钥匙管理系统、班组移动协同办公系统……完成了重庆机场Wi－Fi网络优化方案、指点信标远程监控系统解决方案、机坪引导车航班信息无线查询项目等一系列创新项目。“网畅班组”通过实践活动培养了组员的创新意识、创新能力，把班组理念转化为成员的自觉行动，打造了一支专业化的创新团队，大大提升了保障工作水平，为重庆机场“智慧机场”建设强基固本，提质增效。

作者：黄伟，长期从事管理实践和研究，主持多项企业文化课题；主编、出版著作多部，发表《班组文化建设的作用与实践》等论文数十篇；受聘担任重庆大学、中国民航大学等高校兼职教授、硕士生导师，中国企业文化研究会特邀研究员。

第十五节　如何把文化“相人术”运用在面试中

一、工具属性

（一）工具的基本属性

工具的基本属性如表2－5所示。

表 2－5　工具的基本属性

联动工具	胜任力模型、任职资格体系
适用范围	文化导向型的组织
主体与客体	主体为招聘部门；客体为面试者

（二）工具作用

大多数公司在面试过程中，更侧重于对应聘者能力的考察，对于素质的考察大多不够深入，或不够重视，对于企业文化匹配度的考察评估少之又少。一方面，很多面试官没有意识到考察企业文化匹配度的重要性，对其忽视；另一方面，部分面试官觉得企业文化很“虚”，很难评价，亦或不知从何下手，故难以开展。

“选用育留”是人力资源管理的核心，诸多实例证明，初期选人不当，后期调整、重塑的成本巨大。如何选择合适的人选？目前较为流行的评价手段有胜任力模型、任职资格体系等。但这些工具更多的是侧重能力的评价，对于文化价值观等“软性”层面涉猎较少。

面试文化匹配度测评工具可在较大程度上填补该方面空白，可供面试官参考，提高面试官在企业文化考察方面的意识与能力，为公司筛选出文化匹配度高的人才。

（三）基本原理

众所周知，企业文化分理念层、制度层、行为层，理念层的意识最终会表现在行为层的行为习惯上。故对企业文化匹配度的考察可基于理念的行为方式，通过情景模拟或行为提问的方式进行考察评估。

二、操作方法

（一）操作原则

基于企业文化理念（愿景、使命、核心价值观）提炼输出对应的行为表现，根据行为表现设计问题，通过应聘者对问题的解答情况，考察应聘者与公司企业文化的匹配程度。需注意问题应具有隐蔽性，不可具有明显倾向，使应聘者可以根据问题判断面试官意图，从而隐瞒真实情况或夸大真实情况，对面试官投其所好。

（二）操作方法

第一，基于企业文化理念，提炼输出行为表现，行为应可量化、可评价。

第二，基于行为表现设计问题，注意问题应该是明确具体、结果可衡量的行为式问题，不带有明显倾向。此项对面试官的提问技巧要求很高，尽量不提理论式问题或引导式问题，多提行为式问题，如表 2－6 所示。

表 2－6　面试官的提问技巧

考察内容	理论式问题	引导式问题	行为式问题
协调能力	你如何对付难缠的员工？	你善于化解矛盾吗？	请跟我分享你曾对付难缠的员工的一次经历？
销售能力	你认为你能卖出商品的原因是什么？	能应付我们很高的销售目标吗？	谈谈过去一年中你如何成交最大一次销售订单？
应变能力	如果你不得不改变工作，有何感想？	1 个月内你先后干四种不同的工作，你不会烦吧？	谈谈你工作中不得不适应变化的经历，怎样的变化？结果如何？

行为式问题的提问，可借鉴 STAR 原则，以此获得最有效的信息。在具体实施过程中，可能遇到应聘者故意隐瞒或者夸大的情况，如何去伪存真：针对模糊的陈述，你要追寻具体细节；针对观点和看法，你要要求提供具体的候选人实施该观点的案例；针对理论式或将来导向式回答，你要进一步询问在过去经历中的实际案例。

第三，通过应聘者的回答问题，结合情绪、逻辑、态度等方面，对问题解答进行打分。

第四，面试官填写综合评价，判断应聘者的文化匹配度。

（三）工具应用

企业文化匹配度，是面试过程中的一个重要考察方面，可结合胜任力模型、任职资格体系等工具，从能力、素质、潜力、文化等方面综合考量。

三、案例解读

汇川技术作为中国工业自动化领域的佼佼者，十分重视企业文化建设，针对面试过程中的企业文化匹配度评估摸索出一套行之有效的方法，并将之应用在面试流程中，尤其是在校园招聘过程中，取得良好的应用效果。通过汇川技术面试企业文化匹配度评价表（如表 2－7 所示），可一目了然地发现应用方法。

表 2－7　汇川技术企业文化匹配度评价表

<table>
<tr><td colspan="2">被评价人：</td><td colspan="2">被评价人岗位名称：</td><td>评价人：</td></tr>
<tr><td rowspan="2">填写说明</td><td colspan="4">1. 打分说明：根据问题的答案与行为/关键词的符合度来作为评价尺度。</td></tr>
<tr><td colspan="4">2. 选择时请选择对应的分数即可，预计完成时间 10～15 分钟。</td></tr>
<tr><td colspan="5">第一部分
指导语：以下问题描述了被评价人日常的价值准则，请在下拉菜单中选择对应的数字。</td></tr>
<tr><td>序号</td><td>评价维度/关键词</td><td>行为表现的评价标准参考</td><td>问题</td><td>符合度
（1～10 分）</td></tr>
<tr><td>1</td><td rowspan="4">使命感与责任感：专注岗位职责，务实、认真负责，有匹配公司战略的使命感</td><td>清楚理解和明确自己与团队成员的工作职责</td><td rowspan="4">1. 请详述一件过去一年你的经历中发生的事，你是如何达到目标的？遇到什么样的困难，是如何克服的
2. 你对自己人生的定位（使命）是什么、追求是什么？你将如何去实现它呢
3. 你通常对工作的哪些方面最缺乏耐心
4. 你做过的最累、最困难的事情是什么
5. 你如何理解加班的，或者加班对你意味着什么
6. 你提到自己的责任感强，请举个例子来说明
7. 你认为目前应聘的这份工作中最重要的工作内容是什么
8. 你是如何不断使自己的工作更有价值</td><td rowspan="4"></td></tr>
<tr><td>2</td><td>对待工作尽心尽力，想尽一切办法积极完成制定的目标或计划</td></tr>
<tr><td>3</td><td>能投入额外精力在工作上</td></tr>
<tr><td>4</td><td>具备使命感，并为之付出极大努力</td></tr>
</table>

续表

5	成就客户：准确理解、快速响应、高品质交付、以共赢的思维竭力帮助客户成功	当他人提出需求时快速响应	1. 请谈一下你与客户沟通过程中得到积极反馈的情况 2. 有些客户/工作的需求可能需要你花费大量的时间和精力才能了解，请谈谈这方面的例子，结果是什么 3. 和你打交道的一位客户要求解决问题的方法和公司利益发生冲突，你是怎样解决这个矛盾的 4. 你觉得在客户服务中，公司的政策和规定起什么作用 5. 如果客户对所发生的事情的判断完全错误，你该如何解决这个问题 6. 很多人都把客户服务的重点放到处理客户投诉上，你认为这种策略的问题是什么 7. 你认为影响客户满意度最重要的因素是什么 8. 请讲一下你最成功的一次销售经历，你认为客户为什么会购买你的产品	
6		对待事件能够闭环，通过沟通和回访提升满意度		
7		在条件恶劣的情况下也会帮助他人解决实际问题		
8		以共赢思维对待工作，帮助客户成功		
9	追求卓越：以行业最佳实践为标杆，精益求精、持续创新、具备锲而不舍、攻坚克难的奋斗精神	以行业内最佳实践为标杆设定工作目标	1. 请谈谈最近两年你在工作中主动实施的一个新方法 2. 请讲讲你在创新方面遇到的最大的困难是什么？当时的情况是什么样的？你是如何处理的 3. 你是如何不断使自己的工作更有价值 4. 通常情况下，你是主动做××还是别人主动找你做×× 5. 你最想在哪方面再提高一下自己？举例自己策划的最成功的一次活动？为什么觉得是最成功？你觉得有没有不足？哪些地方可以改进 6. 对于目前你要应聘的这份工作，你有哪些可以预见的困难，打算如何克服 7. 你觉得自己现在最大的成长是什么 8. 这份简历你做了多久，改了几次	
10		注重学习，喜欢尝试新的事物和方法		
11		敢于质疑，不迷信权威		
12		坚持批评与自我批评，并不断解决工作中遇到的问题		

续表

13	至诚至信：内诚于心、外信于人，处事真诚、走正道、讲信誉、踏实工作、实现承诺	遵守职业道德和公司规章制度，不逾越	1. 请讲讲你因为信守诺言而赢得客户或同事信赖的例子 2. 有些诺言实现起来比较困难，请回忆一下你遇到的最难实现的诺言 3. 现在有很多人简历造假，你是怎么看的？你的简历有水分吗 4. 你是一个诚信的人吗？你撒过的最难忘的谎言是什么 5. 很多人离职不告而别，你认为是不是一种缺乏诚信的表现 6. 现在有很多人都是在职找工作，你是怎么看的 7. 人都会面临两难的窘境，有时必须在公司利益与道德之间做一番抉择。你是否可以告诉我一个你曾经面临过这样处境的例子？你当时是如何处理这样的状况的？为了帮公司做到业绩，你是否曾利用公司规定的漏洞，或是夸大过一些事情，在什么样的状况下做的 8. 可否请你举例，工作中曾经做过任何一个关乎品德问题的决策，当时的决策依据是什么？请描述一下，你过去曾为了完成工作，必须打破公司规定或规范的状况 9. 你是否曾在工作场合上发现有人逾越道德规范，你是怎么处理的	
14		在定义成功时，不仅看结果，还要看达成结果所应用的方式		
15		对工作中承诺的事件，都会按时达成		
16		出现问题时敢于承认并承担过失，不找借口、不推脱		
17	团结协作：以全局和长远利益为目标，勇于批评与自我批评，构建信任、欣赏、分享的团队氛围	尊重他人，与人沟通让人觉得舒服，并能达成共识	1. 请你讲述一次最愉快或成功与他人合作的经历 2. 当你的意见与团队其他成员不一致时，你会怎么做，请举例说明 3. 在工作中，你如何评价自己与上级管理层、客户和同事进行交流的能力，你最擅长与哪一类人沟通 4. 你的同学/最好的朋友取得了比你好的成绩，你怎么办 5. 你喜欢什么样的团队氛围 6. 你认为一个好的团队管理者的主要特点是什么，为什么 7. 你在××团队中扮演什么角色？对团队的贡献是什么	
18		工作中发生错误或异常的时候，先想办法解决问题		
19		主动帮助他人，时常分享怎样做正确的事或怎样避免做错事		
20		在团队内部构建有效的人才梯队		

续表

<table>
<tr><td colspan="2">第二部分
指导语：以下是对被评价人的相关方面的文字描述，请在对应的空白区域进行填写。</td></tr>
<tr><td rowspan="6">综合评价</td><td>填写说明：综合评价项可以为关键事件，也可以为您对被评价人对文化符合度方面的概述。</td></tr>
<tr><td>1</td></tr>
<tr><td>2</td></tr>
<tr><td>3</td></tr>
<tr><td>4</td></tr>
<tr><td>5</td></tr>
<tr><td colspan="2">第三部分
指导语：对被评价人的上述描述评分的整体建议，请在对应的选项中进行选择。</td></tr>
<tr><td>文化匹配度</td><td>□非常匹配 □匹配 □不匹配 □很不匹配 （填写示例 ■□）</td></tr>
</table>

作者：厉飞进，汇川技术企业文化与员工关系部经理。

第十六节　文化价值观的360°考评

一、工具属性

（一）工具的基本属性

工具的基本属性如表2－8所示。

表2－8　工具的基本属性

联动工具	360°考核、数学统计方法、教练技术GROW模型
适用范围	管理层级复杂、管理人员众多的大中型公司
主体与客体	主体为企业文化部或组织发展部、客体为公司中高层管理者

（二）工具作用

越来越多的企业开始重视企业文化这只“无形的手”。什么是企业文化？简而言之，企业文化就是企业所有成员共同拥有的价值观念和行为规范。在企业文化建设中，很多企业也普遍面临一个难题：企业文化落地的效果如何考量？企业文化工作是不是一笔理不清、算不明的“糊涂账”？

企业文化的工作成效很难量化，但也不是无迹可寻。企业文化的工作成果很难评估，但也不是无从下手。文化价值观之360°考核，就是目前相对行之有效的一种文化落地评价工具。

通过文化价值观之360°考核，能够有效评估企业文化落地效果，发现问题，及时纠偏，不断优化，从而加强企业文化建设，助推公司战略实现。

（三）基本原理

1. 能否考核

在谈到企业文化的时候，很多人的脑海里首先会浮现一个字：虚。的确，企业文化是看不见摸不着的行为习惯，是内化于心、外化于行的价值观取向。那么，对于这种“若即若离”的文化价值观，能否加以考核呢？答案当然是肯定的。诚然，对文化价值观进行量化是很难的，但并非无从下手。优秀的文化价值观必然可以进行深度诠释，从而形成行为规范，输出倡导行为与反对行为，由此，对文化价值观的考核就有的放矢。文化价值观是内化于心、外化于行，我们完全可以评判员工的行为。因此，对文化价值观的考核不是对精神理念的考核，而是对行为方式的考核。我们只考核“行”，不考核“心”。

2. 考核谁

假设一家公司有4000名员工，那么，应该考核谁的文化价值观呢？考核全员？不太现实，涉及面广必然导致工作量大，而且很容易使“人人考核”变成“没有考核”。考核老板？高处不胜寒，更容易流于形式。中国有一个成语——纲举目张，纲举，目方得张。那么，在企业里，谁是文化落地的纲？显然是中层。唯有中层管理者这个“纲”举起来了，全体员工这个“目”才能张开。中层肩负着企业文化传承、捍卫、践行的重担，所以企业文化价值观考核最重要的对象是中层。凡事要想成功，必须提纲挈领。

3. 如何考核

文化价值观考核是对行为的考核，那么，如何考核文化价值观行为？用什么样的考核方式开展？在企业文化实践中，笔者摸索出一套相对行之有效的文化价值观360°考核，即借鉴360°考评的工具来评价文化价值观的行为。

众所周知，360°考核已经是相当完善的考评工具。为什么要用360°考评做文化价值观考核呢？因为对于文化的理解，存在“一千个人眼中有一千个哈姆雷特”的现象。在一家公司里，公司的企业文化是什么，虽然有主流的说法、官方的定义，但每位员工对其的理解不尽相同，存在偏差。什么样的行为是践行了企业文化，什么样的行为是违背了企业文化，更是理解不一，出入较大，每个人的评判尺度也不同。所以，只有通过360°的全面综合考核，才能输出一个相对客观、公正的文化评价报告。

二、操作方法

（一）操作原则

360°考核是成熟的工具，难点在于将其运用在文化评价上。正因为文化看不见摸不着，所以在做360°文化价值观考核时，尽可能用通俗易懂的语言明确界定文化行为，使考核者知道如何评价。

考核标准的制定、考核人的选择、考核报告及解读说明的撰写、考核面谈及后续改进，是关系文化价值观360°考核成败的关键点。

文化价值观之360°考核的目的与意义：

· 增强干部自我认知。通过 360°评估，公司能够清晰认知管理干部的文化符合度，也能使管理干部了解自身在他人心中的形象。

· 给领导者提供一对一的沟通平台，提高领导者的辅导能力。

· 提高干部文化认同感。针对行为表现和能力不足，制定针对性的发展计划，有效落实，从而提高干部的文化认同感。

（二）操作要点

文化价值观之 360°考核，简要步骤如下。

1. 拟定考核表

企业文化理念一般由愿景、使命、核心价值观组成。文化价值观的考核可分两个层面：使命感（基于愿景、使命的理解与践行）、责任感（基于核心价值观的理解与践行）。愿景、使命与核心价值观的践行，可输出 N 条对应的行为描述，以这些行为作为评判条件进行考核。

2. 确定考核对象

被考核人是公司中高层管理者，考核人就是这些被考核人的上级、平级、下级、客户、本人。确定考核人，注意要与被考核人强关联，对被考核人足够熟悉，否则，考核人很难评判，会失去考核价值；同一维度的考核人尽量控制在 2～3人，不可太多，也不可太少。若太多，后期统计复杂，难度大；若太少，结果容易失真，有偏差。其中，客户维度分内部客户、外部客户，外部客户为公司客户，内部客户即与本部门有业务关系之上下游部门。

3. 实施考核

在实施考核之前，必须向所有考核人、被考核人详细说明文化价值观之 360°考核的操作要领、应用意义，使其尽可能在认识上达成一致，避免打分时出现多重标准，影响数据有效性或者可对比性。随后通过电子考核系统或发放纸质问卷匿名考核，打分方式一般为五分制，对应有六个选项：5 分（很好）、4 分（好）、3 分（一般）、2 分（不好）、1 分（很差）、我不知道。打分人未必全面了解考核对象，故提供“我不知道”这个选项作为备选。

4. 输出考核报告及报告解读

根据评分数据进行有效性分析，剔除无效数据，输出个人考核报告、部门考核报告，并撰写报告解读。

5. 考核面谈，制定改进方案

考核报告最终目的是应用、改进，故考核面谈至关重要，务必与被考核人就考核结果与改进方案达成共识，否则考核就流于形式，无法取得应有的效果。

（三）工具应用

文化价值观之360°考核，是利用360°考核工具来开展的文化考评，故工具应用者首先应熟悉360°考核的应用方法与使用要领。360°考核已经相对成熟，其关键要点如下。

1. 准备阶段

准备工作相当重要，它影响着评估过程的顺利进行和评估结果的有效性。准备阶段的主要目的是使所有相关人员，包括所有评估者与受评者，以及所有可能接触或利用评估结果的管理人员，正确理解实施360°评估的目的和作用，进而建立起对该评估方法的信任。

2. 评估阶段

组建360°绩效评估队伍，必须注意评估要征得受评者的同意，这样才能保证受评者对最终结果的认同和接受。

对评估者进行360°评估反馈技术的培训。为避免评估结果受到评估者主观因素的影响，在使用360°评估反馈方法时需要对评估者进行培训，使他们熟悉并能正确使用该技术。

实施360°评估反馈，分别由上级、同级、下级、客户和本人按各个维度标准进行评估。评估过程中，除了上级对下级的评估无法实现保密外，其他几种类型的评估最好是采取匿名的方式，必须严格维护填表人的匿名权及对评估结果报告的保密性。

3. 反馈和辅导阶段

向受评者提供反馈和辅导是一个非常重要的环节。通过来自各方的反馈，可以让受评者更加全面地了解自己的长处和短处，更清楚地认识到公司和上级对自己的期望及存在的差距。

通过评估的反馈，受评者可以获得来自多层面的人员对自己素质能力、工作风格和工作绩效等的评估意见，较为全面、客观地了解有关自己优缺点的信息，从而更好地制定工作绩效，为个人未来职业生涯及能力的发展提供最精准的判断。

在360°绩效评估中，反馈给受评者的信息是来自与自己工作相关的多层面评估者的评估结果，所以更容易得到受评者的认可。通过反馈信息与自评结果的比较可以让受评者认识到差距所在，360°绩效评估有助于促进组织成员彼此之间的沟通与互动，提高团队凝聚力和工作效率，促进组织的变革与发展。

三、案例解读

汇川技术作为中国工控领域的佼佼者，历来重视企业文化建设工作。在企业文化落地实践中，汇川技术也摸索出一套适合自身的文化价值观360°考核方法。

1. 考核标准拟定

考核标准拟定如表2－9所示。

表2－9　考核标准拟定

序号	评价维度/关键词	行为描述
1	使命感与责任感：专注岗位职责，务实，认真负责，有匹配公司战略的使命感	1. 清楚理解和明确团队的职责、目标及工作计划
2		2. 尽心尽力，全力以赴达成既定目标
3		3. 在工作上额外投入精力
4		4. 认同并愿意同公司一起追求愿景，践行使命
5	成就客户：准确理解、快速响应、高品质交付，以共赢的思维竭力帮助客户成功	1. 主动挖掘、准确理解客户真正的需求，以解决客户问题为乐
6		2. 以客户需求为导向开展工作，快速响应
7		3. 对待事情能够闭环，通过沟通和回访提升满意度
8		4. 以共赢思维对待工作，帮助客户成功
9	追求卓越：以行业最佳为标杆，精益求精、持续创新，具备锲而不舍、攻坚克难的奋斗精神	1. 始终以业界最佳作为奋斗目标
10		2. 注重学习，坚持创新，尝试新思路、新方法
11		3. 坚持不懈、百折不挠，敢于啃硬骨头
12		4. 精益求精，注重细节，坚决规避“差不多”的工作态度
13	至诚至信：内诚于心、外信于人，处事真诚、走正道、讲信誉、踏实工作、实现承诺	1. 遵守职业道德和公司规章制度，不逾越，不搞特殊化
14		2. 诚实正直，不受利益和压力的影响，不恭维，敢说真话
15		3. 敢于承诺，牢记并坚定地兑现承诺
16		4. 出现问题时敢于担责，不推脱，不掩盖问题，先想办法解决问题
17	团结协作：以全局和长远利益为目标，勇于批评与自我批评，构建信任、欣赏、分享的团队氛围	1. 基于公司的整体利益与长远利益做决策，不拉帮结派，不搞小集体利益
18		2. 尊重并公正评价员工，悉心培养下属并给予必要支持
19		3. 坚持批评与自我批评
20		4. 团队成员彼此信任，相互欣赏，乐于分享

2. 确定考核对象

人力资源部根据各部门组织架构及各管理职能的工作职责，初步确定考核对象（考核人、被考核人），并与各部门总监沟通，修改完善，达成一致。

3. 实施考核

人力资源部提前向所有考核人、被考核人发送邮件，对文化价值观之360°考核进行详细解读，使大家能够在意识上尽量达成一致：文化价值观之360°考核是评价被考核人在日常工作中的行为与公司价值观的匹配程度，打分的标准是基于被考核人的日常行为表现，而不是考核人对被考核人主观的“印象”或者“成见”。考核人必须做到：理解每一条价值观的内涵及其对应的衡量行为标准；公正地把握打分尺度，避免因为人情关系出现多重标准。

考核前的准备工作完成后，在电子系统中，实施考核。打分方式为五分制，考核阶段需要关注考核进度，及时跟进，确保所有问卷的有效填写，确保样本量。

考核结束后，从后台输出数据结果并利用数据统计工具，对数据有效性进行甄别、筛选，形成有效数据结果。

4. 输出考核报告及报告解读

根据评分数据，输出个人考核报告、部门考核报告，并撰写报告解读，如图2－8所示。

部门报告解读（HR）

1. 公司360评估整体情况
2. 业务部门360评估情况
3. 部门个体评估分析
4. 发展建议

通过评估结果及特点汇报，验证数据真伪，是否有明显偏差

个人报告解读（主管）

1.与被评估者明确评估主体样本
2.整体情况解读：被评估者在群体中的水平，各维度评分情况、评语反馈等
3.重点在关注自评与他评得分都低的指标
4.针对优劣势达成共识，并与被评估者分享案例
5.与被评估者共同制定发展计划

图2－8　报告解读

5. 考核面谈，制定改进方案

考核面谈的重点是个人报告解读，如图2－9、表2－10所示。

解读方式	个人报告解读，大部分采用“一对一”的方式，由被评估者的主管直接与其面谈； 针对在群体中得分高或低的，采用“二对一”的方式，由被评估者的主管与其面谈，HR人员参与。
解读氛围	主管在进行报告解读前，需要明确360评估的目的是为了干部发展，而非考核，减轻被评估者的顾虑。
技巧工具	在沟通过程中，主管采用教练技术中GROW模型，进行报告解读与辅导，另外在沟通中注意聆听和提问方式。

个人报告解读说明

由于不同评估主体对标准理解不同，衡量准则不同，故而部门间可比性较低。

重点关注个体在部门内的水平位置，公司最高分仅供参考；

另外，个体优势劣势项是根据在公司群体中的得分排名得出，也仅供参考。

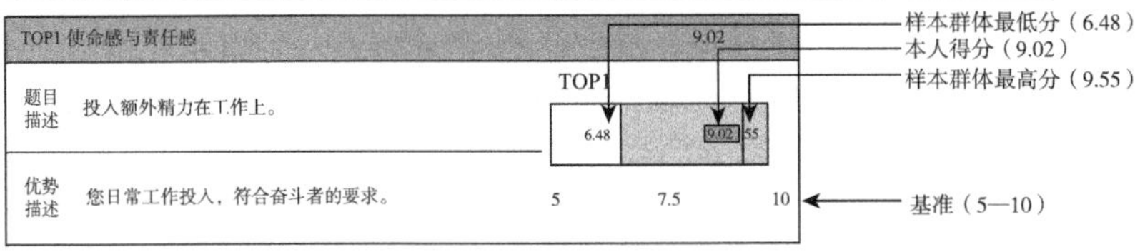

图 2-9　个人报告解读

表 2-10　个人计划发展表

<table>
<tr><td>姓名</td><td></td><td>目前职位</td><td></td><td>辅导人</td><td></td></tr>
<tr><td>一级部门</td><td></td><td>二级部门</td><td></td><td>辅导时间</td><td></td></tr>
<tr><td colspan="6">沟通记录</td></tr>
<tr><td colspan="6">（简单罗列沟通中重要的对话内容）
1. ……
2. ……
3. ……
4. ……</td></tr>
<tr><td colspan="6">达成共识的优劣势项</td></tr>
<tr><td colspan="3">优势项</td><td colspan="3">劣势项</td></tr>
<tr><td colspan="3"></td><td colspan="3"></td></tr>
</table>

续表

<table>
<tr><td colspan="4">能力发展计划
（沟通对象在未来需要进一步提升的内容）</td></tr>
<tr><td colspan="2">发展—专业知识</td><td colspan="2">发展—能力</td></tr>
<tr><td colspan="2"></td><td colspan="2"></td></tr>
<tr><td colspan="2">发展—经验</td><td colspan="2">发展—价值观</td></tr>
<tr><td colspan="2">（需要去尝试开拓哪些客户、行业，或做哪些类型的工作等）</td><td colspan="2">（指沟通对象在行为表现上需要做的调整）</td></tr>
<tr><td>记录人</td><td></td><td>记录时间</td><td></td></tr>
</table>

在沟通中，注意教练技术 GROW 模型的应用，提升沟通效果，如表 2－11 所示。

表 2－11 GROW 模型

<table>
<tr><td colspan="3">一对一辅导流程：GROW 模型</td></tr>
<tr><td>Goal/目标</td><td>· 在过往两年中，您希望实现什么具体目标？
· 您头脑中的中长期目标是什么？</td><td>您的目标？</td></tr>
<tr><td>Reality 事实</td><td>· 到目前为止，您已经做了一些什么？
· 现在又出了一些什么状况？
· 涉及哪些人和事情？</td><td>谁是负责人？
是否做了判断？</td></tr>
<tr><td>Options 选择</td><td>· 您应该做些什么？
· 有哪些可选择方案？
· 有哪些新的可能性？</td><td>创造价值</td></tr>
<tr><td>What/When/
Whom/Will
意愿与承诺</td><td>· 您将做什么？第一步的工作是什么？
· 什么时候完成？
· 您需要什么帮助？</td><td>如何尽力？</td></tr>
</table>

考核面谈结束后，需要完成的工作：

· 在报告解读后，由被评估者制定发展计划。

· 经主管审批，严格落实发展计划。

· 由 HRBP 跟踪计划落实情况。

· HR 定期监督并评估发展效果。

上述是汇川技术文化价值观之 360°考核的完整周期。每年开展一次，循环进行，不断优化完善，促进中层管理者在企业文化践行、传承方面所起的作用，从而助推公司企业文化落地、经营战略成功。

作者：厉飞进，汇川技术企业文化与员工关系部经理。

第十七节　企业文化培训

一、工具属性

（一）工具的基本属性

工具的基本属性如表 2－12 所示。

表 2－12　工具的基本属性

联动工具	公司经营管理的各个方面深入联动，尤其是人力资源管理的“育”这一环节
适用范围	适用于企业经营管理的多个方面，并伴随企业管理的各个环节。新员工的入职培训、管理层的文化培训、老员工回炉再造、新理念的宣导等
主体与客体	全体企业员工、外部合作方等

（二）为什么要进行企业文化培训

1. 企业文化培训是文化落地的重要机制

在企业文化建设过程中，机制的建立是文化落地的重要保障。文化培训作为统一思想和目标的重要工具，覆盖了新员工、老员工及各类群体，贯穿了员工从入职到职业生涯发展的每一步，它的有序开展已成为文化落地的重要机制之一，推动各层级人员对文化的认同与践行。

2. 企业文化培训是“文化布道”的重要手法

企业文化培训是企业文化传播的重要手段，也是一种庄严的仪式。通过企业文化培训，可以让员工清晰感知“官方”和“非官方”在文化传播上的异同点，建立起“官方”汲取文化理念和行为规范的行为习惯。文化工作者首先应该是文化布道者，是官方发言人的“第一责任人”；其次，文化工作者应该担负起培育“官方发言人”的责任，通过各种渠道和方法，培养企业管理者和核心骨干员工加入发言人行列，传播企业文化。

3. 企业文化培训是“文化触达”最有利的渠道

文化培训与其他培训一样，都不是单一的。企业文化培训的内容层次取决于授课类群的层次。首先，根据类群的岗位层级和个人标签进行划分；其次，以类群特征为基础展开培训方案设计，真正做到“因材施教”，让“文化触达”从表面的“口号记诵”上升至内化于心。同时，与员工的互动，避免单向传播的局限性，提升文化传播的效率。

（三）基本原理

企业文化包括理念文化、制度文化、行为文化和物质文化等内容，企业文化培训是针对这些方面进行的有组织的知识传递、技能传递、标准传递、理念传递和管理训诫行为。

认知心理学理论指出：基于内部心理过程输出的认知传递是决定培训成效的根本。因此，企业文化培训的本质，是向员工传授其完成本职工作所必需的正确思维认知、基本知识和技能的过程，并在这一过程中让员工认同并付诸实践。

文化以价值观塑造为核心，以提升企业绩效和管理水平为目的，优秀的企业文化必须包含两个要素：一是核心理念是否正确（符合普世价值）、表述清晰；二是这种理念能否宣传贯彻下去，让每个员工认同并运用于实际工作。国内企业中，核心理念在不同企业没有本质差别，但落地方法与行为表象差异甚大，首当其冲的就是企业文化培训。优秀的企业通常会重点构建完整的培训体系来使全体员工了解企业的理念是什么，其背后的逻辑是什么，如何将企业理念与自己的实际行为结合起来，以达到提升凝聚力和向心力的目的。

二、操作方法

（一）企业文化培训的原则和要点

1. 企业文化培训的基本原则

真实性原则：真实有效，确保培训所用材料是依据本企业真实运营状况编制的，是开展文化培训的前提。

及时性原则：及时更新，注重时效性，确保受训员工能在所需阶段（新入职、调转岗、降级、回炉等）及时接受培训。

2. 企业文化培训的要点

课程设计：文化培训需要建立理论体系和课程框架，优良的内容是文化培训的基础，是决定员工认知成效的关键因素。

讲师选拔：文化类课程偏理念和态度层面，讲师的知识体系和授课技巧对课程效果影响甚大，其对课程的独立思考和实践经验也是培训成败的关键。

培训评估：培训效果评估不仅是针对单次培训，还包括阶段性效果回顾分析，点面结合，系统判断，作为后续课程改善的有效输入。

（二）操作方法和工具

1. 企业文化培训操作方法

外部标杆法：针对文化培训体系的搭建，主要通过借鉴国外知名企业的做法，看看他们的培训体系是如何构建的，吸取精华，把这些内容和企业实际情况结合起来。

归纳演绎法：针对培训课件的制作，主要对照企业的发展运行轨迹，梳理形成企业大事记并结合企业精神和文化价值观，挖掘出大事记所映射的文化内涵，最终比照其演变轨迹呈现出大事记内在的逻辑关系。

2. 企业文化培训工具

案例库：对绩效优秀的员工进行行为事件访谈 BEI，提炼核心与价值观相匹配的行为描述，做到每一个价值观都有匹配的案例支撑。

游戏库：开场及互动游戏的整体收集，包括游戏的操作方法、人数需求、场地需求、游戏评语等（重点阐述游戏背后所体现的文化内涵，与价值观关联）。

音频、视频库：现场授课使用的音频、视频材料，包括每份材料的标签设定与更新。

表单库：包括企业文化培训的所有表单，包括需求调研表、签到表、课程反馈表等。

题库：包括所有企业文化类课程的试卷题目、打分说明等。

3. 企业文化培训常规操作步骤

企业文化培训常规操作步骤如表 2－13 所示。

表 2－13　企业文化培训常规操作步骤

类别	具体步骤	实施要点
培训前	1. 确定培训需求	1. 确定参训人员的类群（新员工、管理者、老员工、晋升、回炉再造等） 2. 针对不同类群，开展训前需求调研，对参训学员现有水平进行摸底，同时倾听学员对该门课程的期望
	2. 制定培训计划	1. 在参训学员的岗位程度和目标需求之间寻找差异点，设定课程目标 2. 制定培训安排、设计互动方式（包含开场破冰、案例研讨、互动分享、主题辩论等）、协调所需资源等

续表

类别	具体步骤	实施要点
培训前	3. 编写培训课件	1. 制定课程框架及内容比重，编写培训课件 PPT 2. 同步准备课程讲授中所需材料，如案例、学员手册、试题等
	4. 培训通知	1. 提前通知学员培训课程名称、时间、地点、培训讲师等情况 2. 明确培训请假原则及流程，一般情况下，文化类培训非特殊情况不允许请假，如若请假需补修
培训中	1. 培训签到	做好培训考勤及记录工作，同时强调课堂记录
	2. 讲授及互动	依照培训计划，进行现场讲授
培训后	1. 培训评估	采用三级评估法：培训效果评估、学习成效测评、行为跟踪评估 培训效果评估：培训现场完成，一般是训后考试 学习成效测评：通过行为测评法（价值观导向），评估培训前和培训后的变化点，一般培训前和培训后各做一次，可针对核心骨干人才开展 行为跟踪评估：周期性较长，训后 3 ~6 个月内完成，通过 360 调研访谈，了解学员行为的变化点，一般针对高管层级开展
	2. 培训总结	1. 对本次培训的各个方面进行总结，反思问题点并制定改善举措 2. 完成培训总结报告

4. 企业文化培训的常用形式

企业文化培训的常用形式如表 2 –14 所示。

表 2 –14　企业文化培训的常用形式

形式	责任人	具体内容
企业文化研讨会	企业高层	进行理念阐释、宣讲，重点包括核心理念的历史来源、内涵及意义，可以是专题报告会，也可以是总结会等
企业文化 PPT 宣讲会	人力资源部门/企业文化小组、CI 部门，也可以由外部专业设计公司实施讲解	进行企业文化系统宣传（包括文化理念阐释，理念识别、行为识别、视觉识别三大系统说明，企业文化管理制度说明，文化手册使用方法，文化标识系统应用等内容），同时发放企业文化手册或 CI 手册、行为规范等材料
榜样人物巡回报告会	企业文化榜样人物	宣传企业文化经典案例，鲜活、真实，非常具有感染力和激励性
主题演讲比赛/辩论赛	人力资源部/企业文化小组组织，员工参与	组织企业文化主题演讲比赛/辩论赛，促进员工从自身角度思考，理解企业文化，同时展示企业文化建设成果和风貌。举办演讲比赛，对优秀者进行奖励，演讲稿集结出版

续表

形式	责任人	具体内容
企业文化知识竞赛	人力资源部/企业文化小组组织，员工参与	组织企业文化知识答卷或竞赛，促使员工通过竞赛进一步了解企业文化知识
体验式培训	人力资源部/企业文化小组或外部培训机构组织实施	针对企业文化的内容和特点，设计体验式团队培训项目，让员工分组参与，依照“参与体验活动—讲师/教官引导—小组讨论分析总结—深度理解企业文化的逻辑”展开，这是一种深入的培训方式，不同于传统的会议、宣讲等，项目设计得当、引导有方将能取得良好的效果，让员工自发且深度理解企业文化，提高培训有效性
企业年会（尾牙宴）	人力资源部/企业文化小组	贯穿企业文化主线的年度盛会，各种节目都围绕企业文化理念进行，具有原创性、观赏性、娱乐性的特征，穿插优秀员工表彰及抽奖

（三）企业文化培训工具的运用

1. 针对普通员工

培训成绩作为所有员工留任、发展的重要参考，考试合格后方能进入下一发展环节，如新员工试用期转正、晋升、评优、绩效评估等。

2. 针对关键人才（即核心骨干人员）

专业岗：在培训课程考试合格的基础上，还需要对其进行价值观导向的行为测评。测评对比曲线是持平且整体向上的，即为健康状态；测评对比曲线是向下的，即为非健康状态，需进行预警并进一步观察。

管理岗：管理人员除达到专业岗的要求外，还需对其所管辖团队整体的文化考试和行为测评结果负责，如2/3及以上团队成员的测评结果达到标准，即可判定该团队的文化氛围健康，反之，则视为文化传递断层。

3. 针对高管群体

在培训课程考试合格、测评曲线健康的基础上，还需要进行行为跟踪评估，通过360调研访谈的方式，从其上级、平级、下级了解学员行为的变化点，确保其行为达到价值观典范。

三、案例分析

（一）联想：如何让新员工“入模子”

1. 案例背景：为什么要“入模子”

联想集团是1984年中科院计算所投资20万元，由11名科技人员创办，是中国的一家在信息产业内多元化发展的大型企业集团和富有创新性的国际化的科技公司。从 1996 年开始，联想电脑销量一直位居中国国内市场首位；2005 年，联想集团收购 IBM PC（Personal computer，个人电脑）事业部；2013 年，联想电脑销售量升居世界第一，成为全球最大的 PC 生产厂商。2014 年 10 月，联想集团宣布该公司已经完成对摩托罗拉移动的收购。

作为全球电脑市场的领导企业，联想从事开发、制造并销售可靠的、安全易用的技术产品及优质专业的服务，帮助全球客户和合作伙伴取得成功。自 2014 年 4 月 1 日起，联想集团成立了四个新的、相对独立的业务集团。2016 年 8 月，全国工商联发布“2016 中国民营企业 500 强”榜单，联想名列第四。

如今，联想集团已开始多元化，而联想的企业文化能够快速适应投资性控股公司吗？它能否适应金融、消费、农业、化工等其他行业？

对此，联想执委会和管理学院经过调研后认定：联想的核心价值观有其普适性。事实也证明，当带着强烈联想文化的团队进入风险投资、私募投资等行业，他们仍然取得了非常好的战绩。从另一个角度来看，联想控股也希望与旗下的企业不仅有资产纽带，还有共同的价值观作为纽带，这样的联想才不是单打独斗，才会有更大的力量。如表 2－15 所示。

表 2－15　联想的核心观点

问题	观点	解决方案
对于那些奉行多元化战略的公司而言，它们面临的共同难题：一是新业务导致员工人数巨增，企业面临新员工培养和管理压力；二是新并入企业已有既有文化，双方难以顺利磨合	与其去创造一种新的解决方案，不如利用既有工具让其发挥新能量。联想就用“入模子”这一在企业内实行了 20 年的企业文化培训工具，通过企业文化培训，促进公司员工的价值观和行为方式的统一。事实证明，通过寻求共同价值观，有助于解决新旧业务的难题	通过控股公司层面的“入模子”对新进员工进行企业文化的硬导入 通过成员公司层面的“入模子”，用“文化＋战略”的软导入方式，既传播控股公司的文化，又帮成员公司解决战略业务难题

2. 案例思路：怎么“入模子”

具体来说，“入模子”意即企业像一个模子，有独特的企业管理和文化要求；所有加入公司的员工都要进到模子里熟悉公司的企业文化。不同于一般的拓展训练或新员工培训，“入模子”并非简单的内容灌输，而是用体验的方式让参与者真切感受到企业文化的可信性和实用性。“入模子”呈现出三大特点，带有明显的强导入性。

（1）采用小组制。

“入模子”项目为期4天3夜，全程封闭式管理。受训对象既包含总部的新员工，又包括控股旗下各个成员公司分管企业文化建设的负责人，以及人力资源部具体做文化建设的人员。管理学院严加控制参加人数，成员公司的参与者多则五六人，少则一两人，从而保证每期总人数为50～60人。所有参与者会被分成5～6个小组，每组10人左右。在3天的培训中，所有任务都以小组的形式进行，不计个人成绩。这在无形之中提高了成员的团队协作的要求，管理学院对培训时长和人数进行了严格把控，以便保证培训效果。

（2）加大体验性教学的比重。

管理学院不采用填鸭式的灌输方式，而是将理论知识与实践相结合，令受训者不仅掌握价值观、方法论，还通过完成团队任务并全程竞赛的方式，让他们学以致用。具体而言，管理学院老师讲授的三门核心课程——《联想的历史》《联想的文化》和《联想的管理》的时间只约占“入模子”的1/3，余下时间用于让老员工、高管与受训人员进行面对面交流及各种团队任务竞赛。管理学院将联想的价值观（企业利益第一、求实、进取和以人为本）、方法论（目的性极强、分阶段实施和复盘），以及管理三要素（建班子、定战略和带队伍）的学习与运用全部融入每个任务，让学员在完成任务的过程中用管理三要素自建团队、制定目标，通过复盘团队任务的执行结果，自已感悟核心价值观、方法论及联想管理理念所起的作用。

比如，所有学员会被打乱排组，小组成员来自控股公司的不同部门或成员企业，组长由管理学院统一指定，并事先接受集中培训。通过民主推举或自荐的方式，每个小组选出3人担任干部，与组长组成组委会。组委会即“班子”，负责本组的各项活动和执行。小组“班子”会设定培训3天的目标，并带领小组实现这一目标，即定战略和带队伍。管理学院对小组在3天里参加的每一项活动打分，但并不计个人成绩，以便让团队成员形成团队（企业）利益第一的意识。在此基础上，小组成员会在晨间拓展的竞赛后，以及每天晚上进行“复盘会”，小组“班子”会带着成员对当天的团队表现进行分析和反思。“复盘”的重要意义在于，不仅是巩固培训内容的重要方法，还是联想控股希望员工掌握的一种日常行为方式。通过反复的复盘活动，受训人员能更好地掌握复盘这一方法。

（3）用考核强化记忆。

在培训的三大类内容中，除新老员工进行交流外，文化课和拓展训练项目都要进行考核打分。文化课以知识竞赛的方式考核，题目均来自三门文化课（联想的历史与现状、文化和管理）上传授的内容。在培训行将结束时，各小组还要综合本小组的讨论和“复盘会”的情况，向全体人员做总结汇报，由评委打分，结果纳入团队竞赛总成绩。高强度的竞赛非但没引起学员的反感，还将他们的积极性充分调动起来。

（以上案例整理自中国人力资源网：案例/联想：如何让新员工“入模子”）

3. 案例分析

（1）“入模子”文化培训和一般企业文化培训的差异点。

第一，时间投入。对于文化培训而言，首要投入的资源是时间。一个企业的最高领导者，对于文化培训的重视，首选体现在愿意付出多少时间让员工全程脱岗参与。入模子的培训周期是4天3夜，一般企业的新员工文化培训周期是1~3个小时，时间的投入决定课程的深度。

第二，课程的关联性。入模子的三门课程分别是《联想的历史与现状》《联想文化》《联想管理》，先呈现公司发展历史，再谈历史中沉淀的文化，最后说文化是如何落实在公司的管理体系中，由点及面，一脉相承。培训后，员工能够做到深入理解三个方面：一是公司文化的由来；二是价值观对于这家企业的独特意义；三是每一个管理举动背后的文化导向。而这三点恰恰是影响员工改变行为的基础。对一般公司而言，受限于企业自身条件及资源投入，大多数仅能做到呈现企业发展史和价值观，两者各自独立，可呈现时间脉络，但难以深入剖析其背后的逻辑关系，更难以涉及文化与管理行为的关联性。

第三，体验式培训设计。培训方式对培训成效起决定作用，入模子的培训方式是“讲授式培训+体验式培训”。其中，“体验式培训”的占比很大，学员不仅要参与其中，还要以小组论述的方式呈现结果，同时每天复盘，老师辅以同步点评，如不符合要求，还需推倒重来，真正做到一边学、一边做、一边反思。而传统的文化培训主要以“讲授式培训”为主，课堂互动和案例讲解为辅，学员听完课后参加考试，通过记诵知识点应对考试，及格即通过。两者最大的差异体现在员工是学会“知晓”还是学会“运用”，显然，后者是企业文化培训的终极目的。

（2）互联网时代，封闭式的“入模子”培训能否继续走红？

当下，我们已步入“互联网+”的时代，培训模式也从传统的“组织设计、邀请参加”过渡至“用户至上、快速迭代、碎片学习”的阶段。

该阶段主要以学员为中心设计培训，并且关注培训效果与成果落地实施。越来越多互联网的培训工具映入眼帘，“非正式学习和在线社区学习”混合培养的方式在企业中的占比越来越大，如O2O模式的移动学习、跨界交流与学习、以工作场景为基础的行动学习等。

而作为一个存在时间超过20年，且让联想集团新员工文化建设迈向成功的经典实践，“入模子”也迎来了时代的冲击与挑战。

但联想始终坚持“入模子”的两个核心——选择和塑造。“模子”是一个双向选择，联想把模子摆在这里，告诉员工联想的做法和经验，员工可以选择接受，也可以选择离开。同时，这种塑造也是双向的。他们的理念是文化不是让人信任和接受，有用是前提。所以，并不过分宣贯，而是努力证明文化确实对战略业务发展有切实的帮助。

在这样的前提下，“入模子”也在与时俱进，配合企业战略不断调整文化内容及“模子”本身，让企业文化在不同时期服务于不同的企业战略，持续发挥功效。

（3）“入模子”培训能不能复制？

笔者认为，“入模子”培训可以复制的仅限于培训思路框架和形式，培训内容是无法复制的，即“模子”可以参照，“人”的内容却千差万别，需根据每家公司的企业文化核心理念进行梳理设计与独立开发。

首先，复制的前提是所在企业对于新员工文化培训的重视程度定义为战略高度。只有这样，才有可能投入人力、物力进行本企业文化培训体系设计与开发、落地与实施，以及成效评估。这是“入模子”培训成效的基础和保障。

其次，复制应注重成效，而非形式过程。在时下高速变化的商业环境中，复制一词已成为上至“商业模式”下至“管理工具”的高频用词。然而，越来越多“水土不服”的现象滋生，原因就在于将复制等同于“照抄”，没有消化，没有内化。因此，复制最终的形态是“内化”，“内化”的前提是“懂自己”（所在企业）也懂“他人”（复制对象）。就像华为引进IBM管理体系时的削足适履，手段刚烈强硬，却很适合，最终化茧成蝶，管理成效倍增。

同时，也需要深度思考“体验式培训”是否真的适合你所在的企业，领导风格、企业发展阶段、体验项目设计水平、管理者支持程度、文化授课者水平和经验等因素，都不同程度地决定了“体验式培训”的成败。

最后，笔者想特别说明的是，形式是千变万化的，内核是恒久不变的。读懂每家企业的愿景，理解它的梦想与坚持，并决心把它传递下去，是做好所有文化培训的基础。

（二）实例分析

1. 入职培训面授：学习方案全景图

本版本方案满足新员工对入职培训及时性、灵活性、全面性的需求，设置了文化融入和职业能力提升两大模块，依托一体化学习平台和工具 APP，以通关学习的方式提升新员工的学习体验，增强认同感、自豪感和归属感。如图 2 – 10 所示。

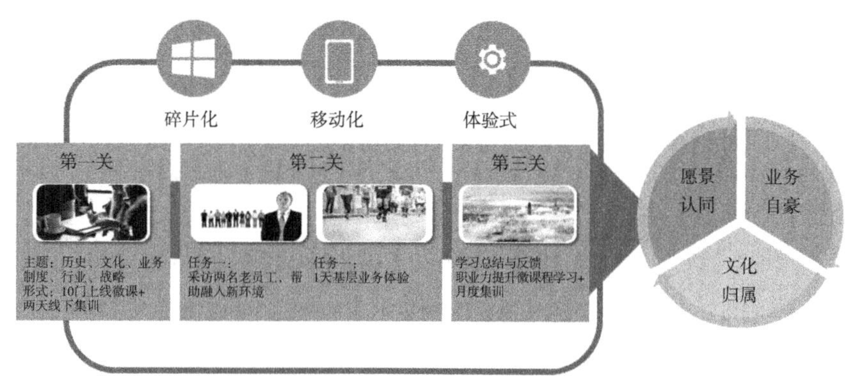

图 2 – 10　学习方案全景图

2. 持续学习：职业力提升设计

目的：帮助新员工持续提升通用职业能力，更好地胜任工作。

学习安排：

线上：以 APP 工具为学习载体，设置了分析与决策、计划与执行、沟通与影响、汇报与展示、思维与心态五大主题（如图 2 – 11 所示），共 70 门微课程，在新员工完成融入通关学习之后推送至新员工持续学习。

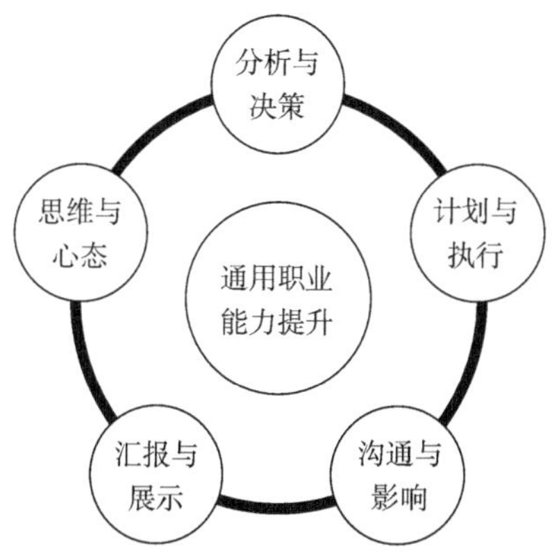

图 2 – 11　通用职业能力提升五大主题

线下：以大讲堂为平台，设置自我诊断、思维能力、沟通能力和心绪管理四大主题集训，每月开展一期，在新员工完成融入通关学习之后推送至新员工报名参加。

3. 项目运营：全链条监控

全链条监控如表 2－16 所示。

表 2－16　全链条监控

项目	时间	内容	责任部门
新员工入职	入职第一天	在办理入职手续之后，由 SSC 办理入职的同事向新入职员工宣讲新员工入职通关学习指引	SSC
参加新员工入职通关学习	入职第三天	1. 企业大学向新员工发送入职学习通知邮件，新员工按照指定操作，参加通关学习 2. 企业大学在入职学习报表中生成新员工学习记录	企业大学
学习监控	每周	企业大学每周五将新员工学习记录发送至各组织培训负责人、HRBP 处，提醒新员工及时通关	企业大学
学习月报	每月	企业大学每月最后一个工作日发布本月总部新员工入职学习月报，主送各组织培训负责人、HRBP，抄送各组织人力资源负责人	企业大学

作者：江岚，曾任福建七匹狼股份有限公司、腾讯电商易迅网、顺丰金融事业群等组织企业文化负责人，先后主导推动公司企业文化变革，助力战略转型。同时，担任厦门大学经管学院文化课题组成员，是香港大学组织与人力资源管理课程在读研究生，研究方向为跨文化管理。

第十八节　校园招聘：企业文化第一课

一、工具属性

（一）工具的基本属性

工具的基本属性如表 2－17 所示。

表 2－17　工具的基本属性

联动工具	招聘宣讲会、主题交流、宣传片、热场活动和宣传物料、网站、微信
适用范围	对高校师生开展企业文化宣导、品牌培育、营销推广
主体与客体	高校师生、潜在客户

（二）工具作用

在目标高校为企业树立良好的公众形象，创造更高、更好的社会知名度、美誉度。

选拔和录用与企业核心价值观吻合的新员工，为企业持续发展蓄积人才。

展示企业文化特色和发展历程，与师生加强互动交流，增进相互了解。

（三）基本原理

加强互动沟通，增进了解，突出生动性、现代表达方式，强调内容与形式统一，方法同目标和谐。

指导人力资源部门人员有计划、有步骤、有目的地开展校园招聘工作，完成企业赋予的任务和使命。

通过校园宣讲会，传播企业文化，宣贯企业核心价值观和企业精神，积极诠释企业经营理念，为企业树立良好的社会公众形象添砖加瓦，提高企业在校园、社会的知名度、美誉度。

将校园招聘办成和师生友好见面的“相亲会”、沟通会、交流会，给彼此留下深刻印象，让更多的人了解企业，使企业走入更多人的视野和心中。

为企业人才选、育、用、留开源，打牢企业校园招聘基础，形成稳固的校企人才培育机制，丰富人才队伍建设渠道。

二、操作方法

（一）操作原则和要点

突出学生这个中心，开展校园招聘要遵从高校学生为主的原则，切忌喧宾夺主、反客为主。

讲求相互尊重和相互交流沟通，关爱学生，强调平等坦诚、真心实意的交往。

招聘宣讲注重运用现代交流互动方式，充分运用微信、高校网站、招聘网、QQ、企业网站等渠道和方式，开展校园招聘宣传活动。

招聘宣讲注重现在高校学生喜闻乐见的形式，寓教于乐，强调故事性和现场感。

加强企业文化中的核心价值观、理念宣贯，对高校学生关心的员工培训、薪资待遇、晋升发展等问题进行深度交流。

依据公开、公平、公正“三公”原则，为企业遴选合适的人才。

（二）操作步骤

招聘工作步骤：收集校园招聘需求—了解目标高校毕业生状况—设立校园招聘工作目标—起草校园招聘实施方案（包括目标院校、大致招聘人数和专业、招聘宣讲会）—召开校园招聘宣讲—总结。

三、案例解读

（一）2008年江中集团全国知名重点高校招聘活动

1. 背景

2008年，江中集团经过近40年的努力，从校办小厂逐步发展成现代化的中医药企业集团，并向“大品牌、大市场”战略推进，努力朝着中国一流、世界先进中医药企业迈进。在此大背景下，江中集团不仅从国内外跨国企业集团招募CEO、知名专家等中高层精英人才，还从全国各知名重点高校选拔招聘优秀毕业生，为企业持续长久发展奠定人才基础。

2. 概况

自2007年11月19日开始，集团招聘宣讲团先后走进江西中医学院、江西财大、华东交大、江西农大、南昌大学、江西师大、南昌航空大学、中国药科大学、北京中医药大学、北京大学药学院、沈阳药科大学、成都中医药大学12所高校，进行“2008江中集团全国高校巡回宣讲牵手之旅”。近3500名应届毕业本科生和研究生投递了简历，参加销售、产品策划、经济统计、财务、人力资源、法律、计算机等13类103个岗位的招聘。宣讲团行程约一万公里，深入上述12所高校，与师生真诚沟通，传播江中企业文化，传递岗位需求信息，探讨学子择业和企业共同成长之道，给师生留下了深刻的印象。

3. 经过

收集招聘需求。2007年8月，由集团人力资源部依据战略规划和生产经营情况，初步提出开展校园招聘的想法，向集团高层征询校园招聘方针策略和指导意见，然后组织向各子公司、集团各职能部门征询校园招聘具体需求。

密切校企沟通交流。与目标高校进行初步沟通，交流企业招聘需求和高校相关专业毕业生学习成绩、实践能力等综合素质，以及毕业生与企业签约就业、其他企业开展校园招聘情况。

召开碰头会。由集团人力资源部组织企业文化经理、招聘经理和考核经理，以及各子公司人力资源经理、主管，传达集团高层要求，共同商讨2008年校园招聘工作目标、宣讲形式、主题、内容和招聘计划等。

4. 明确工作任务和目标

明确在知名医药类高校，包括北大、北京中医学院、江西中医学院等12所高校举行全国高校巡回宣讲活动，并且确定“省外宣讲树形象，省内提升美誉度，遴选一流毕业生”的巡回宣讲总方针，明确企业文化经理负责全程策划宣讲活动，包括场地策划、宣讲活动等具体实施方案，招聘经理与校方做好场地、时间安排和人员沟通，并做好招聘需求统计，同时现场宣讲。

5. 拟定招聘主题“与江中一起奔跑”

江中集团启动“大品牌、大市场”战略，同时，依据江中集团快速发展的实际情况，结合莘莘学子充满活力的特点，拟定“与江中一起奔跑”的校园招聘主题（如图2－12所示），体现活力，凸显时代感，展现激情。

图2－12　与江中一起奔跑

（二）拟定招聘宣传方案

招聘会分为前期准备、现场宣讲、会后总结三个阶段。

时间：10月26日（暂定）。

前期准备：

（1）平面广告：发布招聘信息、主会场背景板、第26期《浪花报》、《浪花夕拾》、条幅、海报、调查问卷等。

· 发布招聘信息。

· 条幅32条，尺寸（略），红底白字，字体为综艺体，丝印。文字内容为

“热烈欢迎各位同学参加江中集团青苗辅导沟通会”。悬挂于户外学生交通要道，用于事前宣传。

· 喷绘海报两张，尺寸、数量（略）。

· 易拉宝如图2－13所示。

图2－13 易拉宝

主会场大背景喷绘（如图2－14所示），文字内容“和江中一起奔跑”，尺寸（略）。

图2－14 主会场大背景喷绘

· 企业内刊《浪花报》。

· 对大会现场踊跃提问的学生赠送内刊合集《浪花夕拾》和健胃消食片、草珊瑚含片、江中亮嗓，数量（略）。

· 设计、制作调查问卷。

(2) 影视、网络、广播、幻灯片。

影视：集团专题片等。

校园网络、电视广告：争取在各大院校就业专栏，提前一周刊登招聘宣讲大会网络广告，同期播放电视广告。

幻灯片：在招聘会休息期间播放集团形象幻灯片，如图2－15所示。

图2－15　集团形象幻灯片

会场布置：场外条幅海报布置拟在开会前一天完成，现场布置拟在开会前半天完成。

现场摄影、摄像，会后宣传品回收、新闻报道等（略）。

费用预算：（略）。

现场宣讲——江中集团校园招聘宣讲牵手之旅（企业文化篇）：

走进江中集团：

江中集团是中国OTC行业的领先企业，一直致力于百姓用药的品质与素质的提高，从而提升我国百姓健康水平。今天，江中集团已经从原来的校办小厂发展成以江中药业和中江地产两家上市公司为运营主体的、集医药制造、保健食品、房地产于一体的现代化综合型企业。在世界品牌实验室最新发布的2008年《中国500最具价值品牌》排行榜中，“江中”品牌价值已由2004年首个榜单的27.44亿元增加到现在的39.24亿元，荣列行业品牌榜前三强。

江中集团使命：让人类充分享受健康的快乐。

江中集团优势：

第一，品牌营销。江中集团以经营中药OTC为主，凭借品牌的巨大拉动，健全完善的销售网络及优秀的产品品质，销售收入连续6年实现30%的增长。在中国OTC行业，“江中”品牌优势显著，品牌管理思想体系完善，广告运作经验丰富，媒介采购能力突出。江中牌健胃消食片已成为中国OTC第一品牌，销售额超10亿元，市场份额高达50%，接近垄断地位；江中牌草珊瑚含片市场占有率位列第二，知名度超85%；初元复合氨基酸营养液精准定位，进入“专为病人设计的探病礼品”市场，自2008年5月全国上市以来，产品知名度迅速提升，成为探病礼品销售冠军。

第二，精益生产。投资近4.8亿美元的江中药谷，是江中集团OTC类药品的主要生产基地。它占地180余公顷，山清水秀，是国内迄今为止厂区自然空气洁净度最高的企业之一，通过GMP认证的5万平方米生产厂房坐落其中。目前，拥有片剂、胶囊剂、颗粒剂、液体制剂等多条生产线，配备当今世界最先进的生产设备，并建立了完善的生产管理制度和质量保证体系。

第三，研发领先。江中集团是制药行业唯一一家拥有两个国家工程研究中心的企业，在江西首家创建“企业博士后科研工作站”，与中国军事医学科学院、江西中医学院等联合建立“中药固体制剂制造技术国家工程中心”“蛋白质药物国家工程研究中心”和“军科江中新药研究中心”，共同研究开发具有市场重大价值，拥有自主知识产权，具备国际竞争力的创新药物。

第四，人才助推。江中集团始终秉承“内培为主，外求为辅”的人才理念，把校园毕业生作为人才培养的主要群体，造就“人尽其才、才尽其用”的人才发展竞争平台，设计个性化的职业生涯规划，力争用3年时间让入司的每一位有潜质、求发展的大学毕业生成为专业能手及管理精英。基于人才战略的重要性，公司通过推出“未来之星”“营销特训班”“江中精英班”等人才培养项目，充分给员工提供个人发展所需的帮助，让员工在企业成长中实现价值。2008年，江中集团双获“2007—2008首届江西年度十佳雇主”“大学生最满意雇主”殊荣，并荣列榜首。“努力工作、专业工作、快乐工作”正成为每一位江中员工的工作准则和思维习惯。

第五，企业文化。自2008年，集团导入“规则文化”以来，企业逐步实现了业务流程化、管理制度化和职责明晰化的管控体系。集团上下全力推进“规则文化”建设，“事事有规则，人人讲规则”，使集团管理更加顺畅，员工更加职业化。塑造“规则文化”，成就卓越组织，已成为集团核心的企业文化。

第六，发展规划。江中集团凭借人才优势、科研优势、管理优势，实施“大市场、大品牌”战略，通过产品经营、品牌经营、资本与资产经营，不断提升企业核心竞争力，力争在“十二五”规划期内，实现销售收入100亿元。

江中集团校园招聘全国巡回宣讲总结（略），如图2－16所示。

图 2－16　江中集团校园招聘全国巡回宣讲总结

作者：欧阳忠，高级企业文化师。

第十九节　企业内刊：软实力综合平台

一、工具属性

（一）工具的基本属性

工具的基本属性如表 2－18 所示。

表 2－18　工具的基本属性

联动工具	平面媒体、新媒体、培训课程、绩效考核等
适用范围	目前企业内刊充当传承企业文化、提升培训效果、凝聚向心力的角色 企业文化方面，可加强核心理念、经营理念等宣传，传播正能量 培训效果方面，可融入培训课程中，提升培训效果 凝聚向心力方面，内刊可与党群工作、人力资源工作有机结合
主体与客体	企业内部员工；客户、供应商、合作伙伴；政府机关等

（二）工具作用

企业内刊是企业文化传播的重要媒介，它既要传播企业的价值观和相关信息，又要反映员工和社会对企业的要求，使多元思想在传播过程中达成共识。

企业内刊是企业对外的美丽名片。内刊让外界感知了企业的性格、精神、气质、追求、理想、形象等，它展示了企业的形象，提高了企业的美誉度。要做好这张名片，就一定要在内刊的定位上体现个性，在内容上体现新意，在包装上体现创意。

企业内刊是员工掌握企业信息的重要阵地。在这个阵地上，员工可以倾听、可以发泄、可以学习、可以讨论、可以分享。要建好这个阵地，内刊就必须具备平等性、真实性、互动性。

（三）内刊的主要特点

导向性：内刊要对读者按企业的需求进行导向。

思想性：内刊要体现企业家的思想，同时刊物要有自己的思想。

代表性：内刊要说企业家想说的话，要努力去了解他的思想，把他想说的话说出来，同时续说企业家没有说完整的话。

互通性：内刊要反映广大员工（会员）对企业家的心声。因为企业文化是一个互动的过程，如果没有员工（会员）的声音、没有不同的声音，企业内刊就没有了生命力。

总结性：把企业家的话中带普遍意义的理论提炼出来，或者是帮助企业家把说过的话上升到理论的高度。

二、操作方法

（一）操作原则和要点

1. 怎样创办内刊

企业内刊一般有报纸、杂志两种形式。随着信息化发展，有些企业将刊物电子化，做成电子报纸、电子杂志，成本低，易传播，是一种新媒体。目前，企业内刊以纸媒为主，也最受欢迎。

先为企业内刊取一个名字。名字一般是“企业简称 + 人”的方式，也可以结合企业名进行创意取名。比如，富士康的第一内刊名《鸿桥》就是取“鸿富锦通往员工心灵的桥”，其中“鸿富锦”是富士康的母公司。其他企业内刊刊名：海尔集团《海尔人》、四川锦江宾馆《锦江风》、蒙牛的《蒙牛足迹报》、中粮集团的《企业忠良》等。

选择周期。根据领导要求、员工意愿，确定是季刊、双月刊、月刊、半月刊还是周刊。原则上，一般企业的报纸为周刊或半月刊，杂志一般是月刊。

确定报刊硬件。创立之时，内刊的尺寸大小、纸张类型、印制方式等形式方面可量力而行，节约为主。等内刊办起来了，有影响力后，再逐渐增加投入，提高宣传的深度、广度和高度。

设定常规栏目。企业报刊的版面没有固定的版式和要求。原则上，一份完整的内刊要包括几方面内容：领导人之声，企业新闻动态、优秀人物、技术研讨、管理经验、副刊园地等。根据这些内容制定相应的栏目作为常规栏目。

设立编辑部组织。编辑部的设立，企业规模和性质不同，侧重点也不同。通常来说，内刊编辑部由发行人、总编、编委、主编、责任编辑、美术编辑、通信员等人员组成。小于1000 人的制造型企业（500 以下的商贸型企业）月度报刊的责任编辑可设置一人。

2. 怎样给内刊定位

某种意义上讲，内刊的定位决定着内刊的质量。目前，国内企业报刊的发展虽然如雨后春笋般成长，但“发育”参差不齐，称得上标杆的凤毛麟角。究其原因，很大程度与企业内刊的定位有关。许多管理人员把企业报刊只当作公共媒体资讯补充的配角和丰富企业员工生活的文化园地。这种定位直接影响企业内刊的发展。

企业内刊的定位大致分为三种：内向、外向和内外兼顾。

内向型内刊是一个企业内部的领导和员工进行沟通和传达意见的高质量平台。其主要职能在于记录企业发展历程中的重大事件、传达领导精神、加强各部门人员在工作、思想、文化等方面的信息交流，这是内刊的主要导向。此类型内刊将与企业文化紧密结合。

外向型内刊意在展示形象及处理外部关系，主要以外部客户、经销商甚至相关政府部门为主要目标读者。

内外兼顾的内刊意在对内提供交流平台，对外展示形象。在市场化进程加剧的环境作用下，许多早期内部导向的企业刊物发生转型，或多或少地出现“内刊外化”的现象。

3. 内刊编辑人员有什么基本要求

要办好内刊，好的创意、理念、题材固然重要，但人的因素更是不可或缺。有好的编辑，是办好内刊的必要条件。企业内刊编辑人员一般应具备五种素质或能力：

第一，具有写、采、摄、编能力。内刊编辑要独当一面，要具备相当的采访能力、文字功底、拍摄技巧和编辑手法。

第二，要博览群书，扩充信息量。内刊编辑主要的作用在编，只有通过广泛阅读来扩充知识面，才能识别来稿是否原创、材料运用是否得体、文章逻辑是否合理。内刊编辑平时阅读报刊时，也应该留意版面设计、栏目设置、标题拟定及新闻写作手法。

第三，思维要敏锐。内刊文章一个非常重要的内容就是案例，内刊编辑需要发现、挖掘、整理和点评案例。案例即是典型问题，如何在实际工作中发现问题，并把这个问题转化为案例，这需要内刊编辑具备敏锐的发现力、判断力和独特的视角。

第四，懂企业管理。企业文化的核心是为企业的生产经营服务，内刊上的每篇文章都是为提升企业经营管理水平服务的。所以，内刊编辑必须要懂企业管理，才能在撰写和甄选稿件的过程中把好关。

第五，明确企业领导者的需求。企业领导者是企业发展战略的制定者，是企业发展方向的引领者，是企业管理体系的设计者和把控者，只有了解企业领导者的管理风格和需求，才能使企业内刊不偏离企业发展的方向，符合企业的标准，展示企业的特色。

4. 内刊记者（通讯）站站长有什么要求和职责

内刊记者（通讯）站站长是内刊编辑部与各部门沟通的桥梁，也是企业文化建设的中坚力量。通讯员必须具有良好的政治思想素质，较强的政治和新闻敏感性；热爱新闻报道及宣传工作，熟悉本部门、分/子公司业务；具有一定的文案写作、新闻采编和摄影基础。通讯员的职责如下：

选题提报：发现公司亮点并整理成文字，审核后提交编辑部。

新闻采编：新闻发生后及时撰写稿件，交部门主管审核，同意后投递。

稿件管理：员工的文字稿件要做初步检查，尽量减少错别字。

活动组织：积极组织本单位员工报名参加编辑部组织的各种活动。

（二）操作方法和工具

1. 内刊办理的整个流程

内刊编辑部负责选题提报、编辑、校对、刊印、发行等工作，记者（通讯）站站长负责本单位新闻采写、组稿、参加活动等工作。月度刊物出刊流程及各部分详解如图2－17所示。

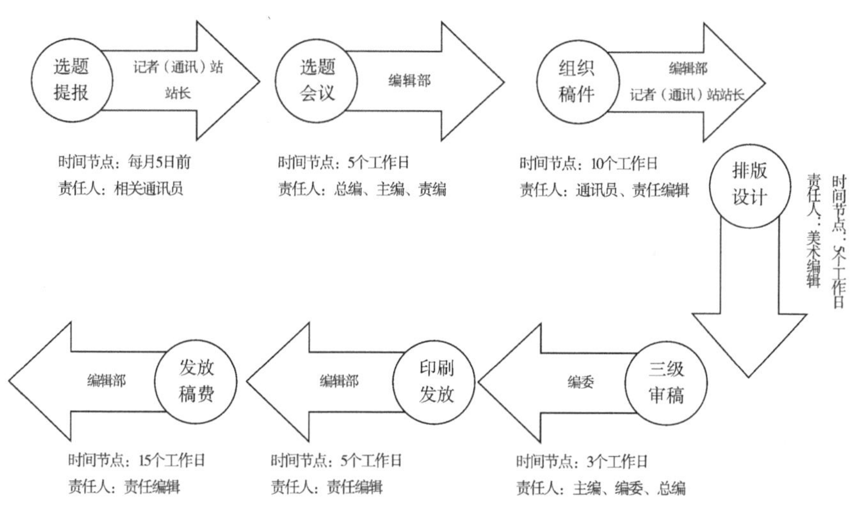

图2－17　月度刊物出刊流程及各部分详解

步骤一：选题确定，此步骤分选题提报和选题议定两个环节。各部门按需求提报选题交编辑部责任编辑，责任编辑汇总选题，组织召开由总编、主编参加的选题会，现场裁定当期内刊选题。

步骤二：稿件组织，此步骤分为征稿和审稿两个环节。责任编辑按选题内容进行征稿，记者（通讯）站站长按期提交文章和照片，记者（通讯）站站长可在任何时间投递非选题稿件。

步骤三：排版设计。经主编初审的当期内刊稿件交美术编辑进行排版设计。

步骤四：三级审稿。此步骤包括主编初审、编委复审、总编终审三个环节，设计好的内刊电子档依级进行审核，并根据审核意见进行修改。

步骤五：印刷发放，此步骤分为印刷和发放两个环节。终审后的内刊电子档交印刷公司进行印刷。印刷完成后，责任编辑负责发放到公司员工或寄送外地公司。

步骤六：稿费发放。刊物发放固定周期内，责任编辑申请稿费，并按企业情况发放给投稿者。

2. 内刊办理方法之选题策划篇

（1）选题策划要找到亮点。

企业媒体主要是对企业的重要信息、重要事件和典型人物，以及企业的先进经验和做法等方面的传播报道交流。在企业报道事实或写作题材较少的情况下，编辑策划人员要有发现题材的真本领和硬功夫，见微知著，要善于捕捉社会上或企业内部发生的一些事件和信息，及时组织引导写作人员进行挖掘、提炼，使之具有宣传报道或写作价值。找到亮点，就好写方案了。

（2）内刊选题策划要善于抓住企业发展的重点和“热点”。

企业每一个发展阶段都有它的工作重心，每个时期都有职工关注的“热点”事情，企业报刊编辑要密切结合企业发展形势，抓准时机进行精心策划，使这些工作重点或关注热点及时成为企业报刊报道的重要题材，因为机不可失，时不再来。企业报刊编辑策划及策划的特点、目的、体裁，都必须围绕企业这一个时期的工作重心和宣传中心。

（3）内刊选题策划要与重大的“节日”或重要事件结合起来。企业重大节日和事件主要有：周年厂庆、重大项目和重要装置奠基或投产、经济技术水平创出行业新纪录、企业产值利润获得新突破、企业获得全国性重要荣誉、国家或省部级等重要领导前来视察等，这些都是企业的亮点。及时抓住这些具有重要报道价值的事件进行企业宣传策划，是企业内刊选题策划中的重头戏。

（4）借助名人、重要人物与企业的关系进行宣传策划。企业媒体宣传策划和广告、公关、促销等手段一样，都是企业的宣传造势手段。然而，企业宣传策划具有比广告更容易取信于社会大众的优势。因此借助重要人物或名人进行策划，在人们高度关注的热点中吸引人们的眼球，可以达到事半功倍的宣传效果。此外，还要抓住行业权威、经济专家、产品用户对企业进行评价等方面的选题策划。这种选题，更有利于增加宣传策划的可信度。

3. 内刊办理方法之约稿篇

约稿是个技术活儿，尤其是内刊约稿。为了提高采编效率，约稿时可借鉴以下方法：

一是用其所长。记者（通讯）站站长对本部门的业务比较熟悉，但所擅长的文体不同，有的长于写新闻、有的长于写通讯、有的长于写软文、有的长于写技术文章，根据他们的特点来约稿，这样大家都不累。

二是适时指导。第一次和记者（通讯）站站长约稿，要详细讲明稿件的需求、字数、交期，给一篇样稿，个别情况还会列一个提纲。第二次及以后约稿，除了专题主文，其他记者（通讯）站站长基本都能掌握。

三是适时跟进。约稿后，在交期内，要提醒记者（通讯）站站长一两次，顺便问问是否有难度，照片是否准备好了。

4. 内刊办理方法之设计篇

"人靠衣装，马靠鞍"。为内刊定制一件美丽的"外衣"，在第一时间抢夺眼球，这是内刊办理的另一个重点。企业内刊的包装设计并不是以"唯美"为唯一原则的，而是必须以能够充分展示企业形象为基本原则。企业内刊的设计大致分为几个类别：封面设计、目录页设计、版权页设计、插页设计、栏目页设计、封底设计。

企业内刊的创意可围绕以下关键点展开：

一是封面创意设计组合。这个组合是内刊名称、期刊号、个性化创意元素和色彩的系统组合，是一个企业内刊有别于其他内刊的标志，是企业个性的表现。

二是目录页设计时，要高度体现出刊物的组织架构、企业信息等。

三是字体、字距、行距、行列数的创意设计，并保持相对的稳定性。

5. 内刊办理方法之评刊篇

内刊出来了，怎么看办得好不好？这依赖于评刊标准。一般来说，一本内刊好不好，可以从三个方面来看。

一是定位。这本刊物是服务于企业文化、营销、品牌及其他模块的，内刊与企业文化相辅相存。

二是内容。包括三要素，即与企业的契合度、文章的质量和设计的美感。

三是员工参与度。参与度越高，越能说明其广度。

具体来说，可以从"广、深、高、速"四个字入手。广度，就是看内刊整体涉及的内容是否广泛，作者是否够多。深度一般体现在产品、团队介绍的专题报道中。高度主要是指内刊与生产经营、领导精神的结合度，取决于内刊的定位，体现在以企业战略、文化建设为主的专题中。速度体现在定期出版，不能随便拖延。

三、案例解读

（一）内刊创办方案

背景说明：朝阳电子（深圳）有限公司是乔阳电子集团（台资，成立于1980年）在深圳的子公司，成立于1992年。产品类别包括多媒体音响、汽车喇叭及其他消费性的音频电子产品。其内部刊物名《朝阳》（月刊）创刊于2005年4月，目前运营比较规范，笔者是第一任执行主编。当时创刊时，笔者召开三次通信员会议，终于定下以下内容。

刊物名称：选“朝阳人”作为名字，比较俗气；选“朝阳”，既符合企业的名字，又表示企业和员工像朝阳一样，充满朝气。

刊物周期：因为当时只有笔者一人为专职人员，且组织定位在综合管理部，所以选择月度为周期最好。保证每月出一期，对发展中的朝阳电子文化建设应该有用。

刊物硬件：由于人力、专业等问题，最终确定用报纸的形式，对开4版，特殊情况出8版。

刊物栏目：由于是初创，栏目不宜过多，根据版面主题确定。四版名称分别为朝阳魂、朝阳风、朝阳情、朝阳潮，对应主题为思想教育、人物风采、文艺副刊、专业技术。

刊物组织：根据企业实际情况，通讯员开会讨论并报请领导审批，定的组织结构为总经理任总编、各部门负责人为编委、笔者任执行主编、优秀写手任兼职编辑。

下面为创办刊物时的原始方案。

《朝阳》月报刊行策划方案

目的：

为了更好地推行企业文化的发展，丰富员工的业余文化生活，让员工全方位、多侧面地了解公司动态，从而形成良好的企业文化氛围，充分体现“以人为本、诚信立业、精益求精、持续创新”的经营理念。

有关事项：

刊名：《朝阳》。

定期发行：每月一刊，25日至30日内部发行，人手一份。

规格：彩色，对开四版，每版39×27cm。

主办单位：管理部。

创刊号：2005年9月（总第一期）。

《朝阳》分段内容及稿源（如表2-19所示）：

表 2-19 《朝阳》分段内容及稿源

版号	版名	主要思路	内容	稿源
第一版	朝阳魂	方向性	公司中长期规划、方针 公司活动、企业文化展示 公司生产、经营活动（含图片）	管理部副总经理提供 企业文化专员撰写 编委会成员编写
第二版	朝阳风	知识性	有关管理、人力资源知识 工程、IT、研发、质量等专业知识 优秀员工风采、先进事迹展示	各部门提供 部门员工投稿 企业文化专员撰写
第三版	朝阳情	文学性	有关员工生活的稿件 各种文体来稿	员工投稿 编委会修改
第四版	朝阳潮	互动性 娱乐性 多样性	各方面知识摘录 员工书画稿件 笑话、幽默、漫画等 总经理信箱选登 其他	员工摘录来稿 管理部提供 编委会摘录

《朝阳》刊行流程及费用标准：

月初向员工发布征稿启事，并公布稿酬标准；来稿自撰稿件 20～50 元/篇（除诗歌外，其余稿件按字数定稿酬）；摘录 10 元/篇；书画作品 20～40 元/幅。

月初向有关部门（如工程、IT、研发部）约稿，稿酬 30～50 元/篇。

每月三次编委会议：

· 编委会 8 月 22 日前成立，设主任一名，由管理部副总经理担任；主编一名，由企业文化专员担任；编委会编辑 8 人左右，记者若干名。

· 编委会编辑由各部门员工报名，经筛选取合格者（有一定文字功底，热爱写作，能撰写新闻稿件）。

· 编委会编辑的职责：撰写部门/车间新闻（每月至少一篇）；组织员工投稿；修改稿件等。

· 编委会编辑的待遇：不定期举行文学、写作培训活动；优先发表文稿；不定期的深圳市旅游或餐会活动。

· 不定期与其他公司内刊编辑部组织举行联谊活动。

· 编委会会议召开时间：周五下午 6：00 至 6：30。

· 设记者若干人，每期以新闻来稿发表文章为准；优秀者可考虑升为编辑。

企业文化专员要随时跟进公司的各级会议，并通过内刊准确地传达至各位员工。

刊头设计（见《朝阳晚报》）。

费用预算：

· 印刷费3500元（按宿舍及部门算）。

· 稿费600元/月。

· 编委会开支400元/月。

申请工具：

计算机一台，能上网查询，运行PHOTOSHOP，有光驱。主要用途：

· 打印、储存有关数据。

· 对有关图片进行处理。

· 下载、查询有关资料。

· 其他用途。

相机一台，至少400万像素。主要用途：

· 月刊有关材料的拍照。

· 有关企业文化图片的存盘。

· 公司其他用途。

· 客户来访拍照留念。

拟定：□□□□　审核：□□□□　批准：□□□□

（二）“走进三门峡雏鹰”专题始末

《雏鹰人》是雏鹰农牧集团唯一一份持续发行的内部刊物。《雏鹰人》的定位是以企业文化建设为主，同时兼顾品牌宣传、客户引导的作用。具体来说，每期除了服务于不同类型的子公司（生产、养殖、屠宰、销售等），还要上传公司官网，放置前台、会客厅、培训室等做展示。

2016年4月初，三门峡雏鹰农牧有限公司（雏鹰农牧集团下属子公司，以养殖为主，位于河南三门峡市）的通讯员向《雏鹰人》编辑部提出详细报道其公司的需求。责任编辑从集团层面考虑，同时结合该公司的实际情况，制定出主题为“走进三门峡雏鹰”（如图2－18所示）的两期报道方案：上期主题为“通讯员眼中的三门峡雏鹰”，下期主题为“前进中的三门峡雏鹰”。

方案制定后，《雏鹰人》编辑部组织由总编、主编、责任编辑召开的专题会议。会上，总编强调：一是可以借机开展通讯员活动；二是尽量让三门峡雏鹰的员工参与写稿。为了让内刊通讯员充分深入了解当地的生态养殖环境，并加强通讯员队伍与内刊编辑部之间的互动，编辑部于4月23日和24日组织通讯员前往三门峡雏鹰，一方面进行深入采访，另一方面景区采风。

图 2-18　走进三门峡雏鹰

活动结束一周内，现场采访的通讯员投稿到位，同时，三门峡雏鹰的员工稿件、照片也收集完成。责任编辑根据来稿进行编排，撰写“编者按”。内容完成后交主编审核，再交美术编辑审核。

（三）成熟的内刊样本——富士康科技集团《鸿桥》

《鸿桥》是富士康科技集团的内部纸质杂志，它创刊于 1988 年，被多次评为“深圳十佳十优企业刊物”。随着富士康科技集团的飞速发展，除了深圳的《鸿桥》总刊外，还开设了华北版和华西版。《鸿桥》的阅读人数在 100 万以上，内刊配套的微信公众号“鸿桥”，阅读量动辄上万。《鸿桥》的成熟首先表现为大气，无论是选材、立意、排版、文字还是插图，《鸿桥》都让人感觉很大气。书里看不到拼凑、看不到敷衍，真正体现了公司员工的精神需求。企业文化分为物质层、制度层和精神层，精神层是企业文化建设的核心工作，它需要通过许多载体去体现。无疑《鸿桥》是富士康企业文化、精神文明建设的最好佐证。

除大气外，《鸿桥》（如图 2-19 所示）还显示出与众不同的高雅。比如，每期“艺术范”展示各厂区员工的国画、素描、油画、刺绣、剪纸等作品，让人耳目一新；每期最后部分刊登的均是员工的优秀诗歌（含古诗词）作品。这个栏目目前的责任编辑也是文学版的主编，在诗词上有很深的造诣。美观是《鸿桥》成熟的又一体现。《鸿桥》封面色调统一、装帧精美，标题“鸿桥”两个字苍劲有力。翻开来，里面有长篇小说，还配有彩页。

图 2-19 《鸿桥》

作者：魏德勇，男，重庆籍，现居郑州。常年从事企业文化建设、人物传记撰写等工作，在各类刊物发表文字50余万。系广东深圳市作家协会会员，蝌蚪五线谱（中国科协主办）签约写手。

第二十节　内刊创新模型

一、工具属性

（一）工具的基本属性

工具的基本属性如表 2-20 所示。

表 2-20　工具的基本属性

联动工具	连同公司 OA、邮件、官方微信、网站及微店、报刊或者宣传栏、丛书、培训、社群活动、H5 或者视频动画进行配套宣传
适用范围	适用于企业发展业绩战略执行宣贯、学习交流分享、宣传展示发布、信息汇集共享
主体与客体	公司经营管理层领导、企业内部员工、外来客户及相关来访客人

（二）工具作用

战略执行宣贯平台：内部宣传需求、外部宣传行动。

学习交流分享平台：上下联动、接入地气。

宣传展示发布平台：信息汇集、交流共享。

文化活动宣传载体：风采展示、文化传播。

（三）基本原理

刊物定位要准确。刊物创办前首先考虑的是定位与受众，经过前期调研和各种需求征集确定刊物定位。

刊物内容要丰富。集合公司政策方针、工作重心、重大事件典型标杆、资源的整合等融入战略，接入地气；对上接入战略，积极宣传报道公司的方针、政策，及时传达公司董事会、总裁办公会、月度例会的精神和工作思路；对下大力宣传公司的企业文化建设工作，表扬优秀、树立典型，报道公司开展的各类文化活动及优秀员工在这方面取得的优异成绩，开辟荣誉专版、典型专版、专题专栏等展示优秀员工及获奖者的风采。

刊物传播要全面。内刊传播为企业提供服务、为生产提供服务、为职工提供服务、为社会提供服务；充分结合公司或者企业发展的内部载体，通过报纸、纸质杂志、电子杂志、网站、微信、APP 等展现形式进行传播与报道，并结合月度或者季度主题进行全面报道，形成聚人气、接地气、扬正气的全方位传播氛围，让内刊发挥为企业、生产、员工服务的作用。

刊物设计要创新。电子内刊作为一种视觉载体，内容设计越来越受到阅读者的重视和领导的喜欢，如何最大限度地运用内容、图片激活内刊版面，成为内刊版面设计中的重点研究内容。从创新内刊版面设计入手，更好地发挥图片在内刊版面的眼睛作用。

刊物策划要系统。系统地策划年度、季度刊物内容是促进内刊不断满足需要的关键。从内刊情况归结公司系统性规律：一是选题把握二十四节气、十二规律；二是内容策划要专题化、丰富化、品牌化、系列化；三是系统性沟通引导，要办好一份企业内刊还必须在企业内部建立稳定的系统通讯员网络，激发员工写稿的热情。

二、操作方法

（一）内刊操作模型

内刊创新操作方法模型如图 2－20 所示。

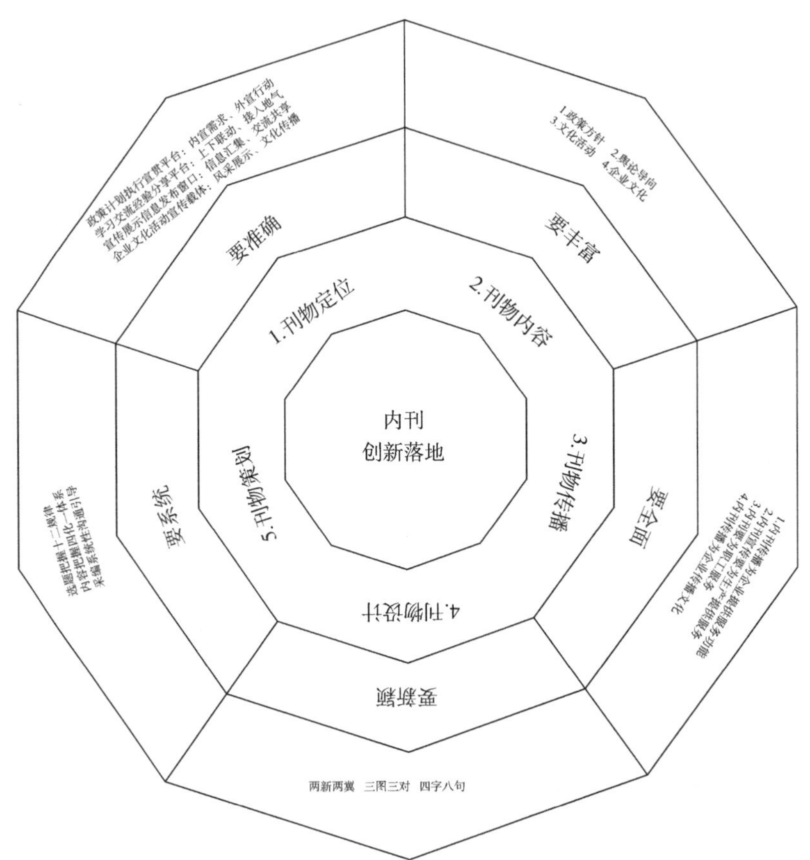

图 2－20　内刊创新操作方法模型

（二）操作方法和步骤

刊物的创新主要分为三块：一是核心主线创新；二是刊物内容创新；三是刊物设计创新。

刊物设计创新方法如下：

设计框架——对称均衡。对称是一个概念，而非绝对的对开，要考虑均衡。在整个版式结构中，内刊或者报刊会出现拦腰切分为二的情况，这是一种创新，但要注意把一个版面切分为二时，尽量把握“黄金分割定律”，保持美感。

色彩搭配——符合本色。每种刊物都采用一种颜色作为基本基调，这种颜色基调是根据本企业的经营理念、企业精神、企业标志或者 VI 标准色确定的。企业报编辑出于美观性等方面的考虑，喜欢采用很多的颜色和修饰，在色彩选用方面尽量采用鲜艳的颜色，避免过于凝重的、压抑的颜色。

图片使用——精选适用。大多数报刊都习惯性使用过多的图片来活跃版面，以造成视觉上的强烈冲击，但会喧宾夺主；图片的使用尽量遵循“精选适用”的原则，一个版面最多不超过三个，要把握好图片的大小及位置，或做修饰花边，或做旁衬，或压底……要根据图片本身的色彩结合整个版面的颜色格调来使用。

字号、字体——美中有雅。字号、字体的大小设计除了美观外，更重要的是要醒目，要吸引读者，但过大的字号有些突兀，必将导致整个版面不协调，因此字号的使用也以协调为主。在同一个版面，各块字号、正文、标题字号均要求一致。字体的选用尽量避免使用生僻的字体，字体要求端庄。

分栏设计——符合习惯。栏分得越窄，对空间的利用率越高，但我们一般不提倡把文字栏划分得太细，这样会使读者阅读时频繁地跳行、换行；不提倡把栏划分得太宽，这样会使读者感到很累。常规一栏字数以 25 ~ 30 字为宜，这比较符合人们的阅读习惯和用眼习惯。

标题摆放——协调醒目。标题摆放灵活多样，具体问题具体分析，具体情况具体决策，左右竖式、半包围竖式、居中横式、上下横式……标题的摆放需要遵循的原则——协调醒目。

（三）工具运用

内刊载体宣传工具如图 2 –21 所示。

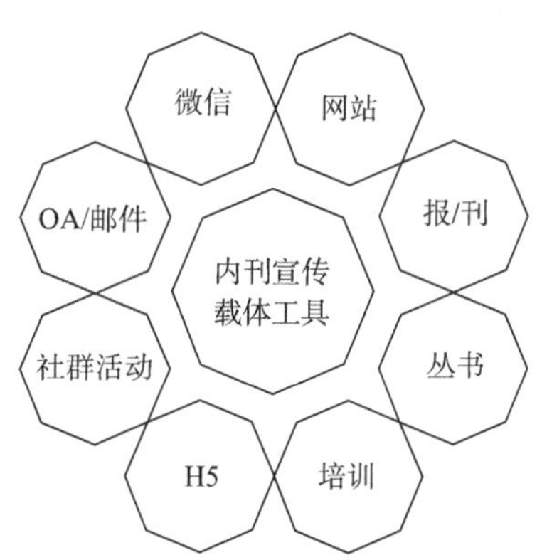

图 2 –21　内刊载体宣传工具

内刊的策划、制作是整本刊物完成的第一步。

做好的刊物通过哪些载体和工具传播给受众是第二步。

受众看后反馈意见，并积极参与投稿、内容创新和提升是第三步。

充分利用公司内部 OA、邮件、官方微信、网站及微店、报刊或者宣传栏、丛书、培训、社群活动、H5、视频动画进行配套宣传。

三、案例解读

（1）刊物定位要准确。

刊物的主要功能是增强公司内部信息交流、企业文化传播、员工风采展示、发挥宣传载体正能量作用，为公司各个部门、基地公司提供一个学习、交流、经验分享和文化宣传的载体平台。

（2）刊物内容要丰富。

围绕6大块、35个点丰富刊物的内容，围绕战略核心，上接战略，下接地气，起到正能量传播与助推作用。

卷首语：结合每期重点或者主题而写的概述，让读者快速了解本期刊物的主要内容。

新闻：公司开工、建基、评优、荣誉、视察、行业会议、专题会议等新闻动态内容。

聚焦：聚焦重大会议、战略宣贯、产业发展、经营指标、基地一线，宣传基地工程建设，种、养、收、专等方面的实况。

管理：企业战略、管理经验、管理观点分享、培训、标准化管理等。

文化：文化活动、人文关怀、员工心声、节日祝福、微信内容共享、建言献策。

分享：行业资讯、学习体会、获奖感言、励志名言、故事、基地、产品摄影照等内容。

（3）刊物传播要全面。

将内刊的内容及核心聚焦生产、融入经营、参与管理，成为一个聚人气、接地气、扬正气的传播载体。

（4）刊物设计要创新。

内刊好不好，主要是从两方面来评判：一是，内容吸引不吸引人；二是，视觉设计好不好。一本好的内刊，是图文并茂，内容与视觉设计相得益彰，所以说在内刊的创办中，设计制作环节是重要环节，主要从以下六方面来体现内刊的设计创新：

01. 色彩搭配——不超三色、同一色系、不同色调

以一种颜色作为基本基调，结合本企业的经营理念、企业精神、企业标志等因素来确定整本刊物的基调。在色彩选用方面尽量采用稍活跃的颜色，避免过于凝重的、压抑的颜色，同时也尽量避免在一处采用两种以上的颜色。选取同一色系下的不同色调，可以保持整体的一致性。色调明亮程度的差异能给配色带来对比度，精致的文字需要用深色的背景来衬托。

02. 整体框架——对称均衡、黄金分割、整体统一

版面设计中，把握“对称均衡原则”，并非绝对的二一添作五的切分，运用得不好反而会影响整个版面，图片与文字交互穿插，保持一种平衡感，同时也保持一种美感。设计时，既要避免左重右轻或左轻右重的失衡现象，又要尽量防止一个版面从中间“一刀切”的现象发生。另外，在内刊设计中也经常会出现拦腰切分一分为二的做法，这种做法是一种创新，需要把握“黄金分割定律”，保持美感。

03. 图片应用——适用精选、宁缺毋滥、图不超三

在内刊版面设计中，图片的使用要尽量遵循“适用、精选”的原则，修饰图一般可不用，一定要用，一个版面最多不超过三个，并且对图片的大小以及位置要作把握。图片的使用要求则要显得灵活得多，旁衬的、压题的和压底的占相当多数，但要注意，压底的图片一定要淡雅，以不要遮掩住文字为宜，要么建议采用文字环绕式排版处理。

04. 字体字号——明快醒目、大小适中、整体统一

内刊设计中，醒目的标题能吸引读者，给读者良好的第一感觉；设计中标题字体常用36—48号，内容字体10号符合内刊常规需求，一般在同一个版面，各块字号、正文、标题字号均要求一致。当然也有例外，如头版头条等。字体的选用尽量避免标新立异，避免使用一些生僻的字体，字体尽量要求端庄。

05. 标题摆放——灵活多变、协调醒目、字色搭配

内刊设计中，标题摆放灵活多样，可以结合设计排版中具体问题具体分析，具体情况具体对策，左右竖式、半包围竖式、半包围横式、全包围居中横式、上下横式等，标题的摆放需要遵循的原则——“醒目、协调、舒服、大气”，整体协调统一，避免周边雷同，符合读者的阅读习惯和排版规则等设计原则。

06. 整体设计——融入视觉 VI、植入公司文化、发挥企宣喉舌作用

企业内刊，属于企业的内部刊物，就要兼顾企业特色和刊物特色两大特点。融入公司的 VI 色彩和视觉形象，企业内刊定位以及规划非常重要，不能仅仅将内刊办成企业的传话筒和文件传播工具，更不能做成综合媒体类甚至八卦类的刊物。根据笔者的经验，企业内刊设计主要迎合企业的需要，体现企业的精神和文化，但是也要给予员工充分的展现空间，上要接战略，下要接地气，中间要起到润滑剂和助推器的作用，这样才能既获得老板的支持和认可，也能赢得广大员工的心声，生命力才能经久不衰，才能充分发挥企业媒体喉舌的作用。

（5）刊物策划要系统，如图 2－22 所示。

图 2－22 系统策划"金镰行动""基地美景""奋战百天"专题

《生鲜壹号》电子刊物创办不仅能增强公司内部信息交流、企业文化传播、员工风采展示、发挥宣传载体正能量作用，还为公司各个部门、基地公司提供了一个学习、交流、经验分享和文化宣传的载体平台。

从"五须"来分享《生鲜壹号》内刊的落地与创新点：

第一，刊物定位——须准确。

《生鲜壹号》刊物创办前首先考虑的是定位与受众，经过前期调研和各种需求征集准确定位。

战略执行宣贯平台：内部宣传需求、外宣行动。

学习交流分享平台：上下联动、接入地气。

宣传展示发布平台：信息汇集、交流共享。

文化活动宣传载体：风采展示、文化传播。

企业内刊在外表形式上，是办一份报纸，还是一本杂志，是周刊、月刊，还是季刊等，这就要根据企业的规模、信息量的多少，办刊主旨和方向来确定。这

两条是办好一个企业内刊最基本的要素。结合公司的具体情况，《生鲜壹号》的表现形式是一份内刊杂志，季刊，定位为集团内部及基地之间的信息交流平台，反映公司创业初期发展，基地建设进程，企业文化推进情况，同时为企业各部门、上级领导与员工、员工与员工之间创办一个增强公司内部信息交流、企业文化传播、员工风采展示、宣传正能量的传播载体。

第二，刊物内容——须丰富。

积极宣传报道公司的方针、政策，及时传达公司董事会、总裁办公会、月度例会的精神和工作思路。

围绕公司不同阶段的工作重心，组织稿件进行全面报道，形成正确的舆论导向，提供详实的信息服务，为工作的顺利完成创造有利条件。在创业初期阶段，及时推出“希望的田野/美丽的田野/收获的田野”主题报道，在各基地基建中起到宣传作用。在基地建设中及时推出了“明康汇生鲜、精彩每天”随手拍、“农业梦、海亮情——我与生态农业共成长”主题征文，“媒体基地行”“双先”评选等系列专题宣传策划。在基地建设成型后，策划了“食之源，大美基地”品牌故事征集、VI形象墙、走廊展厅等系列专题宣传活动，通过不断的努力，将公司的重点工作“内化为精神追求，外化为实际行动”，把看起来“很空”的宣传与策划工作形成体系：日常化、具体化、形象化、生活化，让每个人看到这本内刊的时候能感知它、领悟它。

报道公司重大事件及文化活动，记录公司的发展历程，为公司对外宣传、历史发展积累第一手的资料。

大力宣传公司的企业文化建设工作，表扬优秀、树立典型。内刊及时报道公司开展的各类文化活动及优秀员工在这方面取得的优异成绩。开辟了荣誉专版、典型专版、模范专版的专题专栏，展示了优秀员工及获奖者的风采。对已经取得优秀成绩的典型人物及团队进行专访报道，弘扬他们热爱工作、严于律己、勇于进取的良好品质，为公司其他员工树立典范。

大胆探索企业记者培养新方式及各部门管理资源的整合，围绕公司发展实际情况及现阶段领导的需要，创办了《农业参考消息》，为公司领导在决策方面提供参考资讯，由各行政助理搜集各服务领导关注的内容，提供最新、最及时的信息内容，经汇总整理发送给各领导参阅，实现了企业内部资源共享、提高领导工作效率的目的。工作中，不仅要做好企业日常的宣传、文化建设，还要做好总裁的助理、参谋者、执行者。

第三，刊物传播——须全面。

《生鲜壹号》内刊传播：

为企业提供服务功能。及时反映生态农业内部各种新闻事件、企业发展战略、企业发展目标、企业经营业绩等方面相关情况。各基地、子公司的通讯员、采编是《生鲜壹号》内刊中的一分子，利用业余时间从事新闻宣传，是企业争荣誉、树形象、塑造企业文化、传播正能量的一线记者和采编人员。企业在经营管理、降本增效、技术创新、文化活动、公司慈善等方面工作中涌现的新人新事、好人好事都要通过新闻宣传出去，让外界通过新闻宣传了解企业，增强企业知名度和美誉度。

内刊宣传要为生产提供服务。为生产服务的原则由两方面决定：一方面，由党政路线、企业管理、文化传播、服务角度所决定的；另外一方面，由企业生产的目的性所决定的。企业是社会经济基础的一部分，我们必须以基础建设为中心，企业生产的根本目的在于创造经济效益，促进公司经济发展，这一点就决定了企业的新闻宣传必须围绕生产经营和发展建设来运作。

一是及时报道企业的生产经营情况，反映产品的产量、产值、效益、降本、增效等。

二是要深入调查研究，反映本质性的工作，如进行专题报道，宣传企业各部门、各生产基地之间好的经验性做法、典型等。

三是要做好阶段性、总结性成果的报道，包括公司产出率提高、阶段性的经营效益、扭亏为盈、降本增效、管理提升等方面的情况。

内刊要为职工服务。报道的内容必须起到宣传、教育、引导、公开的作用。宣传职工中的各类先进典型为广大员工树立学习的榜样，弘扬正风正气，抵制歪风邪气，传播正能量，增强凝聚力、向心力，企业的先进集体和个人都是我们的宣传对象。比如，年度突出贡献人物、优秀员工、先进班组、优秀团队等，通过内刊宣传增强各类先进典型的荣誉感，并且激发广大员工的工作热情。教育职工就是发挥内刊报道的指导性和广泛性作用，在职工中扩大影响，通过宣传报道把先进典型的特点反映出来，从而在企业营造一种学先进、赶先进、团结向上的团队合作氛围。引导职工就是要求我们把公司战略方针、目标、计划及决策层的指示精神在新闻宣传中体现出来。比如，学习贯彻公司战略规划、责任制承包计划、学习安全生产守则、年度战略规划学习等活动，都要通过新闻使全厂员工知道是如何贯彻的、已经进行到什么程度、反响如何等。

内刊传播为社会提供服务。企业不是真空管，企业是社会经济实体，因此企业具有社会性，企业新闻自然就具有了社会性。企业新闻的社会性表现在哪里？

比如，周年庆典、节日庆典、职工业余文化活动、慈善基金活动、企业文化建设等，做好企业软文文化和基础管理工作，就是为社会共同进步和发展贡献了力量。

第四，刊物设计——须创新。

《生鲜壹号》内刊的设计创新点：

“两新两翼”：文字新闻和图片新闻两翼齐飞。在读图时代，《生鲜壹号》内刊图片已成为人们打开内刊后的“第一视点”。图片的功能也从过去简单的一种新闻形式、版面美化手段上升为争取读者注意力、提高报道现场感和贴近性的一个“亮点”，成为增强《生鲜壹号》内刊竞争力的一大创新点。

三图三对：大图与小图、横图与竖图、组图与单图。处理好“两新两翼”报道的独立与从属的关系的同时，编辑还应注意大图与小图、横图与竖图、组图与单图的搭配，使照片之间的组合变化和谐统一。

四字八句：创新标题、口语化系；形象生动、找准题眼；融入信息、简明扼要；图文并重、两翼齐飞。

第五，刊物策划——须系统。

系统地策划年度、季度刊物内容是促进内刊健康有序、不断提高关注度的关键，从《生鲜壹号》内刊情况归结公司系统性规律。

选题把握十二规律：一月生产开门红，领导都去送温暖。此月常开职代会，会议精神要宣贯。二月春节在眼前，扶贫济困解愁难。春播前期要筹备，别人不写我前赶。三月青年学雷锋，公益活动还要有；植树造林美家园，不妨也去投一篇……十二月里忙总结，公司年会要筹备，展示业绩和目标，扫尾总结报结果。结合规律，一月我们策划了“春播”系列主题报道，五月组织了“五月阳光”系列专题，八月组织了“奋战百天”专题，十一月组织了“秋收金镰”专题等围绕战略目标推进的项目性工作的报道内容。

内刊内容要专题化、丰富化、品牌化、系列化。在公司创业初期，年度的最后三个月策划“齐心协力、奋战百天”系列专刊：系列一期“美丽的田野”，系列二期“希望的田野”，系列三期“收获的田野”，将公司齐心协力、团结协作奋战百天的成果通过专刊的形式刊登报道。为了进一步丰富文章内容，融入文化开展系列“主题征文”“主题摄影”“主题演讲”“主题辩论”“主题运动会”“主题培训”“主题团队融合拓展训练”等系列专题性活动来丰富内容，促进战略目标实现。

系统性沟通引导。要办好一份企业内刊，还必须在企业内部建立稳定的系统通讯员网络，激发他们的写稿热情。办刊人要系统性地与他们沟通，采取不定期地召开座谈会、评选优秀稿件和通讯员等手段，强化与企业领导、内部员工的互动性。只有领导的支持和员工的积极参与，企业内刊才能产生凝聚力和活力。

《生鲜壹号》自创办以来，围绕公司发展战略，记录公司发展历程，传播公司企业文化，营造了一个公平、公正的展示、宣传、共享、服务平台。公司利用内刊来宣导企业文化，这既是传统的手段，又是大众比较习惯、喜欢和乐于接受的途径，一定要利用好。同时，我们在采编过程中，时刻注意调研访谈，寻找重点，接入地气，时刻与公司自身实际情况和习惯相结合。另外，传导方式要不断与时俱进，适应新的宣导方式，满足大家的阅读习惯，从原有的印刷版刊物到后来的电子内刊，“微”时代的不断推进，随后我们又推出了微信版本的微电子刊物，定期推送与更新。只有这样，《生鲜壹号》内刊才能更受公司领导、员工的欢迎，进一步才能将企业文化的宣导作用发挥得淋漓尽致、至善至美。

《生鲜壹号》内刊如图 2－23 所示。

图 2－23 《生鲜壹号》内刊

作者：苏艺杰，笔名艺在画中，浙江大学新闻传播专业毕业，擅长企业文化研究、体系构建、文化整合与推动，近十年在企业文化建设与落地实战经验方面总结出一套可操作的落地方法与模型，专研企业文化、品牌、宣传、党务、文秘等工作。

第二十一节　新媒体工具

一、工具属性

（一）工具的基本属性

工具的基本属性如表2－21所示。

表2－21　工具的基本属性

联动工具	报纸、刊物、文化故事集等
周期评级	新媒体运营可以常规化运营，设定发布周期，但不受其限制。它更注重消息传播的及时性、精准性，推广节奏可根据大家的反馈，灵活调整发布主题、周期等
主体与客体	企业员工、离职员工、潜在员工；客户、合作伙伴；关注企业的所有人员，如竞争对手

（二）什么是新媒体

目前，对于新媒体还没有一个明确的定义，那么，到底什么是新媒体？

美国《连线》杂志对新媒体的定义："所有人对所有人的传播。"

清华大学新闻与传播学院熊澄宇教授："在计算机信息处理技术基础之上出现和影响的媒体形态。"

由此看来，新媒体是一个相对的概念，是在报刊、广播、电视等传统媒体的基础上发展起来的新型媒体形态，包括网络媒体、手机媒体、数字电视等。它应该是动态的，随着科技的发展、用户获取信息的方法和习惯的变化而逐渐拓展、衍生出来的新媒体技术、媒体形态、媒体产品、传播方式等媒体行为。

从媒体出现的先后顺序划分：

· 报纸刊物应为第一媒体。

· 广播应为第二媒体。

· 电视应为第三媒体。

· 互联网则被称为第四媒体。

· 移动网络应为第五媒体。

随着移动设备的革新，4G 的普及和即将到来的 5G 时代，将推动新媒体的快速发展。第五媒体在这个跨时代进程中有可能扮演重要的角色，成为当下主流媒体，有着划时代的意义和作用。

（三）工具作用

多样化的新媒体，可以更好地将企业经营理念、管理理念、文化理念等核心理念变得更具体，形式更多样，风格更容易被员工接受、认可，并乐意传播。

高度开放的新媒体中，传播主体可以是企业也可以是个人，针对同一话题可在线交流，增强企业与员工之间、员工与员工之间的互动，激发主人翁意识，助力企业文化建设。

平台化的新媒体有着强大的链接功能、展示功能，可以全方位、立体化展示企业品牌、经营理念、企业里程碑。

（四）基本原理

导向性：树立企业核心价值观，衡量企业行为的对与错。

思想性：彰显企业家管理哲学、经营理念等核心思想。

代表性：代表着企业和员工的共同愿景、使命。

互通性：无论是企业发声还是员工自传播，表达的是统一的信念与价值追求，反映的是企业的格局、态度、能力。

总结性：将企业家核心思想提炼出来，并结合当下企业热点事件进行总结性包装，提升理论高度、影响力。

（五）新媒体的四大传播特点

1. 交互性传播

新媒体传播不再是单方面传播，而是双向影响，之前的信息发布者与接收者都是目前的发布者，是连接企业文化从理论到实践非常重要的组成部分。

2. 融合传播

新媒体表现形式不再单一，融合文字、图片、音频、视频等多种形态信息，采用多样化表达方式，立体化呈现新闻内容，增强员工（粉丝）的黏性。

3. 实时传播

新媒体不再受地域的限制，并消减了传统媒体在时间、速度上的阻碍，员工（粉丝）可随时随地了解企业动态。

4. 互动传播

新媒体打破了地区与地区之间、部门与部门之间、管理层与员工之间的层级沟通，真正建立无缝沟通，大家的意见也可以及时被反馈，增强企业文化建设的参与感，激发主人翁意识。

二、操作方法

（一）新媒体的使用原则和要点

1. 新媒体能做什么

严格意义上讲，新媒体种类较多，并没有固定的划分模式。它们作为企业文化宣传平台，可根据企业文化建设的需要，根据编辑团队目前的能力及预算情况，选择适合的新媒体平台。企业广泛使用的新媒体平台主要有企业门户网站、微信公众号、微博、微信群、QQ 群、微电台、微视频等，如图 2－24 所示。

图 2－24　新媒体平台

（1）企业门户网站。

一般指企业内网（局域网），它是企业文化宣传网络的基础平台，比其他媒体稳定，连接着内刊、内部电视等传统媒体，是重要的企业文化建设阵地。快速发展的互联网公司，由于业务变化快、企业文化人员配备不足、资金有限等问题，很难在内部建立内网，一般利用 OA 系统满足员工日常办公的需求。

（2）微信公众平台。

微信公众平台凭借用户量大、传播快、零成本、便捷的后台管理系统等平台优势，广泛被企业应用和推广，成为目前企业文化建设的重要平台之一。当然，很多有实力的企业会与专业的服务商合作，专人、专岗、专费运营微信公众平台。

（3）微信群、QQ 群。

微信群、QQ 群作为即时沟通工具，是企业文化工作者的沟通平台，也是企业员工沟通工作的常用工具。无论是传统媒体还是新媒体都需要传播，这些工作群是企业文化传播的大本营，为信息传播提供了优质的土壤。

（4）微电台。

微电台是一种新型的媒体工具，一般用于微课分享与交流，可以作为文化传播的工具或学习交流的平台，拓展文化建设平台，丰富文化传播的表现形式，增强视听效果。

2. 如何运用新媒体

（1）一定要有明确的定位。

新媒体的定位直接影响新媒体平台建设水平。在新媒体建设中，并不是所有的企业文化工作者都可以很好地驾驭新媒体，我们惯用运营传统媒体的思维来建设新媒体平台，很多企业认为"其他企业应该有的，我们就应该有"，并没有思考清楚新媒体与传统媒体之间如何连接、新媒体在企业文化宣传体系中应起到什么样的作用、如何利用新媒体的特点，这也是很多企业运营不佳的主要原因，或多或少存在粉丝量低、阅读量少、互动不积极的问题。这些问题与其定位有一定的关系，决定着新媒体的内容、风格、推广节奏等。

（2）起一个有企业文化特色的名称。

名字的格式一般包含了"企业简称"，如阿里巴巴的"阿里味儿"、百度的"百度 Family"、云纵的"云纵家人"等。当然，也可以结合企业风格，设计有企业特色的名字，体现企业的文化特点与内涵。如滴滴的"桔子堆"，"桔"代表员工，"桔子堆"描述的是一家人、一群人，更具有互联网特色、更形象、更生动。

（3）梳理栏目规划。

新媒体并没有规定的栏目版式和要求，可以根据宣传需求及时修订。栏目规划与新媒体定位有关，一般包括企业家之声、新闻资讯、优秀人物标杆、文化主题活动、校园招聘、员工声音等。栏目名称的设计要符合文化特色、言简意赅、简单明了。

（4）建一个有能力的编辑团队。

同传统纸媒的编辑团队略有不同，除主编、文字编辑、美术编辑外，还需要视频编辑，以满足新媒体推广的需要。

3. 如何推广新媒体

在推广前应量化指标，一个成功的新媒体，员工覆盖率应在 90% 以上。传统行业和互联网行业的员工特征、阅读习惯大不相同，文章的浏览指标应根据实际情况设定。推广方法有很多，下面举例分析其优劣势：

· 全员邮件推广法：邮件的覆盖率较高，但缺少氛围感。

· 扫码有奖推广法：在员工食堂等员工密集的地方，大力推广，造势力度大，参与感强，需要人力、物力支持。

· 文章转发吸粉法：可通过 HRBP、编辑团队、各部门负责人（或人事行政对接人），转发文章至各城市、各部门的微信群中，提升推广范围与力度；需要团队通力协作。

· 广告植入法：在关怀活动、新员工入职手册、新员工培训中植入二维码，持续吸粉；需要创新，提高员工兴趣度。

（二）操作方法和步骤

新媒体与传统媒体的运营流程大体相通，主要包括选题、编辑、审核、推广等工作，省去了内刊的印刷与发行工作，新媒体主编负责该新媒体平台的内容架构、宣传基调、编辑风格、推广形式与宣传节奏等。

具体操作步骤：

第一，确定选题。各部门按需求提报选题，由副主编汇总选题，根据公司文化推广计划编制企业文化日历，并组织主编、编辑参加选题会，明确新媒体与传统媒体宣传策略，两者保持联动，规避重复复制。

第二，编辑工作。新媒体的表现形式多样，编辑工作包括但不仅限于以下内容。

· 稿件组织：撰写新闻稿、拍摄新闻照片。

· HTML5（H5）：文案、图片、音频等内容编辑。

· 视频制作：主题设计、脚本策划、视频拍摄、视频编辑。

· 专题页面：需求梳理、页面开发、测试、上线。

· 调研问卷：调研问卷访谈、设计。

第三，排版设计。编辑人员通过内网、微信公众平台等新媒体后台管理系统完成排版设计。

第四，二级审稿。此步骤包括部门负责人初审、副主编复审、主编终审三个环节。

第五，消息发布。主编在新媒体后台管理系统发布消息。

三、案例解读

（一）新媒体－内网

L 公司内网的定位：

L 公司内网即公司内部局域网，初创阶段定位为宣传型网站。随着企业的发展、企业沟通的需要、网络科技的进步，L公司内网的定位、功能、价值也随之变化。

2006—2007年，基于企业文化融合背景，内网升级为WEB2.0初级形式，鸡尾酒在线沟通平台、博客平台上线，实现实名制在线沟通、互动、推广功能。相对初创阶段的WEB1.0版本，WEB2.0就是新媒体平台，可以满足企业信息的及时传播，也可以让企业员工找到自己需要的信息，并发布自己的观点。

2010—2011年，通过内部访谈、内网后台大数据跟踪等，L公司内网再次升级，定位为三大网络平台——战略与文化传播平台、信息化办公平台、交流互动平台，内网后台管理系统、前端表现形式、用户的交互性与友好度都有所提升。

（二）新媒体－公众号

一个优秀的微信公众号蕴含着企业的味道，告诉人们这是一家什么样的公司、企业家的管理理念是什么、这里的员工有着什么样的优秀品质和工作方式。

1. 微信公众号栏目规划

以云纵家人、阿里巴巴和滴滴三家互联网企业的订阅号为例。

（1）云纵的“云纵家人”，共有三个栏目。

基于企业文化理念、文化项目、订阅号内容积累等核心要素规划栏目，明确其定位、更新频次、责任人，保障新媒体的日常运营。如表2－22、图2－25所示。

表2－22　云纵的订阅号

一级栏目	二级栏目	栏目定位	更新频次	责任人
90后云纵	我们是谁	公司业务、产品、文化全展示、吸引相同特质的候选人		
	我们要什么			
	加入我们			
	靠谱青年			
在一起	星辰征途	记录星辰大海征程上的奋斗过程、里程碑（产品发布、公司荣誉等）		
	快乐工作	传递快乐工作、健康生活的文化理念		
	健康生活			
共成长	共成长	云纵注重人才培养，有规范化、系统化的人才培养体系，增强团队的向心力。		

图 2－25　云纵的订阅号

（2）阿里巴巴的“阿里儿味”，共有三个栏目，如图 2－26 所示。

马云说：链接页面模板（列表式）。通过马云在新员工、重大会议等场合的演讲实录、采访视频，深入解读企业的战略、阿里巴巴文化等。这个栏目与领导者的风格有直接关系。

印象阿里：链接 HTML。通过文化项目、阿里巴巴公益、办公环境等内容，全方位诠释阿里巴巴品牌，展示阿里巴巴人快乐的工作与多彩的生活。

约会橙：链接招聘页面。企业文化平台多元化，可作为企业的窗口，作为官网、招聘网甚至是业务部门订阅号的入口，立体化展示企业实力、企业品牌、企业文化。

（3）滴滴的“桔子堆”，共有三个栏目，如图 2－27 所示。

图 2－26　阿里儿味

图 2－27　桔子堆

俱乐部：链接近期俱乐部活动，作为俱乐部活动的报名入口、宣传渠道。

DiDi 萌店：链接滴滴商店，企业文化订阅号也是企业品牌的宣传渠道之一，好的企业文化不仅能吸引人才，还可以将粉丝转化为忠实的客户，内容即流量，文化即品牌。

APP 下载：图片消息，通过二维码识别，可下载相关 APP。这是一种常见的推广形式，也可用于问卷调查等。

2. 微信公众号专题页面

微信公众平台免费提供两种页面模板，专题页面具有主题代表性，内容更加丰富，访客浏览更便捷，可以完整呈现主题事件的背景、发展过程、相关报道等，如图 2-28 所示。

图 2-28　微信公众号专题页面

3. 微信公众号大数据分析

新媒体有着强大的数据分析技术，我们能通过用户行为分析出单篇图文送达率（如图 2-29 所示）、阅读来源（公众号对话框、好友转发、朋友圈等）、推广的黄金时段、最受欢迎的标题风格、最喜欢转发的话题，这对于优化运营工作、提升用户体验、增强推广效果有着非常重要的参考依据。

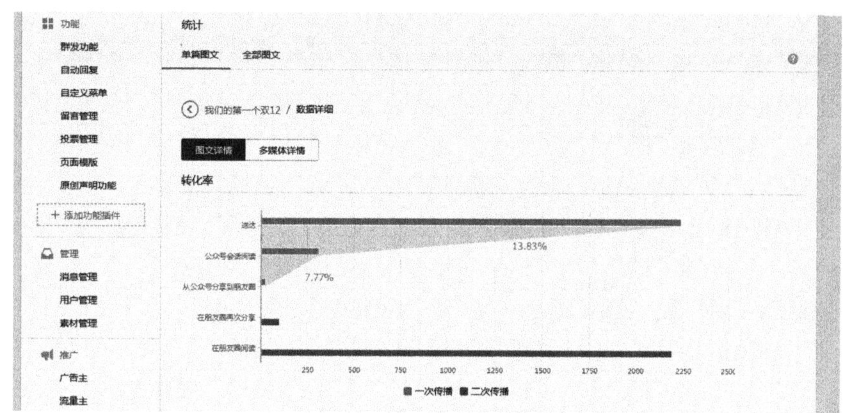

图 2－29　单篇图文送达率

我们能通过菜单分析，分析出栏目引流情况，如图 2－30 所示。

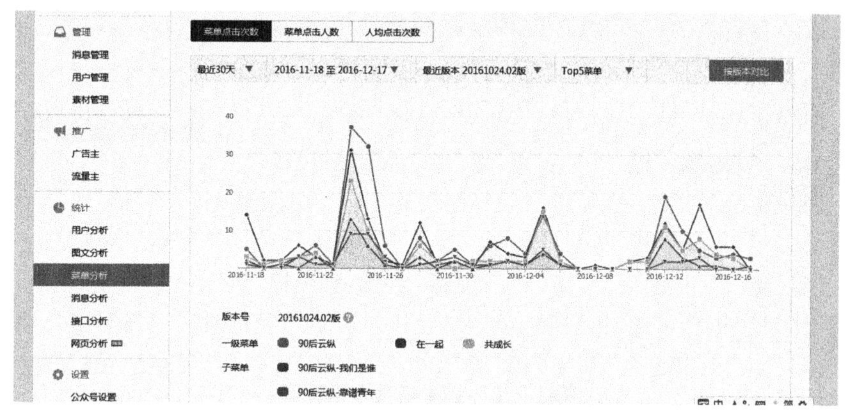

图 2－30　栏目引流情况

4. 新媒体运营百宝箱

（1）排版设计。

微信长图：使用 PS 工具排版设计，每张图不能超过 5M，在存储时选择 WEB 格式。

微信编辑器：在没有专业设计的支持下，可以借助免费的编辑器完成排版工作，多样式模板，美观度高，操作非常简单。编辑器推荐但不限于：

· 易点微信编辑器，如图 2－31 所示。

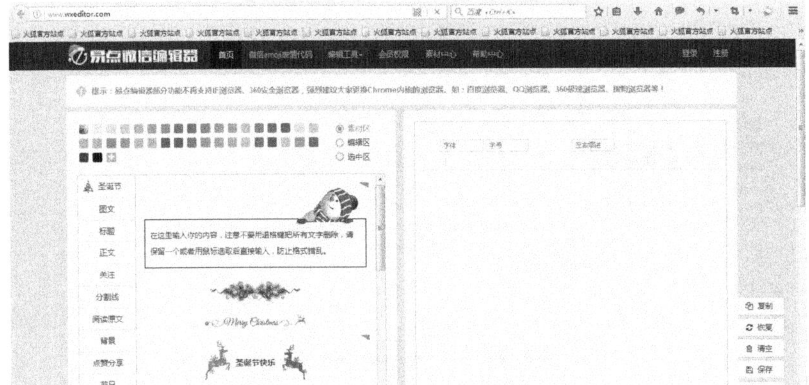

图 2－31　易点微信编辑器

· 爱美编微信编辑器，如图 2－32 所示。

图 2－32　爱美编微信编辑器

· 小蚂蚁微信编辑器，如图 2－33 所示。

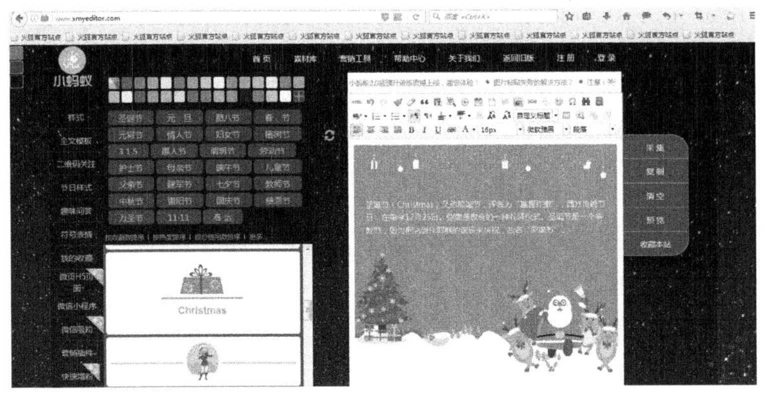

图 2－33　小蚂蚁微信编辑器

（2）音频视频编辑软件。

微信公众平台的音频格式支持 mp3、wma、wav、amr，文件大小不超过 30M，语音时长不超过 30 分钟。现有音频文件不符合标准时，可使用“格式工厂”软件更改文件格式，如图 2－34 所示。

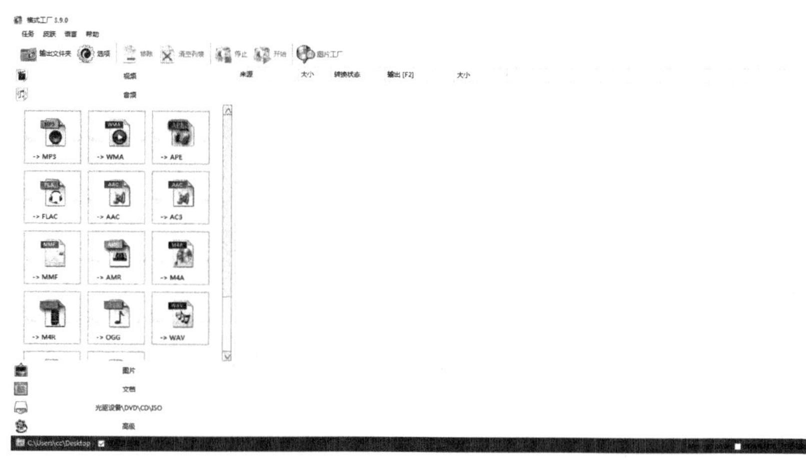

图 2－34 “格式工厂”软件

微信公众平台的视频格式不能超过 20M，超过 20M 的视频可通过腾讯视频上传后添加，也可通过添加视频详情页链接及公众号文章链接插入视频，视频时长不少于 1 秒，不多于 10 小时。路径：登陆微信公众平台——管理——素材管理——视频——按照提示上传视频，视频剪辑软件推荐但不限于会声会影，如图 2－35 所示。

图 2－35 会声会影

（3）H5。

由 HTML5 简化而来，H5 是集文字、图片、音乐、视频、链接等多种形式于一体的展示页面，丰富的控件、灵活的动画特效、强大的交互应用和数据分析，非常适合手机的展示、分享，有利于事件的传播。目前有很多 H5 免费制作、管理平台，大大提升了设计质量、传播效果，推荐但不限于以下 H5 制作平台：

· 易企秀，如图 2－36 所示。

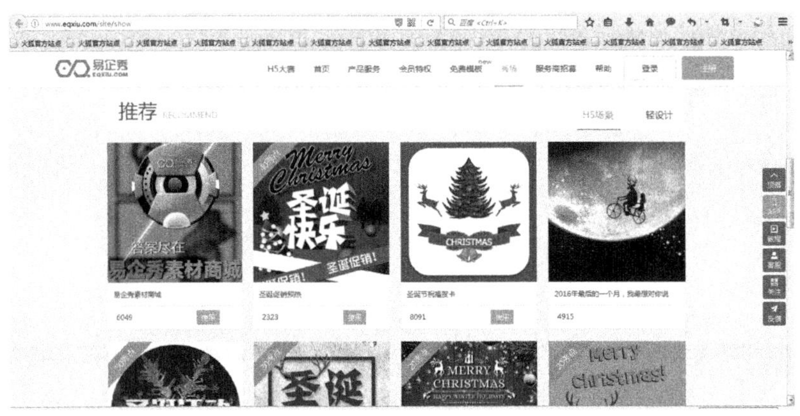

图 2－36　易企秀

· MAKA，如图 2－37 所示。

图 2－37　MAKA

作者：马红云，女，山东籍，现居北京。互联网、IT 行业企业文化工作者，十年以上企业文化建设、新媒体运营等工作经验。新媒体平台运营案例：L 公司内网、L 公司微博、云纵微信订阅号等。

第三部分 企业文化的传播强化

登高而招，臂非加长也，而见者远；顺风而呼，声非加疾也，而闻者彰。

——《荀子·劝学》

第二十二节　企业要学会讲故事

一、工具属性

（一）工具的基本属性

工具的基本属性如表 3－1 所示。

表 3－1　工具的基本属性

联动工具	企业媒体（内刊、新媒体）、培训、宣讲、领导教育
适用范围	在企业文化缔造过程中，故事担任“缔造、诠释、传播、教育”的综合角色，是企业文化传播的核心，应善于借助企业文化传播体系的力量，使企业文化故事得到最广泛和最有效的传播 适用于企业文化理念宣传、员工学习教育读本，阐释企业经营之道、企业品牌建设、企业营销宣传、优秀人物事迹传播等
主体与客体	全体企业员工、外部企业相关者、社会大众等

（二）企业为什么要讲好故事

好的企业文化故事是企业历史的“见证者”，企业理念的“阐释者”，企业管理的“引领者”，企业品牌的“塑造者”。

承载企业历史。具有企业鲜明特色的文化故事，可以将企业串联成一部创业电影，形象而又生动地展现企业的发展历史。

传承企业文化。企业文化故事可以将企业文化所倡导的价值理念蕴含其中，在故事传播的过程中实现企业文化对员工潜移默化的影响，使相关典型事例成为员工行为的自觉引领。

提升企业管理。通过对故事主题的挖掘，理清企业所秉承的管理思想、管理智慧，明确企业对发展的追求和对责任的担当，为企业管理者采用先进科学的管理模式和方法，提供参考和依据。

塑造企业品牌。通过最真实的故事，展现企业家创业精神和先进管理思维，对内能提升员工自豪感与职业尊严，对外能树立积极正面的企业形象，增强消费者和社会公众对品牌的认知和好感，传播企业良好的社会形象。

（三）基本原理

文化通过故事能够生动形象地将抽象的理念具体化，让人更好理解，通过讲故事，能够传播企业理念、塑造企业品牌、提升企业形象、弘扬企业精神。因此，故事是企业文化深植落地的重要载体，只有挖掘、提炼并传播好企业文化故事，才能让企业文化入脑入心、落地生根，增强员工对企业的认同感、归属感和使命感，增强企业的凝聚力、向心力和战斗力。

企业文化故事的主要分类有：

（1）创业类。

主要讲述创业人创业时的经历，遇到的各种各样的艰难困苦，体现创业人的企业家敏锐洞察能力，百折不挠、敢于攀登的创业精神。如张瑞敏创业初期借钱给员工发工资的故事。

（2）经营类。

主要讲述企业经营者在经营过程中经历的风风雨雨，如何抢抓机遇、如何规避风险、如何占领市场、如何赢得客户信赖等。如青岛双星猫故事、海尔发明洗地瓜洗衣机的故事。

（3）变革类。

主要讲述企业在面对新形势、新环境、企业内部各种矛盾和问题的时候，如何变革图强、改革创新。如华为坚定不移只对准通信领域“城墙口”冲锋的故事。

（4）管理类。

主要讲述企业在具体的管理过程中，如何与时俱进、加强管理、提档升级、提高企业综合管理水平。如海尔砸冰箱的故事。

（5）寓言类。

主要讲述一些带有经营管理哲学意味的寓言故事。这些故事形式生动活泼，内容简明扼要，哲学意味或启发性强。如松下“水库理论”的故事、蒙牛的“狮子与羚羊”的故事。

二、操作方法

（一）主要操作原则

企业文化故事的收集与编撰是一项非常复杂的工作，那么如何才能编撰一本优秀的企业文化故事案例集？

1. 明确编撰故事集的核心要义

首先要明确编撰故事集的核心是什么，文化就是内核，也就是说企业文化所包含的内容，既是故事征集的范围，又是故事写作的文化内核。

2. 企业文化故事的主要格式

主题：是点睛之笔，一个好的主题能够引人入胜。

背景：交代时间、地点、起因、企业内外部环境等。

故事：一个故事讲一个主题，反映一个哲理。

述评：对故事进行精彩点评，阐明哲理道理。

3. 企业文化故事集编写的原则

反映历史，紧跟时代。

尊重事实，合情合理。

突出个性，兼顾共性。

统筹分类，动态平衡。

故事传道，评论点睛。

（二）操作步骤

1. 企业文化故事集的编撰步骤

企业文化故事集的编撰步骤如图 3－1 所示。

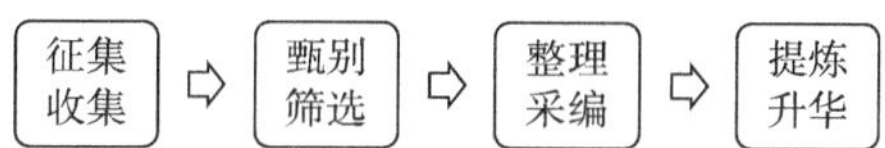

图 3－1　企业文化故事集的编撰步骤

步骤一：征集收集。面向全体员工广泛征集企业文化故事，是开发企业文化资源的有效方法。一是征集，下发征集故事通知，采取有奖征集形式，提高员工积极性；二是收集，由工作人员收集企业高管尤其是企业董事长的优秀案例故事，可从历年重要会议记录、讲话稿及外部新闻媒体的报道等渠道收集；三是座谈采访，可采访企业高管、老员工、企业劳模和先进员工、外部客户等，寻找故事线索。

步骤二：甄别筛选。企业文化故事的筛选标准为，故事本身及其主人公蕴涵的思想必须契合本企业所倡导的企业文化理念，并且具有典型意义、教育意义。

步骤三：整理采编。企业应组织专人深入基层，核对所征集到的故事的真实性，对故事发生的时间、地点和相关情节进行细致采访，掌握更翔实的资料。

步骤四：提炼升华。一个原生态企业文化故事，其理念的针对性和艺术的生动性未必合乎要求，必须进行提炼、升华和深刻诠释，实现“故事理念化，理念故事化”。

2. 企业文化故事集编撰流程

企业文化故事集编撰流程如图 3 – 2 所示。

素材准备 ⇨ 内容设计 ⇨ 排版印刷

图 3 – 2　企业文化故事集编撰流程

第一阶段：素材准备。首先成立编撰领导小组和相关工作人员；在原则、功能、结构、形式等方面达成共识，明确故事集定位，确定篇章架构。

第二阶段：内容设计。重点是提炼标题、修改润色、撰写点评、绘制插画，并撰写高度凝练的前言和后记及各篇章导语，确保衔接性、完整性。

第三阶段：排版印刷。重心在版式的设计完善，根据故事集的整体风格，设计故事集版式风格，做到版式简洁明快、图文相得益彰。

3. 企业文化故事集框架分类

（1）理念类。

以企业的文化理念为主导框架，并赋予一篇篇故事，如海尔的《海尔的故事与哲理》。

（2）价值观类。

以企业核心价值观或主流价值观念为类别，并赋予一篇篇故事，如山东能源集团的《我们的家园——超越文化故事集》。

（3）时间类。

以企业发展历程和时间为先后顺序，以每个历史发展阶段的经典案例故事为牵引，由远及近，层层递进，反映出企业创业发展的辉煌历程，如同仁堂的《国宝·同仁堂》。

（4）专项类。

专项文化故事集，如安全文化故事集、管理文化故事集。一些大型钢铁、煤炭企业因行业的特殊性，比较重视安全文化和管理文化等分支文化，如神华集团的《神东安全文化典型案例》等。

（5）综合类。

根据企业实际情况，综合上述类别，顶层设计符合企业实际情况、特色鲜明的故事集架构，如新凤祥集团的《祥音》。

（三）工具运用

1. 媒体传播

首先，可以充分利用企业内部报刊、广播、电视、橱窗、宣传栏、微信等渠道，开辟“讲故事”“好故事刊载”“班前故事会”等栏目，广泛传播，也可开展一些文化故事学习研讨会、交流会、分享会。其次，要整理经典案例故事，利用外部社会主流媒体进行传播，以达到提高企业形象、企业品牌价值，树立企业正面形象的目的。

2. 纳入培训

故事具有生动性、真实性、典型性。因此，要把故事集作为企业重要的培训资料，加大对企业管理人员和员工的培训，让其真正认识到公司的企业文化是真实存在的，使故事的效果得以发挥。

3. 现身说教

为强化故事的教育引导功能，可以让企业故事中的人物为员工现身说法，起到言传身教的作用。可开展“劳模座谈会”“好故事讲坛”等，让故事集中的先进人物典型、企业劳模先进等现身说教，让员工时刻感受到榜样的光辉形象。

4. 有效诠释

对企业故事进行有效诠释，提炼升华，是实现故事理念化、理念故事化的重要方法。企业文化故事集的编撰整理是一项文字要求非常高的工作，企业要加大企业文化人才的培养，挖掘收集好能够反映企业自身文化理念的好故事。

三、案例解读

新凤祥控股集团有限责任公司是一个跨行业、多元化的大型企业集团，始建于 1991 年 9 月，管理总部、生产基地、研发中心在阳谷，交易中心在上海，物流中心在青岛，财务中心在济南，营销中心在北京，国际资本运营中心在中国香港。旗下拥有凤祥食品和祥光有色金属两大主导产业，正在形成新凤祥金融产业。

在设计架构时，我们提出了两个方案：一是以时间为顺序：创业发展篇、开拓进取篇、转型升级篇、战略提升篇；二是以企业核心价值观为顺序：诚信篇、敬业篇、尊重篇、创新篇、共赢篇。为了更加体现新凤祥集团特色，我们综合考虑并结合故事的种类，最终策划形成了五个篇章：创业发展的进行曲、拼搏进取的交响乐、诚信经营的合奏弦、创新变革的新乐章、富美祥和的最强音。

其释义为：创业发展的进行曲反映创业艰苦历程，展示发展的良好态势；拼搏进取的交响乐呈现员工风采，传递团队榜样的力量；诚信经营的合奏弦诠释诚信至上，诚信重于生命的信仰；创新变革的新乐章强调敢于变革，勇于创新创造的胆识；富美祥和的最强音寓意共建共享，体现和谐奋进的精神。

故事集取名《祥音》，其释义为：“祥”即代表新凤祥集团，取“凤祥股份”和“祥光集团”两大主导产业中“祥”字，寓意企业蒸蒸日上，蓬勃发展；“音”即代表来自新凤祥集团上下正能量的声音，寓意创业的声音、拼搏的声音、诚信的声音、创新的声音、和谐的声音。

故事集精选经典故事100篇，寓意打造百年企业，实现基业长青。五个篇章紧紧与“祥音”主题相呼应，寓意新凤祥的创业发展历程，既像一首激昂奋进的进行曲，不畏艰难，勇往直前，又像一首优雅动人的抒情曲，温馨感人。

根据上述架构，我们撰写了前言、引言、后记，择优筛选了100篇故事，形成了五个篇章，并赋予若干经典故事，进行版面设计，最后一本图文并茂的故事集就展现出来了。如图3－3所示。

图3－3 《祥音》

凤祥食品“香飘”国外：

1998年11月23日下午4时，日本客户桥本先生传来一份订单，急需“凤祥”牌特殊规格腿肉800公斤，要求交货时间越快越好。

出口部业务人员询问有关负责同志：“量这么少、这么急的订单，甚至有可能赔钱，我们做还是不做?”

按时向顾客提交无差错的、有竞争力的产品和服务，以满足或超过他们的期望是凤祥始终恪守的经营方针。刘学景董事长当即批示：“迈向国际市场必须靠两条腿走路，一要靠质量，二要靠诚信。客户的要求就是我们的工作标准，别说这批货是800公斤，就是8公斤，也要认真去做。”

出口部迅速协同生产车间组织加工，连夜将特殊规格的800公斤货物发往青岛机场，然后空运到日本。从接受客户订单到客户验收，前后仅用了20个小时。过后一算账，800公斤鸡腿肉价值仅1.6万元，而凤祥付出的货运费就高达2

万元。

桥本先生特地来函感谢："凤祥的朋友们，你们真是急客户之所急，解了我的燃眉之急，愿我们的合作和友谊能够进一步加深。"后来，给日本这家商社供应的产品占到了公司对日出口额的1/3。由于凤祥一贯的过硬质量和良好信誉，日本对凤祥食品越来越认可，订单也越来越多，并且由原来的批批检验变为抽检。

凤祥正是靠着这种诚信经营的理念，一步步打开了国际市场。即便在1997年东南亚金融危机的严峻形势下，出口分割鸡数量仍比1996年增长了35%。1997年至1999年，通过充分发挥山东省计划单列企业和拥有自营进出口权的优势，出口创汇连续三年均占聊城市出口总额的1/3以上，被省政府有关部门认定为山东省农业产业化龙头企业、外经贸先进企业。

经过不断地发展，凤祥已成为中国产业链最完整、出口量最大的禽肉食品企业。凤祥产业链遍及饲料加工、种禽繁育、肉鸡饲养、屠宰分割及禽肉熟制品、调味品、生物制品等，主导产品销往欧盟、日本、马来西亚、中东等20多个国家和地区，是肯德基、麦当劳、沃尔玛、家乐福等公司的重要战略供应商。

启示：精诚所至，金石为开。海尔张瑞敏砸冰箱、苹果乔布斯砸"苹果"等故事案例，都是追求质量和诚信的具体体现。诚信是一种无形资产，更是一个企业长久经营下去的标准，正是刘学景源于对"诚信重于生命"的践行，才让凤祥食品"香飘"国外，让新凤祥路越走越宽、越走越广。

作者：张华伟，男，中共党员、政工师，先后在大型国企、民企从事企业文化策划工作十余年，对企业文化建设前沿理论、体系建立和实操具有深刻的研究和丰富的经验。

第二十三节　企业晚会：企业文化盛宴

一、工具属性

（一）工具的基本属性

工具的基本属性如表3-2所示。

表 3－2　工具的基本属性

联动工具	企业文化社团、企业故事集、企业培训、企业宣传视频、企业先进人物表彰、员工才艺展示等
适用范围	企业理念宣传工作、年度优秀评选项目、企业战略推进项目、员工交流增强项目、企业品牌建设项目等，晚会是塑造文化的需要，在一个团队中，“胜者举杯相庆，败者拼死相救”是最能激发士气的文化。因此，通过晚会庆祝的方式进一步塑造企业文化，也是增进情感的需要。爱要学会表达，情感需要宣泄。员工不是机器，是需要高度情感认同的
主体与客体	企业全体员工、客户、供应商、政府部门、媒体及企业相关方都可参与

（二）工具作用

（1）弘扬企业价值观。

任何企业文化工作都有一个原点，即为什么而开展。企业晚会也一样，绝不是老板或人力资源部心血来潮，临时决定办一台晚会。企业晚会的终极目的或者说最大作用就是为了弘扬企业的价值观，通过晚会这一人性化、互动化、体验式的方式，润物细无声，让员工不知不觉地接受教育与感染，从而使企业的价值观深入人心。

（2）凝聚企业人心。

每个人都渴望从组织得到安全感和归属感，而企业员工一年四季在各个岗位忙碌奔波，唯有在参加企业晚会的时候，才能真切感受到家的温馨与和谐，让员工忘记工作的疲惫，产生强烈的归属感。

（3）促进沟通与合作。

企业不管组织结构如何设置，但各个部门的职能不同，在工作中都不可能做到目标完全一致，企业晚会有助于消除各部门之间的隔阂与分歧，从而促进各部门之间的沟通与合作。

（4）提升企业形象。

通过企业晚会，能够向员工很好地全方位展示企业的形象，让员工深刻感受到企业的历史积淀、发展战略、未来展望等诸多平时所不知的软实力，很好地提升企业形象。

（5）展示员工才华与精神风貌。

企业晚会给员工提供了一个展示才华的舞台，在这个舞台上，平时表现平平的员工可以和高层管理者平等互动，共同表演节目。同时，晚会能够很好地体现员工的主动、奉献、敬业等精神风貌，让员工之间形成一个协作、竞争的良好氛围。

（三）基本原理

企业晚会是指企业举办的一场综合性的文化文艺活动，企业通常会根据行业特点、企业人员构成、企业文化特色、季节特点及成本预算等，设置不同类型的企业晚会。企业办晚会的目的主要是塑造企业文化，提升企业管理水平。对内表彰先进，激发员工士气，增强员工凝聚力；对外提升企业形象，传播企业品牌，扩大企业影响力。

企业晚会的类型：

庆典类晚会：一般选择在特殊节庆日期附近举办，以庆祝该节日为活动主题，比如，公司成立周年庆典晚会、劳动节晚会、中秋节晚会、迎新年晚会等。

文娱类晚会：是指以员工文娱节目、才艺展示为主要内容的晚会，比如，企业好声音歌手大赛、员工才艺大赛、企业达人秀、企业合唱团汇报表演等。

联谊类晚会：是指以员工自娱自乐、互动联谊为主要内容的晚会，比如，七夕联谊相亲会、五四青年联谊会等。

专题类晚会：是指专门为某一主题、某一活动而举办的纪念、庆祝晚会，比如，新品发布晚会、上市答谢晚会等。

综合性晚会：是指晚会包含文娱表演、先进表彰、客户答谢、员工聚餐等诸多内容和目的，综合性晚会一般规模较大，组织较为复杂，如企业年会。

二、操作方法

（一）使用原则和要点

原则一，立足原点。所谓立足原点就是要找到源头，弄清楚为什么举办晚会。企业办晚会的终极目的只有一个，就是为塑造特色的企业文化服务。晚会是文化的一个载体，因此，要把举办晚会当成文化发掘、文化传播、文化教育的平台。只有目的明确，根据自身的特色进行策划，形成具有个性的文化仪式，办晚会才有意义。比如，阿里巴巴独创性地发明了“11 月 11 日”这个购物狂欢节，不仅成为阿里巴巴人的节日，更成为所有网购迷的节日。

避免误区：目的不明，盲目跟风，为办晚会而办晚会。

原则二，突出焦点。焦点就是企业当前的中心工作，或者企业当前重点提倡的价值观。一台晚会一般有 15 ~ 20 个节目，必须有一个主题思想。如果企业当前的中心工作是创新，晚会的节目就要紧紧围绕“创新”设计。焦点突出才能让人印象深刻，否则，一台晚会看下来，节目五花八门，不知道传达了什么思想，观众没印象，效果就要大打折扣。成功的晚会不仅要让观众体验到精彩的视听享受，更要让观众在看完节目后留下难忘的记忆。

避免误区：主题不突出，没有中心思想，缺乏灵魂。

原则三，打造亮点。春晚之所以一年比一年难办，就是因为观众欣赏水平越来越高，节目缺乏创意、缺少亮点。企业晚会也一样，年年办，要吸引观众眼球，满足观众越来越挑剔的视觉听觉需求，就需要绞尽脑汁，策划出晚会的亮点。一台晚会的亮点主要在两个方面：一是视觉听觉感受，二是内容创作。前者需要不断更新舞美灯光等设备，采用最新最前沿的高科技设备，如 2016 年辽宁卫视春晚的节目《齐天大圣》，采用梦幻般的沉浸式舞台，获得了极大的成功。后者需要在节目内容、类型上进行创新，企业根据自身实际编排的原创作品，往往成为晚会的亮点，也最受观众欢迎。

避免误区：传统老套，缺乏创新，一味继承和模仿。

第四，释放泪点。企业文化需要真情表达，企业文化需要感动传播，感动让心灵变得柔软，感动释放爱与忠诚。因此，卓越的企业会利用晚会，实现对全体员工灵魂的洗礼，在晚会内容上要策划感人的事迹、感人的人物，让员工在晚会中不知不觉受到教育，用泪水洗心洗肺，实现思想的升华。比如，有家大型集团每年都在周年晚会上举办“感动 × × 十大人物”颁奖，渲染感动人心的事迹，效果十分突出。

避免误区：煽情过度，弄巧成拙，不真诚、不真实、不接地气。

第五，发掘笑点。晚会不是严肃刻板的培训，而是一次轻松活泼的放松。在经过泪点的释放之后，也要让员工绽放会心的微笑。幽默始终是晚会上最令人期待的元素，因此，一定要创作幽默搞笑的节目，营造轻松、欢快、和谐的氛围。马云每次在阿里巴巴重要的晚会上都以一种奇葩的造型登台，用自黑的方式来娱乐全体阿里巴巴人，在那一刻，所有员工在绽放笑脸的同时，也都深深爱上了马云。

避免误区：严肃刻板，高高在上，说教式宣传。

（二）操作方法和步骤

晚会步骤：

第一，确定方向。向老板请示，要不要办晚会。老板说要办，才可以着手准备，但还得明确一个方向，办成什么规模、有多少预算，这些要提前沟通好，做到心中有数。

第二，确定方案。一般是人力资源部或企业文化部负责起草活动的具体方案，方案里要详细提炼出活动主题、具体内容、活动步骤、组织分工、活动预算等。方案越详细越具体，被批准的可能性就越大，当然起草方案并不是闭门造车，前期沟通得越彻底，越能减少方案被否决的概率。

第三，成立组织架构。方案要得以落地和实施，需要公司各部门通力合作。一般根据晚会规模的大小确定组织机构。规模越大，组织机构一把手职级越高。原则上企业晚会至少要有副总担任筹备委员会的主任，以便协调各个职能不同的部门。

第四，筹备执行。组织机构成立以后，就要根据各个职能小组的分工开始各项准备工作，各个执行小组根据整个活动筹备的时间节点开展工作，由筹备委员会主任和副主任定期召开会议检查筹备执行情况，解决筹备过程中存在的问题。

第五，邀请嘉宾。会务接待组要制定周密的接待方案，一般晚会开始前十天开始邀请嘉宾，派送请柬。为什么是前十天呢？因为晚会的具体时间一般只能提前十天确定，一是天气原因，最好是找一个风和日丽的日子；二是重要领导和嘉宾基本上能确定有没有时间（当然要提前沟通），只能以重要领导和嘉宾的时间为准。请柬送早了，嘉宾容易忘记；送迟了，嘉宾有可能安排了其他工作。

第六，节目创作及排练。节目是一台晚会最重要的组成部分，晚会效果关键看节目质量，节目一般分为原创节目、改编节目及邀请节目。对企业晚会而言，原创节目一般不能少于1/3，邀请节目不易过多。晚会正式开始前一周，要组织对晚会全流程进行联排，审查节目质量，审批领导讲话文稿。

第七，晚会彩排。晚会开始前三天，完成晚会所需舞台搭建、舞美灯光调试，视情况组织2~3次晚会节目彩排，确保晚会效果。要求各个工作筹备小组、所有环节工作人员按照正式演出要求配合，并对应急预案进行事先演练，确保在任何情况下晚会都能顺利进行。

第八，正式演出。按照正式确定时间节点，依流程组织开展各项工作。正式活动开始时必须与最高领导进行紧密沟通，以应付各种突发事件，保证晚会顺利进行。

第九，会后复盘。晚会结束后召集各工作筹备组开会总结，对晚会全过程进行回顾，不足的地方提出注意事项，做得好的经验也要好好总结，形成公司内部晚会标准化的流程，以便下次借鉴。

第十，总结表彰。召开全体演职人员大会，对晚会进行总结，表彰优秀的工作人员和演员，发放奖品和纪念品，以激励演职人员。

（三）工具运用

对大型户外晚会来说，天气是十分重要的因素。古人云："天时地利人和。"

如果天气不好，再好的准备都会使晚会效果打折扣。因此，晚会具体时间确定得越晚，天气的保险系数就越大。为防不测，大型晚会都要制定两套方案，一套室内，一套室外。但效果一般是室外的更好一些。

一定要清楚企业一把手的喜好和偏好。企业晚会虽然是全员参与的一个大型活动，但归根结底还是要体现企业的价值观，而企业的价值观在很大程度上又体现了老板的偏好，掌握老板的喜好，晚会就容易成功。反之则是事倍功半。比如，老板明明不喜欢歌唱类的节目，结果晚会上有1/3都是歌唱类的节目，其他节目再好，整台晚会的效果还是会受到影响。

一定要特别重视细节。晚会的成功与否，要看细节做得好不好。请柬的设计、来宾迎来送往、座位安排、合影安排等，每一个环节都体现了管理工作的精细化。

三、案例解读

××公司成立20周年庆典。

（一）公司介绍

××公司是中国制冷零部件行业深圳中小板上市公司，创立于1995年，现有员工1000余人。公司在制冷行业某些局部领域处于领先地位，崇尚“天道、师道、孝道”文化建设，注重人性化管理，具有独特的企业文化。

（二）活动背景

过去的20年，是“××”人群策群力，团结奋斗的20年。“××”人以企业为家，以事业为魂，以合作为荣，以奋斗为乐，深厚的文化底蕴影响、感召、塑造了一批又一批的“××”人，前赴后继，取得了丰硕的成果，成功走上资本市场，为企业发展迎来了新的机会。昨天的光荣已经成为历史，明天的征程正在向“××”人招手。公司在原有优势产业的基础上，成功进入军品及新能源领域，无疑给企业打开了一扇更广阔的大门。

（三）活动目的

对“××”20年发展的回顾和展望，对为公司发展做出贡献的“××”人的激励和回馈，增强全体员工的荣誉感和向心力，充分发挥资本市场的力量，对接新的产业转型升级，给予政府部门、投资者、客户、供应商极大的发展信心。

（四）活动概况

活动主题：感恩同行，共创共赢 ××公司成立20周年庆典。

活动时间：2015 年 × 月 × 日。

活动地点：浙江 · × × 公司内（庆典会议），浙江 · × × 酒店（庆典晚宴）。

参与人群：政府领导、行业专家、客户代表、供应商代表及 × × 全体干部、员工共 1400 余人。

活动基调：高雅、简约、自然、热烈。

（五）方案思路

一大主题：感恩同行、共创共赢。

两大环节：专家论坛、庆典晚宴。

三大篇章：精耕细作 20 年、硕果累累 20 年、基业长青 20 年。

四大亮点：地方政府重视、专家大咖云集、聚焦资本融合、共促行业升级。

五大作用：回归初心、传播爱心、凝聚人心、树立信心、展示决心。

（六）组织架构

庆典活动领导小组：由公司董事长担任组长，总经理为副组长，各部门经理为成员。

各专项工作小组工作内容：

策划宣传组：

· 编制晚会执行手册，根据晚会流程，制定各工作组具体行动计划。

· 制定宣传方案，发布宣传文案及海报，活动期间气氛布置及营造。

· 起草晚会所需各种文案包括发言稿、主持词，制作晚会相关各种视频音频资料。

· 联络媒体，起草新闻稿，负责媒体接待。

接待礼仪组：

· 汇总制定接待嘉宾名单，制定接待计划并负责落实。

· 预订接待酒店餐饮、住宿、会务，落实嘉宾一一对接的责任人。

· 选拔礼仪接待人员并负责培训。

节目排练组：

· 设计晚会节目，提出节目创意，组织节目征集及创作。

· 选拔节目演员，制定排练计划，组织演员排练及节目筛选等。

· 负责演员日常管理，对外邀请节目对接。

· 负责节目内容、节目舞美、道具设计确定。

服装道具组：

· 要根据节目设计服装，联系制作及租用。

· 根据节目排练组要求，负责节目制作道具。

· 晚会当天配合节目服装及道具上下场管理。

采购外联组：

· 联系舞台搭建，确定舞美、灯光、音响供应商。

· 负责采购、租赁晚会所需各种设施及物资、纪念品定制。

· 负责政府部门活动申请对接。

后勤保障组：

· 负责晚会安全、晚会秩序预案制定及落实。

· 负责交通、车辆制定方案及落实。

· 负责晚会期间工作餐安排。

· 负责会场布置及桌椅摆放、回收和会后清场。

· 负责清洁卫生、环境整洁工作。

（七）庆典会议方案

庆典现场各会场布置方案（略）。

庆典会议流程：

上半场流程如表3－3所示。

表3－3　上半场流程

时　间	流　程
14：00—14：20	员工入场
14：20—14：25	嘉宾入场
14：26—14：30	手语舞蹈：感恩的心
14：31—14：32	主持人登场、介绍来宾
14：33—14：34	董事长××先生致欢迎词
14：35—14：39	××市市长致欢迎词
14：40—14：41	嘉宾共同启动开幕仪式
14：42—14：47	播放企业发展20周年纪录片
14：48—14：49	天道：表彰客户
14：50—14：54	客户代表发言
14：55—14：56	天道：表彰供应商
14：57—15：02	供应商代表发言
15：03—15：08	师道：表彰贡献员工

续表

时　　间	流　　程
15：08—15：10	获奖员工代表发言
15：11—15：14	孝道：表彰20年同行员工
15：15—15：20	获奖员工代表发言

中场休息、茶歇、小提琴表演。

下半场流程如表3－4所示。

表3－4　下半场流程

时　　间	流　　程
15：30—15：50	董事长发表新的20年发展战略
15：50—16：20	行业专家就行业形势进行分析，阐述××发展机遇
16：20—16：35	签署各项合作协议，合作单位发言
16：35—16：50	各级领导讲话
17：00	庆典会议结束，与会嘉宾合影留念

（八）庆典晚宴方案

晚宴现场布置方案（略）。

晚宴酒水用餐方案（略）。

晚宴流程如表3－5所示。

表3－5　晚宴流程

序号	时间	流程
1	18：00—18：06	开场：钢琴独奏＋祝酒词
2	18：07—18：09	舞蹈：鼓舞未来
3	18：10—18：14	魔术表演
4	18：15—18：19	萨克斯独奏
5	18：20—18：24	第一轮抽奖
6	18：25—18：29	歌伴舞：美丽中国梦
7	18：30—18：34	杂技：力量
8	18：35—18：39	舞蹈：茉莉花
9	18：40—18：44	第二轮抽奖

续表

序号	时间	流程
10	18：45—18：49	太极功夫表演
11	18：50—18：54	爵士舞
12	18：55—15：59	诗朗诵：祝你生日快乐
13	19：00—19：10	互动游戏
14	19：11—19：19	第三轮抽奖
15	19：20—19：25	歌伴舞：舞动中国
16	19：25—19：30	董事长和嘉宾上台切蛋糕，共唱生日歌

（九）活动总结

庆典活动结束后，要求各工作小组进行总结，并对优秀的工作人员进行推荐评比。一周后，庆典筹备委员会召开了总结会议，本次庆典活动取得了圆满成功，得到了与会嘉宾一致好评，但也有一些细节部分不够完善。会议对工作积极分子进行了表彰。

作者：熊旭锋，美盛控股集团有限公司副总裁。

第二十四节　司歌唱响企业文化

一、工具属性

（一）工具的基本属性

工具的基本属性如表 3 - 6 所示。

表 3 - 6　工具的基本属性

联动工具	将企业歌曲融入班组、车间、部门日常文化活动
适用范围	企业歌曲的凝聚力作用可以激发创新力，转化为生产力和竞争力 企业歌曲适用于专题片、纪录片、汇报片配乐 企业歌曲通常用于公司集会、年会或大型庆祝活动员工演唱 将企业歌曲拍成微电影，可广泛用于媒体展播和微信传播
主体与客体	企业员工、新老客户、媒体推广平台

（二）工具作用

企业歌曲是企业文化的重要组成部分，对展示企业风采、打造文化品牌、提高企业知名度具有潜移默化的作用，已经被众多企业家所接受。随着现代企业对企业文化的重视程度越来越高，企业歌曲的创作应用越来越广泛。无论是五粮液集团长年买断央视每晚十点前黄金时段插播企业歌曲《爱到春潮滚滚来》，还是康美药业制作的《康美之恋》登陆各大荧屏，无论是企业之歌在员工内部唱响，还是在社会公众面前传播，企业歌曲都有其他文化载体不可替代的功能。

音乐与文字比任何艺术形式更容易抵达人的灵魂，企业歌曲作为音乐文字的结合体，如果表达准确、旋律优美，会引发员工内心的强烈共鸣。

企业歌曲描绘的是企业形象，体现的是企业愿景、精神和理念，能够潜移默化地将企业核心价值观植入员工的理想和追求。

企业歌曲融会企业的筋骨皮（文化、理念、形象），贯通员工的精气神（精神、士气、风采），能够在一定程度代替思想工作。

企业歌曲更像是一张彩印名片，听起来有声有色，看起来有模有样，说起来有板有眼，让人很快就能从音符中感受企业的能量。

（三）主要特性

企业歌曲相对于其他文艺形式有着鲜明的特性，正是这些特性让企业歌曲在企业文化建设中有着相当独立的地位。有人说，一首好的企业歌曲可以振奋一个时代；也有人说，一首好的企业歌曲可以唱红一个品牌；我们至少可以认为，一首好的企业歌曲可以唱响一个企业。

随时性：再美的舞蹈，也很难边走边跳；再好的小品，也不能边走边演；但歌曲可以边走边唱，不受时间、空间约束。

群众性：如果表演小品、舞蹈、相声、杂技需要表演天赋，受人数、身材等条件限制，企业歌曲的演唱则可以做到人人参与，群众基础广泛。

鼓动性：当企业歌曲旋律响起，众人齐唱，音乐的感化、教化、催化、融化作用将不同程度地体现出来，在员工心中产生鼓动力量。

长久性：有的文艺形式看多了会腻、演多了会烦、歇久了会忘，好听的企业歌曲则百听不厌、久唱不衰，一旦入脑入心就可能终身难忘。

（四）基本分类

虽然企业歌曲是企业文化的体现，但因为用途不一样而有着不同的创作方向和音乐风格，综合分析目前社会上相对成熟的企业歌曲，其创作目的基本分为三类。

形象类：该类企业歌曲语言唯美，表达中性，没有生硬口号，将企业文化元素分解植入歌词，主要用于形象展示。旋律上偏流行，可独唱、对唱、领唱、合唱。比如，《康美之恋》《爱到春潮滚滚来》。

励志类：该类企业歌曲歌词紧紧围绕企业愿景，充满激情，豪迈铿锵，旋律以进行曲为主，气势宏大、坚定有力，主要用于企业集会、年会上领导和员工领唱加合唱。比如，《我为祖国献石油》。

借鉴类：有的企业成立之初，还没有自己的文化积累，通常会引进能够代表当时企业发展目标的歌曲作为临时企业之歌。比如，《众人划桨开大船》《感恩的心》。

二、操作方法

（一）企业歌曲创作的原则和要点

1. 歌词表达一定要准确

歌词是企业歌曲的灵魂，不仅要结构完整、朗朗上口，还要语言生动、短小精悍，最主要的是必须准确表述企业的理念、精神、愿景、目标，不宜口号堆砌。

首先，要取一个贴切的歌名。歌名将会是歌词的词眼，也是歌词的中心，取一个好的歌名可能企业歌曲就至少成功了60%。歌名可以先取好再写歌词，也可先写好歌词再提炼歌名。

其次，找一个好的角度，也就是切入点。角度选不好，很难写出好歌词。歌词看似人人都能写，但绝不是人人都能写好，关键就是角度问题。

最后，要提炼一至两句格言警句。歌词里的格言警句往往可以作为这首歌的词眼，成为点睛之笔，从而增强歌词的深度和亮度。

2. 旋律好听是王道

旋律是歌词的翅膀，只有好听好唱，翅膀才能越飞越高、越飞越远。如果旋律不动听、不流畅、不好唱，这首歌的命运是被打入冷宫、束之高阁。很多企业之歌之所以没有流传，就是因为翅膀出了问题。虽然歌曲好听是仁者见仁、智者见智，但总体上大家不喜欢唱的歌肯定不是好听的歌。

根据前面所说的歌曲分类，旋律也要与歌曲类型相对应。

一是形象歌曲。该类歌曲通常为两段体，旋律通俗、优美，情感深沉、舒展，既有流行特质，又有传统品性，不会似曾相识，也不易落入俗套。

二是励志歌曲。该类歌曲可以是一段体，也可以是两段体。旋律简单明了、好学易唱，音域不宜太宽，结构不宜复杂。

3. 制作要精良

企业歌曲作词、作曲定稿，只是完成了工程的一部分，接下来的关键环节是音乐制作（配器）。精良的配器能为企业歌曲加分，反之就会减分。因此在制作时要理解歌词的意思，要了解歌曲的类型。形象类企业歌曲配器一般多用弦乐和交响乐，励志类企业歌曲一般用管乐较多。电声乐器和民乐的运用要适度把握，很多人对音乐制作还存在一些误区。

一是认为音乐制作随便玩玩，弄电子琴弹弹就行。这显然是对配器知识一无所知。其实配器是一项系统工程，是歌曲的二度创作，有构思、有编配，有层次、有色彩。专业配器制作的音乐成品，肯定、必须、无疑比随便玩玩上档次、有品质。反正一句话，专业的人干专业的事，一分钱一分货。

二是认为仿真音色和真乐器一样。用现代科技手段采集的音源，的确无限增强了音色的仿真效果，可以做到以假乱真，但无论如何与真乐器现场录制就是有区别。一句话，真的假不了，假的真不了。这里并不是说配乐一定要用真乐器，主要是根据需要条件允许的情况下，最好使用真乐器。

三是认为进不进棚录音都一样。现代科技为生活带来了极大的便捷，手机可以录音，家里的电脑也可以录音，看似目的一致，但跟录音棚专业录制还是有很大区别的。尤其是录音后期制作，通过专业设备混音、修音，可以保证歌曲成品的品质和档次。

（二）操作流程

企业歌曲创作不同于流行音乐对个体情感的抒发，想到哪写到哪，想怎么写就怎么写。企业歌曲有自身的使命，因此创作要考虑诸多因素。从操作流程上，大致分为合作签约、采访采风、作词修改、作曲定稿、编曲配器、歌手录音、混音合成、母碟刻录八个步骤。

合作签约。委托与受托双方在相互信任的情况下，根据企业歌曲的创作周期和商议的价格签订合作协议。

采访采风。创作通常是一种感性行为，词曲作者到企业与领导、员工交流，聆听故事，翻阅资料，实地感受，为感性创作做好知性认识和理性分析。

作词修改。词作者应根据采风感受和企业领导意愿，梳理素材，拟定歌名，寻找灵感，完成歌词初稿，及时报送企业，结合反馈意见和歌词内在要求认真修改，直到委托方完全认可。

作曲定稿。曲作者根据定稿的歌词和企业领导对歌曲风格的定位完成旋律创作，及时为企业领导和员工范唱，听取修改意见并结合歌曲自身规律，尽可能合理地修改，直到完美。

编曲配器。联系经常合作的音乐人进行编曲配器，若要真乐器增强效果，费用需另行结算。

歌手录音。为保证歌曲成品的质量，录音一般邀请专业歌手和专业合唱队。合唱队规模视歌曲风格而定。

混音合成。该环节必不可少，凭借录音师的艺术直觉和经验积累，对音高、节奏、音色进行处理，对音乐和人声进行调整，力求达到出版级质量水平。

母碟刻录。完成录音制作后，将所有音乐成品（如纯音乐伴奏或带合唱伴奏、歌手演唱或合唱队演唱歌曲）一式两份，以 Wav 和 mp3 两种格式刻录，交付委托方。

（三）企业歌曲创作、制作主要付费项目

企业歌曲创作是一项分工明确的系统工程，无论是创作还是制作，都不仅仅是技术层面的投入，更多的是艺术修养的体现，需要专注品质，也需要专业配置，因此也需要一定的经费支持。一般来说，付费项目会涉及采风住宿行、作词、作曲、编曲（配器）、录音棚、录音师、监棚师、乐手、指挥、专业歌手、专业伴唱、缩混（后期合成）等。需要说明的是，企业歌曲的创作没有固定价格，其价格因素由以下几个方面决定。

一是词曲作家、编曲老师的市场行情，不同的词曲作家，其作品的价位也不同。

二是企业对企业歌曲制作的要求越高，成本也越高，如要求大型交响乐团演奏、要求明星录唱。

三是企业歌曲创作的周期（一般需要 45 ~ 60 天）越短，创作和制作难度会相应加大，费用也会适度增加。

（四）主要推广方式

企业歌曲可以在员工集会演唱，可以成为企业分公司、部门、车间合唱比赛指定曲目，可以在员工午休时间定期不定期播放，可以做成手机彩铃，可以作为企业专题片、纪录片的背景音乐。

企业歌曲的推广，可以参加行业协会举办的企业歌曲比赛，对企业员工精神风貌进行展示，也可以上传到微信平台，还可以与企业其他文化资料一起赠送给客户。

三、案例解读

（一）关于创作上海浦东新区税务局之歌

背景说明：

上海浦东新区税务局是一支高学历覆盖面极广和工作效率极高的年轻团队，为拥有一首自己的行业之歌，曾向全局税务干部广泛征集歌词。历时半年共收到歌词作品三百余件，经初评、复评，最后遴选出 39 首，报送局领导审阅。结果领导阅后未能挑选出一首满意的，希望专业力量介入。于是税务局工会马上求助东方卫视，经转托，与笔者进行了联系对接。在交流座谈会上，税务局团委详细介绍了领导要求和税务干部使命、任务，并赠送了一大摞内刊资料和所选 39 首歌词，现场敲定合作协议。笔者经过认真构思、寻找灵感，终于灵光乍现、欣然赴笔、一气呵成。经浦东新区税务局领导班子及下属 20 余位处长研究讨论修改，终于定稿。笔者在这里谈谈歌词创作的大致过程：

一是翻阅资料。这些资料都是新区税务干部的风采记录，有岗位模范、有创业故事、有帮扶济困、有攻坚克难、有优秀团队、有党员窗口、有青年文明号、有先锋突击队……客观地讲，那 39 首歌词写得真心不错，很多作者已经掌握了歌词创作的基本手法，也对自己的工作进行了准确的表达。唯一遗憾的是，大家想说的话太多，铺开的内容太满。

二是沉淀构思。在浩瀚的材料中梳理，脑子拥堵不堪却又一片空白，无从下笔。新区团委的电话打来，一次又一次，说不催，其实就是在催。笔者深感压力巨大，两个星期只做一件事，让文字擦出火花。

三是歌名拟定。前后想了十几个歌名，39 首里面的歌名也一一否定。最后终于想到《情系税务　爱在浦东》，感觉这应该就是需要表达的主题。歌词创作的关键一环已经解决。

四是歌词创作。时间已经过了 24 点，睡意依旧不敢光临，因为下午新区团委打过电话。躺在床上，抛空所有，突然的一句话跃然天花板：让汗水催开万紫千红，让真诚化作细雨和风，这就是税务干部们的精神写照。我一跃而起，情思涌动，到深夜两点大功告成，石头落地。

五是互动修改。早晨六点起床，将歌词细看两遍，觉得没问题，便开始汇报。电话这头是轻松，电话那头是兴奋，遂将邮件发送。《情系税务　爱在浦东》第一时间送到局领导办公室。据税务同志在电话里描述，局长一拍桌子，就是它了。随后一个星期，新区税务局先在内部征求、汇总修改意见，进行个别微调，然后组织下属22个处长座谈，共提建议，对个别行业术语修正，现场定稿。

六是作曲。新区税务局从推荐的数位作曲家中选择了三位，分别进行谱曲，曲成后又召集相关人员对三首旋律进行审听，最终录用一首并支付稿酬，对未录用曲作的两位作曲家支付了较为合理的润笔费，随后编曲、录音、制作有序推进。以下为全首歌词内容。

情系税务　爱在浦东

——上海浦东新区税务之歌

让汗水催开万紫千红，
让真诚化作细雨和风，
激情在燃烧热血在奔涌，
都为一个强国梦。

当浦江辉映时代霓虹，
当税收托起巨龙腾空，
我们的青春祖国的笑容，
谱成一曲欢乐颂。

情系税务，爱在浦东，
付出了真情就会有感动。
开拓进取，奉献创新，
改革前沿我们是先锋。

情系税务，爱在浦东，
神圣的使命铭刻在心中。
聚财为国，执法为民，
税徽闪闪我们最光荣。

（二）关于创作上海火车站之歌

背景说明：

上海火车站是一个巨大的交通枢纽和旅客集散中心，每天有数以十万计的游客在这里来来往往。一贯重视文化建设的火车站党委决定创作一首火车站之歌。他们先期请人创作了两首歌词，邀请上海电视台音乐总监、著名作曲家左翼建老师和上海音乐学院两位声乐教授座谈。左老师从作曲角度提出了自己的意见，两位声乐教授从演唱角度谈了自己的看法。随后左老师向他们推荐了笔者，并当面电话邀约，商议合作事宜和采访时间。下面分享一下笔者的创作过程和感受。

一是采风采访。根据约定时间，笔者与火车站站长、政委和政治处主任分别进行了交流，了解他们喜欢的音乐形象，明确需要表现的主题。笔者又到站台与乘务员交流工作感受，倾听他们在本职岗位上的真实故事，目睹他们在人潮中热情地服务。

二是寻找角度。笔者知道左翼建老师对歌词的要求很高，也知道推翻前面两稿需要与众不同的表现，因此寻找角度就成了最紧迫的事情。在构思的那些天里，火车站的各种声音在耳边萦绕，各种面孔在眼前浮现，但就是无法从万千词汇中抓到一个词语，没有角度就难以落笔。突然有一句“听南腔北调都是美好天籁”从心底传来，笔者明白，流淌即将开始。

三是歌词创作。一旦动机出现就必须即刻抓住，笔者快速过滤并留下了几天的思想结晶，将它们串在一起，串成语言项链。上海火车站之歌歌名《阳光地带》也顺势取好，整首词 30 分钟完成。带着酣畅淋漓，笔者马上将歌词分别发给火车站政治处和左翼建老师，他们的一致意见是，一个字不加，一个字不减，一个字不改。

四是作曲。左老师为准确塑造音乐形象，也做了精心构思，几易其稿，与两位声乐教授反复哼唱，对每一个小细节都做认真处理，直到自己完全满意。后面的编曲和录音制作不再详叙。现附上《阳光地带》，供参考。

阳光地带

——上海火车站之歌

汽笛的站台，我们的舞台，
温馨的服务为旅程铺开，
每一天迎接五湖四海，
让春风传递浦江的情怀。
把心给了心就会有信赖，
多少感动已到达千里之外，

我们的舞台用心来编排，
听南腔北调都是美好天籁。

汽笛的喝彩，我们的精彩，
温情的祝福为长路期待，
每一次送别人潮澎湃，
让微笑相伴远方的未来。
用心暖了心就是在关爱，
多少成功已上传缤纷时代，
我们的精彩用心来主宰，
看东奔西走都在阳光地带。

（三）关于创作中国电信浙江舟山分公司宣传歌曲

背景说明：

180号段位上市前夕，中国电信浙江舟山分公司全城置换广告，并要配合推出一首关于天翼的歌曲。笔者受邀前往舟山，连夜与电信工会部门、市场营销、广告公司进行头脑风暴。整个过程，观点不可谓不鲜明，讨论不可谓不热烈，但要落实到文字，的确不是易事。次日，笔者从舟山返回上海，尽管旅途劳顿，依旧不敢怠慢，因为时间紧、要求高，几乎所有的思绪都在与天翼一起飞。

一是歌名确定。《天之翼》，这个名字一想到，笔者就觉得到位了，有形象，有气势，既涵盖了天翼品牌，又脱离了天翼本身，可以给人无限的想象。

二是歌词创作。在随后的两天里，所有的话题都围绕《天之翼》展开。假设手里的手机就是天翼，假设梦想飞翔正展开天翼，正是在这种自我加压、自我发酵的过程中，“你的身影在曼妙呼吸，让我的心跳起伏甜蜜”这句话一跳出来，立刻催生了完整的歌词。歌词通过网络抵达舟山电信，小伙伴们一致点赞。

三是作曲。一群年轻、富有活力的音乐人早已集结。大家跃跃欲试，各展身手，最终通过集体讨论，从三份曲谱中选择一首进行音乐制作。后面的进展极为顺利，三天后，《天之翼》正式登陆电信网。现附上《天之翼》歌词，供参考。

天之翼

——中国电信天翼之歌

走千里走万里又回到掌心里，
浪漫的故事用指尖开启。
你的身影在曼妙呼吸，
让我的心跳起伏甜蜜。

走千里走万里还原到目光里，
温暖的信号从指尖传递。
你的快乐在舞动欣喜，
让我的生命激情洋溢。

世界就这样触手可及，
只因为天翼融化了距离。
世界就这样触手可及，
只因为天翼刷新了传奇。

你的天翼，我的天翼，
给了时光诗情画意。
爱有天翼，情有天翼，
美了人间梦的足迹。

这几首企业歌曲或行业歌曲，是笔者近百首企业行业之歌中的一部分，通过简要解析歌词的创作经历，旨在向读者朋友解读企业歌曲的创作规律和步骤，只是个人经验之谈，不足之处、谬误之处，请各位专家、行家斧正。

在转型升级的经济形势中，在民族复兴的追梦征途中，企业歌曲越来越清晰地体现着自身的价值和品质，越来越鲜明地凸显出自己的地位和品位，把企业的目标、方针、愿景融进企业员工工作、学习、生活、思想情感和精神风貌。

作者：李成福，浙江恒宏文化艺术总监，专长作词、编剧、策划、撰稿。

第二十五节　企业文化拓展活动

一、工具属性

（一）工具的基本属性

工具的基本属性如表3－7所示。

表3－7　工具的基本属性

联动工具	培训、媒体宣传、感悟分享
适用范围	根据不同的活动类型，可以启发员工对企业文化的思考，可以感受文化氛围，可以加强员工间的沟通与理解
主体与客体	企业全体员工

（二）主要作用

将企业文化融入团队拓展活动，以体验的方式让员工感受企业文化，启发思考。很多人对拓展活动有误解，认为只是简单的体育加娱乐的游戏。其实不然，在企业文化的推进过程中，很多时候我们通过培训、刊物、视觉等方式来宣传企业文化，而团队拓展活动通过模拟一些场景与游戏，让员工以更加主动内发的方式去感受企业文化，生动深刻。

团队拓展活动是一项旨在协助企业提升员工核心价值的训练过程，对于企业凝聚力提升、企业文化的推动意义巨大。

· 使员工进一步明确和认同企业目标，增强组织的凝聚力。

· 树立相互配合、相互支持的团队精神和整体意识。

· 改善人际关系，打破沟通障碍，形成积极向上的组织氛围。

· 启发改进组织内部的工作流程与信息交流的方式。

· 使组织面对各种变革与挑战更为从容有序。

· ……

团队拓展活动中以体力与智力活动，将员工融入企业文化的情景中，对员工来说有很多好处：

· 活动改善身体机能，强健体魄。
· 认识自身潜能，增强自信心，改进自身形象。
· 认识群体的作用，增进对集体的参与意识和责任心。
· 启发想象力与创造性，提高解决问题的能力。
· 学习欣赏别人，学会关心别人。
· 情感沟通和表达能力增强，人际关系趋向和谐。
· ……

有这样一个事实：越是深刻的道理其表现形式越简单。一个企业文化价值观提炼出来可能是简单的几个字，这几个字甚至是常见的，员工并不一定能深刻体会到其内涵和对于企业的重要性。将企业文化融入团队拓展活动中，运用具有挑战性和趣味性的模拟游戏更能引发深刻思考与体会。

（三）基本原理

一般来说，团队拓展类活动60%的时间用于进行项目，40%的时间用于讨论和思索，以促进员工自我完善意识的形成。

团队拓展活动由五个环节组成，如图3－4所示。

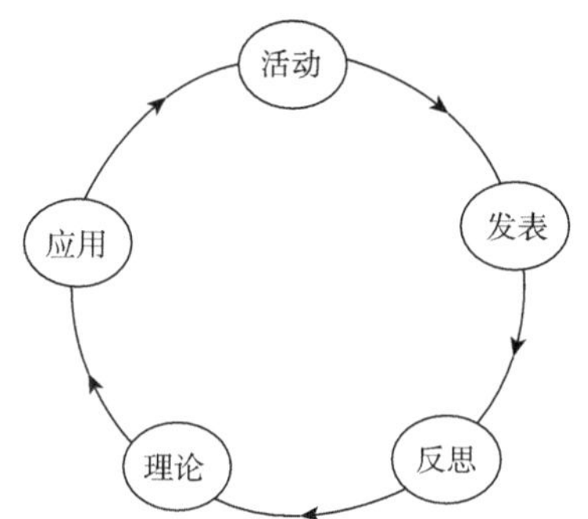

图3－4 团队拓展活动的五个环节

活动：这是过程的开端。参加者投入一项活动，并以观察、表达和行动的形式进行。这种初始的体验是整个过程的基础，它需要学员在完全放开的情况下，才能够达到最好的效果。

发表：有了体验以后，重要的是参加者要与其他体验过或观察过相同活动的人分享他们的感受或观察结果。

反思：有了活动体验，通过进一步思考，引申到现实场景中，来检视自己的行为。

理论：在教练或领队的指引下，通过总结和深度沟通，形成一定的理论基础，促使拓展活动效能综合化、系统化，以期对工作实践起到指导作用。

应用：最后一步是策划如何将这些体验应用在工作及生活中。而应用本身也成为一种体验，有了新的体验，循环又开始了。因此，参加者可以不断进步。

二、操作方法

（一）使用原则和方法

在具体实施时，团队拓展活动往往有不同的侧重点，有的侧重传递企业使命、战略，相对严肃一些，有的侧重员工沟通协作，氛围更轻松一些。鉴于企业文化拓展活动的侧重点不同，我们在策划组织时一定要注意：

· 不同形式的团队活动，其文化含金量不同，有时可以多种形式恰当结合。

· 不能为活动而活动，必须赋予文化内涵。

· 根据不同形式的活动，实施的程度可以不同。

· 活动形式要创新，有挑战性和趣味性。

· 效果是评价活动的唯一标准。

如何策划一场文化味道浓浓的团队拓展活动，一个基本指导思想就是把握需求、激发需求、满足需求。关键点是明白我们为什么要搞这个活动、有什么样的背景、想达到什么目的，明白后，我们就可以开始创意之旅了。

这里有三个突破口供参考：

一是鲜明的主题。具体做到化无形为有形，即赋予平凡活动以不平凡主题。化有形于无形，即让不平凡的主题融化在体验性、启发性极强的活动形式中。最高境界“心中有剑、手中无剑”。

二是与实际关联。与实际关联就是要了解企业的发展与员工的工作情况，紧紧围绕工作实际情况来策划活动，从活动中引发对工作的思考，不要做与大家不相干的事。

三是挑战与趣味并存。就是找准大家的兴趣点和兴奋点，调动大家在活动中的积极性，增强参与程度。

（二）步骤与方法

团队拓展活动策划的具体步骤如图3－5所示。

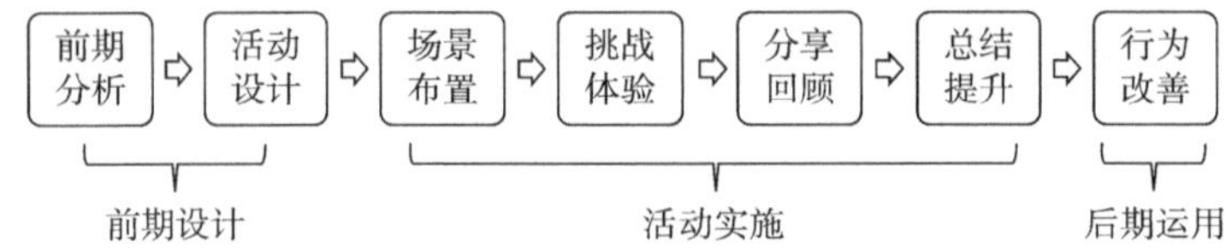

图3－5　团队拓展活动策划的具体步骤

1. 前期设计

（1）前期分析。

前期分析就是要搞明白为什么要搞这个活动、有什么样的背景、要达到什么目的，可以与公司高层或需求部门管理层多沟通，搞清楚拓展活动的侧重点在哪里。分析活动对象：人员组成、性别、年龄结构、身体状况、部门岗位特性、是否参加过类似活动等，这关系到设计的活动项目是否适合参加活动对象。比如，同一个企业中不同岗位群体差别也会很大，技术人员和销售人员风格不一样，活动的设计和结果要求也不尽相同，可以采用《活动前期调研表》来系统收集资料，便于分析。

（2）活动设计。

活动设计师对参加活动人员的特征和需求进行调查分析，制定出尽可能满足活动人员要求与最能表现效果的活动。

活动设计要以团队的目标为主旨，体现企业文化，活动要有可操作性和针对性，设定明确的主题，如打破沟通的障碍，那么本次活动就是沟通问题的设计，要让活动教练明确理解活动的目标。如果参加人员较多，可以分为几个小队，明确突出竞争还是合作，还是都包含。还要设计好活动项目与场地设施的轮换顺序，要有一定的机动性，多做几个备选项目以备不时之需。

拓展活动一般以“破冰热身”开始，首先介绍活动的目的、流程与注意事项，然后安排一个小的活动项目让员工放松身心，集中注意力。比如，有的企业会有自己的“cheers”或者“健康操”，也可以用相互握手、击掌等开始。

“破冰热身”之后就进入活动的常规模式。按照团队的发展过程，从“形成期”开始，组建团队，建议每队一面旗帜，确定队名、队歌、队徽及选出队长等，给予每队一定的时间展示介绍，团队组建完成。

组建好队伍就可安排主要活动项目了，主要活动项目中要融入企业文化和目标。比如，有一个活动是人体拼字游戏，可以将企业文化理念的关键字通过团队拼字形式拼出来，规定时间内拼得多的为胜，这个活动既可以让团队体验到协调配合，又可以将企业文化形式生动演绎一遍。

设计活动项目要考虑顺序、完成任务与回顾总结时间，做好把握；活动项目的规则一定考虑周到，避免规则引起争议，如果有模糊不清之处，很多人可能会钻规则的空子。另外，活动项目要有一定的趣味性，知道活动的哪些地方会引起大家的兴趣，好的活动一定是在活跃的氛围中进行的。

2. 活动实施

（1）场景布置。

场景布置就是按照活动项目内容，合理利用场地环境，布置设施道具。场景布置最好提前完成并事先试用、反复检查，保证活动的顺畅性和安全可靠性。最好在道具上做适当的备份，如果在活动中有损坏，可以马上更换，保证活动顺畅进行。

（2）挑战体验。

挑战体验就是让参加人员接受挑战，完成活动项目要求的任务，从中体验活动预先设计的理念并得到感悟。根据活动项目的难易程度不同，活动教练可以做一些讲解提示或简单演示，并明确活动的规则及目标，确保参加人员都明白无误。复杂一点的活动，可以给参加人员一定的体验时间。

在挑战体验的过程中要注意安全第一原则，有些活动存在一定的风险，活动教练要时刻监控可能存在的危险；公平公正原则，活动进行中，要保证大家在规则内进行，如果多队伍同时进行，可以设置多个分裁判员；连续性原则，活动过程中不要轻易停止，保证全队顺利完成，如果停止也要选择合适的时间节点，这样才能保证体验的效果。

（3）分享回顾。

分享回顾是团队拓展活动中重要的组成部分。参加人员在体验活动后分享感悟，结合活动结果与过程中的得失，求同存异达成默契。

分享的方式：轮流发言或随机发言，一个活动结束后最好每人都有机会发表自己的看法，人人平等，鼓励大家畅所欲言。分享回顾有几个原则：即时性原则、求同存异原则、积极正向原则、联系实际原则。

（4）总结提升。

总结提升就是在回顾结束后，将大家的感悟与理解进行提升，主要是以鼓励、肯定的形式，让大家对文化、团队、工作、自身有一个新的认识，对企业充满信心，联系实际工作中的情景，引出新的思考与启发。另外，一味地肯定和鼓励对大家并非是最好的总结提升，合理地批评与总结，中肯地给出一些建议也是不错的。合理把握尺度，为活动结果负责。

3. 行为改善

行为改善是将拓展活动中的所感所悟，在工作情境中运用，达到活动之初的目的。活动结束后，可以组织大家结合活动中的感悟，对现在的工作或行为进行梳理，在哪些环节可以改善，哪些行为的改善可以更加符合企业文化价值观，有必要形成一些书面改善材料，在接下来的工作中予以实施。

三、案例解读

1 号店重视企业文化建设，将文化融入活动。根据计划开展一次文化拓展活动，下面是具体实施的过程，仅供参考。企业文化建设系列——“沟通协作、追求卓越”团队文化拓展活动如表 3－8 所示。

表 3－8　企业文化建设系列——“沟通协作、追求卓越”团队文化拓展活动

序号	步骤	日期/时间		项目	内容
前期设计	前期分析	3 月 20 日—3 月 31 日		访谈	访谈运营部领导，确定方向：追求卓越文化团队
				调研	活动对象：中层管理者，男性多（活动体力要求可以高一点），有过类似活动经历（创新项目）
	活动设计	4 月 1 日—4 月 10 日		主题	沟通协作、追求卓越
				目标	追求卓越的企业文化推动；完成活动任务，挑战“卓越圈”活动最高纪录；对点工作或行为梳理，找出改善点提升
				活动	热身—群龙取水—抢滩登陆—挑战“卓越圈”纪录
活动实施	场景布置	4 月 12 日—4 月 20 日		场地准备	现场勘查，合理设置活动地，场内＋场外
				道具准备	旗帜、剪刀、彩色胶、彩色笔、彩色头巾、绳圈、榻榻米、水瓶等
	挑战体验	4 月 22 日	7：30	集合	准时，到点开车，迟到通报；活动当天无一人迟到
			7：30－8：40	到达场地	路上小活动：企业文化知识问答，小奖品
			8：40－9：00	活动热身	团队 Cheers＋健康操，破冰游戏
			9：00－10：00	团队组建	组成 4 个分队，队旗、队标、队名、队长、队歌
			10：00－11：00	群龙取水	突出“卓越团队”之协调配合与信任
			11：00－12：00	抢滩登陆	突出“卓越团队”之团队之间合作与沟通

续表

序号	步骤	日期/时间		项目	内容
活动实施	挑战体验	4月22日	12：00－13：10	午饭	秩序规定
			13：30－14：00	卓越队长设定	卓越队长职责设定
			14：00－17：00	卓越团队训练	突出本期活动之核心“卓越团队”—挑战自我、成就团队、协作共赢
	分享回顾		17：00－17：30	团队分享	每个活动环节都组织团队分享、回顾项目成功之处、不足之处等
	总结提升		17：30－18：10	总结发言、表彰	活动教练引导，每队代表总结发言
后期运用	行为改善	4月22日—5月22日		提交心得（改善计划）	活动一周后提交心得（完成90%，其余后一周完成），心得分享给公司高层
				定期抽检	活动半月后，访谈部分员工和其领导，行为有提升改善则鼓励坚持
				阶段反馈	活动一月后组织座谈会，结合活动心得与工作中的改善分享交流，相互学习

参加活动员工反馈：

反馈一：

这次桔园拓展活动学习到了不少东西，关于团队、信念、凝聚力、信任、卓越等方面，从中得到了不少感悟，受益匪浅，可以用一个词来形容此活动——不虚此行。其中，最重要的是自己亲身参与拓展训练，有切身的体会、感悟和所得。虽然说只有自己悟了才是真正的悟了，但是，有必要和大家分享一下我的所得，希望对大家以后的工作和生活有所助益。

思绪回索，活动过程仿佛历历在目，一个个片段、一段段思绪好像刚刚发生似的，难以忘怀。确实，只有切身经历、融入其中，才能真正体会其中的点点滴滴，才能体会得更加透彻，悟得更加彻底。在这里，我会将其中的精华提炼出来，分享给大家，希望大家能有所收获。

其一，真正的团队是一种水乳交融、不分彼此的状态。真正的团队并不是简单地将一群人拼凑在一起，它有着自己的准则，或者说一种状态。真正的团队并不是说这个团队的所有成员都是一样的，一样的优秀、能力突出，而是说这个团队中的成员可能只有少部分是相似的，甚至是完全不同的，他们的能力有强有弱，特长也有所区别，可能这个成员数据分析能力强，那个成员的管理能力强，等等。真正的团队需要有共同的奋斗目标，只有目标统一，才能事半功倍。团队中，职能分工必须明确，互补性、协调性强。同一团队需要有更加明确的职能分工，能力方面能够互补，在整体上协调划一。团队中要有领袖（领导者），对团队整体进行统一组织、协调、整合、控制，实现目标行动的高度统一。

此次拓展训练中有项环节——分组别取水（如图3－6所示），瓶装矿泉水分三排紧密排列在距团队警戒线至少120cm的空地上，要求团队成员在不触碰警戒线以外的地面、每次限取一瓶水的前提下，在最短的时间内完成取水任务。我所在的组别一共有14名成员，身体素质有所不同，有高有矮、有胖有瘦、有男有女，这对完成取水任务有很大影响。但是，我们还是顺利地完成了任务，而且成绩理想。刚开始，每位成员都认为在如此远的距离下按要求取水很难，甚至是不可能的，还没开始就有打退堂鼓的。后来，通过讨论、尝试，在队长的安排下，体重大的负责拉人取水，身高的取后排的水，身矮的取前排的水，并且按一定的取水顺序取水，从而节省时间。其中，让我记忆深刻的是，取水过程中的动作难度很大，要伸直腿部和手臂，取水时，身体与地面几乎成水平状。有些队员很紧张，包括我在内，但是在取水的时候，伙伴们都会在旁边打气，说："不要怕，把手伸到你要拿的水那里，后面有20个人在拉着你。"这让我很感动，是啊，队友们都在拉着我，有什么比把后背交给自己队友更放心的呢？团队就是这样，不分彼此，为实现同一目标一起奋战。

图3－6　分组别取水

其二，竞争是常态，合作共赢是最优。团队之间的竞争是经常的，但为了达成同一目标，在高度（大局）上的临时统一，实现合作共赢却是最优的，也是难能可贵的。此次拓展训练中有项环节，分组过“沼泽”，每组只有 6 块可移动小方形泡沫垫，需要在 5 分钟内保证团队所有成员顺利度过横向无限延伸的长约 15 米的“沼泽地”，最后完成的队给予惩罚。刚开始的一轮比赛，三支队伍独立进行，毫无疑问的结果是失败，在规定时间内都没有完成。经过思考任务规则，三个队的队长经过协商，决定临时性合作，18 块泡沫垫铺完“沼泽地”绰绰有余，最终三队都在规定时间内完成了任务，而且大家都很轻松。通过这项拓展任务，让我深刻认识到，团队竞争是常态，合作更是一种常态，合作共赢往往是最优的。从另一个角度来说，生活、工作中成就他人，何尝不是成就自己。

其三，信念、心态是一种巨大的源动力。分组取水，还有当日下午开展的“卓越圈”训练，无一不在诠释着信念、心态的强大力量，以及它们深远的影响力。“卓越圈”训练要求组别根据自己定下的目标，不断地通过完善自己团队的协作、配合、方法，达成目标，甚至是超越目标、追求卓越。虽然是室内训练，但是训练强度依旧很大，整整一个下午，所有队员都在为超越目标而努力，有些队员结束训练后都有些虚脱了，最终三支队伍都完成了开始认为不可能完成的任务。回来后，我反复思索，汲取其中的营养，我把这种追求卓越的力量归纳为信念和心态。每个人的潜力都是无穷的，当你把你的思想化作坚定的信念，并为之不断努力的时候，潜力就会不断地被激发出来，相信成功不远了。

关于此次拓展活动要分享的还有很多，归纳起来，对于个人而言，我们一定要克服惰性，坚定信念，遇事不惊，保持良好的心态，要有恒心，为目标而努力奋斗，自强不息；对于团队而言，队员之间互相信任、互相协作、互相支持、互相鼓励，为共同目标一起努力，共同进步。

工作、生活中要多听、多做、多反思、多应用，做自己不会做的事叫成长，做自己不敢做的事叫突破，做自己不愿意去做的事叫改变，以此共勉。

反馈二：

如何打造信任卓越团队是长期困扰我的问题，但是经过《信任卓越团队》训练，我受益匪浅，领悟到很多东西。

关键词——信任。

如何真正做到信任？可能在没有参加培训之前我的理解就是你无理由相信我就行，我不会让你失望。然而经过这次的培训，我才知道真正的信任就是只有你有足够的能力，并且让对方知道你会全力以赴，让对方把最危险、最脆弱的一面展现在你的面前。

片区管理也是如此，首先个人要有足够的能力、方法来管理团队，并且让他们知道我会全力以赴帮助大家提高管理能力。

关键词——卓越。

一直以来认为自己做到优秀就可以了，“卓越圈”让我知道不要低估自己的能力。一开始的 15 秒已经很快了，我们相信经过努力一定能突破 10 秒，结果我们过了 10 秒、9 秒、8 秒，最终定格在 7.19 秒。这一成绩破了纪录，自始至终我们都不敢相信自己能做到。但是我们做到了！我们队总结了自己为什么能做到，首先，我们不断地努力、不断地练，练得同时还要改善方法，哪种方法更好，我们就用哪种。我觉得最重要的还是心态，每一次我们并没有抱着做到最好的心态，我们抱着每一次要比上一次的成绩有所进步的心态去挑战，去挑战自己，经过几轮的努力，我们做到了。努力、方法、心态，我们做到了卓越。

关键词——团队。

团队是由基层和管理层人员组成的一个共同体，它合理利用每一个成员的知识和技能协同工作、解决问题，达到共同的目标。

如何打造一个优秀的团队？我一直很欣赏狼性团队。

合作：狼过着群居生活，一般七匹狼为一群，每一匹狼都要为群体的繁荣与发展承担一份责任。

团结：狼与狼之间的默契配合成为狼成功的决定性因素。不管做任何事情，它们总能依靠团体的力量去完成。

耐力：敏锐的观察力、专一的目标、默契的配合、好奇心、注意细节及锲而不舍的耐心使狼总能获得成功。

执着：狼的态度很单纯，那就是对成功坚定不移地向往。

拼搏：在狼的生命中，没有什么可以替代锲而不舍的精神，因为它使狼得以生存，狼驾驭变化的能力使它们成为地球上生命力最顽强的动物之一。

和谐共生：为了生存，狼一直保持与自然环境和谐共生的关系，不参与无谓的纷争与冲突。

忠诚：狼对于对自己有过恩惠的动物很有感情，可以用命来报答。

我希望通过我的努力，可以把自己的团队打造成一支有狼性团队精神的团队！

作者：张宁，山东籍，现居上海，在企业从事培训与企业文化建设等工作，拥有丰富的实践经验。

第二十六节　节日活动策划

一、工具属性

（一）工具的基本属性

工具的基本属性如表3－9所示。

表3－9　工具的基本属性

联动工具	新媒体、平面媒体、调查问卷
适用范围	根据需要在全年的大小节日期间进行
主体与客体	企业全体员工

（二）工具作用

主题节日文化活动是企业文化理念具体的实质性实践，是理念落地的重要形式。主题文化活动一般有着非常鲜明的文化主题，和企业的使命、愿景、价值观有着较为明显的对应关系。通过以节日为载体的活动互动，积极探寻企业与员工的交融点，增强员工对企业文化的认知，从而提升企业文化建设水平。总的来说，主题节日文化活动有以下三个特点：

1. 功能性

不论是哪种形式的主题节日文化活动，都是为了发挥其特定功能而进行的，并不是因为它们与其特殊的企业经营有必然的、内在的联系，一般企业文化所具有的如发展物质文明的主导功能、对精神文明建设的主体功能、对智力开发的动力功能、对共同意识的凝聚功能等，它都具有。

2. 开发性

包括两个具体内容：一是开发生活，拓展员工的生活空间，丰富员工的生活内容，增添生活乐趣，美化人的生活、心理、文化环境。二是开发员工的素质，包括人的体质、智力、脑力、道德情操、价值追求、品质修养等。

3. 社会性

企业举办的各种主题节日文化活动本身具有共性，是各企业、事业单位、学校等都可以举办的“通用活动”。通过这些主题节日文化活动，如年会、中秋灯谜会、青年节歌唱比赛、端午节龙舟比赛等，同社会各界加强联系，相互交流信息，提高企业的社会声望，促进企业生产经营的发展。

正是因为主题节日活动的这些特点，使它能够在企业文化建设中发挥重要的作用：

一是增强员工满意度与归属感，激发员工的工作积极性和热情。

二是丰富员工业余文化生活，营造一种健康、旺盛的团队氛围。

三是树立企业良好的外在形象。

（三）工具原理

主题节日文化活动以节日为载体，在给予员工节日关怀的同时，又在节日的传统外衣下植入企业文化理念的新内涵。通过主题策划、氛围营造、宣传报名、活动组织、奖励发放、后期宣传等步骤的推进，让员工以亲身参与的形式感受特有的企业节日文化氛围，增强归属感。

二、操作方法

（一）操作的基本原则

主题节日文化活动在策划组织的过程中应遵循以下原则：

一是目标主导原则：主题节日文化活动必须切合企业实际情况，赋予企业文化内涵，这是一切活动的根本目标。

二是创意创新原则：依附于节日的文化活动要出彩，必须加入创意以求创新。

三是简单易行原则：大部分主题节日文化活动作为节日的辅助存在（周年庆、年会除外），具有锦上添花的作用。因此，在策划实施的时候要遵循简单易行的原则，不能本末倒置。

（二）操作方法和步骤

主题节日活动的具体步骤如图 3 –7 所示。

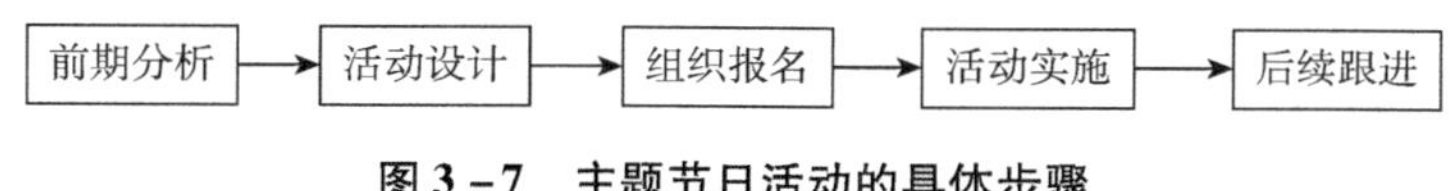

图 3 –7　主题节日活动的具体步骤

1. 前期分析

分析活动对象：人员组成、性别、年龄结构、身体状况、部门岗位特性、是否参加过类似活动等。这关系到设计的活动项目是否适合参加活动对象。比如，同一个企业中不同岗位群体差别很大，技术人员和销售人员风格不一样，活动的设计和结果要求也不尽相同。可以采用问卷星等网络调查工具系统收集资料，便于分析。

2. 活动设计

根据前期分析结果，结合年度预算进行节日活动的设计。

（1）活动内容设计。

活动内容设计要易于操作和传播，拟定合适的主题能够给活动锦上添花，企业文化主题节日活动的主题命名一定要跳出传统节日活动的命名方式，尤其是对于90后员工居多的企业，员工一看活动主题就失去兴趣，参与的积极性就会大打折扣。比如，元宵节猜灯谜，如果起名元宵灯谜会，可能给人一种传统气息扑面而来的感觉，对年轻员工群体吸引力不大。但是如果将活动名称改为“脑洞大开，谁是答题王”，再辅以小标题“元宵节灯谜会”，既迎合了年轻员工爱表现自己的渴望，也点明了活动主题，参与效果大不一样。

有了一个好名字，接下来就要介绍活动内容。在这个泛阅读的时代，内容说明切忌长篇大论，要简明扼要、便于理解和传播，要包括时间和地点、具体形式、奖项与奖品设置、报名参与方式四大要素。

（2）活动宣传设计。

活动内容文字版拟定好之后首先要进行活动海报的设计制作，千万不能忽视这一步。对于内部来说，这是一个活动介绍载体；对于外部来说，这是企业形象的展现。因为在传播的过程中一定会出现由内向外的渠道，因此，在完整展现活动内容的前提下要认真设计主题活动海报，本部门水平不高的情况下可以求助设计部同事。

在主题活动海报设计完成之后，利用企业文化宣传的一切载体进行对内传播，如OA内网、QQ、微信群、微信公众号、展架展板、电视广播等。

3. 组织报名

节日活动一般会有通用福利和参与福利，比如，元宵节会给公司全体员工煮汤圆吃，为了凸显节日氛围、植入企业文化，会进行诸如新式猜灯谜的活动。活动内容安排得再好，如果员工只是被动接受通用福利而不愿意主动参加额外的活动，那么这个活动策划就是失败的。相信企业文化从业者最不希望看到的就是在组织活动的时候，陷入耗时耗力却不讨好的尴尬境地。为了避免这种现象的发生，我们除了在前期策划的时候尽量使活动本身有亮点，还应该在组织活动报名的时候做好以下三个方面工作。

（1）中间人的作用。

笔者所在的公司在每个部门都设有一个文化小天使，主要负责部门内部的征稿及文化活动的组织报名工作。天使每月都享有一定数额的津贴，公司文化活动方案定稿后最先通知的就是文化天使，他们利用部门内部的沟通渠道第一时间传播，让活动消息先“飞”一会，这样员工也会有心理准备。员工与文化天使之间是平等的关系，可以无隔阂地沟通交流，文化天使也能根据自己对部门同事的了解来推荐合适的人选，在参与活动与工作冲突的情况下需要跟部门领导沟通。

文化天使充当的中间人角色推动了部门文化活动的报名工作，同时他们有选择地推荐的合适人选也能使活动更出彩。每个公司的构成不一样，但是原理是相通的，如果没有文化天使，可以在每个部门选择一位活跃的小伙伴作为联络人，平时给予一定的物质奖励，相信一定能使企业文化工作事半功倍。

（2）礼物的吸引。

任何活动都会设置一定的奖励，在预算充足的情况下，奖品当然多多益善，这种情况暂且不提。但在预算有限的情况下如何吸引员工参加活动呢？那就要靠礼物的独一无二性，淘宝能在 10 秒之内查到商品的价格，如果预算不多又不在礼物上花心思，低价的奖品肯定不会有吸引力，这就需要我们在奖品的独一无二性上花心思。比如，定制的带有企业 logo 的精美挂件、手机壳，可以印照片的抱枕、马克杯，刻有员工姓名的钢笔等，这需要活动组织者在平时多留心，或者关注几家礼品供应商的微信，从他们的朋友圈里能够经常看到一些有趣的小礼品。

（3）表现欲。

多数人都有在大家面前展现自己美好一面的欲望，文化活动也一样。在一些活动进行的过程中，我们可以挑选一些最先参加活动的员工最美的一面（照片或作品），发布在微信群或者 QQ 群等能够实时查看和互动的地方，大家的回复和赞美不仅满足了参与者的表现欲，还能大大刺激未报名的潜在参与者。

4. *活动实施*

要使主题节日文化活动顺利实施，需要注意以下几点：

（1）活动组织者的合理分工。

（2）活动过程中的疑问解答及问题的及时修正。

活动在实施的过程中难免会出现设计上的纰漏，实施的时候应该时刻根据活动的进程，及时回复活动参与者的反馈。为了活动的顺利进行可以适当修正活动规则，并诚恳告知全体员工。

（3）活动实施过程中要做好图片记录，为后期宣传做准备。

5. 后续跟进

主题节日文化活动实施完成之后要及时跟进。

（1）及时公布活动结果，并将信息通知到部门，让当事人第一时间知晓。

（2）活动奖品的发放。

（3）活动的宣传报道。

此环节一定要注意拍摄员工的照片，尤其是女性员工照片要提前跟本人核实后再发布。企业文化工作者务必要学会使用美图秀秀等美化软件，笔者就遇到过很多次员工看到活动报道之后觉得把自己拍丑了，问能不能去掉自己的照片……我们在后期的宣传工作中一定要避免此类打击参与员工自信心的事情。

（4）满意度调查。

一个活动结束之后，应该在一定时间（一般是 3 天）内进行满意度调查，调查选项可以从活动过程中的反馈自主设定，调查可以采用全员式的，也可以采用邀请式的。笔者一般请部门中间人邀请几位员工参与调查而不是直接邀请员工参与，避免员工在活动组织者面前不便说出自己的真实想法。

三、案例解读

（一）线上互动玩转六一儿童节

笔者所在的公司是一个互联网公司，员工平均年龄为 24.5 岁，属于比较年轻的团队，单身员工居多，有宝宝的员工不到 20%。为了贴合节日的主题，同时体现公司对员工孩子的关爱，又要考虑没有结婚生子员工的感受，笔者策划组织了一个六一儿童节的线上连连看活动，员工参与度高，反馈良好，活动具体内容如下。

活动主题：萌宝连连看·欢乐过六一。

1. 活动内容

公司的宝爸宝妈们，只需提供一张萌宝半身照片（注明宝宝姓名及小名）和一张爸爸/妈妈的半身照（注明姓名），发送到主办方即可参与活动，每个参与活动的家庭都可获得夏日冰感公仔一个。照片提交时间：2016 年 5 月 23 日—27 日。

2016 年 5 月 31 日—6 月 1 日，我们会将萌宝的照片和爸爸/妈妈的照片放在线上竞猜平台，大家可参与竞猜谁是萌宝爸妈的连连看活动，活动截止 1 号当天 17 点，竞猜成功率最高且用时最短的前 20 名竞猜者可以获得优胜奖一份。参与竞猜的员工，按照提交竞猜结果的顺序，第 10、20、30、40、50……名，均可获得活动纪念品一份。

提前收集部门宝宝的照片做宣传海报，吸引更多人参加活动，活动海报 1 如图 3 －8 所示，活动海报 2 如图 3 －9 所示。

图 3 －8　活动海报 1

图 3 －9　活动海报 2

线上竞猜使用问卷星答卷的形式实现，活动页面如图 3 －10 所示。

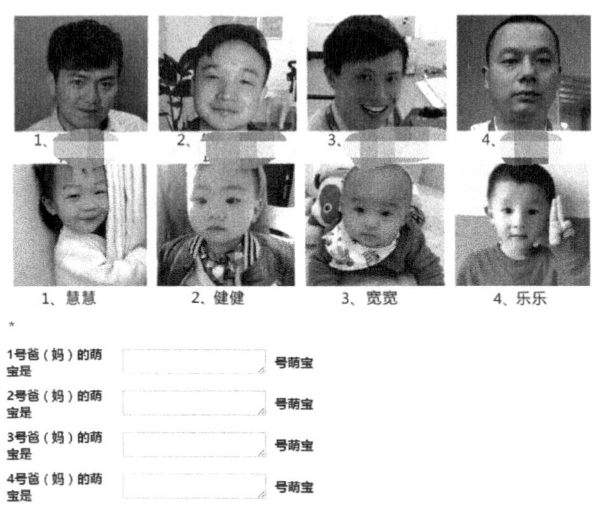

图 3－10　线上竞猜活动页面

2. 活动效果

（1）有子女的员工活动参与率 100%。

活动打出官方晒娃的口号，满足了爸妈晒娃的心理需要，同时辅以特色礼物，从而提高员工参与活动的意愿，变相发放了儿童节福利。

（2）线上竞猜提交人数占全公司总人数的 80%。

首先，参与者都想看一下同事们的宝宝，满足了大家的好奇心。其次，连连看的噱头也增加了大家比拼挑战的兴趣。最后，无论是获胜还是参与都有礼物可以拿。

（3）促进同事间线下交流。

以前彼此脸熟的同事可能鲜有共同的聊天话题，自从连连看活动后，有宝宝作为话题的开端，增进了同事之间的沟通和了解。

（二）通过圣诞节线下活动促进员工互动，增强公司活力

有一个看似玩笑但颇有几分道理的观点是：看一个公司好不好首先看公司里的美女、帅哥多不多。既然美女、帅哥是一个公司好坏的重要标准，那么异性同事之间的良性互动一定能让公司充满活力，为了这个目的，同时活跃圣诞节的气氛，笔者策划了“圣诞拉近你我”的线下活动，在圣诞节当天也为全体员工发放了平安果及小礼物。

活动主题：“圣诞拉近你我”。

活动宣传文案如图 3－11 所示。

冬雪，麋鹿，彩灯，青松......2016年即将步入尾声
过去的这一年里，我们花了最多时间一起共度的人
也许只有工作上的寥寥数语、茶水间的擦肩而过、吃午餐的邻座偶遇
共乘一班地铁的前后车厢，或者仅仅是QQ头像在总群里的静静陪伴

在这个充满祝福气氛的节日里
让我们以圣诞之名，走近那些最熟悉的陌生人，拍一张圣诞的合影
让认识一批新朋友成为这年尾最温暖的收获

图 3－11　活动宣传文案

活动内容如图 3－12 所示。

即日起至23日，手持圣诞相框分别与不同部门的异性小伙伴合影
武汉小伙伴集齐6个不同部门，鄂州小伙伴集齐4个不同部门
将照片发送至　　　　即可获得圣诞惊喜礼物一份
平安夜当天将会从所有发送照片的小伙伴中抽取价值700元的大奖4份

图 3－12　活动内容

活动宣传海报如图 3－13 所示。

图 3－13　活动宣传海报

活动效果如图 3－14 所示。

图 3－14　活动效果

效果分析：本次活动非常简单，大奖中奖率也不高，但是员工之所以有如此高的热情，就是因为用公司活动仪式的形式给了不同部门异性员工一个认识、交流的机会，相信这是最吸引人的亮点。很多员工终于有机会鼓起勇气跟心目中的女神、男神讲话并合影，很多员工把活动照片发布到朋友圈，向朋友炫耀的同时也展现了一个充满活力的公司形象。

作者：张瑞，男，湖北籍，现居武汉，在企业从事企业文化建设等工作，拥有丰富的实践经验。

第二十七节　文化故事会：讲述身边的事迹

一、工具属性

（一）工具的基本属性

工具的基本属性如表 3－10 所示。

表 3－10　工具的基本属性

联动工具	企业媒体、培训、宣讲、宣传片
适用范围	在企业文化建设过程中，故事担任“缔造、诠释、传播、教育”的综合角色，是企业文化传播的核心，应善于借助企业文化传播体系，使企业文化故事得到最广泛和最有效的传播 适用于企业文化理念宣传，员工学习教育读本，阐释企业经营之道，优秀人物事迹传播等
主体与客体	全体员工

（二）工具作用

传播并强化企业文化理念。

树立鲜活的榜样。

增强员工的凝聚力和自豪感。

激发员工的工作热情。

（三）基本原理

文化通过故事会的形式展示，生动形象地将抽象的理念具体化，让人更好地理解。通过举办故事会，传播企业理念、塑造企业品牌、提升企业形象、弘扬企业精神。因此，故事是企业文化深植落地的重要载体，只有挖掘、提炼并传播好企业文化故事，才能让企业文化入脑入心、落地生根，增强员工对企业的认同感、归属感和使命感，增强企业的凝聚力、向心力和战斗力。企业文化故事的主要分类有：

创业类：主人公在公司创立阶段经历的种种艰辛，以及遇到困难后所展现的精神风貌。表现主人公对该项事业的使命感，以及对未来愿景的不断追求。在公司平稳运行阶段，员工在一些攻关项目上依然表现出创业者的敢于挑战、永不言败的精神。

创新类：系统性的突破和创新，如新技术、新产品、新的解决方案；改善性创新，主要是员工的一些小改革，如设计一件工装、新的操作方式等。

经营类：员工秉承经营管理理念，在提升产品质量、降低经营成本、开拓新的市场等过程中展现出来的感动他人、感动客户的相关事迹。

变革类：主要讲述企业在面对新形势、新环境、企业内部各种矛盾和问题的时候，各级管理者和员工是如何面对变革、推动变革并取得良好业绩的事迹。

管理类：员工在流程改善、制度创立、职能服务等方面的事迹。

二、操作方法

（一）操作的基本原则和要点

确定事迹（故事）的征集依据：公司的文化理念、行为规范、本年度需要突出的理念等。

典型事迹的打磨：通常来讲，主办方（企业文化部门）要做大量的细化和打磨工作，让原本粗糙的事迹更加生动、主题更加突出、导向更加鲜明。

晚会时间：控制在三个小时以内。

VCR 的拍摄类别：

（1）背景类：拍摄导入故事情景的内容。

（2）外景类：在外地发生的重要情景；很难用语言表述的情景（情景再现）；相关当事人不能到故事会现场的。

（3）补充说明类：故事发生过程中的重要器具、场面等。

外部元素的加入会为故事会增加很多亮点，如客户、家属、供应商等。

（二）操作步骤

第一阶段：宣传造势。

造势时间：两三周。

造势渠道：通过微信、内刊、宣传栏、条幅、海报、电子屏、内网论坛、公司群邮箱、短信息、VCR（公司食堂、电子屏）等渠道，将活动内容传递给每一位员工。

第二阶段：事迹征集。

征集时间：10 天左右。

征集方式：

（1）向全体员工发放事迹征集推荐表。

（2）党工团（党委、团委、工会）联动，发动通讯员体系收集故事。

（3）主办方从公司的大项目、重要事件中寻找。

（4）向各级部门负责人征集。

第三阶段：筛选提炼。

时间：10 天左右。

对收集的材料进行确认核实。

对故事材料进行筛选加工、事迹提炼。

第四阶段：典型事迹评选。

时间：半天 + 半天。

初筛：主办部门根据评选标准，初步确定候选的典型事迹。

评委投票：由管理层和员工组成评委团，现场通过投票或打分选出典型事迹，在后续的故事晚会上展示。

第五阶段：故事晚会筹备。

时间：一周左右。

表现形式：根据事迹的内容，选择表现形式，一般采用两种形式，一是 VCR + 采访互动；二是舞台剧。

拆解事迹：

（1）讲述模式：将事迹进行拆解，分成两大部分。一部分为主持人采访的问题；另一部分为主人公的回答。通过两方的互动，再加上 VCR 的配合，把事迹展现给大家。

（2）舞台剧：根据事迹编写剧本，选择各个角色。

其他筹备工作：场地选择、舞台搭建、音响灯光设备、观众的组织、嘉宾的邀请等。

第六阶段：故事晚会举行。

观众入场。

暖场 VCR——多为采访、拍摄过程的花絮。

开场词。

分篇章展示，如创新篇、人本篇、创业篇，每个篇章包含一两个故事。

公司高层领导总结致辞，强化本次故事会所展现的文化理念。

第七阶段：故事展示。

时间：7 天左右。

通过内刊、宣传栏、内网、微信等渠道展示事迹。

三、案例解读

（一）互动讲述模式示例

主持人开场：A 产品是公司的新项目，其实每一个新项目就是一次创业，公司也正是由一个项目组发展而来。公司最初的创业故事我们都熟悉了，A 项目组又给公司创业增添了新的内容。掌声有请项目组负责 A 产品安装调试的小孙、小李（如图 3－15、图 3－16 所示）。

图 3－15　现场访谈环节

主持人：你是负责电气调试的，在现场你都做了哪些工作？

小孙：编程序是我的主业，除此之外，我要做的事情还有搬胶料、割胶……其实大家也都是这么做的。

刚调试完交给客户之后的那段时间，我经常在凌晨两三点接到电话去现场整

图 3－16　故事会全场情况

改，所以一看到客户的电话，我的腿肚子都哆嗦。为了能够随叫随到，我们从旅馆搬到工厂对面的村子里，租了一个房子，只要一个电话，我们马上出现。

主持人：当时有一个程序，从 7 个工步改成了 13 个工步，你们花了两天两夜的时间做完的？

小孙：当时，这条线已经纳入客户的生产计划，不能随便停机，而我们的一些程序必须在设备完全停下来之后才能改，最后客户给了两天的时间。我和两位小伙伴，当时心里也没有底，不知道能不能改完，只能往前赶，两天睡了六个小时，最后比预定时间早了××小时。

主持人：生产调试，配合很重要，你们在调试过程中有没有一些小插曲？

小孙：有几天看电脑看得头疼，我就稍微休息了一会儿。有一次，我爬到二楼平台上趴着，我刚趴下两分钟，这时海涛在前面开炼机上投料了，而且是加硫料了，小王就上来叫我，赶紧让我发信号。我如果不发信号，他就加不了硫黄，这批料就废了，我就跑下去弄程序，及时给他发了信号。

主持人：确实很辛苦。在创业过程中，要付出的不仅是创业者本身，还有家属，没有家属的支持，创业也是不可能的。很多同事都是舍小家顾大家，就像项目组的小李、小王等。小李，你去年结婚之后，没几天就去客户现场了，后来，领导要给你补婚假，你也没有补，你当时是怎么想的？

小李：那时候，项目组里只要能干活的都去现场了，我哪能忍心抛下兄弟们去休婚假，本来人就不够用。

主持人：前一阵，听说你女儿因为感冒很严重都进重症监护室了，一出重症监护室，你又跑到客户那里去了？

小李：虽然也很舍不得女儿，但是现场确实很紧急，而且这个客户至关重要。公司把这个重任委托给我，我责无旁贷。所以，在确认孩子没什么大问题之后，我就去现场了，那时候天天给家里打电话，每天了解情况，听到孩子依依呀呀的，我就非常满足了。

主持人：其实，像小李这样的人，项目组里还有很多，整个公司也有很多，他们的家属都在默默地支持公司的事业。小李，想不想听听你的妻子、女儿是怎么支持你的工作的？请看大屏幕（家属采访的VCR）。

让我们向家属们，特别是长期出差的员工的家属们致敬，也谢谢两位。他们用自己的故事完美地诠释了公司“面向生产，贴心服务”的客户服务理念。同时“第一时间完成任务”“让客户满意”“以团队目标为己任”“公司的事就是我的事”等在员工中体现得淋漓尽致。

备注：这原本是一篇事迹稿，但是通过改编，就成了一个互动采访交流。通过深挖细节，我们可以找到很多小的故事，通过这一个个小故事、小细节，一句句朴实的话语来展现主人公的创业精神和对客户负责的态度，生动地诠释了公司的文化理念。

（二）操作实例

1. 事迹推荐表

公司的发展浸透着每一位员工的心血与汗水，但是很多员工更多的时候是在默默奉献、辛勤工作，他们的很多故事并不为人所知。

为践行公司文化理念，公司特举办“讲述身边的故事”系列活动，以此来激发全体员工的创业激情。

只要他的某一件事、某一种行为符合公司理念，并足以为大家树立榜样，就请您把他的事迹推荐出来，也可自荐。如表3－11所示。

表3－11　事迹推荐表

<table>
<tr><td>推荐人所在部门及姓名</td><td></td></tr>
<tr><td>被推荐者所在部门及姓名</td><td></td></tr>
<tr><td colspan="2">被推荐者的事迹
（事迹的时间段为××年××月至今；细节描述尽量详尽；也可推荐其他部门的人）</td></tr>
</table>

注：如需推荐多位候选人，此表可复制使用。

2. 宣传造势方案（事前）

第一，时间段。

第二，宣传渠道：内刊、微信、宣传栏、条幅、海报、电子屏、内网论坛、公司群邮箱、红头文件、短信息、VCR（公司食堂、电子屏）等。

第三，宣传方法：针对“征集、提炼、展示、评选”等各个阶段，采用系列宣传方式，每一阶段都有主题，每一阶段统一宣传图案、风格，刺激人的感官。

第四，具体操作。

平面媒体：

· 内刊：整版宣传，活动内容 + 主题海报；连续报道活动的进展，以及展现报上来的事迹。

· 主题海报：在各园区入门大厅、电梯间、楼梯口、食堂、宣传栏、班车停车点张贴宣传海报。

网络媒体：

· 公司邮箱：通过群发邮件对平面媒体宣传进行补充，确保每个人都能够了解这个活动，为以后每个人都能够参与做好铺垫。

· 公司内网、员工论坛：在员工论坛上开设一个栏，由企业文化团队负责组织这次活动的讨论，多听取员工的意见，调动他们的热情。

· 微信平台：利用公司的企业号、公众号，以及各部门的微信群发动员工参与。

电视媒体：在活动开始前，拍摄一个 5 分钟的活动宣传片，内容可以包括高管、员工的想法、对部门同事的推荐等。

意见反馈箱：在公司各部门、子公司设立临时活动意见箱，多搜集基层员工的意见，及时反馈、调整。

作者：李令新，男，常年从事企业文化建设工作，曾涉足品牌企划、市场营销等工作。现就职于软控股份有限公司，负责企业文化建设工作，担任内刊负责人。

第二十八节　VI 手册制作

一、基本属性

（一）工具的基本属性

工具的基本属性如表 3 - 12 所示。

表 3-12 工具的基本属性

联动工具	应用系统、广告、新媒体、宣传片、内刊、内部手册
适用范围	VI 系统是对企业及其产品的文化包装，是文化软实力的具象表现，是企业文化的符号，涵盖企业活动的方方面面，不仅局限于文化本身，还涉及产品、市场活动等 在文化活动方面，外树形象、内聚人心 在产品和市场活动方面，可促进产品规范化，提升企业产品文化属性和内在品质
主体与客体	企业内部员工；客户、供应商、合作伙伴、用户；政府机关等

（二）主要作用

1. 什么是 VI

VI 是企业 CIS 战略的可视化部分，CIS（Corporate Identity System）即企业的识别系统，一般由三大要素组成：理念识别 MI、行为识别 BI、视觉识别 VI。

在市场竞争中，企业形象的塑造至关重要，它已成为推动企业发展的动力。企业理念识别 MI、行为识别 BI、视觉识别 VI 三个要素高度一致，这种动力就大。而实施 CIS 战略的目的就在于进一步加强这一动力，使企业通过完整的系统创意将企业的经营观念、企业的个性，通过动态和静态的传播方式引起大家的注意，树立良好的形象，使广大消费者对企业及其产品产生信赖和好感，这就是 CIS 战略的根本任务。

VI 全称 Visual Identity，即企业 VI 视觉设计，通译为视觉识别系统，是将 CI 的非可视内容转化为静态的视觉识别符号。设计到位、实施科学的视觉识别系统，是传播企业经营理念、建立企业知名度、塑造企业形象的快速便捷之途。企业通过 VI 设计，对内可以增强员工的认同感、归属感，加强企业凝聚力，对外可以树立企业的整体形象、整合资源、有计划地将企业的信息传达给受众，通过视觉符码不断强化受众的意识，从而获得认同。

2. 关于 VI 的历史

CIS 最早起源于第一次世界大战前的德国 AEG 公司。他们在系列电器产品上采用了彼得·贝汉斯设计的商标，使这个商标此后成为该企业统一视觉形象的 CI 雏形。第二次世界大战以后，欧美各大企业纷纷导入 CI。20 世纪 70 年代，中国台湾开始萌发 CI。1985 年以后，在中国的公共关系正向纵深方向发展的过程中，CIS 战略也悄然而至，并由广东神州燃气具联合实业公司最早导入。1993 年以后，中国各地企业开始对 CIS 战略有了全面的认识和理解，在塑造企业整体形象中得以运用并取得了成效。

（三）基本原理

1. 组成部分

基本要素系统：企业名称、企业标志、企业造型、标准字、标准色、象征图案、宣传口号等。

应用系统：产品造型、办公用品、企业环境、交通工具、服装、广告媒体、招牌、包装系统、公务礼品、陈列展示、印刷出版物等。

2. 杰出的VI设计的基本特色

（1）忠实呈现品牌战略定位。

（2）富有视觉冲击力。

（3）富有美感和大品牌的气质。

（4）符合目标顾客的审美偏好。

（5）具有显著记忆点与差异性。

（6）应用的可操作性与低成本。

3. 关于VI应用的发展趋势

能够拥有一个朗朗上口、简洁明快的企业标识来代表企业名称、品牌名称和徽标固然是大多数企业所期待的，但在现实中，这种充满了艺术性和创造性的标识并不是可以轻易获得的，它往往需要企业管理者和企业形象识别设计师付出艰辛的劳动才能获得。在企业标识设计过程中，一般应坚持以下几个基本原则。

（1）简洁醒目、易读易记。

简洁醒目的识别标识给信息接受者以强烈的视觉冲击力，易读易记更是在纷繁世界中区分信息的基本要求。

（2）构思巧妙、暗示属性。

一个与众不同的企业标识在设计上还应该充分体现企业的内涵，体现企业品牌的特点，暗示产品的优良属性。

（3）富蕴内涵、情意浓重。

大多数品牌都有其独特的含义、解释或释疑。有的是地名，有的是一种产品功能，有的是一个典故。富蕴内涵、情意浓重的标识能唤起消费者和社会公众美好的联想，从而使其倍受青睐。

江苏红豆集团抓住红豆是美好情感的象征物的特点，把它作为服装品牌和企业名称，从而使“红豆”具有较高的知名度。红豆是一种植物，又名相思豆，提起它，人们就会想起唐代王维的那首千古绝唱，勾起人们的相思之情。把“红豆”作为品牌，表达了企业对消费者的关爱。年轻的情侣通过互赠红豆服装表达爱慕之意，离家的游子以红豆服装寄托思乡之情。红豆服装正是借“红豆”这一富蕴中国传统文化内涵、情意浓重的品牌名称红起来的。

（4）避免雷同、超越时空。

标识设计雷同是实施企业形象运营的大忌，因为企业要树立自己的企业形象和品牌，就要不断提高知名度，超越竞争对手，雷同的标识只能使企业形象含糊。比如，“小护士”是一种美容产品的品牌名称，一些不法厂商推出了“小护士”鱼目混珠，结果消费者厌恶产品，根本不可能树立起对该产品的信心，更不要说提升该企业的形象了。

总之，随着企业对识别系统设计重要性认识的提高和市场营销策略研究的深入，越来越多的企业把企业名称、品牌名称和徽标采用同一标识，这有利于规范市场行为、提高营销效率。给消费者带来利益的同时，也提升了企业形象，从而有利于企业的发展。因此，企业名称、品牌名称和徽标的同一性是企业识别系统设计的一个发展趋势。

二、操作方法

（一）VI 设计的基本原则

VI 设计应遵循统一性、差异性、民族性、有效性、审美性原则。

统一性：设计和大众传播的统一。在简化、统一、系列、组合、通用的基本思想指导下，用完美的视觉一体化设计，将信息与认识个性化、明晰化、有序化、标准化，统一各种形式传播媒体上的形象，创造能储存与传播的统一的企业理念与视觉形象，以实现集中与强化企业形象，使信息传播更迅速有效，给社会大众留下强烈的印象与影响力的目标。

对企业识别的各种要素，从企业理念到视觉要素予以标准化，采用统一的规范设计，对外传播均采用统一的模式并坚持运用，不轻易变动。

差异性：不同行业及同行业其他企业的差异。在设计时，要与众不同，体现行业特色，充分展示企业形象，使企业 VI 独具风采、脱颖而出。

民族性：企业形象的塑造与传播应该依据不同的民族文化，许多企业的崛起和成功，民族文化是其根本驱动力。美国企业文化研究专家秋尔和肯尼迪指出：“一个强大的文化几乎是美国企业持续成功的驱动力。”驰名于世的麦当劳和肯德基独具特色的企业形象，展现的就是美国的快餐文化。塑造能跻身于世界之林的中国企业形象，必须弘扬中华民族文化优势。灿烂的中华民族文化是我们“取之不尽，用之不竭”的源泉，有许多值得吸收的精华，有助于我们创造具有中华民族特色的企业形象。

有效性：策划与设计的VI计划能有效推行运用，可操作性非常重要。策划设计必须根据企业自身情况、市场营销的地位、推行企业形象战略时的形象定位，一切必须从实际出发，不能迎合企业领导人一些不切合实际的想法。VI策划设计是企业发展必要的软投资，是一项十分复杂耗时的系统工程，企业导入VI计划要认识清晰、坚持推行，真正让其发挥作用。

审美性：好的VI设计能将原本枯燥的语言通过具有艺术性和趣味性的视觉图形表现出来，生动活泼的VI设计能吸引读者的视线，引发读者的好奇心，给人美感，让人心动。所以，完美的VI设计有巨大的审美价值。优秀的VI设计有强烈的视觉冲击力且形式完美、装饰性强、创意独特，使人赏心悦目，让人们在愉悦中牢记品牌含义。具有审美价值的VI设计更能贴近人们的生活，有强烈的亲和力，让人们喜欢，耐看、易认、易记。VI设计在品牌时代广泛应用于各种传播媒体，它能有效引导大众的审美观念，领导视觉艺术的时尚潮流。

（二）设计工具

Adobe Photoshop（简称PS）、Adobe Illustrator（简称AI）、CorelDRAW（简称CDR）等，这里不再赘述。

（三）VI手册制作步骤

第一，准备阶段。

成立VI设计小组，理解消化VI，确定贯穿VI设计的基本形式，搜集相关资讯，方便比较。VI设计小组由各具所长的人士组成。

人数不在于多，而在于精干，重实效。一般应由企业的高层担任主要负责人，因为高层对企业自身情况的了解比一般的管理人士和设计师更透彻，宏观把握能力更强。其他成员主要是各部门人士，以美工人员为主体，以行销人员、市场调研人员为辅。如果条件许可，还可以邀请美学、心理学等专业人士参与部分设计工作。

第二，设计开发阶段。

VI设计一般包括基础部分和应用部分两大内容。视觉识别系统分为基本要素系统与应用要素系统。

基本要素系统主要包括企业名称、企业标志、标准字、标准色、象征图案、宣传口语、市场行销报告书等。

应用系统主要包括：办公事务用品、生产设备、建筑环境、产品包装、广告媒体、交通工具、衣着制服、旗帜、招牌、标识牌、橱窗、陈列展示等。视觉识别（VI）在CI系统中具有传播力和感染力，最容易被社会大众接受，据有主导地位。

VI设计小组成立后，首先要充分理解、消化企业的经营理念，把MI的精神吃透，并寻找与VI的结合点，这一工作有赖于VI设计人员与企业间的充分沟通。各项准备工作就绪后，VI设计小组即可进入具体的设计阶段。

第三，反馈修正阶段。

在VI设计基本定型后，还要进行较大范围的调研，以便通过一定数量、不同层次的调研对象的信息反馈来检验VI设计的各个细节。根据调研和反馈的信息，进一步对设计方案进行修正完善。

第四，编制VI设计手册。

编制VI手册是VI设计的最后阶段。主要任务是将所有设计开发的项目，根据其使用功能、媒体需要，制定出相应的使用规范和方法。其目的在于将企业信息的每个设计要素，以简明正确的图例和说明进行统一规范，作为实际操作、应用时必须遵守的准则。企业VI手册不仅仅是企业对外的识别形象，也是实际应用的依据标准，并且还是企业高品质、系统性的知识财富和无形资产。

无论采用哪个设计工具，VI手册都要包括以下内容：

1. 基础要素系统：VI设计的概念诠释，主要包括标识图案、标准字体、企业标准色、辅助标准色、企业造型、辅助图形、专用字体。

2. 基本设计项目规定：基本要素组合形式、横向组合、纵向组合、特殊组合、制作图（九宫格法）、制作图（比例法）、色彩基准（单色）、色彩基准（二色以上）、禁例。

3. 应用设计项目的规定：

办公事务系统应用：名片、信纸（中英文）、信封（普通、航空）、专业信纸（中英文）、专用信封（中英文）、旗帜、证章、证件、标牌；

环境指示系统应用：主要设施的统一形象（中英文）、导示系统（标准标版与方向的指示特征）、安装的基本原则与标准、特殊指示系统；

展示系统应用：展厅、展台制作的规范，基本形的设计方案、管理条例；

交通工具系统应用：车辆统一的基本原则、设计方案；

企业服饰系统应用：服装统一的基本原则、服装管理的基本准则、设计方案；

产品包装系统应用：名牌商品的原则、与商品有关的基本方案、商品和包装设计的基本要素；

广告系统应用：印刷物、影视、路牌灯箱、销售应用、POP 的应用准则和规范标准，设计方案；

企业需要的其他应用：应用准则和规范标准，设计方案。

VI 手册的编制原则：必须遵循一定设计原则，根据企业 VI 识别系统中标志、文字、色彩、企业造型的特征，进行编排设计。

一、文字的可读性

字体的选择与运用首先要便于识别，容易阅读，不能盲目追求效果而使文字失去传达信息的功能。同时，不同的字体变化和大小及面积的变化，又会带来不同的视觉感受，文字的编排设计是增强视觉效果的，是使版面个性化的重要手段之一。根据企业精神，选择在形态上或象征意义上与传达内容相吻合的字体。

二、色彩的适应性

色彩是一个重要的组成部分，可以制造气氛，烘托主题，强化版面的视觉冲击力，直接引起注意与情感上的反应，色彩应以企业色彩为参考进行设计。

三、版式的系统完整性

编排设计应该与书籍的设计类似，但编排的形式、开本应根据不同的情况不同对待。页码较少、面积较小的册子，设计时应使版面特征醒目，色彩及形象明确突出，版面设计要集中；页码较多的册子，由于要表现的内容较多，为了实现统一整体的感觉，在编排上要注意网格结构的运用，强调节奏的变化关系，保留一定空白，色彩之间的关系应保持整体的协调统一，保证手册的系统与完整性。

（四）VI 手册的应用场景

第一类，VI 设计事务用品类和员工制服 CI 风格类。

VI 设计事务用品类：

· 名片设计（中式）。

· 名片设计（西式）。

· 名片设计（中西式）。

· 信纸（空白）。

· 信纸（横纹）。

· 信纸（方格）。

· 信封（中式）。

· 信封（西式）。

· 公文袋（大、中、小）。

· 资料袋（大、中、小）。

· 传真用纸表头。

· 便条纸。

· 各式表格格式。

· 卷宗夹。

· 公司专用稿纸。

· 贵宾卡。

· 来宾卡。

· 通行证。

· 贴纸。

· 笔记本封面。

· 合同书封面。

· 企划书封面。

· 事务用标签贴纸。

· 专用海报纸（对开、长4开）。

· 奖杯。

· 纸杯。

· 文件格式。

· 办公用笔。

· 电脑用报表。

· 留言条。

· 手提袋设计。

员工制服CI风格类：

· 徽章。

· 领带夹。

· 领带。

· 安全帽。

· 上岗证。

· 雨具（雨披、雨伞）。

第二类，VI设计媒体标志风格类。

· 报纸广告商标风格。

· 公司简介商标风格。

· 产品简介商标风格。

· 促销 DM 商标风格。

· 营业用卡（回函）商标风格。

· 海报商标风格。

· POP 商标风格/POP 设计。

· 幻灯片商标风格。

第三类，VI 设计环境风格类。

· 大楼建筑物外观标志风格。

· 环境色彩标示。

第四类，VI 设计交通运输工具类。

· 业务用车。

三、案例解读

英国的维珍（Virgin）公司的业务范围包括航空、旅游、音像零售、饮料、金融保险等，跨度很大。但是该公司成功地在各个商业领域里实行了统一的 VI 系统，使其品牌形象得到了延伸。你在华灯闪烁的纽约时代广场的巨型 Virgin 音像商店享受到的良好服务，很可能促使你产生在夏威夷海滩上购买一听 Virgin 牌口味怪异的冰凉饮料的冲动。维珍 VI 设计如图 3 - 17 所示。

星巴克（Starbucks）创建于 20 世纪 70 年代，而发迹于 20 世纪 90 年代的咖啡连锁店星巴克更是在其重新整合的 VI 设计风格上独树一帜，其标志设计（如图 3 - 18 所示）中所使用的色彩和西文字体都与传统的欧美咖啡店不同。结果是该公司在美国的经营一路凯歌，并且在本无咖啡文化的中国也取得了长足的发展。

图 3 - 17　维珍 VI 设计

图 3 - 18　星巴克 VI 设计

VI 设计对企业商业运作的作用的最好例子表现在运动时装行业：在很多情形下，一位消费者是否决定购买一套 Nike 或是 Adidas 的运动衣往往取决于自己是喜欢 Nike 的钩子还是 Adidas 的三道杠，如图 3 – 19 所示。

图 3 – 19　Nike、Adidas 的 VI 设计

下面是为文献绞胎瓷、东森联合科技公司设计的企业 logo 图样。企业 logo 的设计既要考虑美观，又要考虑寓意，还要兼顾企业的文化内涵。

文献绞胎瓷是以个人名字命名的以做仿古陶瓷为主营业务的企业，所以在设计上考虑古印章的样式。印章中的“文献”字样采用阴阳刻、圆形，更能体现出陶瓷的圆润之意，如图 3 – 20 所示。

东森联合科技公司是一家做环保产品的企业，所以在 logo 设计上除了考虑图样组成 DS 之外，还要考虑企业的行业特色。因而主体 D 选择绿色，寓意环保，S 变体成火炬的样子，寓意企业的产品用于燃煤锅炉除硫，火苗的造型又如挑起的大拇指，寓意行业领先。如图 3 – 21 所示。

图 3 – 20　文献绞胎瓷 logo 图样

图 3 – 21　东森联合 logo 图样

在基础部分，还要考虑企业标准色、标准字体、标准称谓等；在应用部分可将标准 logo、标准色、标准字体、标准称谓设计应用于产品造型、办公用品、企业环境、交通工具、服装服饰、广告媒体、招牌、包装系统、公务礼品、陈列展示及印刷出版物等，使企业 VI 的基础系统得到广泛应用、推广。

作者：贾勇强，男，河南人，现居太极故里——焦作；在央企从事多年的企业文化工作，现成立文化传播公司，从事平面设计和影视摄制工作；系全国微电影协会会员，河南焦作艺术摄影学会理事。

第二十九节　用漫画提升企业文化

一、工具属性

（一）工具的基本属性

工具的基本属性如表3－13所示。

表3－13　工具的基本属性

联动工具	内刊、故事集、网站、新媒体、海报、吉祥物、宣传栏等
适用范围	内外部传播、品牌建设
主体与客体	企业文化部门、第三方设计师、内部有才艺的员工

（二）“漫画文化落地”的6大优势

1. 枯燥理论凸显亮点

一大群人都戴着帽子，突然出现一个光头，这就是亮点。对于企业员工来说，企业文化理念体系、行为规范、员工手册等文化构成元素规范而刻板、严谨有余活泼不足，具有一定的传播局限性。而漫画的出现弥补了这个缺陷，它是企业文化落地传播的亮点。

2. 贴近地气人人喜欢

企业文化要拉近人与人之间的关系，能够填补我们在工作、生活中缺失的娱乐空间，能够获取知识碎片，能够交流、炫耀、有存在感。

3. 娱乐精神便于传播

娱乐是需要精神的，需要人性的光辉和人文的关怀。娱乐就是要制造轻松的环境，松弛紧张的心情。这与企业文化的初衷一点也不矛盾，再严苛的企业也需要娱乐精神。笔者曾经看微信里转发的一些漫画，虽然也是心灵鸡汤之类的东西，但是说明了一些道理，很好玩，没有说教。这种微信在朋友圈转发率比较高，说明娱乐元素、娱乐精神更便于沟通、传播。

4. 浅显易懂易于宣贯

语言描述不清的事情，一个视频就能讲得明明白白，这说明什么？有些抽象的概念、单一枯燥的理论完全可以通过有趣的表达方式清晰地传达给受众，这同样适合于有着悠久历史文化传承的企业。

5. 文化内涵不落俗套

有人可能会说，用漫画的形式表现企业文化是不是降低了文化的严肃性，少了文化底蕴和内涵？完全不用担心，时代不同了，谁说有文化的人就一定是穿着中山装、戴着眼镜、口袋里插着钢笔？

6. 行业国内文化样板

笔者参与过许多企业的 VI、CI 设计，以及企业文化落地的实际工作，纵观国内一些企业所实施的企业文化，专门付出精力和资金画一批与企业文化、企业品牌、广告宣传契合的漫画作品的企业不多，除了一些保健品公司、酒类公司、食品公司。某减肥药公司，当年为了在报纸广告上玩出花样，专门聘请专业漫画家绘制故事性的连载，效果特别好，既宣传了产品，又提升了品牌形象。如果企业能重视企业文化落地的细节，那么企业很快就是行业内的样板、标杆、文化落地的典范。有时候上级领导、企业员工、行业内外想看到的不是一本本文化手册、一大堆口号标语，而是细节做得是否到位，企业文化有没有亮点。

（三）基本原理

1. 漫画是一种表现形式

漫画以夸张、幽默的表现手法，针砭时弊，歌颂真善美，耐人寻味，发人深思，让人反省。它好玩儿，具有社会娱乐性。

2. 漫画的基本形式

笔者概括为三类：一是卡通漫画，如日本的漫画、功夫熊猫、齐天大圣等。二是社会漫画，偏重于写实手法，略带夸张。三是抽象漫画，如朱德庸、几米等人的漫画。

3. 企业文化的共性与漫画的个性

这里讲的企业文化的共性并非我们通常说的独特性、继承性、融合性、人本性等概念，而是企业文化理念设计中存在的雷同性，落地实施的千篇一律性。当然，企业同处于一个共同的文化母体下，有些雷同是不可避免的、是可以理解的。就像一个家庭背景下出来的孩子一样，其言谈举止、思维习惯都有一定的相似性和传承性。

行为习惯相同，并不意味着所有的孩子都是一样的性格。同一机制下，并不意味着企业文化没有自己的独特性。漫画这种形式的融入，能很好地解决共性与个性的有机结合，形成企业文化独特的亮点。

二、操作方法

（一）当前企业“漫文化落地”六大问题

1. 不想用

做一个手册、内刊，设计师堆砌文字、图片，照着某某大企业做的样本复制，看着不错。用员工拔河、领导开会、歌咏比赛、生产场景等图片反映企业员工的精神面貌，完成任务万事大吉，从来没想过变花样，因为太冒险。

2. 不敢用

“用漫画表现是不是有点娱乐化、低龄化，与企业背景、形象不符合？同行业，如某某公司就不用这种形式。”这是很多主管者的疑虑。

3. 不屑用

企业文化做得再好都是摆设，企业主要抓管理、生产，领导也没特别要求。

4. 千篇一律没意思

大公司模仿国外公司，小公司模仿大公司。漫画的形式、内容，放之四海皆准。安全理念，画一个安全帽、放大镜，管它是食品企业还是电力企业。

5. 生搬硬套没创意

从漫画表现手法上看，都偏重于写实性的漫画，因为不需要费脑子。现在“老干体”大范围存在，老干体是当代诗词书画创作中风格独特、影响深远的一种体式。顾名思义，这类诗词书画如同某些老干部的做人和讲话风格一样，观点陈腐、套话连篇、毫无生气。

所以，企业文化落地要做出点新鲜的东西，很多企业的文化理念都有“创新”这一条，在规则框架内创新，这是任何一位企业决策者都不排斥的、都希望看到的。

6. 不愿花钱没费用

这或许也是问题的关键。企业可以花几十万元搞一套文化体系，花几万元设计一本宣传手册，可真要让他们拿些钱专门做一批漫画，对不起，没这个预算。在企业的要求下，设计师复制一些别人的漫画穿插在手册中，应付了事。结果，企业文化落地没有创新、亮点。

（二）实施方法

1. “漫文化落地”实施内容

（1）企业品牌故事。

以漫画的形式讲述企业品牌。笔者见过一些百年老字号企业的品牌故事漫画，浅显易懂，描述了企业的奋斗史，颇具文化底蕴，十分契合品牌形象。在形式上可以分为四格漫画、多格漫画、连载故事等。

（2）文化吉祥物。

文化吉祥物可以结合文化主题专门设计，它是一个能代表企业精神的图腾、卡通吉祥物，也可以是企业文化建设专属的卡通吉祥物，让人能记住并联想到主题、传播语、理念体系，影响行为规范。

（3）企业文化理念体系。

理念体系中的安全理念、廉洁理念、环保理念，甚至愿景、使命、价值观都可以通过漫画的形式表达。有的企业安全理念能形成一系列的安全漫画去向员工灌输、传播。

（4）企业行为规范。

员工的行为规范更适合用漫画表达，而不是通常的罗列图片、素材。

（5）企业广告。

在广告中，尤其是平面广告中穿插漫画，传播效果更好。

2. 如何以漫画形式助力企业文化提升工作，打造文化亮点

提前规划：结合企业文化建设的内涵，提前梳理出需要用漫画表现的内容和主题。

争取领导支持：领导不喜欢，想得再好也没用。需要向领导宣贯，正因为领导很忙，所以领导也需要娱乐。

选择好的专业的漫画师：不选择最便宜的，不选择最贵的，但一定要选择最对的。

量身定制：企业文化部门主管需要提前制定计划、确定主题，可以参考其他企业的作品但必须具有本企业特色。

（三）应用场景

“漫文化落地”可以在以下实施载体运用：

（1）企业 VI 体系中的文化吉祥物。

（2）文化手册。

（3）企业广告。

（4）海报。

（5）标语。

（6）产品包装及相关物料。

（7）企业宣传栏。

（8）企业内刊。

（9）微信等新媒体。

（10）企业网站。

三、案例解读

图 3 - 22、图 3 - 23、图 3 - 24 为中南海卷烟厂绘制的企业文化漫画，用于文化手册。

图 3 - 22　中南海卷烟厂文化漫画案例 1

图 3 - 23　中南海卷烟厂文化漫画案例 2

图 3－24　中南海卷烟厂文化漫画案例 3

作者：高学军，山东籍，70 后，现居住北京；中华诗词学会会员、世界汉诗协会会员、山东漫画家学会会员、企业文化高级咨询师，江西出版集团签约作家，著有《野花开处是家乡》《青葱岁月我非我》。

第三十节　企业文化微电影

一、工具属性

（一）工具的基本属性

工具的基本属性如表 3－14 所示。

表 3－14　工具的基本属性

联动工具	企业文化微电影需要借助播放平台进行传播，一般来说，互联网视频网站、微信公众号等新兴媒体、企业晚会、庆典活动、企业展厅以及培训课等都是企业文化微电影可以利用的平台
适用范围	微电影是最近几年才发展起来的，历史比较短，相关的研究也很少，因此还没有明确的分类，在适用范围上也没有严格的分类。下面按照不同的表现形式，讲述一下企业文化微电影的适用范围： （1）剧情微电影。主要是指用艺术的手段，构思或再现故事情节，塑造人物形象。此类微电影有较强的故事性和观赏性，时长可控制在 7～15 分钟。此类微电影可以适用于诠释企业的愿景、使命、价值观及核心理念

适用范围	(2) 纪实微电影。主要是指用真实的手段，实时真实记录下发生在我们身边的真人真事。此类微电影贵在人物真实、情节真实，具有较强的感染力和说服力，时长可控制在7～15分钟。此类微电影最大的特点是用身边的人和事影响、打动、感染身边的人，是企业的价值观、核心理念在具体工作、生活中的生动体现，凝聚正能量 (3) 音乐微电影。主要是指不采用完整的情节冲突，而以音乐贯穿始终，重在描述环境、场景，渲染气氛，表述情意。如果细分，还可以细分为散文式微电影和MV式微电影。此类具有较强的视觉和听觉冲击力，但是故事性较弱，时长宜控制在5分钟以内。音乐微电影多用于直观展示企业的标志、标准字、标准色、装饰图案等基础视觉识别要素，以及环境展示、路牌招牌、制服饰物等应用视觉识别要素，开展企业文化员工培训 (4) 公益微电影。采取公益广告的形式，在倡导社会风尚美德的同时，展示企业价值理念，诠释企业社会责任。此类微电影短小精悍，诠释深刻的道理，容易引起共鸣，一般时长几十秒钟至1分钟。此类微电影用于艺术展示企业产品、树立良好的企业形象
主体与客体	企业文化微电影拍摄制作的部门，主要由企业文化主管部门牵头成立项目组并统筹协调各项工作，与项目有关的部门配合完成。主要的受众包括企业内部员工；客户、供应商、合作伙伴；上级领导；大众受众等

（二）工具作用

企业文化微电影的作用主要体现在以下几个方面：

第一，导向作用：通过微电影播种一种观念，培育一种行为，解决人们的观念、感情、情绪、态度方面的问题。

第二，凝聚作用：通过微电影讲述身边的人和事，增强员工对企业的认同感和归属感，凝聚人心。

第三，激励作用：通过微电影传播正能量，激励员工围绕企业中心工作，主动作为，积极进取。

第四，社会作用：通过微电影促进企业文化传播，塑造企业品牌形象，提升品牌价值。

（三）基本原理

企业文化微电影是视觉表现的艺术。因此，首先企业文化微电影要符合电影的制作原理；其次，企业文化微电影的表现内容为企业文化，需要适合在各种新兴媒体平台上播放，利用娱乐休闲碎片时间或移动互联状态下观看。正因为如此，它具有播放时间短、制作周期短、投资规模小、表现手法新、传播速度快、观众易于接受等特点。拍摄制作微电影主要遵循的原理有：

1. 丰富的微电影镜头

镜头是视听语言的最小单位。从不同的角度拍摄，自然有着不同的艺术效果，如正拍、仰拍、俯拍、侧拍、航拍、逆光、滤光等，其效果显然不同；以不同焦距拍摄的镜头，效果也不一样，如远景、全景、中景、近景、特写、大特写等，其效果就不一样；就镜头运动的手法来说，又有推、拉、摇、移等方式，不过用单反拍视频一般不推荐采取推拉的方式进行变焦和跟拍；就拍摄的时间长短不同，又产生了长镜头和短镜头。随着数码技术的发展，延时拍摄镜头因其夸张的表现力，被广泛用于拍摄云彩变化、斗转星移、花开花落、城市节奏等题材，深受拍摄者的喜爱。

2. 美感的光影画面

影视画面是创作者审美经验、审美意识的视觉形态化，是各种视觉造型因素如光影、色彩、构图等按照一定的意图组合成凝聚着审美情感的画面形象的艺术整体。而光影是指在画面上映出来的不同明暗变化的色调，也决定了一部微电影的基调。按光线投射方向划分，大致可分为顺光、逆光、侧光、顶光、底光等。不同的光线方向可以营造不同的戏剧效果。对于画面的要求，应尽量使画面构图符合美学原则。经典的画面构图就是黄金分割比例，也就是说尽量把拍摄的主体放在画面 0.618 的分割点上。

3. 合适的电影音乐

电影音乐是电影的重要组成部分，是对电影的诠释纽带，一首好的电影音乐，对整个影片至关重要。按电影音乐的声源可分为画内音乐和画外音乐两种。画内音乐指影片画面的规定情境中应有的音乐，如人物在歌唱、演奏乐器、收音机的广播等。画外音乐是为了塑造人物性格、抒发人物内心情感或渲染环境气氛的需要而专门后期配置的音乐，它是对画面的补充、解释或评价，表现了拍摄者对影片所展现的事件的主观态度，可以深化画面的内容，加强影片的艺术感染力。就微电影来说，电影音乐宜少不宜多，一般一首音乐就可以，也可以通过后期将多首音乐有机剪切在一起，更好地衬托出微电影需要表现的内容。

4. 蒙太奇的表现手法

蒙太奇是电影艺术的独特的表现手段。有了丰富的电影镜头画面后，不是全部应用，而是进行取舍，决定将什么样的镜头排列在一起，用什么样的方法将需要用的镜头连接排列在一起。蒙太奇的名目众多，迄今尚无明确的文法规范和分类，但电影界一般倾向分为叙事的、抒情的和理性的（包括象征的、对比的和隐喻的）三类。蒙太奇实际上是将一个个的镜头组成一个段，再把一个个的小段组成一大段，再把一个个的大段组成一部电影，中间并没有诀窍、合乎理性和感性的逻辑、合乎生活和视觉的逻辑，看上去顺当、合理、有节奏感、舒服，这就是高明的蒙太奇，反之，就是不高明的蒙太奇了。

二、操作方法

（一）使用原则和要点

企业文化微电影与传统的企业专题片、社会上的电影和电视新闻等视频表现方式有着很大的区别，在拍摄企业文化微电影时，要遵从以下原则和要点。

1. 以小见大的原则

企业文化的愿景、价值理念是一个企业长期以来通过不断探索和实践，总结、提炼的结果，具有较强的概括性和浓缩性，便于记忆和传播。但是在企业文化宣传中，特别是利用企业文化微电影进行传播过程中，选题最好以“小”为主。通过讲述小故事、“小人物”，诠释企业文化愿景、理念及口号，以便于深刻理解企业文化精髓，受众也易于接受。

2. 短小精悍的原则

微电影与传统电影不同。传统电影的时长一般都在 1 个小时以上，所以传统电影需要有相对充裕的时间观看。而微电影的受众基本上都是利用碎片时间观看，如果微电影时长过长，受众会因缺乏耐心或休闲时间不够而选择关闭视频窗口，将注意力转移到其他方面。因此，从受众的角度出发，微电影时长不宜过长，一般控制在 5 ~ 8 分钟为宜。当然，微电影的时长也不是不能超过的界限，但从网络视频的层面出发，最好控制在 15 分钟以内。

3. 艺术表现的原则

微电影之所以冠以“电影”的名称，是因为在其表现手法上大多采用了传统电影的艺术表现手法和剪辑方式。因此，在微电影的创作过程中，要充分考虑和借鉴影视艺术的表现手法。

（二）操作方法和步骤

企业文化微电影的创作，与其他企业文化工具不同。它有着较强的专业性和技术性。从脚本创作来讲，需要掌握基本的电影脚本写作知识；从拍摄角度来讲，需要具有基本的电影拍摄技能；从后期制作来讲，需要具备剪辑、合成、配乐等专业知识；如果不是纪实微电影，还要求参加演出的人员有一定的表演功底。

但也不是说，作为一个企业文化工作人员就不能自行创作企业文化微电影了。企业文化微电影毕竟是身边的人“演”给身边的人看的，受众对制作质量不像在电影院里看到的大片一样要求那么高。所以，一般企业文化工作人员只要对微电影所需的专业知识稍加学习，创意独特，表现手法新颖，拍摄一部受众喜闻乐见的微电影并非难事。

下面就从企业文化微电影的前期准备、操作步骤等分步骤讲述。

1. 硬件设备的前期准备

拍摄微电影，硬件设备的投入必不可少。硬件设备的种类、型号繁多，配置的档次与企业的实力、投入资金的多少和预想达到的效果有密切关系。刚入行拍摄企业文化微电影的朋友，没有必要将所有的硬件设备配齐配全，应该先配置必需设备，以后根据需要逐步配置辅助设备。下面结合拍摄达到的效果，就目前普遍采用的硬件设备做一下简单说明。

（1）拍摄器材。

拍摄器材主要包括摄像设备、三脚架、灯光及辅助器材。

在介绍摄像设备之前，首先给大家引入一个概念：高清。高清英文为“High Definition”，意思是“高分辨率”。高分辨率的界定指标比较复杂，这里可以简单地定义为只要分辨率为 1920×1080 像素的视频画面，就是全高清。目前，普遍采用全高清拍摄微电影。所以，在拍摄制作微电影时，建议最好利用全高清摄像设备拍摄来保证原始画质，然后在全高清模式非线编软件下进行后期编辑，最后输出全高清格式的成品。

如今能够达到全高清拍摄的器材很多，高档的有专业机，低档的用手机的视频录像功能也可以达到。如果企业的资金允许，还是使用专业的单反相机或者微单相机作为微电影的拍摄设备，比如，佳能单反相机的 EOS 5D Mark 系列、索尼微单相机的 A7S 系列。

佳能单反相机的 EOS 5D Mark 系列：从 EOS 5D Mark Ⅱ开始，因其强大的视频拍摄功能和高清艳丽的画质，深受微电影爱好者的喜爱，基本成了拍摄微电影的标配，大家亲切地称之为“无敌兔”。继“无敌兔”之后，佳能又陆续推出了它的升级换代产品“无敌伞”（EOS 5D Markv Ⅲ）和高清成像的 5Ds 和 5Dsr。2016 年 8 月，佳能又推出 5D 系列的最新产品“无敌佛”（EOS 5D Mark Ⅳ），该相机的视频分辨率已经达到了 4K 水平。4K 即 4096×2160 的像素分辨率，它是全高清分辨率的 2 倍，属于超高清分辨率。在此分辨率下，观众可以看清画面中的每一个细节、每一个特写。

索尼微单相机的 A7S 系列：索尼是世界上首个推出全画幅微单相机的厂商，

目前已有 A7、A7Ⅱ、A7R、A7RⅡ、A7S、A7SⅡ六款机型。A7、A7R、A7S 系列分别针对综合性能、高画质、“高感＋视频”三个不同的产品方向。所以，应当选择 A7S 系列而非 A7 和 A7R 系列产品。索尼 A7SⅡ是 A7S 产品线的常规升级，但是从升级幅度来看却出人意料，尤其是针对视频拍摄功能的强化。如今索尼 A7SⅡ提供机身直录 4K 超高清视频的功能，对于视频拍摄工作者来说，使用更加方便，加上全画幅和弱光下视频、拍照能力的优势，一跃成为拍摄微电影的“神机”。如果有足够的预算，尤其是刚刚入行的朋友，没有兼顾发挥老设备作用的顾虑，一步到位购买 A7SⅡ是最佳选择。

在镜头选择方面，可以考虑选择购买被业内称为“大三元”的镜头套装。“大三元”镜头是恒定 F2.8 光圈的三只变焦镜头的总称，一只变焦镜头负责超广角（佳能 EF 16～35mm f/2.8L III USM）、一只变焦镜头负责标准变焦（佳能 EF 24～70mm f/2.8L II USM）、一只变焦镜头负责长焦（佳能 EF 70～200mm f/2.8L IS II USM），三者加起来可以覆盖从超广角到长焦的最常用焦段（通常是 16～200mm）。同时，只有最高档次的恒定光圈镜头才能被冠以“大三元”之名。索尼微单相机也有与此相对应的镜头分类。如果资金有限，也可以只配置标准变焦镜头（24～70mm）。需要注意的是：镜头卡口不一样，佳能与索尼的镜头两者之间无法替代使用。

三脚架常用于稳定画面拍摄、长时间拍摄等，也是最常见的必备的拍摄器材之一。

灯光设备用于拍摄场景补充光源，是必备的拍摄器材，可以选用能调亮度的 LED 灯光（福莱士系列）。

除此之外，还有一些辅助拍摄器材，如罗多（RODO）或森海森（SENHAISER）电影现场录音话筒、塔斯康（TasCam）数字录音机、视频监视器、跟焦器、独脚架、反光板、小摇臂、肩托、斯坦尼康手持稳定器、轨道等。如果没有特别专业的拍摄要求，可以暂时不予考虑，在今后的工作中根据实际需要逐步添加即可。

2. 后期制作设备

微电影后期制作分为视频处理和非线性编辑两部分。

视频合成用于对众多不同元素进行艺术性组合和加工，实现特效、剪辑和片头动画，而非线性编辑可以实现对数字化的媒体随机访问、不按时间顺序记录或重放编辑。

市场上流行的影视后期制作软件很多，比如，After Effects（简称 AE）、Premiere、EDIUS、Vegas、Combustion、VideoStudio、DFsion、Shake、AvidXpress 等。另外，影视技术更新很快，如何选用合适的软件确实让人头痛。

众所周知，Adobe 解决方案早已成为数码成像领域的金科玉律，比如，Photoshop、Flash、Dreamweaver、Acrobat 等均为业界标准。作为 Adobe 旗下的软件，AE 擅长视频合成，特效控制等功能非常强大。而 Premiere 在非线性编辑领域同样具有突出优势。由于 AE 和 Premiere 来自同一个公司，协调性极好。同时，AE 和 Premiere 同样具有 IT 人员所熟知的 Adobe 风格界面，降低了学习难度。它们在导入 Photoshop、Illustrator 等图像文件时，也具有得天独厚的兼容性优势。国产的 VideoStudio 简单易用，但是功能较弱；Vegas 功能不俗，但在易用性、扩展性上明显不如 Adobe 风格的软件。综合考虑，如果后期制作人员对于 Adobe 的软件很熟悉，或者对计算机技术比较了解，而且有志于专业系统地学习后期制作技术，采用 AE + Premiere 模式开展影视后期制作是最佳方式。

初学者可以暂时不用学习视频合成技术，只学习非线性编辑技术。在非线性编辑技术中，也可以学习较为简单、易于上手、兼容性比较好的 EDIUS 编辑软件，甚至利用非专业的会声会影 x7 软件进行后期制作。

除此之外，还要学会使用音频处理软件，对微电影制作中所需要的音频进行处理。在此推荐使用 GoldWave。与 Sony Sound Forge、Adobe Audition 相比，GoldWave 并不先进，但它小巧、实用，具备录音、播放、转换、编辑等功能，内含丰富的音频处理特效，能对常用的音频处理如降噪等提供很好的支持。GoldWave 的另外一个显著优点是易用性好，初学者可以快速入门并掌握实用操作步骤。

同时，应当配置专业的非线编设备。目前国产的品牌非线编设备普遍价格较贵，大多数为十几万元，而且视频格式兼容性不好。建议由专业的影视设备公司自行组装以 EDIUS 软件为基础的非线编设备，性价比较高。在资金紧张的情况下，也可以配置一台硬件设备比较好的电脑，安装运行非线编等专业软件，用于较为简单的微电影编辑，但要有电脑系统随时死机或者崩溃的思想准备。

（三）制作企业文化微电影的操作步骤

硬件设施配备齐全之后，就可以着手微电影的创作了。微电影的创作大致分以下几个步骤：

1. 项目策划

项目策划阶段要完成作品选题、制作要求、制作精度、人员安排、时间进度安排、费用预算等工作，形成项目策划书。

2. 组建团队

根据项目策划书，召集能够担任导演、编剧、摄像、后期制作、音乐、配音等工作的人才。在此期间，完成拍摄提纲和分镜头脚本的构思、撰写、审核与定稿工作，并根据剧情的需要，寻找合适的演员。同时，根据人员实际情况进行专业训练，以满足拍摄需要。

3. 现场拍摄

根据分镜头脚本的要求和项目策划书时间进度安排，进行微电影的现场拍摄。在拍摄过程中，随时做好拍摄视频的记录工作，方便后期制作。

4. 后期制作

所有现场拍摄的视频镜头都完成后，就可以转入后期制作了。一般后期制作可以分为粗剪、配音、配乐、特效、精剪、字幕 6 个步骤，经过反复修改、审核，最终形成可以发布的作品。

5. 发布作品

目前可供提交作品进行发布的视频网站很多，如果需要利用微信公众订阅号发布作品，作品就必须提交到腾讯视频网站。

操作过程中需要注意的几个问题：

一是分镜头脚本在现场拍摄前定稿。分镜头脚本是根据拍摄提纲，运用蒙太奇思维和蒙太奇技巧对企业文化小故事进行的再创作。它是参照拍摄现场实际情况，分隔场次或段落，将原本是文字的故事加工成一个个具体形象的、可供拍摄的画面镜头文字。所以，分镜头脚本对现场拍摄十分重要。在现场拍摄前，除非纪实类微电影脚本，分镜头脚本最好定稿，尤其要征得企业内部领导的同意，避免拍摄完毕后，因为脚本不符合领导的要求和思路而返工。

二是现场拍摄的镜头宁多勿少。现场拍摄的视频就是后期剪辑制作的素材。如果现场拍摄的视频不够用或者不能用，势必要重新拍摄。如果重新拍摄，费时、费力、费钱不说，时过境迁，自然天气、客观环境已经发生变化，导致补拍的镜头与之前拍摄的镜头无法融合使用。

三是后期制作的思路重于技术。后期制作的过程是将现场拍摄的视频“食材”，加工制作成视觉“大餐”的过程。后期制作技术重要，但剪辑的思路更重要。镜头的组接必须符合观众的思想方式和影视表现规律，符合生活的逻辑、思维的逻辑。不符合逻辑，观众就看不懂。

三、案例解读

企业文化微电影《回家的路》的创作过程：

山东能源新汶矿业集团伊犁能源公司是新汶矿业集团在新疆维吾尔自治区伊

犁哈萨克自治州设立的一家区域化公司，主要负责伊犁矿区煤炭资源的开发和转化项目建设，先后建设了一个世界上最大的煤制天然气单体工程和两对千万吨级的现代化井工矿井。目前职工 1000 多人，其中大多数职工来自山东。他们平时远离家乡亲人，在新疆进行项目建设，每到春节前夕，他们要乘坐两天两夜的火车赶回山东，与家人团聚，共度春节。2015 年春节前夕，我们跟随 4 名返乡的职工拍摄了微电影《回家的路》。

在拍摄前，我们对拍摄的各类事项进行了详细的策划，制定了项目策划书，组建了 4 个人的拍摄团队，大致创作过程如下。

（1）选题。

我们确定微电影名为《回家的路》，微电影类型为纪实片，通过真实记录职工春节前夕从新疆赶往山东回家团聚的过程，反映普通职工的创业情怀和家庭温馨，展现企业倡导的“亲情文化”。

（2）撰写脚本。

脚本大致分收拾准备、送别、购买年货、回家途中、回家团聚饭几大部分。因为是纪实拍摄，有很多不确定性，所以我们没有撰写分镜头脚本。

（3）确定拍摄对象。

在拍摄对象安排上，我们在众多的回家职工中，特意挑选了一名中年掘进工人作为主角。他的父母、妻女全部在山东，父亲是一个老矿工，两代人都是矿工，具有代表性。同时为丰富微电影内容，我们又挑选了 3 名同事作为拍摄的配角，与其结伴而行。这 3 名同事，一名是年龄稍长的职工，还有一对是青年夫妻。他们各有特点，与主人翁形成角色互补。

（4）组建团队。

我们组建的团队人员较少，每个人身兼数职，1 名导演兼摄影、2 名摄像人员兼编剧、后期制作。全片采用原始同期声，所以没有画外音配音人员。

（5）确定制作精度。

我们拍摄时确定的拍摄格式为 1920 × 1080 分辨率，双机位拍摄，机型均为索尼 PMW－EX380 高清摄像机（我们没有采用单反相机拍摄，主要是考虑单反视频自动聚焦和跟焦性能不如专业机，纪实拍摄时容易拍虚画面）。使用同一机型摄像机的目的，是为了避免不同机型拍摄导致的图像色彩偏差。

（6）拍摄过程。

农历腊月二十开机拍摄，腊月二十三回到家过小年、全家吃团圆饭结束拍摄。拍摄历时 4 天，两部摄像机从不同角度拍摄，共拍摄了 200G 左右的视频，为后期制作积累了丰富的素材。

（7）后期制作。

腊月二十四上午，我们在山东能源集团新闻中心开始进行后期制作。因为要赶在春节前播出，所以后期制作时间比较紧。我们采取连轴转的方式，从腊月二十四上午开始，用了一天一夜的时间，到腊月二十五早晨6点，完成了时长为25分钟的毛片。

（8）审核和修改。

腊月二十五上午送交领导初审，当天完成修改任务并添加背景音乐和字幕。腊月二十六全片通过审核，形成时长为12分钟的成品。考虑到后期在电视上播放的需要，我们将成品调整为720×576分辨率的4∶3格式。

（9）成品发布。

从腊月二十六开始，微电影同步在山东能源集团和所属各矿业集团电视中播出，同时在山东电视台网络台播出。腊月二十九，央视新闻频道选取了微电影部分镜头，制作成春节音乐短片，在除夕前24小时滚动播出。同时，跟随拍摄的新闻图片，在《工人日报》《中国煤炭报》《大众日报》等报刊整版刊发。

作者：杜爱军，高级企业文化师、高级政工师，曾先后在世界500强企业、上市国有企业从事企业文化工作20余年，参与研究的“差异管理”文化成果，先后获得全国煤炭现代化企业管理创新成果特等奖、2006年度山东省优秀企业文化创新成果。拍摄制作的《再不努力就老了》《回家的路》《爱是民族团结最生动的语言》等十余部微电影和公益广告，先后在山东省和新疆伊犁州获奖，并被中央电视台及山东电视台选播。现任山东能源新汶矿业集团（伊犁）能源开发有限责任公司党群办主任。

第三十一节　企业文化展厅

一、工具作用

（一）工具的基本属性

工具的基本属性如表3－15所示。

表 3－15　工具的基本属性

联动工具	多媒体、互联网、展板、橱窗、展柜、射灯等
适用范围	对内宣传展示教育，对外传播交流，塑造企业形象
主体与客体	企业全体员工、企业相关者及社会各界

（二）工具作用

企业文化展厅是企业文化传播的“窗口”，是企业文化的“宣传员”，是企业与外界沟通的桥梁，是企业品牌、形象的重要载体。

传播方式更加直观、生动。展厅既可以通过图片、文字，又可以通过视频、音频等方式传递给受众，可以做到静态展示和动态展示相结合，还可以通过人机互动增强传播的力度和效果。

能够体现宣展、教育阵地的常态化和长效化。企业文化展厅既是企业文化展示、传播阵地，又是企业内部员工教育阵地，可以经常、持续发挥教育功能，增强员工的文化归属感和自豪感。比如，每年新员工入职培训都可以把参观展厅作为一项常设科目，帮助他们提高对企业文化的认知度，更容易入脑入心。

有助于对外宣传企业、塑造企业品牌和形象。引导初来乍到的上级领导及社会各界来宾参观展厅，在帮助他们了解企业方面可以发挥立竿见影的作用，同时达到塑造企业品牌、提升企业形象、彰显企业实力的目的。

通过展厅建设，可以对企业文化进行全面、深入挖掘、梳理、整合、重塑、升级，实现企业文化的系统性、先进性。

可以有效整合企业文化资源，提升企业文化价值，充分展示企业文化建设水平。

展示形式更加多样、生动，内容更加丰富、详实，不仅可以展示企业文化体系、发展阶段、建设成果，展示企业的发展历史、优良传统，还可以展示企业的经营特色、亮点及员工的精神风貌。

企业文化展厅因具有多功能、开放式、开创性的特点，也是企业与时俱进、自我激励的写照。

通过展厅进行企业文化常态化宣传、展示，有助于提升员工素质及其文化认同，从而促进企业健康稳定发展。

数字展厅因形式新颖、信息承载量大，可联网实时更新、随时更换内容。

（三）基本原理及板块

企业文化展厅是企业文化建设系统工程的重要组成部分。企业文化展厅可以将企业的历史传统、上级关怀、领导团队、企业战略、文化理念、生产经营、创新实践、榜样事迹、社会责任、发展成果、获得荣誉等分散的文化资源中的闪光点，通过图片、文字、视频、音频等形式进行梳理、整合后集中呈现，使抽象的企业文化变得更加形象、丰富、生动，取得更好的宣传、教育效果。对内增强员工的归属感、责任感、使命感和凝聚力，对外提升企业形象及客户的信任度，从而彰显企业的美誉度和影响力。

企业文化展厅的内容大致包括企业的发展历程、生产经营、创新实践、所获荣誉、愿景规划、社会责任、榜样事迹等。在具体策划时，往往细分为以下几个模块：

第一，历史传统模块：主要介绍企业的历史沿革、发展轨迹及优良传统，展示企业的文化积淀和传统风貌。如中信集团第一城展览馆。

第二，上级关怀模块：主要介绍上级领导参观企业及相关经营场所的情况及其为企业所作的题词，展示企业的社会形象和地位。如中国轻工业品进出口总公司企业文化展厅。

第三，领导团队模块：主要介绍企业的历届核心管理团队，尤其是党政主要领导，因为党政主要领导对企业文化的形成发挥着主导和引领作用。如中信集团第一城展览馆、中国轻工业品进出口总公司企业文化展厅。

第四，企业战略模块：主要介绍企业发展战略、规划的演变及其不同时期的具体内容，折射出企业文化发展的脉络。如海尔集团企业文化展馆、娃哈哈集团企业文化展厅。

第五，文化理念模块：主要介绍企业文化理念及其阐释内容，展示企业的价值追求和精神文化。如娃哈哈集团企业文化展厅。

第六，生产经营模块：主要介绍企业生产经营的商品，尤其是名、特、优商品，以及重要资质、质量标准、商标品牌、商务会谈、签约仪式、工程开工/竣工典礼、股票上市等情况，展示企业的重要经营成果、经营实力和物质文化。如海尔集团企业文化展馆。

第七，创新实践模块：主要介绍企业产品、技术、品牌，以及商业模式、管理模式、企业文化方面的创新实践及成果，展示企业的创新能力，而创新能力是企业核心竞争力的重要组成部分。如海尔集团企业文化展馆。

第八，榜样事迹模块：主要介绍榜样的先进事迹，向员工传播一种以“德、能、勤、绩”论英雄、以“忠诚度、贡献度、拥护度”排座次的价值理念。通过常态化的宣传，不让讲奉献、有作为的老实人吃亏，让他们成为企业内部人人皆知的明星人物、人人学习的先进典范、人人看齐的行为标杆，享受尊崇的地位，旨在树立一种崇尚先进、追求荣誉的价值导向，有效强化员工的拼搏意识和自我价值实现意识，激励广大员工立足岗位多做贡献、赢得荣誉。如大庆铁人王进喜纪念馆、齐二机床马恒昌小组纪念馆等。

第九，社会责任模块：主要介绍企业履行社会责任、参与公益事业的情况，展示企业创造社会效益的成果。如中国轻工业品进出口总公司企业文化展厅、娃哈哈集团企业文化展厅。

第十，获得荣誉模块：主要介绍企业自成立以来取得的各项重要奖励和荣誉，展示企业的行业形象、公众形象、社会形象、品牌形象。如海尔集团企业文化展馆、娃哈哈集团企业文化展厅。

此外，还可以设置文体活动模块，介绍企业内部及参与社会的各项文化、体育活动，展示员工精神风貌、企业整体活力，旨在对内打造团队文化、培育奋斗精神、增强企业凝聚力，对外传播价值观、塑造企业社会形象，提高美誉度和影响力。

二、操作方法

（一）工具使用的原则和要点

1. 主要原则

企业文化展厅的筹备、设计与建设是一项复杂的系统工程，根据企业文化展厅在企业内部所处的具体位置、空间造型、面积大小等客观因素，合理布局，使有限的空间取得最理想的展示效果。怎样建设一个亮点纷呈、能给人留下深刻印象的企业文化展厅呢？

明确建设企业文化展厅的原则：

充分论证，准确定位；直观生动，主题鲜明。

时间为经，事件为纬；简洁明快，亮点突出。

产品为主，空间为辅；立体多维，互动添彩。

文化为轴，合理布局；紧跟时代，独特新颖。

2. 设计企业文化展厅的要点

展厅把实物、图片、文字、视频、音频等多种元素整合在一起，进行集中展示。尽管采用的资源、方法和手段是多元的，所划分的模块可能是多视觉的，但是主线是企业文化，只是通过历史传统、创新实践、经营管理、对外交往等活动，从不同角度，以多种语言来诠释企业文化，传播企业价值观，塑造企业形象。所以，展厅要通过精心设计、合理布局和完美施工达到多元一体、摄人心魄的展示效果。

企业文化展厅的主要形式：

（1）静态展示。

主要借助实物、图片、文字，以展板或模块的形式，在灯光的配合下进行静态展示，给受众以直观的视觉效果。

（2）动态展示。

借助多媒体、互联网等现代技术手段，以视频、音频等形式进行动态展示，受众可以与展示平台进行互动，丰富视听体验，从而达到与静态展示相辅相成、互为补充的效果。

（二）操作步骤

企业文化展厅的建设步骤如图3－25所示。

图3－25　企业文化展厅的建设步骤

步骤一：搜集素材。面向全体员工和社会各界征集图片、文件、报道、画册、宣传册等素材。一是内部征集资料，可以下发通知，面向全体在职干部员工、离退休人员，尤其是曾经担任重要领导职务、从事宣传工作的人员征集素材，并保证事后如数归还。二是从内部档案文献、会议记录、讲话稿、宣传报道等资料中挖掘、查找素材。三是座谈采访，采访企业各层面员工、劳动模范、离退休人员及客户，查找线索进行收集。四是面向社会各界，通过媒体发布广告，进行有奖征集。

步骤二：梳理甄别。对搜集来的素材进行分类梳理，根据典型性和教育性原则逐一甄别，对具有使用价值的素材进行编号或标注备用。

步骤三：提炼升华。对具有使用价值的素材，尤其是文字部分进行再加工，使其更加契合企业文化理念的要求，赋予加工提炼后的素材以灵魂。

步骤四：整合设计。这是展厅整个设计过程中技术含量最高的环节。企业如果拥有自己的设计人员，可以灵活地应用各种素材进行组合设计。不具备这方面条件的企业一般采用外包的形式，即委托外部专业机构或人员进行设计。设计思路可以由企业提供，也可以由企业与设计方沟通共同提出。在展厅方案设计过程中，双方需要进行反复沟通、协商，不断改进和完善设计方案，直到方案被企业审定为止。对设计方来说，收到企业提供的各类素材后，需要根据商定的设计思路进行整合设计，通过实物、图片、文字、视频、音频等多种形式，使静态展示和动态展示有机结合，达到多元一体的展示效果。

步骤五：施工启用。展厅方案定稿后，设计施工方经过一段时间的准备就进入现场施工阶段。工程竣工验收合格后，可择机举办一个启用仪式，正式投入使用。

企业文化展厅建设流程如图 3 -26 所示。

图 3 -26　企业文化展厅建设流程

第一阶段：素材准备阶段。首先，成立展厅工程领导小组和工作组。在原则、功能、布局、形式等方面达成共识，明确展厅定位，确定展厅结构布局，并完成素材搜集、梳理甄别、提炼升华工作。

第二阶段：方案设计阶段。采用内部设计、外包设计，或内部、外部相结合等方式进行方案设计。

第三阶段：施工启用阶段。企业要根据确定的方案、质量标准对施工过程及质量进行严格把关，确保展厅按期竣工。展厅交付后即可策划一个启用仪式正式投入使用。

（三）企业文化展厅模块分类

除了上述历史传统、上级关怀、领导团队、企业战略、文化理念、特色产品、业务案例、创新实践、榜样事迹、文体活动 10 个模块，还可以增设序言、结语两个模块。企业可根据总体思路、展厅面积和结构布局进行取舍，选择适合的模块进行设计展示。

（四）如何运用企业文化展厅

教育阵地：作为企业内部员工尤其是新员工的培训阵地，把参观企业文化展厅纳入新员工培训的必修科目，实现企业优良传统教育和企业文化宣贯的常态化。

交流窗口：通过上级领导、合作客户和社会各界来宾参观企业文化展厅，为企业提供了一个对外交流、宣传企业的窗口。

传播载体：通过社会各界人士参观展厅，充分发挥了展示、传播企业文化、塑造企业形象的功能。

三、案例解读

（一）海尔企业文化展厅

海尔文化展厅是为传承海尔创业创新的“两创精神”而于2011年建立的。总体设计理念是“有序的非平衡”，内部建筑都是不规则的“非平衡”设计，展览区域路面起伏不平，寓意海尔根据市场变化而变化。海尔文化展厅有两层结构。一层为功能场所，分别有时空隧道，观看《海尔基因》电视片的影音厅，企业馆纪念品商店及办公场所。还设有海尔历史视频点播室，受众可以通过点播看到海尔重大历史决策如何产生、海尔文化理念如何形成等历史影音记录。二层为展览场所，设计者运用空间语言，通过海尔发展历程中的照片、实物、文献、视频，展示了海尔的发展历史。

企业文化发展历程通过“时空隧道”展示，给受众以视觉上的冲击，如图3－26所示。

图3－26　企业文化发展历程通过“时空隧道”展示

青岛电冰箱总厂是海尔集团的历史起点，如图 3－27 所示。

图 3－27　海尔展厅

（二）娃哈哈集团企业文化展厅

娃哈哈集团企业文化展厅面积 700 平方米，主要为白、红、灰、蓝四色，简约大气。展厅在设计上采用了一站式的通道设计，格局一目了然，既全方位展示企业文化理念，又全面呈现了集团产品。亮点在于配色简约明朗，格局一目了然，多模块设计尽显企业文化。

进入前厅，最先呈现的是娃哈哈的企业形象及 G20 的巨幅海报，立刻彰显出此次展厅设计的主题。娃哈哈集团自 1987 年建立至今的发展历程通过图片、文字、实物等展示出来，企业产品展区以多个模块组合展示娃哈哈历年研发的优秀产品及所获荣誉。企业介绍模块，以图片、文字等组合展示了企业的奠基、组织架构及各级领导的关怀等内容。文化理念模块，以显示屏、展板、触摸屏等多种手段呈现文化理念、社会责任，以及温暖小家、产业报国的理想。展厅以对未来的展望收尾。

（三）中国轻工业品进出口总公司企业文化展厅

中国轻工业品进出口总公司（以下简称中轻总公司））展厅共分为前言、

"亲切关怀　巨大鼓舞""历史变迁　发展足迹""履行职责　奉献社会""转型升级　继往开来"、结束语六个部分，主要以图片、文字、实物、视频、音频等形式进行展示。

前言主要介绍企业的历史沿革及文化传承，如图 3 – 28 所示。

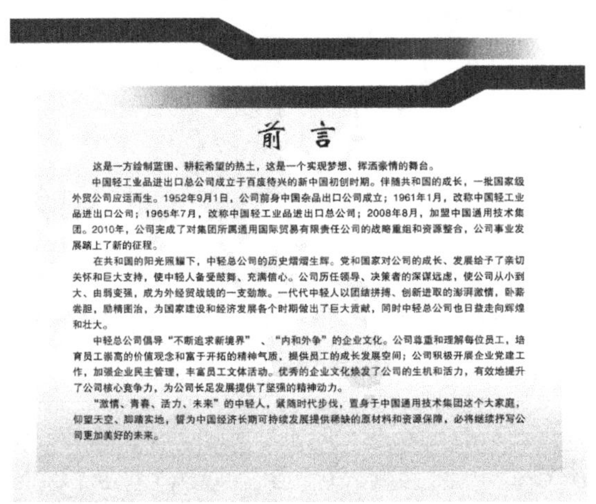

前　言

这是一方绘制蓝图、耕耘希望的热土，这是一个实现梦想、挥洒豪情的舞台。

中国轻工业品进出口总公司成立于百废待兴的新中国初创时期。伴随共和国的成长，一批国家级外贸公司应运而生。1952年9月1日，公司前身中国杂品出口公司成立；1961年1月，改称中国轻工业品进出口公司；1965年7月，改称中国轻工业品进出口总公司；2008年8月，加盟中国通用技术集团。2010年，公司完成了对集团所属通用国际贸易有限责任公司的战略重组和资源整合，公司事业发展踏上了新的征程。

在共和国的阳光照耀下，中轻总公司的历史熠熠生辉。党和国家对公司的成长、发展给予了亲切关怀和巨大支持，使中轻人备受鼓舞、充满信心。公司历任领导、决策者的深谋远虑，使公司从小到大、由弱变强，成为外经贸战线的一支劲旅。一代代中轻人以团结拼搏、创新进取的澎湃激情，卧薪尝胆，励精图治，为国家建设和经济发展各个时期做出了巨大贡献，同时中轻总公司也日益走向辉煌和壮大。

中轻总公司倡导"不断追求新境界"、"内和外争"的企业文化。公司尊重和理解每位员工，培育员工崇高的价值观念和富于开拓的精神气质，提供员工的成长发展空间；公司积极开展企业党建工作，加强企业民主管理，丰富员工文体活动。优秀的企业文化焕发了公司的生机和活力，有效地提升了公司核心竞争力，为公司长足发展提供了坚强的精神动力。

"激情、青春、活力、未来"的中轻人，紧随时代步伐，置身于中国通用技术集团这个大家庭，仰望天空、脚踏实地，誓为中国经济长期可持续发展提供稀缺的原材料和资源保障，必将继续抒写公司更加美好的未来。

图 3 – 28　中轻总公司企业文化展厅前言

"亲切关怀　巨大鼓舞"主要介绍党和国家领导人给予中轻总公司的巨大关怀和亲笔题词。

"历史变迁　发展足迹"主要介绍企业所经历的几个重要历史转折点及历届主要领导，展示一个老牌国有外贸企业的悠久历史和优良传统。如图 3 – 29 所示。

图 3 – 29　中轻总公司企业文化展厅"历史变迁　发展足迹"

“履行职责　奉献社会”主要介绍中轻总公司在各个历史阶段所创造的经济效益和社会效益，展示企业为国家经济社会发展所做出的重要贡献。如图 3－30 所示。

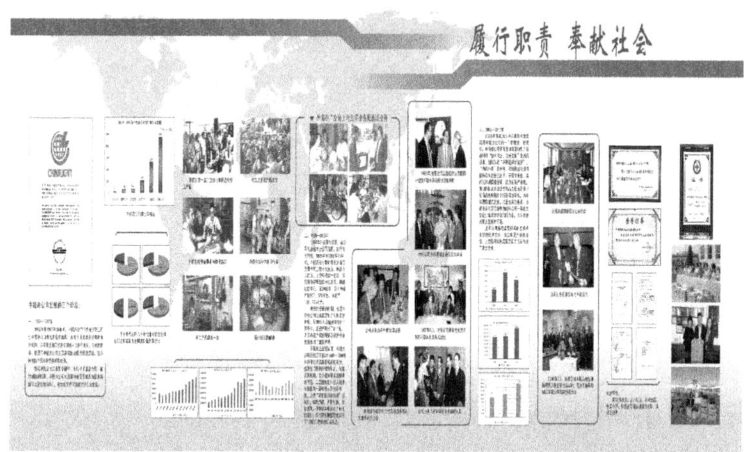

图 3－30　中轻总公司企业文化展厅“履行职责　奉献社会”

“转型升级　继往开来”主要介绍企业文化理念、发展战略和主营产品，以及丰富多彩的团队建设和文化拓展活动，展示企业的经营成果、创新实践及员工的精神风貌。如图 3－31 所示。

图 3－31　中轻总公司企业文化展厅“转型升级　继往开来”

结束语是对企业的美好未来做出展望，如图 3 – 32 所示。

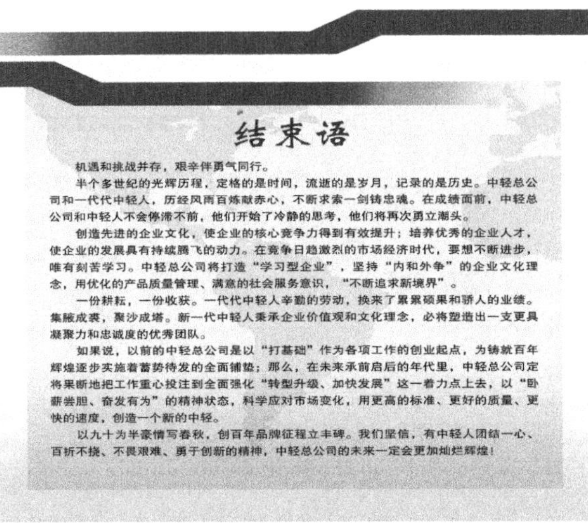

图 3 – 32　中轻总公司企业文化展厅结束语

中轻总公司企业文化展厅实景图片如图 3 – 33 所示。

图 3 – 33　中轻总公司企业文化展厅实景图片

作者：姜勤，中轻总公司企业文化部主任，高级政工师、高级企业文化师，中央党建政研课题组成员、集团高级政工师评委；所主持的研究课题获得全国企业文化科研成果一等奖、央企优秀研究成果一等奖、二等奖、三等奖；2015 年荣获“中央企业党建思想政治工作研究先进个人”称号。

第三十二节　企业建筑与雕塑

一、工具属性

（一）工具的基本属性

工具的基本属性如表 3－16 所示。

表 3－16　工具的基本属性

联动工具	企业展厅、博物馆、企业雕塑布置、参观讲解
适用范围	从企业文化角度对建筑进行分类，一般分为办公建筑和文化建筑两类 办公建筑是以承载企业生产、办公为主要目的，以功能性为主，如企业办公楼、生产工厂；文化建筑以展示企业形象、文化等为主，含亭榭楼台、园林公园、纪念堂等。此外，雕塑多从属于文化建筑内或文化建筑附近
主体与客体	内部员工、外部参观者、客户、政府、媒体等

（二）工具作用

企业建筑物与雕塑均是企业文化的物质载体之一，将无形的企业文化以有形的方式表达出来。

企业建筑物：第一作用是功能性的，为企业办公提供合适的场所；第二作用是艺术性的，美化企业环境，提升企业形象，增强外部客户等社会人士对企业的认知；第三作用是形式性的，展示企业实力、间接传递企业文化。

企业雕塑：第一作用是艺术性的，美化企业环境并以艺术的手法传递企业的文化或价值观；第二作用是象征性的，向企业内外人士展示企业的榜样或者象征，拉近企业与员工、企业与社会人士的情感距离。

好的建筑物与雕塑是企业发展历史的见证者、是企业文化的诠释者、是企业品牌的标志物。

（三）基本原理

建筑物与雕塑的本质，是一种追求功能与创意并存的艺术。在设计之初，即确定了它们的第一原则是满足某项功能，第二原则是无限创意，第三原则是经济性。

以建筑为例，在设计之初，首先确定该建筑是为容纳员工办公的、展示产品的、美化环境的，还是兼而有之。在确定建筑的生产、办公、仓储、展示、美化等功能需求之后，再广泛招标，由投标方无限创意设计，看谁能够完美地实现功能、最大化展现企业文化且成本最低。

从企业文化角度来说，企业文化与企业建筑物、雕塑的关系，是虚与实、无与有的关系，引用老子《道德经》的话：天下万物生于有，有生于无。企业建筑物或雕塑在设计之初会融合采纳企业文化（有生于无），企业建筑物或雕塑完成之后，会更好地诠释企业文化。两者如阴阳、静动一般，既对立又统一，既相互依存又相互转化。

二、操作方法

（一）使用原则和要点

企业建筑物与雕塑犹如企业无声的名片，打动、影响、吸引了一部分人，如果能够增加一些“有声有色”的宣传，就会发挥更大的价值和作用。

企业建筑物与雕塑一般与“讲解词”等搭配，能更好地展示企业文化。而“讲解词”的内容一般按照时间、空间、材质风格、寓意的角度阐释企业建筑物与雕塑。

时间角度：建筑是凝固的时光，时光会在建筑上留下企业发展的印痕。不同的建筑或同一建筑不同时间的变化展示了企业的成长发展历程。

空间角度：建筑占用空间的大小、建筑的式样，均能展现企业文化。

材质风格：企业会依据不同的文化选择不同的材质风格。比如，环保企业的建筑雕塑一般为绿色主题；科技企业一般搭配科技激情的主题；创新型文化的企业建筑和雕塑少有方正、呆板的。

寓意角度：建筑与雕塑在设计之初即承载了企业文化，通过空间、样式、材质风格等设计体现了企业文化。比如，强调民族文化的企业，企业建筑上将体现民族风；强调科技文化的企业，企业建筑上将有很多科技时尚元素。

（二）操作步骤

建筑与雕塑的操作方法及落地一般分为四步。

第一，“项目立项”。做可行性分析，确定是否做此项目。

第二，“规划设计”。确定建筑或雕塑的规模、高度、费用预算等。

第三，“具体设计”。即建筑或雕塑形式设计，包含初始的设计概念、设计思路、设计方案，也包含其后的设计效果图、施工图等。

第四，“设计落地布置”。设计定版之后开始建设或者布置。

对企业文化从业者来说，在参与建筑与雕塑类项目落地中，有一个核心原则务必清楚，那就是：专业的事情让专家去做！我们不懂设计、不会建筑雕刻，就交给专业的建筑设计师和雕塑艺术家，以及他们的团队做，我们只需要做好辅助、支持工作。

以上述四步为例，企业文化工作者能参与的，主要是第三步中、第四步之后。在第三步“具体设计”中，企业文化工作者应配合专业设计师，为他们提供公司企业文化方面的素材，使设计理念与企业文化相符。此外，在第四步“设计落地布置”之后，企业文化从业者也应该牵头或者配合相关部门做好建筑与雕塑剪彩仪式、写好讲解词、做好后续的宣传讲解、传播工作。

（三）工具运用

建筑与雕塑都是一种载体，对企业建筑物或雕塑的运用离不开“声色纸图”。

声，指为建筑物或者在建筑物内增加声音，可以从人之口出，也可以从设备中出，以传播企业历史、企业理念、企业故事等。

色，一是指企业建筑物本身的色彩；二是指企业建筑物内各模块、各设计、各物料的色彩。两者应协调，具体的选择运用应以企业 VI 标准为模板。

纸，存储着文字，对企业建筑物而言，就是以文字记述企业建筑物的设计理念、历史故事，以此与企业文化相互验证。

图，是指企业建筑物或雕塑的图片。企业建筑物或雕塑都难以移动，但图像可以，将它们拍摄下来，刊登到纸质媒体、网络媒体，或者印制成贺卡、挂历等，均是有效传播企业形象的方式。

三、案例解读

（一）国际案例

案例一：百事可乐公司总部位于美国纽约，由 EDSA 设计。该项目融合了企业的建筑群和美丽的自然风光、林地和花园，以及规整的庭院和自然形态的草地。场地中有来自于 Henri Laruen，Alexander Calder，Henry Moore 和 DavidSmith 等杰出艺术家的雕塑作品，以及湖泊、池塘和喷泉。公司总部的设计不仅改善了环境，还改变了员工的工作态度、生活方式。

案例二：美国谷歌总部项目位于硅谷高科技产业的核心地带，如何给员工提供尽情发挥的创意场所，是该设计的最大挑战。该项目建于工业废址，SWA 充分利用当地的植被，考虑硅谷高科技人员的生活习惯，结合活泼的建筑风格，将工作区与市政公园结合设计，为员工创造了一个明快的工作环境。

值得一提的是，谷歌公司总部的室内设计同样充满创意，这样的工作环境是许多人梦寐以求的。

案例三：诺华是全球著名的医药健康集团之一。诺华公司总部位于瑞士巴塞尔的莱茵河畔，彼得·沃克将整个园区打造成一个动态社区和环境可持续发展的园区。

诺华总部的户外空间体现了一个成功园区所要表达的精神，即员工可以一同就餐、休息、散步、参加各种活动。园区全年可为各种活动提供场地，员工的心情也随着季节的变化而变化。更重要的是，作为世界上最早的艺术之都，行走在园区内就好像漫步在一个有关装置艺术和建筑艺术的室外艺廊里，这里有许多有特色的作品。

该项目曾获得 2013 ASLA 设计荣誉奖。“耳目一新，功能布局突破束缚，气象万千的格调设计。”2013 年专业评审团如是说。

案例四：苹果公司总部设计方案由英国著名建筑公司 Foster + Partners 与 Kier & Wright 合作，项目位于美国加州 Cupertino 市。

公司新总部 Campus 2 园区计划占地面积达 176 公顷，新的总部大楼采用飞船形状的 O 形（如图 3 - 34 所示），内外皆是环绕葱郁的景观。这座环形的建筑共五层，中心为巨大的庭院。主体建筑将采用世界上最大的玻璃构件，最独特的是大楼没有一块玻璃是平板的，外形完全是弯曲的。

图 3 - 34　苹果新的总部大楼

此外，主建筑和周边地下停车场的顶部会全部装上太阳能板面，以此来供能。

（二）方圆之间的海尔人和海尔建筑

每一个进入海尔园的人，第一眼都会惊讶于有一栋古典的红色大楼。它正是海尔的心脏——1994 年 10 月建成的海尔中心大楼。此大楼始建于 1992 年，建设中途曾遇到问题影响建设进度，而凭借海尔掌舵人的危机意识和“盯员工、盯用户、盯政策”的“三只眼理念”，最终成功抓住机遇、解决问题，完成了大楼建设。

它的建筑设计非常独特，外方内圆。外面是一个方形，里面是一个圆形，取自中国传统文化所认为的“天圆地方”。海尔有一个理念叫“思方行圆”，方是原则性，圆是灵活性，体现了海尔变中求胜的理念，代表海尔人既有原则性又不失灵活性。（这一设计取材于中国传统文化，又与海尔文化相符，奠定了整个建筑的基调和海尔文化的本质：海尔是世界的，也是民族的；海尔大楼的设计，有海尔的文化，更有民族的文化。）

除方圆之外，海尔中心大楼可谓处处皆有中国传统文化及管理之道，这与海尔首席执行官张瑞敏先生博览中西、融汇中国传统文化的管理理念一脉相承。

中心大楼又是一座年历大楼：一座大楼是一年；12 层的楼层代表着一年 12 个月；四个柱子的颜色是中国古典文化中表示祥和喜庆的红色，既代表四个季节，又代表支撑海尔发展的科技、工业、营销、金融；大楼每面挂了 6 个灯笼，四面 24 个大红灯笼象征着 24 个节气；大楼 365 个窗户寓意 365 天，它告诉海尔人一个时间观念——时间是非常宝贵的，一定要珍惜好每一分、每一秒，也就是“一万年太久，只争朝夕”。此外，大楼四面环水，诠释着张瑞敏在一次高层会议上提问的一个问题：“怎么样才能让石头浮在水面上？”其给出的答案是《孙子兵法》上的一句话：“激水之疾，至于漂石，势也。”诠释了张瑞敏对“速度”的认同和追求。

中心大楼左侧，有一个展示海尔世界市场版图的立体花坛，花坛整体如同一幅世界地图，每当海尔在世界上建一个工业园、研究中心、制造基地，就在相应的位置种一棵合欢树或者常青树，寓意着合欢双赢、永续常青。

中心大楼正前面，有一个文化广场。广场正面有三组花坛，分别有一头象、两头象、三头象的雕塑，这是取自道家学说“道生一，一生二，二生三，三生万物，万象更新”，也寓意无形的文化诞生一切；三组花坛左右两边共六组喷泉、九级台阶，寓意着步步高升。

广场左右两边有两个小湖，其名“如意湖”，寓意吉祥如意。湖畔有小道蜿蜒可行，道旁有韩美林大师的作品五龙塔、体现了下棋找高手理念的棋盘石景观、满载着海尔兄弟动画人物的海尔探险舰，以及美丽的雕塑喷泉等，荡漾着无限的生机活力，渗透着丰富的海尔文化。

文化广场之前是工业园区的一条大道，其名为“太平洋大道”，展示了海尔立足当地、展望全球的雄心壮志。

除 1994 年建成的海尔中心大楼之外，2008 年之后，伴随海尔的发展壮大，海尔还在信息产业园建成了创牌大楼。其建筑内部各有一方厅和一圆厅，与外方内圆的中心大楼相呼应。而外部，从东西南北四面看，其外观均像繁体的“门”字，体现了海尔在发展过程中“凡墙都是门”的新领悟和寓意，意为如果创新，随处都是门。

2012 年，创牌中心大楼之侧，海尔再次建造完成董事局大楼，其外观如海浪、如云彩，主要体现了在互联网时代，一切都有很强的不确定性，企业从线性变成非线性的自组织，永远从混沌到有序。

从 1994 年到 2008 年再到 2012 年，从中心大楼到创牌大楼再到董事局大楼，海尔的建筑不断增加、外观造型也在不断变化，但都秉承传统文化及海尔文化，完美诠释了企业建筑与企业文化的变与不变。

海尔中心大楼及楼前的海尔兄弟雕塑如图 3 – 35 所示。

图 3 – 35　海尔中心大楼及楼前的海尔兄弟雕塑

海尔创牌大楼如图 3 – 36 所示。

图 3 – 36　海尔创牌大楼

海尔董事局大楼如图 3 - 37 所示。

图 3 - 37　海尔董事局大楼

作者：王涛，原海尔集团企业文化经理，现为青岛青禾人造草坪股份有限公司企业文化负责人；从业十余年，初心未变——致力于为所在企业创造优秀的企业文化，发挥它的非凡力量。成就职场，成就人生！

第四部分 企业文化的综合应用

兵无常势，水无常形，能因敌变化而取胜者，谓之神。

——《孙子兵法·虚实篇》

第三十三节　企业文化管理沙漏模型

企业文化管理沙漏模型如图 4－1 所示。

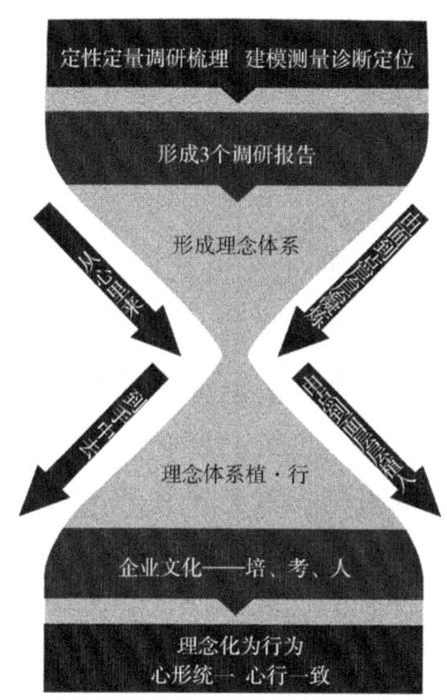

图 4－1　企业文化管理沙漏模型

一、工具属性

（一）工具的基本属性

工具的基本属性如表 4－1 所示。

表 4－1　工具的基本属性

联动工具	“企业文化五维提炼法” “竞争性文化价值模型” “企业文化教练技术” “企业文化植・行技术” “企业文化测评技术”
适用范围	适用于企业经营发展的各个时期。铸造形成企业灵魂，深植塑造员工行为，引领企业持续发展
主体与客体	全体企业员工、外部利益相关方等

（二）工具解读

本沙漏模型由上、下两部分构成，沙漏的上端（第一条文脉）——这是一个“从心里来”的过程，由面到点，汇聚、凝炼、萃取精华。

企业文化不是哪位大师的灵感创作和设计，它是企业自身形成的内生生态系统。如何让企业的这个生态系统清晰且富有个性，而不混沌？如何让企业的这个生态系统科学且具生命力，而不滞后？通过笔者多年的实践和实战经验来看，提炼、构建个性而系统的企业文化，四大支柱是必不可少的：专业的团队、专业的工具、专业的方法、专业的理论。依托四大支柱，沿着“定性”和“定量”两条主线，深入挖掘和探究企业的优秀文化基因等核心要素。

在这个过程中，通过“企业文化五维提炼法”，对企业各个层级及外部相关利益群体“走心”地深度访谈调研尤为重要，也被视为“从心里来”这条文脉的关键步骤之一。同时，管理离不开数据，管理需要数据做支撑，企业文化作为一个重要的管理理论，同样需要大量数据的支撑和分析。在这条文脉中，通过对企业内外全方位问卷调研的“定量”诊断，为企业文化管理构建起数百个数据测量模型，提供十几万个分析数据，详实的大数据为企业文化管理夯实了根基，这个过程则是“从心里来”这条文脉的关键步骤之二。在大数据“定量”的这个环节中，依托的是美国组织行为专家奎因（Quinn）1988 年开发的竞争性文化价值模型，如图 4－2 所示。

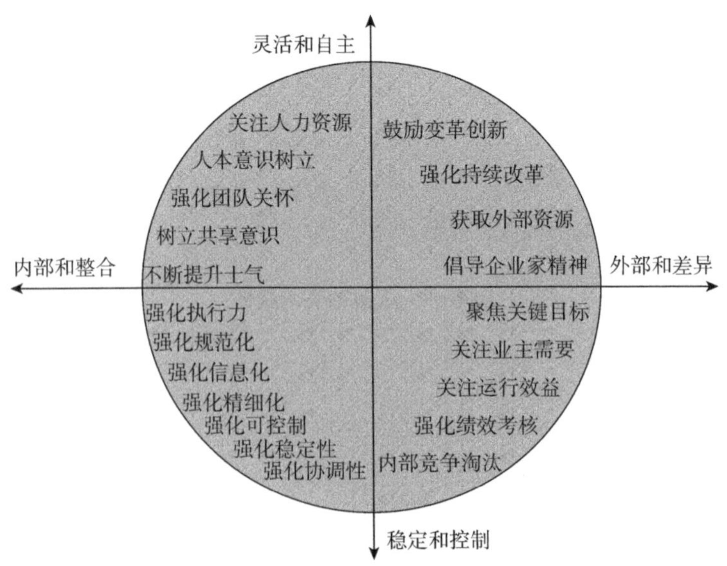

图 4－2　竞争性文化价值模型

该模型把企业文化指标按照内部外部导向和控制授权两个维度分类，最后形成四个基本的价值模式。从内在－外在、控制－灵活两个维度，将组织文化分为目标、规则、支持、创新四种导向，用来实证分析各种导向的文化类型对企业竞争力的影响。该模式从20世纪90年代开始在世界范围内被广泛应用，逐渐成为一种国际上比较权威的企业文化分析工具。

在访谈“定性”和问卷“定量”两条主线系统而深入地贯通下，企业过往光辉历程中的优秀文化基因、当下文化类型的定卯和管理问题的分析、未来文化类型定卯和布化等版块内容，如扫描拍出的一个个企业图片，层次分明、逻辑严谨的布设在调研报告这个面上铺展开来，为企业管理和文化构建提供了坚实的数据和理论支撑。通过调研报告深度地分析、测量、诊断、提炼，企业的优秀文化基因逐步梳理、凝炼、聚集形成企业文化之核——理念体系。

沙漏的下端（第二条文脉）——这是一个“到手中去”的过程，由点到面，播撒、植入、深化成行。

“企业文化管理之父”埃德加·沙因曾讲过：“领导要做的真正唯一重要的事情就是创建和管理文化，并提出一系列领导者植入文化的机制。”

企业文化理念体系的提炼、构建成型仅仅是企业文化管理工作万里长征中的第一步，如何以文化心、以文化行，用文化理念来塑造员工的行为，来引领企业的发展，实现企业文化的“植·行”，这是企业文化管理的关键所在。

企业文化的植入、塑行和践行，并非一日之功——能定，也非一蹴而就——能成。其“植·行”需要内外合力的科学运筹，其“植·行”需要企业上下一致的持久耕耘，其“植·行”需要企业文化先进理论的支撑，其“植·行”需要科学方法和路径的指导。企业文化“植·行”是一个循序渐进、逐步深化、心行统一的系统工程，此系统工程总体分三步走。

第一步，要走好“培”。“培”即全方位系统地培训，但它不是简单的照本宣科，它是文化“植·行”的先导、铺垫和共识的过程，它是层次分明的企业文化队伍培训，企业要培训、构建三支企业文化队伍。

第二步，要走好“考”。“考”有两个方向：一是构建企业文化考核制度，让企业文化“植·行”工作有制度的督导和规范。二是对员工的企业文化了解和理解度考核，用数字来检验员工对企业文化的认知、了解程度。制度和考核双管齐下，企业文化“植·行”走得更有力、更坚实。

第三步，要走好“入”。“培”是先导，“考”是强化，“入”就是企业文化“植·行”的关键。在“入”这一关键环节中，要走好“五入一体”连环路，即

"入眼、入耳、入脑、入心、入手"。

这条文脉是企业文化成型后的华丽回归，通过第一条文脉梳理、凝炼出的优秀文化理念，在本条文脉中如春雨慢慢润化企业这片沃土，塑造员工行为，引领企业发展。

（三）工具作用

1. 由上到下，对企业文化进行系统地建设

企业文化是企业内部的生态系统，它不是策划和设计出来的，而是系统、科学地梳理、测量、诊断形成的。

通过定性、定量诊断，建模测量分析，定位企业文化类型，定卯企业管理问题，确定企业核心价值。

通过对员工满意度、敬业度的测量、诊断、分析，明确员工的价值导向、心理诉求等，为企业调整管理举措等指明方向。

解决企业核心问题：企业是做什么的（使命，存在的意义）；企业做到什么程度（愿景、宏伟蓝图）；企业如何做（核心价值观）。

2. 由浅入深，对企业文化进行系统地管理

企业文化构建和管理的根本目的不在于追求辞藻的优美、语句的华丽、口号的响亮，而在于实现思想统一、心行一致。

实现企业"神形"一致："神"为企业的核心理念，"形"为企业的视觉展示，依据企业文化管理沙漏模型，把梳理、提炼形成的企业文化核心理念，通过企业的视觉系统传达、展示出来，实现企业"神形"一致。

实现企业心行统一：依据企业文化管理沙漏模型，通过企业文化"植·行"理论、方法，实现企业文化理念转化为员工行为、企业由他律向自律的升华。

二、操作方法

（一）调研、测量、诊断、分析

深入企业，深入内心。

· 资料收集研读。

· 行业文化分析、研究。

· 企业内部、外部访谈调研。

· 企业内部、外部问卷调研。

· 企业文化定性梳理、提炼。

· 企业文化定量测量、诊断。

（二）培训、植·行、考评

文化“植·行”，心行统一。

· 企业文化队伍培训、构建。

· 企业文化共识实施。

· 企业文化考核。

· 企业文化入眼。

· 企业文化入耳。

· 企业文化入脑。

· 企业文化入心。

· 企业文化入行。

三、案例解读

（一）案例背景

鲁胜石油开发有限责任公司（以下简称鲁胜公司）是中石化胜利油田旗下一家专业从事难动用石油开发的油公司。该公司 1994 年 10 月 5 日正式挂牌成立，在胜利油区 15 个油田内有 25 个开发单元，这些区块大多属于油稠、出砂严重、高压低渗透区块，油区横跨东营、滨州、淄博等三市十县区，点多、线长、面广。探明含油面积 73.29 平方千米，探明地质储量 8623.29 万吨，动用储量 6317.94 万吨，拥有各类油水井 600 余口，截至目前已累计生产原油 522 万吨。

在历经二十多年的发展后，该企业步入转型发展期，鲁胜公司由三级单位升级为二级单位。公司升级后，鲁胜公司在企业文化、经营管理、人才战略等方面的问题不断暴露、凸显出来，这些问题严重阻碍了鲁胜公司发展的脚步。面对这些问题和新的挑战、机遇，鲁胜公司新一届领导班子通过系统思考，认真地分析当下形势，认识到企业自身的发展不仅需要企业本身不断努力和迎难而上，还需要一个有实力的外脑作为企业发展的强大外力，助推企业迈向新的高度。在这样的背景下，鲁胜公司企业文化管理咨询项目应势而生。

（二）案例内容

鲁胜公司企业文化管理咨询项目（第一期：铸魂工程）共分为三个阶段：

第一个阶段是项目准备阶段。项目咨询团队前期通过收集鲁胜公司资料、研读鲁胜公司资料，对鲁胜公司状况和特点有了初步了解和认识。2013 年 7 月 4 日，鲁胜公司企业文化项目启动大会胜利召开，企业文化启动大会召开代表本次文化项目正式启动。

第二个阶段是调研访谈阶段。项目组同鲁胜公司项目小组组成联合项目小组，按照项目推进计划，统筹兼顾，合理调配时间、地点和访谈人员，调研访谈工作按部就班开展。

在访谈过程中，项目团队根据鲁胜公司的组织架构，按照先访谈总部再走访部分二级单位的计划，通过一对一访谈、多对一访谈、团体探究式访谈、团体验证式访谈、反差式团体访谈等多种形式，对鲁胜公司总部高层领导、中层干部、基层员工、二级单位及外部合作客户共计 113 人进行了深度访谈。同时，在访谈过程中，项目团队根据调研访谈了解的情况，制作符合鲁胜公司自身特色和个性的调研问卷，本次问卷发放面广，涵盖公司内外各个层级和部门，共计发放 498 份。旨在通过定性和定量两个方面，对鲁胜公司优秀企业文化基因、关键成功要素、企业文化现状、企业文化期望和存在的问题等进行梳理、提炼，为形成鲁胜公司企业文化的全面调研成果打下坚实的基础。

整个访谈阶段，鲁胜公司的领导和员工对企业文化项目表现出了极大的热情和极高的期望，并积极配合项目团队的工作，在访谈中坦诚吐露自己的心声，从各个视角反映了鲁胜公司的真实情况。

项目团队根据资料调研、访谈调研和问卷调研的情况，通过系统、科学地梳理、分析，形成了三个阶段成果《鲁胜公司企业文化调研报告》《鲁胜公司员工满意度报告》和《鲁胜公司员工敬业度报告》。报告通过几百个分析图形、十几万个分析数据，对鲁胜公司过去、现在、未来三个层面，通过各条线、各年龄段、各来部时间、各学历层次等方面进行全面、详尽、系统地分析，提炼、梳理出鲁胜公司优秀企业文化基因、关键成功要素、企业文化现状、企业文化期望和企业存在的问题，对鲁胜公司员工满意度和敬业度进行测量分析，三个报告为鲁胜公司经营管理、战略的制定和解决发展中存在的问题提供了坚实的理论依据和支撑。鲁胜公司领导听完汇报后，认为把脉、诊断得很准确，高度认同调研结果。

第三个阶段是鲁胜公司企业文化理念体系形成和汇报阶段。项目团队根据第二个阶段调研的情况和成果，通过项目组团队、咨询师团队和企业文化专家团队的层层研讨、层层把关、层层审核，提炼出了具有鲁胜公司个性的《信·新之道》理念体系（如图 4－3 所示）。在成果汇报会上，鲁胜公司领导班子听完汇报后，高度认同《信·新之道》理念体系，一致认为理念体系体现了齐鲁文化深刻内涵，彰显了鲁胜公司的核心。同时，《信·新之道》理念体系一句未改动，一次性通过。

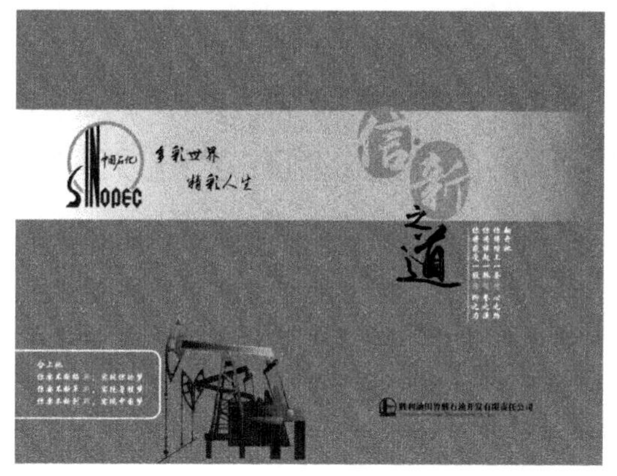

多彩世界　精彩人生

——鲁胜公司

多彩世界，蕴含“多采”之意。既表现了缤纷斑斓的世界，又表现了多采石油的豪迈！

精彩人生，蕴含“精采”之意。既表现了绚丽华美的人生，又表现了精采石油的快意！

多彩世界，精彩人生，多姿多彩的采油世界里，写意着精致精彩的人生！

多彩世界，精彩人生，多采多得的采油事业中，实现着精益精采的价值！

只有精采，才能多采；只有多采，才能多彩；只有多彩，才能精彩。

这就是我们的世界：多采——多彩！

这就是我们的人生：精采——精彩！

图 4-3 《信·新之道》

企业文化理念体系的提炼、构建成型仅仅是企业文化管理工作万里长征中的第一步，如何以文化心、以文化行，用文化理念塑造员工的行为、引领企业的发展、实现企业文化的“植·行”，这是企业文化管理的关键所在。在双方第一期“铸魂工程”圆满落幕后，第二期“植·行工程”的大幕徐徐拉开，以文化行，精彩继续……

作者：高立春，企业文化管理咨询实战派，先后为中石化、华电集团、国家电网、神华集团等近百家客户提供过企业文化管理咨询服务，研创和提出“企业文化管理沙漏模型”“企业文化五维提炼法”“企业文化植·行理论”等工具和理论，并成功用于实战。

第三十四节 P－MEME企业文化落地模型

一、工具属性

（一）工具的基本属性

工具的基本属性如表4－2所示。

表4－2 工具的基本属性

联动工具	战略模块、人力资源管理模块
适用范围	各企事业单位、法人组织
主体与客体	企业文化职能管理部门是推动者，企业全员是主要参与者

（二）工具作用

如果把企业文化比作土地，那么企业文化落地就是播种，土地再肥沃，播种不好一样产量不高。这个比喻很形象地说明了企业文化落地在文化建设中的重要性。

在企业中，一旦完整的企业文化系统形成后，企业文化建设面临的任务便是文化落地。然而，由于企业行业特征、体制机制、成长阶段的区别，再加上不同企业的文化职能部门的能力差异，每个企业都会采用不同的文化落地建设方法，这样容易导致两个问题：

一是对企业文化落地方法缺少顶层设计，企业文化落地实施的方法是杂乱的，不成体系，顾此失彼。

二是对于各种企业文化建设手段在企业中所实现的目的缺乏认识，或者是单一的，缺少规划和主线串联，以致落地效果不佳。

因此，企业文化职能管理部门需要对企业文化建设进行顶层设计，有的放矢。

企业文化建设落地工具P－MEME为企业文化落地提供了有效思路。

（三）基本原理

企业中所有建设企业文化的方法和手段都可以进行分类设计。不同类别的企业文化建设方法的作用和效果也不一样。P－MEME 企业文化落地模型从“人－环境－媒介－体验－机制”五条主线出发，是建设企业文化的系统性方法指导工具。该模型解决了企业文化建设职能部门在企业文化落地过程中的“顶层设计”和“战术选择”问题，使企业文化落地更加具有系统性和层级性。“meme”一词在英语中的解释为“通过模仿等传递的文化基因”，在文化建设中，我们强调以文化人，P－MEME 也可直观翻译成“人的文化基因”。

第一条主线是人（People）。人是企业文化建设的核心主体，要明确在一个企业文化落地的场景中，到底有哪些角色可以发挥作用。除了企业文化管理部门的人，还应该调动哪些人参与其中？还应包括企业家、典型人物和职能延伸群体等。

第二条主线是机制建设（Mechanism）。任何文化的落地都需要有一系列配套的保障机制，其目的是在文化落地上给予充分的、程序性的、约束性的保障。这些机制是由一系列的规划计划、企业制度、考核办法、组织架构等组成的。

第三条主线是环境（Environment）。最直观的一种企业文化塑造方法就是让文化先“入眼”。通过各种平台载体进行企业文化的演绎和视觉传达，长期发挥潜意识引领作用。

第四条主线是传播媒介（Medium）。以各种传播载体为有效形式，实现文化传播，在企业里，传播载体是最常见的企业文化建设手段。

第五条主线就是仪式体验（Experience）。前面讲的宣贯载体的特点是主观的，我说你听，我画你看。而仪式体验的特点则是双向式沟通，强调沟通的过程和参与感，仪式体验一般以企业举办的活动等为主。

上述五条主线可涵盖所有企业文化建设方法，经过不断地补充和完善，使企业文化落地具有足够的系统性和针对性。

二、操作方法

（一）原则和要点

企业文化管理职能部门根据企业年度发展战略制定下一个周期企业文化建设内容，以 P－MEME 内容为蓝本进行选择，逐步布局，最终形成立体化的企业文化建设网络。

原则：层层推进、责任到人、梳理重点、全员参与。

注意：避免在企业文化建设过程中进行“大跃进”式的建设，造成“全民皆兵”。同时，企业的战略和业务模式可能随时发生改变，必须在实施过程中进行调整，动态推进。

（二）方法及步骤

分析本企业当前企业文化建设的现状，梳理企业文化建设落地的各种资源。

分类归纳、整理，形成 P－MEME 模型主框架。

根据企业经营需求，分阶段、分内容实施符合条件的文化落地措施。

丰富、完善，在实践中不断增强该模型的系统性和完备性。

三、案例解读

（一）安能简介

安能于 2010 年 6 月 1 日在上海成立，通过整合传统物流专线、零担快运网络和信息技术平台，创造颠覆性的平台加盟商业模式，实现了年复合增长 140% 的发展速度。目前，安能有员工 2 万多人，在全国建立了 210 多个分拨中心，服务于全国 30 多个省市、1000 多个市县（区），配送网络已覆盖全国 98% 的区域。安能引进全球顶尖投资公司，红杉、华平、凯雷、高盛多家投资机构的资金注入，已助力安能成为中国最大的零担快运加盟网络，未来安能将致力建设成为商业流通领域最有效率的连接者。

安能物流企业文化建设中实施的能动力工程就是文化落地的具体实践，采用 P－MEME 落地模式，这是一个立体式的企业文化建设图谱，是对安能企业文化规划落地的总体方式进行归纳总结，未来所有文化落地方式都可以在这个体系中找到脉络。

总体来说，安能的企业文化建设是分两步走的：第一步是高层带头，全员一起梳理提炼企业文化系统——《安能法则》；第二步是《安能法则》的落地和深植。

安能是一家很年轻的企业，但也是有个性的企业，过去一直在加速发展，有很多需要积累和沉淀的东西。公司的创业历程就是不断颠覆、引领、创新的过程，逐渐形成了激情进取、敢于挑战、主动求变、不拘常规的文化与品牌个性，这种敢于创造“无限可能”的个性在行业内也形成了普遍共识，所以企业文化建设中，安能非常注重把这种个性凝练出来，就是一种崇尚“能”的文化基因，一群“能人”在干着无限可能的事。“能”也意味着价值的创造、能量的产生、能人风格的锤炼，安能把企业文化核心凝练为“能文化”，这是安能从企业过去的发展历程中总结出来并且着眼未来的核心文化。

有了“能文化”，就需要有支撑“能文化”的核心要素，到底是什么内涵赋予“能文化”应有的价值？如何赋予？大家一致认为信任、聚创、毅行支撑安能走到今天。可以说，安能过去7年是通过对事业合伙人的充分信任和授权、对事业疯子一般的执着和认可实现发展的；过去7年是通过创业大平台凝聚力量，在加盟模式下共同打造最优的平台创客体实践，实现从“要我干”到“我要干”的变化；过去7年是移植、秉承着创始人团队艰苦奋斗的坚毅精神，不畏惧创业路上资金链9次断裂、发不出工资等多重困难才得以实现发展目标。今天，毅行精神依旧在安能传承，公司内部有句玩笑话：“激情总在后半夜”，是奋战在全国各条战线上的同事们工作的生动写实。

（二）安能物流企业文化落地实践

安能物流企业文化落地采用P－MEME模型，较好地实现了企业文化落地的系统性和科学性，如图4－4所示。

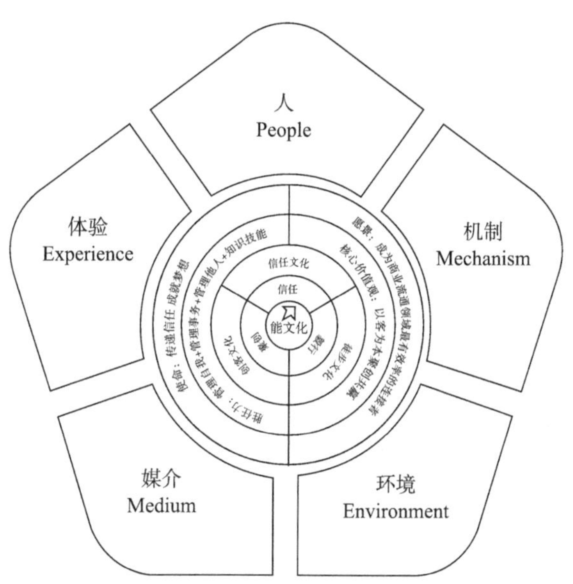

图4－4　安能物流企业文化落地P－MEME模型

第一个要素是人。从人的角度来说，要找准企业文化建设中的主要力量，第一个就是企业家。这里所说的企业家，包含以企业一把手为主体的企业全部管理层，并不是单个人的概念。当然，在文化建设中，高层发出的声音更有感染力，安能总裁秦兴华先生是一位非常重视企业文化建设的企业家，除亲自主导并参与能文化系统的提炼外，对文化的具体落地也给予了充分的重视。秦兴华除了在工作中实践和带动企业文化外，还参加各种文化建设的场景，安能企业文化公众号“今日安能”曾报道一篇文章《安能秦哥的百变大咖秀》，采集了他参与各种文化活动场景扮演的角色照片，有将军、弓箭手、草裙舞者、月老、一线快递员等。这种接地气的文化参与拉近了与员工的心理距离，让文化落地渗透性更强，这是非常宝贵的文化资产。

除高层外，其他中基层管理者也都是企业文化建设的关键力量，中层负责上传下达，没有他们的参与，文化是不能落地的；基层管理者冲在一线，是文化在基层员工面前的直接体验，是文化传递的重要力量，安能把他们定位成文化合伙人，充分借助文化合伙人的力量传导企业文化。树立典型模范和榜样激励，这个方法就是塑造榜样、弘扬正能量，大部分企业都会采用。内训师、通讯员队伍建设是企业文化建设职能的纵向延伸，安能在全国各区域培养了一支宣贯企业文化的通讯员和内训师队伍，都是兼职的，定期培训并对优秀者给予表彰激励，使之成为企业文化的有力传播力量。

第二个要素是机制。从机制层面来说，在安能，除了对企业文化落地进行有效的规划外，还制定了《内刊管理制度》《内训师管理制度》《通讯员管理制度》《VI 管理制度》等规章制度。为保证有充分的职能承接，安能在全国各地还成立了 13 个虚拟的企业文化工作站，规定区域总负责人为工作站的站长，副站长是当地的办公室主任和人事行政负责人，工作站成员还包括企业文化通讯员、企业文化内训师等，这样形成了一个有效对接的落地组织，年底安能还会根据相应的指标进行测评。目前安能正在探索考核机制，把文化价值观导向融入考核，一些成熟的企业已经这么做了。比如，在考评上，把企业价值观分成几个等级，这样文化就等于渗透到管理层面，效果就会事半功倍。

第三个要素是环境。企业文化环境包括线上和线下两部分，线下首要是办公环境，文化上墙是主要内容。比如，安能在全国的分拨场地，工作环境以仓库场地为主，想让大部分一线操作员在线上关注企业文化比较困难，就使用“管理目视看板 + 海报宣传栏/海报机 + 内刊展架 + 文化理念标语墙 + 横幅标语”立体式的环境构建方法，直接让员工看到，取得持久的宣传效果。此外，安能还在一些办公用品、物料等的设计上下功夫，导入企业文化元素等。线上层面也非常重要，主要是在员工接触度高的 IT 系统界面上布置文化形象。比如，安能在员工常用的 PC 端 OA 办公平台、手机办公界面、操作系统登录界面等位置布置了企业文化传播图像，开发电脑、手机桌面等，让员工在日常工作中多频次接触企业文化，从而深刻理解企业文化。

第四个要素是媒介。当前安能建设的文化传播阵地主要有企业内刊、文化手册、微信公众号、企业文化故事集、办公平台资讯等。内刊《安能人》是安能企业文化建设的主要平台，需要员工深度阅读、深入学下去；《多彩安能》是安能推出的电子刊物，是体现安能人风采的摄影作品；厕所文化，安能的卫生间里张贴着简单的企业文化故事；安能还开发一些新的多媒体微电影形式，在重要的会议场合和线上进行播放等，结合新媒体的发展趋势，最近还开发出了聚创直播间安能线上直播平台，一些重要的培训等都会通过直播形式覆盖全国。总之，通过各种各样的载体传播和解读企业文化，只要是能承载文化元素、体现安能特色的，安能都会想办法做出来。

最后一个要素是体验。很多企业往往把建设企业文化理解为搞活动，过于片面。在 P－MEME 模型中，作为仪式体验的活动成为企业文化建设中的一个分支，有其不可替代的作用。活动不在做多而在做精，必须符合企业实际情况，接地气、融入文化内涵的同时又易于被参与者接受。每次活动之前，都要思考为什么去做这个活动，通过这个活动解决什么问题。把主题定好，把安能的企业文化体现出来，导入文化的元素，不断激励大家、激发正能量，这就叫作“加持理论”，不断地加持安能的文化。

安能的经验有两点：一是把活动类型分为文体性活动、经营性活动、关爱性活动、公益性活动、教育性活动五大类，按照双因素理论，安能注重激励因素活动的比重大于保健因素活动，安能比较推崇有利于提升公司运营质量、员工凝聚力和士气的活动。二是以品牌化思维做活动，把每一次活动都包装成一个持续性的品牌。比如，安能在内部设立了思阅驿站大讲堂，每月邀请行业专家或公司高层演讲，目的是建设一个人文的、开放的员工成长论坛，还有安能组织开展的徒步“能者毅行”活动、能人书吧、能人三项技能挑战赛等活动，都是以品牌化思维来做活动，做成持续性的产品。

通过上述方式方法，安能物流文化体系深入人心，安能 P－MEME 模型企业文化落地实践如图 4－5 所示。

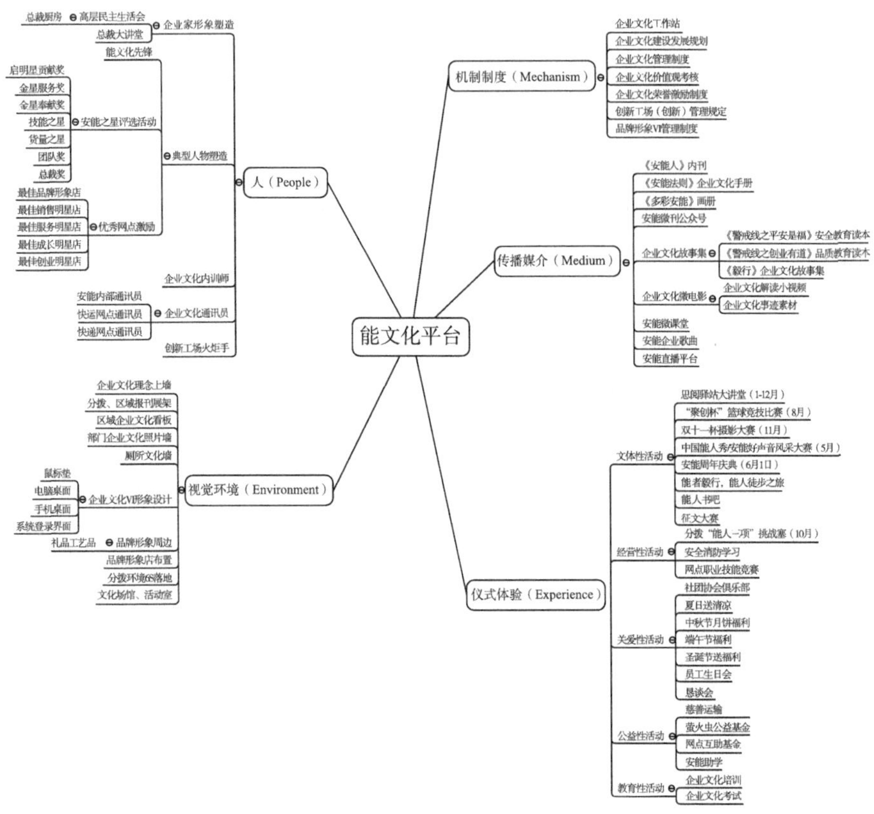

图4-5　安能P-MEME模型企业文化落地实践（部分框架）

作者：曲洪伟，拥有十年企业文化领域实战经验，曾先后在甲方和乙方从事企业文化建设实践工作，为企业量身进行企业文化系统建设，主要研究实践领域的企业文化系统塑造、企业文化落地实施等，现任安能（ANE）品牌文化部总监。

第三十五节　构建企业文化同心圆

一、工具属性

（一）工具的基本属性

工具的基本属性如表4-3所示。

表4－3　工具的基本属性

联动工具	丹尼森模型等诊断工具、敬业度＆满意度等测评、绩效工具等
适用范围	适用于全生命周期每个阶段企业特质，从价值源头分析，并从知、信、行、传四个维度助力企业文化落地及深化
主体与客体	社会、企业、个人

（二）工具作用

1. 价值是企业文化落地的基础

企业文化建设的核心是找寻企业的价值，即信源。价值同心圆模型以价值为基础，通过对价值的解读、运用科学有效的方法提炼企业的愿景、使命、价值观，并结合价值产生、认可、践行和传承四个维度进行文化落地，如图4－6所示。

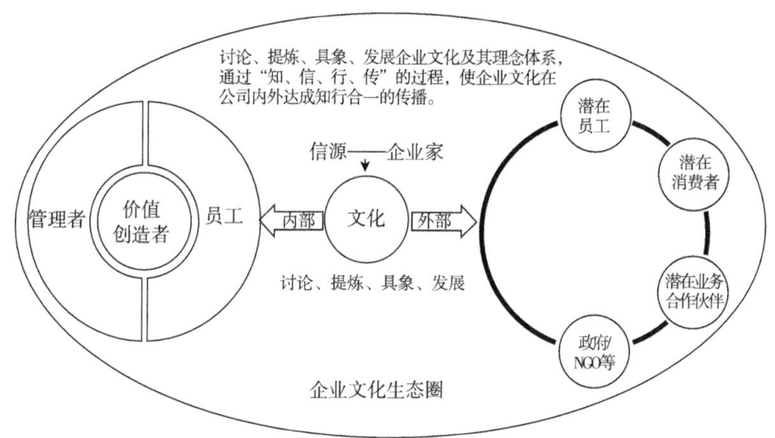

图4－6　企业文化生态圈

2. 价值同心圆模型是团队能力的标准和指引

价值同心圆模型搭建是企业文化建设的高度概况，对目标实现、路径、方法给出明确指导，确保企业文化建设能够形成整体规划、有序推进的工作格局。

3. 价值同心圆模型是企业文化建设的方法和工具

价值同心圆模型在给出整体建设思路的同时，延展具象出文化落地的方法和维度，能够让管理者和文化工作者快速掌握并应用。

（三）基本原理

企业的价值观决定企业的生存态度，企业的生存态度决定企业的生存命运。企业作为独立的经济实体和文化共同体，长期经营实践中在“本位价值”下必然会形成某种本位价值观，这种本位价值观决定着企业的经营个性、管理特点，也决定着企业的发展方向。

一般来说，具有一定历史的企业，其价值观总是客观存在的。特雷斯·迪尔和阿伦·肯尼迪在《公司文化》一书中指出：价值观和信念主要得自经验，得自经济环境下各种尝试所积累的结果。企业员工在特定经济环境中进行尝试后知道什么可行、什么不可行，再加以概括和总结，这就是价值观念的理念化过程。如果企业在实践中已经取得了一些经验，就必须对之加以提炼，使之升华到价值观层次。把经验升华为理念也就是对实践经验总结、提炼的过程，这是塑造企业价值观的第一步。在确认和进一步培育企业价值观时，要根据企业的性质、规模、类型、员工素质和经营的特殊性来选择适当的价值标准，从而反映出企业的特色。还要充分反映企业价值理想实现的可能性，使企业价值观有存在基础和客观依据，与员工的心理承受能力一致。同时，价值观来源于企业实际又高于企业实际，要有超前性，充分体现企业的未来发展和长远的奋斗目标。

1980 年 Waterman（沃特曼）、Peters（彼得斯）等学者提出了这一理论，后来帕斯卡和阿索斯通过对日、美企业的对比研究，证实了这一理论，并提出 7S 理论。在这个模型中，起核心作用的是共同价值观。这些因素只有形成一个和谐的整体，企业才能够取得成功。

价值同心圆体系是在此基础上，基于对价值的理解及先前文化理论的延展提出，它明确了企业文化建设目标及实现目标的路径和方法，能够有效指导企业文化工作，确保企业文化建设有计划、系统性地层层推进，是一切工作实施的“统领”。如图 4－7 所示。

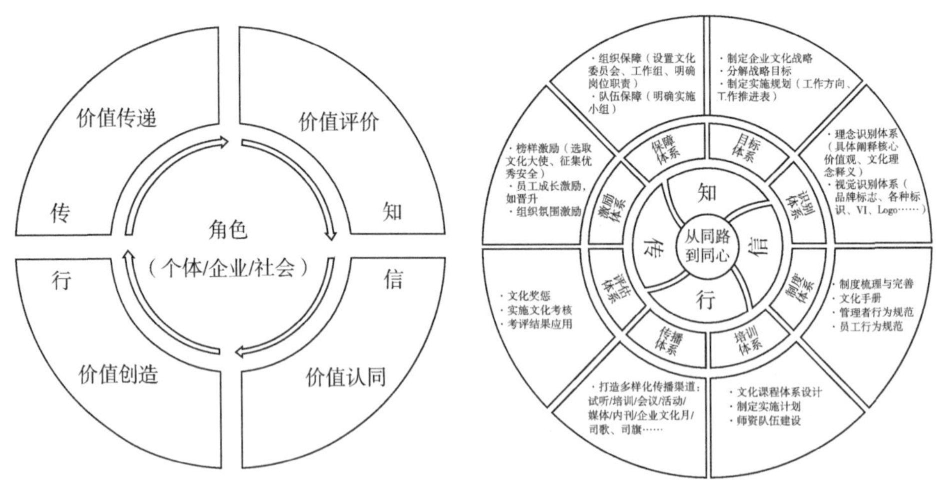

图 4－7　企业文化价值同心圆体系

二、操作方法

（一）操作方法和要点

1. 价值认知是前提

价值认知即价值评价：

第一，在对企业文化评价的过程中要注意内外部的统一。一是与行业发展要求和趋势统一；二是与企业自身发展战略统一；三是与企业文化发展现状统一，突出前瞻性、可实现性与激励性。

第二，注重战略目标分解，成功的目标体系必须内容清晰、科学合理、可行性强。

第三，评价步骤：价值评价要从内心和灵魂里找，人心里价值的积淀和价值的基因已经成为价值选择的根基，甚至变成了本能。所以，企业要打破常规，有效应用科学工具实现评价，具体表现如下：

· 确立评价标准。

· 决定评价情境。

· 设计评价手段。

· 利用评价结果。

2. 价值认同是核心

价值认同是成员或组织在社会活动中对某类价值的内在认可或共识，通过这些认可或共识，形成自身在工作实践中的价值定位和定向，由此决定自己的理想、信念和追求，形成共同的价值观。形成统一的价值观有利于实现组织内人员同路同心。

（二）使用原则和要点

1. 使用原则

首先明确企业在组织生命发展周期中的阶段及对文化建设的诉求，其次根据每个阶段不同的要求对照同心圆模型中不同的解决方案，优化重组予以解决。

2. 使用要点

（1）对接企业发展目标，结合工作实际情况进行落地。

在模型使用过程中，绝不能脱离企业的发展目标而自由发挥。只有在企业战略愿景、使命、价值观指导下，充分结合公司业务特点、人员组成等情况，企业文化才能真正落地有效。

（2）持续统筹推进，形成特色品牌。

同心圆建设不是一蹴而就的，而是一个长期持续、循序渐进、动态提升的过程，是一项系统工程，需要统筹规划、整体推进。

战略画布：通过 workshop 组织成员进行战略讨论及文化认知。

文化演绎法：对企业核心价值理念及文化深入对接落地。

三、案例解读

（一）实战案例解读

1. 案例背景

A 企业是一家地产企业，随着业务的发展，人员规模不断扩大，老板对文化重要性认识越来越深刻。A 企业急需借助文化的手段及工具统一思想，使全体成员同心同路。所以，A 企业提出价值同心圆理论并加以实践。

2. 案例思路

2016 年，A 企业启动了企业文化的系统梳理工作。通过大量的访谈、提炼，以及对集团发展历程、典型事件、发展战略的研究解读，最终形成了以价值同心圆为模型的企业文化体系。在评价过程中，企业员工广泛参与、提炼、总结，对模型达成统一的认知。

3. 案例产出

经过 3 个月的全员学习讨论，在同心圆模型的指导下形成了 A 企业文化建设体系及实施纲要。

（二）方案分享

A 企业文化建设体系方案如图 4－8 所示。

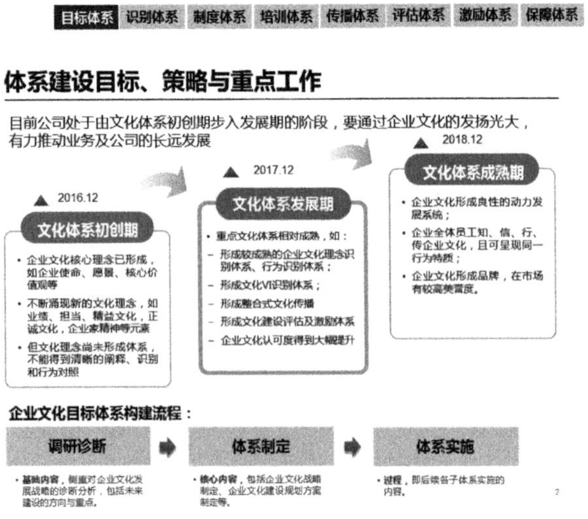

图 4－8　A 企业文化建设体系方案

目标体系 识别体系 制度体系 培训体系 传播体系 评估体系 激励体系 保障体系

体系建设目标、策略与重点工作

关键策略

1. 通过**外部诊断**、**内部研讨**发现问题，诊断文化现状
2. **高管讨论**与投入，达成且**明确共识**
3. **侧重传播及效能达成**，制定系统落地方针
4. 形成**统一**、**清晰**、**高识别度**的文化标识

2017年核心目标	2017年目标分解	理论/工具	实现路径	落地产出	项目周期
搭建企业文化建设体系，企业文化理念体系化，并得到有效传播	**1.文化理念导入：** 明确定位，形成可落地路径 **2.文化理念体系化：** 形成较成熟的企业文化理念识别体系、行为识别体系企业文化认可度得到大幅提升 **3.文化落地：** 企业文化形成良性的知、信、行、传动力发展系统，且上下同欲呈现同一行为特质	1.文化生命周期理论 2.丹尼森模型 3.文化矩阵模型	1.企业文化诊断-内外部咨询项目 2.内部文化共创会 3.培训&宣导渠道搭建	1.《企业文化诊断报告》 2.落地路径 3.传播策略等	8周

3

目标体系 识别体系 制度体系 培训体系 传播体系 评估体系 激励体系 保障体系

体系建设目标、策略与重点工作

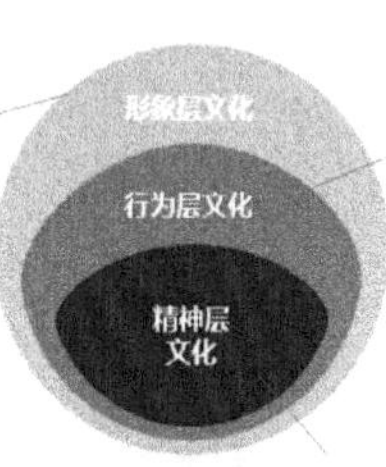

- 品牌标志
- 标语、标识
- 文化墙、展板
- 音视频材料
- 各类宣传材料

- 行为规范
- 学习培训
- 实践活动

- 企业愿景、使命
- 企业精神
- 企业核心价值观
- 具体管理理念

关键策略

1. 突出**文化传播的品牌意识**
2. 针对**受众特点**，提高文化对内对外传播的**针对性、广泛性和有效性**

背景	核心目标	目标分解	理论/工具	实现路径	时间周期	落地产出
企业文化行为层、形象层识别系统不健全，无法形成合力，达到文化共知	提炼和发展企业文化核心理念，通过行为贯彻与实施，且借由视觉识别体系形成自内而外、内外同质的文化识别体系	1. 对VI手册、载体建设、标语展板等形成统一、清晰、鲜明的文化形象标识 2. 总结、提炼文化核心理念下的员工（含干部）行为规范，以便进行对照、学习、实践	1.洋葱模型 2.VI规范手册	文化核心理念的提炼和阐释、发展	8周	《企业文化手册大纲》
				提炼行为识别体系	4周	《员工/干部行为规范》
				VI规划与导入	4周	《企业文化VI规范》

4

图4－8　A企业文化建设体系方案（续）

目标体系 识别体系 制度体系 **培训体系** 传播体系 评估体系 激励体系 保障体系

体系建设目标、策略与重点工作

全面充分理解和剖析企业文化及其理念体系，开发一批企业文化课程，培养一批企业文化讲师，全员培训覆盖率90%，考试通过率90%

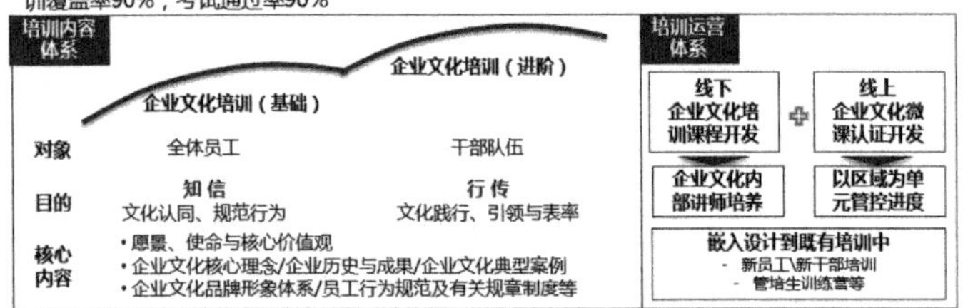

关键策略：1. 面向**不同群体开发针对性线上线下企业文化课程**，培养数量足够的优秀企业文化内部讲师
2. 将培训与考试结合，企业文化主题培训与既有各类培训项目结合，**覆盖全员**

重点任务：

任务事项	说明	成果标准	完成时间
企业文化系列课程开发	匹配企业文化四大认知阶段，结合企业文化需求调研的结果，设计开发面向不同群体的系列课程与学习活动	《企业文化课程》（线上与线下版本）	4周
企业文化讲师培训认证	选拔并培养一批具有传播和辅导能力的公司级企业文化讲师	合格的企业文化讲师40名（覆盖所有业务单位）	2周
企业文化培训实施与考核	企业文化微课全员认证培训 将不同深度的企业文化主题培训内容嵌入各类关键人群培训项目，实现对应的企业文化传播目的	全员培训覆盖率90% 考试通过率90%	~2017.12（持续）

5

目标体系 识别体系 制度体系 培训体系 **传播体系** 评估体系 激励体系 保障体系

体系建设目标、策略与重点工作

贝罗的传播模型将传播过程分解为四个基本部分：信源、信息、通道和受传者，每一个基本部分都是由若干因素构成的，如下图所示：

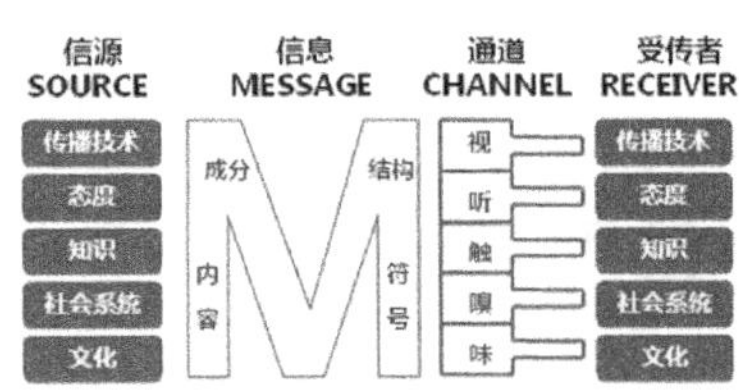

关键策略

1. 利用"**横向到边、纵向到底**"的企业文化工作**覆盖网络**来进行文化传播，实现**传播无死角**
2. **采用创新传播手段，持续、灵活地开展传播工作**

核心目标	理论/工具	实现路径	时间周期	落地产出
上传下达，内外传播	贝罗SMCR模型	确定2017-2018年文化传播体系	1-2周	《企业文化传播体系及行动计划》

6

图4－8　A企业文化建设体系方案（续）

目标体系 识别体系 制度体系 培训体系 **传播体系** 评估体系 激励体系 保障体系

体系建设目标、策略与重点工作

对内传播，可以促使企业全体员工认知、认同企业的愿景、使命、价值观、行为准则等核心理念，并内化于心、外化于行，增强企业凝聚力、执行力、创新力与核心竞争力。

对外传播，可以促使股东、供应商、社会等利益相关者友好沟通互动，不断提升品牌知名度、美誉度与忠诚度。

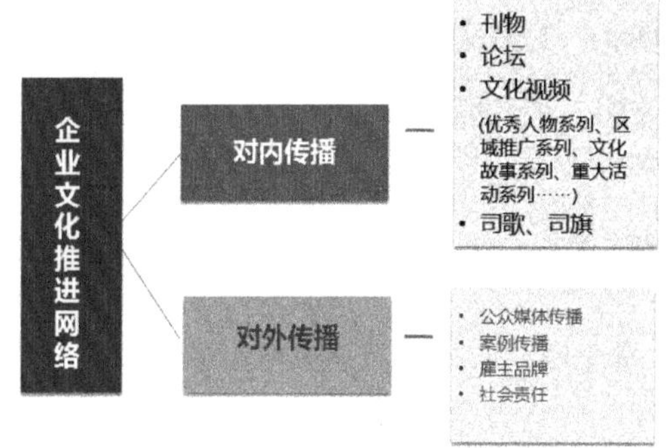

目标体系 识别体系 制度体系 培训体系 传播体系 **评估体系** **激励体系** 保障体系

体系建设目标、策略与重点工作

• 一年一度文化大使评选
• 一年两次优秀文化案例选拔
• 公正客观、高度认可、广泛传播

• 建立企业文化建设评价体系
• 企业文化践行度结合人力管理手段（晋升、绩效考核、评优），推动文化落到实处

• 各单位各部门开展文化学习、行为自查活动
• 主题及形式多样，鼓励创新
• 形成良好的文化学习与实践的组织氛围

体系	核心目标	策略	实现路径	时间周期	落地产出
考核、激励体系	通过文化榜样的树立来激励、推动员工的文化践行，并通过与人力管理相契合的方式，将文化践行与个人的绩效考核、选优评优、全面发展相结合。	1.以员工为出发点，强调“关心人、尊重人、鼓舞人”的激励、考核导向 2.注重实效性，结合人力管理手段，或将有关考核指标进行关联，保障文化激励机制有效运行	企业文化建设考核体系	2~3周	《评价指标体系》
			文化践行的关联设计	2~3周	“共识部分的制度或政策确认”
			榜样激励、组织氛围激励	2~3周	完成审批

图 4-8　A 企业文化建设体系方案（续）

目标体系 识别体系 制度体系 培训体系 传播体系 评估体系 激励体系 保障体系

体系建设目标、策略与重点工作

核心目标：在文化建设工作体系化、规范化、科学化的原则下，重点通过组织、分工、权责保障，尤其是一线文化宣贯队伍的建设，为文化建设提供全方位的支持保障

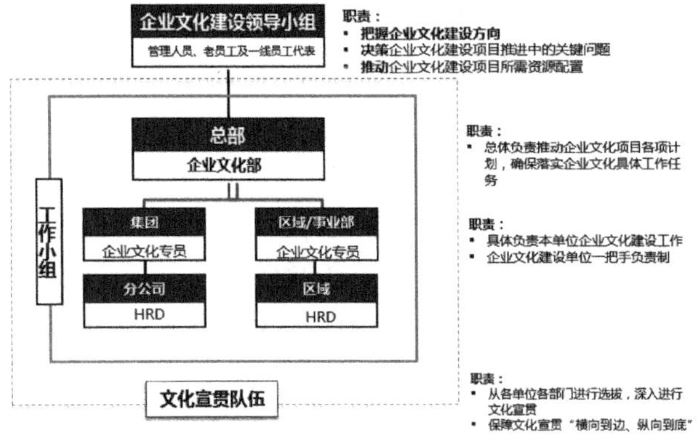

图 4－8　A 企业文化建设体系方案

作者：张伟，企业文化一线工作者，先后供职于亚信科技、百度、京东等互联网企业，在体系搭建、内部沟通、传播策略、载体规划和完善、渠道下沉等方面有着丰富的实战经验。

第三十六节　企业文化金字塔的构建

一、工具属性

（一）工具的基本属性

工具的基本属性如表 4－4 所示。

表 4－4　工具的基本属性

联动工具	能力培训、绩效考核等
适用范围	适用于企业的每个阶段
主体与客体	社会、企业、个人

（二）工具作用

金字塔系统是一套系统化文化管理模型。因为文化管理会深入贯穿到企业运营的各个环节，是企业所有部门和成员的事，要是“头疼医头，脚疼医脚”，自然很难发挥其作用。通过企业文化金字塔系统，企业上至领导下至员工，可以对企业文化管理的作用机理有一个完整的理解。

金字塔系统是一套流程化文化管理方法。大家都知道企业文化管理很重要，讲起来头头是道，但是做起来却不知所措，往往会“东一榔头，西一棒槌”，随意性很大。通过企业文化金字塔系统，文化管理者可以条理清晰地逐步建设和管理企业文化。

（三）基本原理

人因为某种心理动机而产生一个理念，理念会支配行为，行为会形成环境，环境会产生结果。反之，企业要产生某种结果，就需要形成与之相适应的环境、行为、理念和动机。

企业是一群人组成的营利组织，人是组成企业的核心元素。企业管理的本质是管理人，管理人的本质是管心，管心的关键是使其认同和遵循企业的核心价值观、愿景和使命。而核心价值观、愿景和使命正是形成企业文化“金字塔”系统理论和方法的三大核心要素。企业文化“金字塔”系统的核心密码就是形成一套靠核心价值观招人、靠愿景留人、靠使命用人的管理机制和生态环境。

二、操作方法

（一）操作原则和要点

第一步，明确定位企业文化的“金三角”——核心价值观、愿景和使命。

第二步，把“金三角”分解成员工容易理解的“银三角”——战略理念、执行理念和管理原则。

第三步，把“银三角”细化成可操作的“铁三角”——管理制度、行为规范和物质文化。

第四步，通过建设过程中的宣贯、培训、监控、考核等使“金三角”“银三角”和“铁三角”一脉相承、环环相扣，逐步形成支持企业基业长青的企业文化“金字塔”系统。

（二）操作方法

企业文化“金字塔”系统缔造的操作方法和步骤，由于内容比较多，这里只做简单介绍，详细内容可参考笔者所著的《企业文化定位·落地一本通》。

1. 确定企业文化“金三角”

企业文化建设管理的首要工作就是明确定位“金三角”。“金三角”的核心价值观、愿景和使命是企业精神文化的三个基本理念，如图 4－9 所示。核心价值观就是企业生存和发展应该遵循的基本规则，愿景是企业未来想发展成的景象，使命是企业生存和发展的意义。

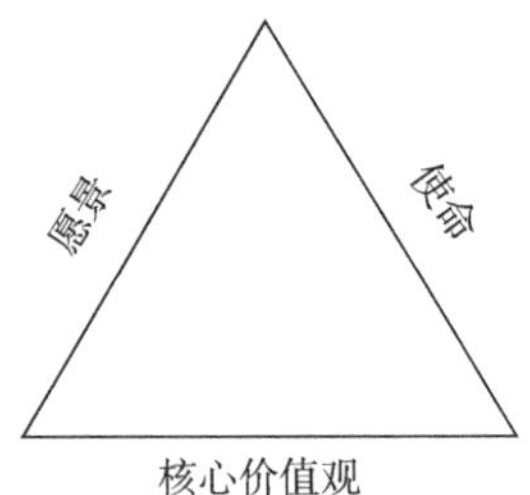

图 4－9　企业文化“金三角”

2. 确定企业文化“银三角”

核心价值观与愿景、使命的融合会形成企业的执行理念（包括经营理念和管理理念），愿景和使命的融合会形成企业的战略理念。执行理念在战略理念的引导下，会形成指导企业管理制度的管理原则。理念是企业针对某一类经营管理工作的价值倡导，多数企业用一句话来表达，给人的感觉像口号。口号在现实管理中不但起不到引导作用，反而会引起员工的反感。而且同样一句话，不同的人有不同的理解，起不到引导和统一行为的作用。如何让理念起到引导作用，需要对笼统的理念进行解读，这种对理念的概括性解读就是管理原则。

管理原则是在组织活动中，处理人、财、物、信息等管理基本要素及其相互关系时所遵循和依据的准绳。在管理中，常常听人说理念和制度两张皮、考核和行为两张皮。主要的问题就出在缺失管理原则，就像鞋帮和鞋底之间没有一层胶就没有办法黏在一起一样。笔者把执行理念、战略理念和管理原则这三个由“金三角”相互融合而形成的文化要素定义为企业文化“银三角”，如图 4－10 所示。

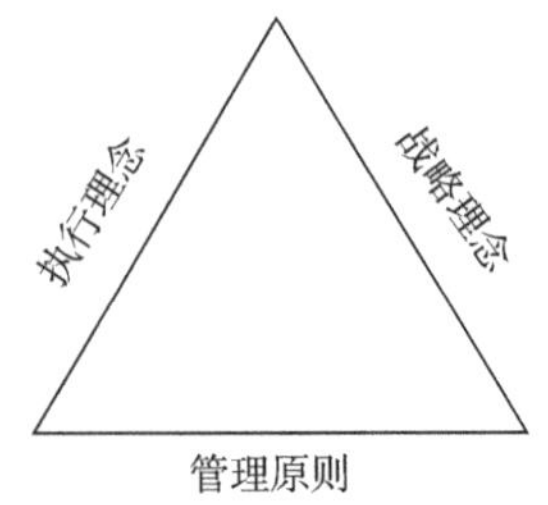

图 4－10　企业文化“银三角”

3. 确定企业文化“铁三角”

企业文化建设管理有“隐性”和“显性”两个层面。“金三角”“银三角”属于企业文化建设管理的“隐性”层面，统称为精神文化。文化管理是“虚无的”原因，就是大多数企业的文化建设管理工作只围绕“隐性”层面的精神文化开展。但是，不能落地的“隐性”文化建设管理没有价值。

如何使“金三角”“银三角”落地？必须在企业文化建设管理的“显性”层面下功夫。“显性”文化层面有管理制度、行为规范和物质文化，笔者把它们定义为企业文化“铁三角”，如图 4－11 所示。

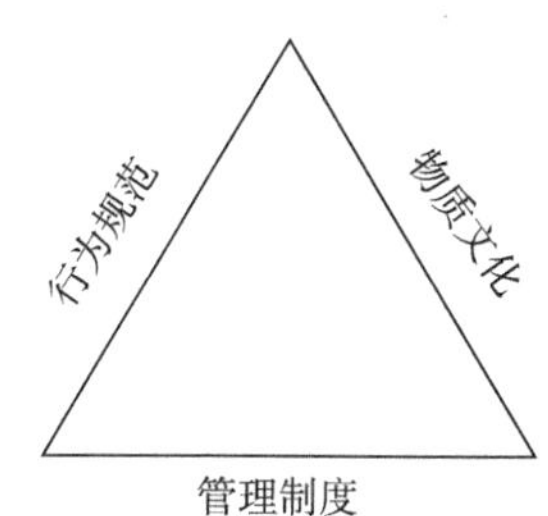

图 4－11　企业文化“铁三角”

管理制度会使软的执行理念硬起来，让管理原则变得可执行。行为规范就是管理制度在企业员工行为中的具体表现。物质文化是管理制度和行为规范在企业产品、服务和环境中的体现。因为“铁三角”是显性的，所以感觉上比“金三角”“银三角”更能体现企业文化的性格。通过企业文化“铁三角”，可以判断一家公司的企业文化的优劣、企业文化建设管理工作的成败。比如，了解一家公司的文化，看员工的言行和产品的品质比内刊和网站上的宣传更真实。

三、案例解读

（一）案例背景

芳子美容由刘芳于 1997 年创建，秉承芳子美丽、用心传递的服务宗旨，凭借专业化统一管理与精湛的美容美体技艺成为行业翘楚。目前，芳子美容已发展成为拥有 48 家美容中心、600 多名专业美容顾问的大型专业美容机构。

（二）案例思路

企业文化“金三角”——核心价值观、愿景和使命直接影响企业战略理念、经营理念和管理理念，也影响企业制度流程的设计。所以，如果企业文化影响到企业的经营发展，就要进行“文化变革”，通过优化企业文化“金三角”和相应的理念，实现企业的发展诉求。

（三）案例产出

通过实现基于“金三角”的企业文化战略变革，芳子美容在变革半年后就扭亏3000多万元，实现了200万元的盈利。文化变革更为芳子美容的长远发展奠定了良好的基础。

（四）案例回顾

刘芳是一位真正将优秀传统文化践行到骨髓里的东方女性，如今她除了协助先生和儿子做好企业经营，更重要的事情是讲座、著书。在全国范围内公益传播中华传统文化，推广女德教育，她著写的《生为女人》《女人如水》等也成为女德教育的畅销书。她提出，所谓女德，便是内外兼修，注重三方塑造。做“三养女人”，即养颜：皮肤干净、和颜悦色；养身：重在调理、身体健康；养心：心平气和、相由心生。“三养”中，尤其强调“养心”之重要性，认为“一人一家，一国一天下”“天下之本在于国，国之本在于家，家之本在于身，而女子一身责任尤重”。服务业客户的体验来自于员工的用心，而员工的用心来自于企业对员工的关心。正是受这种理念的影响，芳子美容定位了其文化的“金三角”。

核心价值观：员工第一、客户第二、股东第三。

“员工是我们的第一客户”，客户的满意是经营拓展的根本，而客户满意的根本就是员工幸福。员工的幸福就是客户的满意。

愿景：

（1）百年：做久，将芳子美容经营百年。

（2）百店：做强，在每个芳子美容所在城市发展“一城百店”。

（3）百亿：做大，在中国建立百亿市场规模。

使命：

（1）把每一个有缘走进芳子美容的姑娘培养成有用的人才。

用“作为人正确的原理、原则”培养员工；用透明、量化的机制培养员工成才，走向管理岗位；追求全体员工物质和精神两方面的幸福。

（2）把每一家芳子店铺经营成幸福女人的学堂。

不断满足客户对美丽、健康和年轻态的追求；为客户提供“安全、安静、安心”的场地；为中国家庭的幸福和谐做出贡献，通过芳子姑娘提供幸福服务，让客户感受幸福、体验幸福。

用芳子美容总裁龚臣的话来说：“因为芳子是服务行业，客户的满意是经营拓展的根本。而客户满意的根本应该是员工的幸福，我想如果员工都没有幸福感，谈及客户满意将是一个很遥远的话题。所以，拓展经营的根本是客户满意，而客户满意的根本就是员工幸福。”芳子美容的核心价值观和使命都把员工放在首位，这与企业的性质有直接关系。员工和客户是利益的共同体，把股东的利益放在最后，充分体现了以员工和客户利益为重的经营思想，即芳子美容以义为先、以利为后的价值理念。

2012年年底，芳子美容召开年度战略讨论会。对各方面进行总结后，公司发现，客户不满意的背后是员工的不满意，员工的不满意背后是公司没有真正为全体员工创造物质和精神两方面的幸福。

第一，因为业绩第一的理念，公司更看重能说会道、善于销售的员工。这些员工尽管服务做得一般，但是能拿到高提成、高工资。而真正用心做服务的员工虽然经常得到表扬，但却享受不到相应的物质待遇。久而久之，认真、踏实做服务的员工就变少了。

第二，因为项目价格变高了，客户对服务的要求自然变高了。这种情况下，店长不放心把项目交给新员工。于是，两极分化越来越严重：老员工手里的客户做不完，因为忙碌，服务就会打折扣；初级员工因为没有操作机会，能力得不到提升，收入也无法增加，流失率非常高。

第三，因为推荐的产品不能给客户带来承诺的效果，客户认为员工和企业不诚实，于是不再接受推荐项目。为了完成业绩指标，员工加大对现有客户的推销力度，造成更多客户的流失。客户越少，需要的员工越少，新员工更难在企业立足和发展。

愿景和使命决定了企业的战略发展方向。百年、百店、百亿的“三百”愿景决定了芳子美容需要高速发展、规模发展、长久发展，为达成愿景，必须得到更多员工和客户的支持，必须有可复制的盈利模式。使命决定了必须把员工和客户的幸福作为企业的方向。愿景和使命决定了企业战略发展方向，也对企业文化战略变革提出了新的要求。2013年年初，芳子美容围绕企业战略需求，对企业经营客户不满意的因素——推销、价格和效果、员工不满意的因素——收入低、压力大、工作时间长等做了改革。调整核心客户和核心业务的定位：把原来的名媛贵妇定位转变为35~45岁的职业女性，让更多的女性享受到芳子的服务；在经营17年的30多个项目中确定了3个客户满意度高、员工可复制的项目。针对客户提出了“三不”理念：不卖不能保证出效果的产品、不卖客户不需要的产品、不偷懒不偷工减料。同时，薪酬考核也做出调整，提高了所有员工的基础待遇，并降低原有销售业绩的提成点，增加了服务操作的提成、客流量提高的奖励。

只有客户满意了，才能带来持久的增长；只有员工满意了，才能带来满意的客户。客户的满意度才是美容业最终的追求。把客户的满意度作为绩效考核的指标，业绩每年递增55%，客户数量每年递增38%，员工流失率小于7%。感动客户的故事取代了销售话术，员工之间的帮助和关心取代了竞争，精神财富变成了员工的追求。当金钱不是唯一的追求的时候，员工和客户给了芳子美容惊人的回报。改革得到了大多数人的认同，企业也有了转机，客户满意度明显提高，客流量出现三年来第一次同比有所提升的现象。

作者：王明胤，企业文化管理专家、企业文化“金字塔”系统创建者、深圳市委讲习团成员、深圳市总工会职业核心能力师资班导师、深圳市美术家协会、深圳市作家协会会员、特约专栏撰稿人，著有《企业文化定位·落地一本通》，管理专栏《企业文化定位与聚焦》，艺术评论专栏《艺境》等。

推荐作者得新书!

博瑞森征稿启事

亲爱的读者朋友:

感谢您选择了博瑞森图书!希望您手中的这本书能给您带来实实在在的帮助!

博瑞森一直致力于发掘好作者、好内容,希望能把您最需要的思想、方法,一字一句地交到您手中,成为管理知识与管理实践的桥梁。

但是我们也知道,有很多深入企业一线、经验丰富、乐于分享的优秀专家,或者忙于实战没时间,或者缺少专业的写作指导和便捷的出版途径,只能茫然以待……

还有很多在竞争大潮中坚守的企业,有着异常宝贵的实践经验和独特的洞察,但缺少专业的记录和整理者,无法让企业的经验和故事被更多的人了解、学习……

对读者而言,这些都太遗憾了!

博瑞森非常希望能将这些埋藏的"宝藏"发掘出来,贡献给广大读者,让更多的人从中受益。

所以,我们真心地邀请您,我们的老读者,帮我们搜寻:

推荐作者

可以是您自己或您的朋友,只要对本土管理有实践、有思考;可以是您通过网络、杂志、书籍或其他途径了解的某位专家,不管名气大小,只要他的思想和方法曾让您深受启发。

可以是管理类作品,也可以超出管理,各类优秀的社科作品或学术作品。

推荐企业

可以是您自己所在的企业,或者是您熟悉的某家企业,其创业过程、运营经历、产品研发、机制创新,等等。无论企业大小,只要乐于分享、有值得借鉴书写之处。

总之,好内容就是一切!

博瑞森绝非"自费出书",出版费用完全由我们承担。您推荐的作者或企业案例一经采用,我们会立刻向您赠送书币1000元,可直接换取任何博瑞森图书的纸书或电子书。

感谢您对本土管理原创、博瑞森图书的支持!

推荐投稿邮箱:bookgood@126.com　　推荐手机:13611149991

1120 本土管理实践与创新论坛

这是由100多位本土管理专家联合创立的企业管理实践学术交流组织，旨在孵化本土管理思想、促进企业管理实践、加强专家间交流与协作。

论坛每年集中力量办好两件大事：第一，**“出一本书”**，汇聚一年的思考和实践，把最原创、最前沿、最实战的内容集结成册，贡献给读者；第二，**“办一次会”**，每年11月20日本土管理专家们汇聚一堂，碰撞思想、研讨案例、交流切磋、回馈社会。

论坛理事名单（以年龄为序，以示传承之意）

首届常务理事：

彭志雄　曾　伟　施　炜　杨　涛　张学军
郭　晓　程绍珊　胡八一　王祥伍　李志华
陈立云　杨永华

理　　事：

卢根鑫　王铁仁　周荣辉　曾令同　陆和平　宋杼宸　张国祥
刘承元　曹子祥　宋新宇　吴越舟　吴　坚　戴欣明　仲昭川
刘春雄　刘祖轲　段继东　何　慕　秦国伟　贺兵一　张小虎
郭　剑　余晓雷　黄中强　朱玉童　沈　坤　阎立忠　张　进
丁兴良　朱仁健　薛宝峰　史贤龙　卢　强　史幼波　叶敦明
王明胤　陈　明　岑立聪　方　刚　何足奇　周　俊　杨　奕
孙行健　孙嘉晖　张东利　郭富才　叶　宁　何　屹　沈　奎
王　超　马宝琳　谭长春　夏惊鸣　张　博　李洪道　胡浪球
孙　波　唐江华　程　翔　刘红明　杨鸿贵　伯建新　高可为
李　蓓　王春强　孔祥云　贾同领　罗宏文　史立臣　李政权
余　盛　陈小龙　尚　锋　邢　雷　余伟辉　李小勇　全怀周
初勇钢　陈　锐　高继中　聂志新　黄　屹　沈　拓　徐伟泽
谭洪华　崔自三　王玉荣　蒋　军　侯军伟　黄润霖　金国华
吴　之　葛新红　周　剑　崔海鹏　柏　龑　唐道明　朱志明
曲宗恺　杜　忠　远　鸣　范月明　刘文新　赵晓萌　张　伟
韩　旭　韩友诚　熊亚柱　孙彩军　刘　雷　王庆云　李少星
俞士耀　丁　昀　黄　磊　罗晓慧　伏泓霖　梁小平　鄢圣安

企业案例·老板传记			
	书名．作者	内容/特色	读者价值
企业案例·老板传记	**你不知道的加多宝：原市场部高管讲述** 曲宗恺　牛玮娜　著	前加多宝高管解读加多宝	全景式解读，原汁原味
	借力咨询：德邦成长背后的秘密 官同良　王祥伍　著	讲述德邦是如何借助咨询公司的力量进行自身与发展的	来自德邦内部的第一线资料，真实、珍贵，令人受益匪浅
	收购后怎样有效整合：一个重工业收购整合实录（待出版） 李少星　著	讲述企业并购后的事	语言轻松活泼，对并购后的企业有借鉴作用
	娃哈哈区域标杆：豫北市场营销实录 罗宏文　赵晓萌　等著	本书从区域的角度来写娃哈哈河南分公司豫北市场是怎么进行区域市场营销，成为娃哈哈全国第一大市场、全国增量第一高市场的一些操作方法	参考性、指导性，一线真实资料
	六个核桃凭什么：从0过100亿 张学军　著	首部全面揭秘养元六个核桃裂变式成长的巨著	学习优秀企业的成长路径，了解其背后的理论体系
	像六个核桃一样：打造畅销品的36个简明法则 王　超　范　萍　著	本书分上下两篇：包括“六个核桃”的营销战略历程和36条畅销法则	知名企业的战略历程极具参考价值，36条法则提供操作方法
	解决方案营销实战案例 刘祖轲　著	用10个真案例讲明白什么是工业品的解决方案式营销，实战、实用	有干货、真正操作过的才能写得出来
	招招见销量的营销常识 刘文新　著	如何让每一个营销动作都直指销量	适合中小企业，看了就能用
	我们的营销真案例 联纵智达研究院　著	五芳斋粽子从区域到全国/诺贝尔瓷砖门店销量提升/利豪家具出口转内销/汤臣倍健的营销模式	选择的案例都很有代表性，实在、实操！
	中国营销战实录：令人拍案叫绝的营销真案例 联纵智达　著	51个案例，42家企业，38万字，18年，累计2000余人次参与……	最真实的营销案例，全是一线记录，开阔眼界
	双剑破局：沈坤营销策划案例集 沈　坤　著	双剑公司多年来的精选案例解析集，阐述了项目策划中每一个营销策略的诞生过程，策划角度和方法	一线真实案例，与众不同的策划角度令人拍案叫绝、受益匪浅
	宗：一位制造业企业家的思考 杨　涛　著	1993年创业，引领企业平稳发展20多年，分享独到的心得体会	难得的一本老板分享经验的书
	简单思考：AMT咨询创始人自述 孔祥云　著	著名咨询公司（AMT）的CEO创业历程中点点滴滴的经验与思考	每一位咨询人，每一位创业者和管理经营者，都值得一读
	边干边学做老板 黄中强　著	创业20多年的老板，有经验、能写、又愿意分享，这样的书很少	处处共鸣，帮助中小企业老板少走弯路
	三四线城市超市如何快速成长：解密甘雨亭 IBMG国际商业管理集团　著	国内外标杆企业的经验＋本土实践量化数据＋操作步骤、方法	通俗易懂，行业经验丰富，宝贵的行业量化数据，关键思路和步骤
	中国首家未来超市：解密安徽乐城 IBMG国际商业管理集团　著	本书深入挖掘了安徽乐城超市的试验案例，为零售企业未来的发展提供了一条可借鉴之路	通俗易懂，行业经验丰富，宝贵的行业量化数据，关键思路和步骤

续表

互联网 +			
	书名．作者	内容/特色	读者价值
互联网+	**互联网时代的银行转型** 韩友诚　著	以大量案例形式为读者全面展示和分析了银行的互联网金融转型应对之道	结合本土银行转型发展案例的书籍
	正在发生的转型升级·实践 本土管理实践与创新论坛　著	企业在快速变革期所展现出的管理变革新成果、新方法、新案例	重点突出对于未来企业管理相关领域的趋势研判
	触发需求：互联网新营销样本·水产 何足奇　著	传统产业都在苦闷中挣扎前行，本书通过鲜活的案例告诉你如何以需求链整合供应链，从而把大家熟知的传统行业打碎了重构、重做一遍	全是干货，值得细读学习，并且作者的理论已经经过了他亲自操刀的实践检验，效果惊人，就在书中全景展示
	移动互联新玩法：未来商业的格局和趋势 史贤龙　著	传统商业、电商、移动互联，三个世界并存，这种新格局的玩法一定要懂	看清热点的本质，把握行业先机，一本书搞定移动互联网
	微商生意经：真实再现33个成功案例操作全程 伏泓霖　罗晓慧　著	本书为33个真实案例，分享案例主人公在做微商过程中的经验教训	案例真实，有借鉴意义
	阿里巴巴实战运营——14招玩转诚信通 聂志新　著	本书主要介绍阿里巴巴诚信通的十四个基本推广操作，从而帮助使用诚信通的用户及企业更好地提升业绩	基本操作，很多可以边学边用，简单易学
	今后这样做品牌：移动互联时代的品牌营销策略 蒋　军　著	与移动互联紧密结合，告诉你老方法还能不能用，新方法怎么用	今后这样做品牌就对了
	互联网+“变”与“不变”：本土管理实践与创新论坛集萃．2016 本土管理实践与创新论坛　著	本土管理领域正在产生自己独特的理论和模式，尤其在移动互联时代，有很多新课题需要本土专家们一起研究	帮助读者拓宽眼界、突破思维
	创造增量市场：传统企业互联网转型之道 刘红明　著	传统企业需要用互联网思维去创造增量，而不是用电子商务去转移传统业务的存量	教你怎么在“互联网+”的海洋中创造实实在在的增量
	重生战略：移动互联网和大数据时代的转型法则 沈　拓　著	在移动互联网和大数据时代，传统企业转型如同生命体打算与再造，称之为“重生战略”	帮助企业认清移动互联网环境下的变化和应对之道
	画出公司的互联网进化路线图：用互联网思维重塑产品、客户和价值 李　蓓　著	18个问题帮助企业一步步梳理出互联网转型思路	思路清晰、案例丰富，非常有启发性
	7个转变，让公司3年胜出 李　蓓　著	消费者主权时代，企业该怎么办	这就是互联网思维，老板有能这样想，肯定倒不了
	跳出同质思维，从跟随到领先 郭　剑　著	66个精彩案例剖析，帮助老板突破行业长期思维惯性	做企业竟然有这么多玩法，开眼界

续表

行业类：零售、白酒、食品/快消品、农业、医药、建材家居等			
	书名．作者	内容/特色	读者价值
零售·超市·餐饮·服装	1. 总部有多强大，门店就能走多远 2. 超市卖场定价策略与品类管理 3. 连锁零售企业招聘与培训破解之道 4. 中国首家未来超市：解密安徽乐城 5. 三四线城市超市如何快速成长：解密甘雨亭 IBMG 国际商业管理集团　著	国内外标杆企业的经验＋本土实践量化数据＋操作步骤、方法	通俗易懂，行业经验丰富，宝贵的行业量化数据，关键思路和步骤
	涨价也能卖到翻 村松达夫　【日】	提升客单价的15种实用、有效的方法	日本企业在这方面非常值得学习和借鉴
	移动互联下的超市升级 联商网专栏频道　著	深度解析超市转型升级重点	帮助零售企业把握全局、看清方向
	手把手教你做专业督导：专卖店、连锁店 熊亚柱　著	从督导的职能、作用，在工作中需要的专业技能、方法，都提供了详细的解读和训练办法，同时附有大量的表单工具	无论是店铺需要统一培训，还是个人想成为优秀的督导，有这一本就够了
	百货零售全渠道营销策略 陈继展　著	没有照本宣科、说教式的絮叨，只有笔者对行业的认知与理解，庖丁解牛式的逐项解析、展开	通俗易懂，花极少的时间快速掌握该领域的知识及趋势
	零售：把客流变成购买力 丁　昀　著	如何通过不断升级产品和体验式服务来经营客流	如何进行体验营销，国外的好经营，这方面有启发
	餐饮企业经营策略第一书 吴　坚　著	分别从产品、顾客、市场、盈利模式等几个方面，对现阶段餐饮企业的发展提出策略和思路	第一本专业的、高端的餐饮企业经营指导书
	电影院的下一个黄金十年：开发·差异化·案例 李保煜　著	对目前电影院市场存大的问题及如何解决进行了探讨与解读	多角度了解电影院运营方式及代表性案例
	赚不赚钱靠店长：从懂管理到会经营 孙彩军　著	通过生动的案例来进行剖析，注重门店管理细节方面的能力提升	帮助终端门店店长在管理门店的过程中实现经营思路的拓展与突破
耐消品	汽车配件这样卖：汽车后市场销售秘诀100条 俞士耀　著	汽配销售业务员必读，手把手教授最实用的方法，轻松得来好业绩	快速上岗，专业实效，业绩无忧
	跟行业老手学经销商开发与管理：家电、耐消品、建材家居 黄润霖　著	全部来源于经销商管理的一线问题，作者用丰富的经验将每一个问题落实到最便捷快速的操作方法上去	书中每一个问题都是普通营销人亲口提出的，这些问题你也会遇到，作者进行的解答则精彩实用
白酒	白酒到底如何卖 赵海永　著	以市场实战为主，多层次、全方位、多角度地阐释了白酒一线市场操作的最新模式和方法，接地气	实操性强，37个方法、6大案例帮你成功卖酒
	变局下的白酒企业重构 杨永华　著	帮助白酒企业从产业视角看清趋势，找准位置，实现弯道超车的书	行业内企业要减少90%，自己在什么位置，怎么做，都清楚了

续表

白酒	**1. 白酒营销的第一本书（升级版）** **2. 白酒经销商的第一本书** 唐江华　著	华泽集团湖南开口笑公司品牌部长，擅长酒类新品推广、新市场拓展	扎根一线，实战
	区域型白酒企业营销必胜法则 朱志明　著	为区域型白酒企业提供35条必胜法则，在竞争中赢销的葵花宝典	丰富的一线经验和深厚积累，实操实用
	10步成功运作白酒区域市场 朱志明　著	白酒区域操盘者必备，掌握区域市场运作的战略、战术、兵法	在区域市场的攻伐防守中运筹帷幄，立于不败之地
	酒业转型大时代：微酒精选2014－2015 微酒　主编	本书分为五个部分：当年大事件、那些酒业营销工具、微酒独立策划、业内大调查和十大经典案例	了解行业新动态、新观点，学习营销方法
快消品·食品	**5小时读懂快消品营销：中国快消品案例观察** 陈海超　著	多年营销经验的一线老手把案例掰开了、揉碎了，从中得出的各种手段和方法给读者以帮助和启发	营销那些事儿的个中秘辛，求人还不一定告诉你，这本书里就有
	快消品招商的第一本书：从入门到精通 刘　雷　著	深入浅出，不说废话，有工具方法，通俗易懂	让零基础的招商新人快速学习书中最实用的招商技能，成长为骨干人才
	乳业营销第一书 侯军伟　著	对区域乳品企业生存发展关键性问题的梳理	唯一的区域乳业营销书，区域乳品企业一定要看
	食用油营销第一书 余　盛　著	10多年油脂企业工作经验，从行业到具体实操	食用油行业第一书，当之无愧
	中国茶叶营销第一书 柏　襲　著	如何跳出茶行业“大文化小产业”的困境，作者给出了自己的观察和思考	不是传统做茶的思路，而是现在商业做茶的思路
	调味品营销第一书 陈小龙　著	国内唯一一本调味品营销的书	唯一的调味品营销的书，调味品的从业者一定要看
	快消品营销人的第一本书：从入门到精通 刘　雷　伯建新　著	快消行业必读书，从入门到专业	深入细致，易学易懂
	变局下的快消品营销实战策略 杨永华　著	通胀了，成本增加，如何从被动应战变成主动的“系统战”	作者对快消品行业非常熟悉、非常实战
	快消品经销商如何快速做大 杨永华　著	本书完全从实战的角度，评述现象，解析误区，揭示原理，传授方法	为转型期的经销商提供了解决思路，指出了发展方向
	一位销售经理的工作心得 蒋　军　著	一线营销管理人员想提升业绩却无从下手时，可以看看这本书	一线的真实感悟
	快消品营销：一位销售经理的工作心得2 蒋　军　著	快消品、食品饮料营销的经验之谈，重点图书	来源与实战的精华总结
	快消品营销与渠道管理 谭长春　著	将快消品标杆企业渠道管理的经验和方法分享出来	可口可乐、华润的一些具体的渠道管理经验，实战
	成为优秀的快消品区域经理（升级版） 伯建新　著	用“怎么办”分析区域经理的工作关键点，增加30%全新内容，更贴近环境变化	可以作为区域经理的“速成催化器”
	销售轨迹：一位快消品营销总监的拼搏之路 秦国伟　著	本书讲述了一个普通销售员打拼成为跨国企业营销总监的真实奋斗历程	激励人心，给广大销售员以力量和鼓舞

续表

快消品·食品	**快消老手都在这样做：区域经理操盘锦囊** 方刚　著	非常接地气，全是多年沉淀下来的干货，丰富的一线经验和实操方法不可多得	在市场摸爬滚打的“老油条”，那些独家绝招妙招一般你问都是问不来的
	动销四维：全程辅导与新品上市 高继中　著	从产品、渠道、促销和新品上市详细讲解提高动销的具体方法，总结作者18年的快消品行业经验，方法实操	内容全面系统，方法实操
农业	**新农资如何换道超车** 刘祖轲　等著	从农业产业化、互联网转型、行业营销与经营突破四个方面阐述如何让农资企业占领先机、提前布局	南方略专家告诉你如何应对资源浪费、生产效率低下、产能严重过剩、价格与价值严重扭曲等
	中国牧场管理实战：畜牧业、乳业必读 黄剑黎　著	本书不仅提供了来自一线的实际经验，还收入了丰富的工具文档与表单	填补空白的行业必读作品
	中小农业企业品牌战法 韩　旭　著	将中小农业企业品牌建设的方法，从理论讲到实践，具有指导性	全面把握品牌规划，传播推广，落地执行的具体措施
	农资营销实战全指导 张　博　著	农资如何向“深度营销”转型，从理论到实践进行系统剖析，经验资深	朴实、使用！不可多得的农资营销实战指导
	农产品营销第一书 胡浪球　著	从农业企业战略到市场开拓、营销、品牌、模式等	来源于实践中的思考，有启发
	变局下的农牧企业9大成长策略 彭志雄　著	食品安全、纵向延伸、横向联合、品牌建设……	唯一的农牧企业经营实操的书，农牧企业一定要看
医药	**在中国，医药营销这样做：时代方略精选文集** 段继东　主编	专注于医药营销咨询15年，将医药营销方法的精华文章合编，深入全面	可谓医药营销领域的顶尖著作，医药界读者的必读书
	医药新营销：制药企业、医药商业企业营销模式转型 史立臣　著	医药生产企业和商业企业在新环境下如何做营销？老方法还有没有用？如何寻找新方法？新方法怎么用？本书给你答案	内容非常现实接地气，踏实谈问题说方法
	医药企业转型升级战略 史立臣　著	药企转型升级有5大途径，并给出落地步骤及风险控制方法	实操性强，有作者个人经验总结及分析
	新医改下的医药营销与团队管理 史立臣　著	探讨新医改对医药行业的系列影响和医药团队管理	帮助理清思路，有一个框架
	医药营销与处方药学术推广 马宝琳　著	如何用医学策划把“平民产品”变成“明星产品”	有真货、讲真话的作者，堪称处方药营销的经典！
	新医改了，药店就要这样开 尚　锋　著	药店经营、管理、营销全攻略	有很强的实战性和可操作性
	电商来了，实体药店如何突围 尚　锋　著	电商崛起，药店该如何突围？本书从促销、会员服务、专业性、客单价等多重角度给出了指导方向	实战攻略，拿来就能用
	OTC医药代表药店销售36计 鄢圣安　著	以《三十六计》为线，写OTC医药代表向药店销售的一些技巧与策略	案例丰富，生动真实，实操性强

续表

医药	**OTC医药代表药店开发与维护** 鄢圣安　著	要做到一名专业的医药代表，需要做什么、准备什么、知识储备、操作技巧等	医药代表药店拜访的指导手册，手把手教你快速上手
	引爆药店成交率1：店员导购实战 范月明　著	一本书解决药店导购所有难题	情景化、真实化、实战化
	引爆药店成交率2：经营落地实战 范月明　著	最接地气的经营方法全指导	揭示了药店经营的几类关键问题
	引爆药店成交率：专业化销售解决方案（待出版） 范月明　著	药品搭配分析与关联销售	为药店人专业化助力
建材家居	**建材家居营销：除了促销还能做什么** 孙嘉晖　著	一线老手的深度思考，告诉你在建材家居营销模式基本停滞的今天，除了促销，营销还能怎么做	给你的想法一场革命
	建材家居营销实务 程绍珊　杨鸿贵　主编	价值营销运用到建材家居，每一步都让客户增值	有自己的系统、实战
	建材家居门店销量提升 贾同领　著	店面选址、广告投放、推广助销、空间布局、生动展示、店面运营等	门店销量提升是一个系统工程，非常系统、实战
	10步成为最棒的建材家居门店店长 徐伟泽　著	实际方法易学易用，让员工能够迅速成长，成为独当一面的好店长	只要坚持这样干，一定能成为好店长
	手把手帮建材家居导购业绩倍增：成为顶尖的门店店员 熊亚柱　著	生动的表现形式，让普通人也能成为优秀的导购员，让门店业绩长红	读着有趣，用着简单，一本在手、业绩无忧
	建材家居经销商实战42章经 王庆云　著	告诉经销商：老板怎么当、团队怎么带、生意怎么做	忠言逆耳，看着不舒服就对了，实战总结，用一招半式就值了
工业品	**销售是门专业活：B2B、工业品** 陆和平　著	销售流程就应该跟着客户的采购流程和关注点的变化向前推进，将一个完整的销售过程分成十个阶段，提供具体方法	销售不是请客吃饭拉关系，是个专业的活计！方法在手，走遍天下不愁
	解决方案营销实战案例 刘祖轲　著	用10个真案例讲明白什么是工业品的解决方案式营销，实战、实用	有干货、真正操作过的才能写得出来
	变局下的工业品企业7大机遇 叶敦明　著	产业链条的整合机会、盈利模式的复制机会、营销红利的机会、工业服务商转型机会……	工业品企业还可以这样做，思维大突破
	工业品市场部实战全指导 杜　忠　著	工业品市场部经理工作内容全指导	系统、全面、有理论、有方法，帮助工业品市场部经理更快提升专业能力
	工业品营销管理实务 李洪道　著	中国特色工业品营销体系的全面深化、工业品营销管理体系优化升级	工具更实战，案例更鲜活，内容更深化
	工业品企业如何做品牌 张东利　著	为工业品企业提供最全面的品牌建设思路	有策略、有方法、有思路、有工具
	丁兴良讲工业4.0 丁兴良　著	没有枯燥的理论和说教，用朴实直白的语言告诉你工业4.0的全貌	工业4.0是什么？本书告诉你答案

续表

工业品	**资深大客户经理：策略准，执行狠** 叶敦明　著	从业务开发、发起攻势、关系培育、职业成长四个方面，详述了大客户营销的精髓	满满的全是干货
	一切为了订单：订单驱动下的工业品营销实战 唐道明　著	其实，所有的企业都在围绕着两个字在开展全部的经营和管理工作，那就是“订单”	开发订单、满足订单、扩大订单。本书全是实操方法，字字珠玑、句句干货，教你获得营销的胜利
金融	**交易心理分析** (美)马克·道格拉斯　著 刘真如　译	作者一语道破赢家的思考方式，并提供了具体的训练方法	不愧是投资心理的第一书，绝对经典
	精品银行管理之道 崔海鹏　何　屹　主编	中小银行转型的实战经验总结	中小银行的教材很多，实战类的书很少，可以看看
	支付战争 Eric M. Jackson　著 徐　彬　王　晓　译	PayPal 创业期营销官，亲身讲述 PayPal 从诞生到壮大到成功出售的整个历史	激烈、有趣的内幕商战故事！了解美国支付市场的风云巨变
	互联网时代的银行转型 韩友诚　著	以大量案例形式为读者全面展示和分析了银行的互联网金融转型应对之道	结合本土银行转型发展案例的书籍
房地产	**产业园区/产业地产规划、招商、运营实战** 阎立忠　著	目前中国第一本系统解读产业园区和产业地产建设运营的实战宝典	从认知、策划、招商到运营全面了解地产策划
	人文商业地产策划 戴欣明　著	城市与商业地产战略定位的关键是不可复制性，要发现独一无二的“味道”	突破千城一面的策划困局
	电影院的下一个黄金十年：开发·差异化·案例 李保煜　著	对目前电影院市场存大的问题及如何解决进行了探讨与解读	多角度了解电影院运营方式及代表性案例

经营类：企业如何赚钱，如何抓机会，如何突破，如何“开源”

	书名．作者	内容/特色	读者价值
抓方向	**让经营回归简单．升级版** 宋新宇　著	化繁为简抓住经营本质：战略、客户、产品、员工、成长	经典，做企业就这几个关键点！
	混沌与秩序Ⅰ：变革时代企业领先之道 **混沌与秩序Ⅱ：变革时代管理新思维** 彭剑锋　尚艳玲　主编	汇集华夏基石专家团队 10 年来研究成果，集中选择了其中的精华文章编纂成册	作者都是既有深厚理论积淀又有实践经验的重磅专家，为中国企业和企业家的未来提出了高屋建瓴的观点
	活系统：跟任正非学当老板 孙行健　尹　贤　著	以任正非的独到视角，教企业老板如何经营公司	看透公司经营本质，激活企业活力
	公司由小到大要过哪些坎 卢　强　著	老板手里的一张“企业成长路线图”	现在我在哪儿，未来还要走哪些路，都清楚了
	企业二次创业成功路线图 夏惊鸣　著	企业曾经抓住机会成功了，但下一步该怎么办？	企业怎样获得第二次成功，心里有个大框架了
	老板经理人双赢之道 陈　明　著	经理人怎养选平台、怎么开局，老板怎样选/育/用/留	老板生闷气，经理人牢骚大，这次知道该怎么办了
	简单思考：AMT 咨询创始人自述 孔祥云　著	著名咨询公司（AMT）的 CEO 创业历程中点点滴滴的经验与思考	每一位咨询人，每一位创业者和管理经营者，都值得一读
	企业文化的逻辑 王祥伍　黄健江　著	为什么企业绩效如此不同，解开绩效背后的文化密码	少有的深刻，有品质，读起来很流畅
	使命驱动企业成长 高可为　著	钱能让一个人今天努力，使命能让一群人长期努力	对于想做事业的人，‘使命’是绕不过去的

续表

思维突破	**移动互联新玩法:未来商业的格局和趋势** 史贤龙　著	传统商业、电商、移动互联,三个世界并存,这种新格局的玩法一定要懂	看清热点的本质,把握行业先机,一本书搞定移动互联网
	画出公司的互联网进化路线图:用互联网思维重塑产品、客户和价值 李　蓓　著	18个问题帮助企业一步步梳理出互联网转型思路	思路清晰、案例丰富,非常有启发性
	重生战略:移动互联网和大数据时代的转型法则 沈　拓　著	在移动互联网和大数据时代,传统企业转型如同生命体打算与再造,称之为"重生战略"	帮助企业认清移动互联网环境下的变化和应对之道
	创造增量市场:传统企业互联网转型之道 刘红明　著	传统企业需要用互联网思维去创造增量,而不是用电子商务去转移传统业务的存量	教你怎么在"互联网+"的海洋中创造实实在在的增量
	7个转变,让公司3年胜出 李　蓓　著	消费者主权时代,企业该怎么办	这就是互联网思维,老板有能这样想,肯定倒不了
	跳出同质思维,从跟随到领先 郭　剑　著	66个精彩案例剖析,帮助老板突破行业长期思维惯性	做企业竟然有这么多玩法,开眼界
	麻烦就是需求　难题就是商机 卢根鑫　著	如何借助客户的眼睛发现商机	什么是真商机,怎么判断、怎么抓,有借鉴
	互联网+"变"与"不变":本土管理实践与创新论坛集萃·2016 本土管理实践与创新论坛　著	加速本土管理思想的孕育诞生,促进本土管理创新成果更好地服务企业、贡献社会	各个作者本年度最新思想,帮助读者拓宽眼界、突破思维
财务	**写给企业家的公司与家庭财务规划——从创业成功到富足退休** 周荣辉　著	本书以企业的发展周期为主线,写各阶段企业与企业主家庭的财务规划	为读者处理人生各阶段企业与家庭的财务问题提供建议及方法,让家庭成员真正享受财富带来的益处
	互联网时代的成本观 程　翔　著	本书结合互联网时代提出了成本的多维观,揭示了多维组合成本的互联网精神和大数据特征,论述了其产生背景、实现思路和应用价值	在传统成本观下为盈利的业务,在新环境下也许就成为亏损业务。帮助管理者从新的角度来看待成本,进一步做好精益管理

管理类:效率如何提升,如何实现经营目标,如何"节流"

	书名．作者	内容/特色	读者价值
通用管理	**1. 让管理回归简单．升级版** **2. 让经营回归简单．升级版** **3. 让用人回归简单** 宋新宇　著	宋博士的"简单"三部曲,影响20万读者,非常经典	被读者热情地称作"中小企业的管理圣经"
	管理:以规则驾驭人性 王春强　著	详细解读企业规则的制定方法	从人与人博弈角度提升管理的有效性
	员工心理学超级漫画版 邢　雷　著	以漫画的形式深度剖析员工心理	帮助管理者更了解员工,从而更轻松地管理员工

续表

通用管理	**分股合心：股权激励这样做** 段磊　周剑　著	通过丰富的案例，详细介绍了股权激励的知识和实行方法	内容丰富全面、易读易懂，了解股权激励，有这一本就够了
	边干边学做老板 黄中强　著	创业 20 多年的老板，有经验、能写、又愿意分享，这样的书很少	处处共鸣，帮助中小企业老板少走弯路
	中国式阿米巴落地实践之从交付到交易 胡八一　著	本书主要讲述阿米巴经营会计，"从交付到交易"，这是成功实施了阿米巴的标志	阿米巴经营会计的工作是有逻辑关联的，一本书就能搞定
	中国式阿米巴落地实践之激活组织 胡八一　著	重点讲解如何科学划分阿米巴单元，阐述划分的实操要领、思路、方法、技术与工具	最大限度减少"推行风险"和"摸索成本"，利于公司成功搭建适合自身的个性化阿米巴经营体系
	集团化企业阿米巴实战案例 初勇钢　著	一家集团化企业阿米巴实施案例	指导集团化企业系统实施阿米巴
	阿米巴经营的中国模式 李志华　著	让员工从"要我干"到"我要干"，价值量化出来	阿米巴在企业如何落地，明白思路了
	欧博心法：好管理靠修行 曾　伟　著	用佛家的智慧，深刻剖析管理问题，见解独到	如果真的有'中国式管理'，曾老师是其中标志性人物
流程管理	**1. 用流程解放管理者** **2. 用流程解放管理者 2** 张国祥　著	中小企业阅读的流程管理、企业规范化的书	通俗易懂，理论和实践的结合恰到好处
	跟我们学建流程体系 陈立云　著	畅销书《跟我们学做流程管理》系列，更实操，更细致，更深入	更多地分享实践，分享感悟，从实践总结出来的方法论
质量管理	**IATF16949 质量管理体系详解与案例文件汇编：TS16949 转版 IATF16949:2016** 谭洪华　著	针对 IATF 的新标准做了详细的解说，同时指出了一些推行中容易犯的错误，提供了大量的表单、案例	案例、表单丰富，拿来就用
	五大质量工具详解及运用案例：APQP/FMEA/PPAP/MSA/SPC 谭洪华　著	对制造业必备的五大质量工具中每个文件的制作要求、注意事项、制作流程、成功案例等进行了解读	通俗易懂、简便易行，能真正实现学以致用
	1. ISO9001:2015 新版质量管理体系详解与案例文件汇编 **2. ISO14001:2015 新版环境管理体系详解与案例文件汇编** 谭洪华　著	紧密围绕 2015 新版，逐条详细解读，工具也可以直接套用，易学易上手	企业认证、内审必备
战略落地	**重生——中国企业的战略转型** 施　炜　著	从前瞻和适用的角度，对中国企业战略转型的方向、路径及策略性举措提出了一些概要性的建议和意见	对企业有战略指导意义
	公司大了怎么管：从靠英雄到靠组织 AMT 金国华　著	第一次详尽阐释中国快速成长型企业的特点、问题及解决之道	帮助快速成长型企业领导及管理团队理清思路，突破瓶颈
	低效会议怎么改：每年节省一半会议成本的秘密 AMT 王玉荣　著	教你如何系统规划公司的各级会议，一本工具书	教会你科学管理会议的办法
	年初订计划，年尾有结果：战略落地七步成诗 AMT 郭晓　著	7 个步骤教会你怎么让公司制定的战略转变为行动	系统规划，有效指导计划实现

续表

人力资源	**HRBP 是这样炼成的之"菜鸟起飞"** 新　海　著	以小说的形式,具体解析 HRBP 的职责,应该如何操作,如何为业务服务	实践者的经验分享,内容实务具体,形式有趣
	HRBP 是这样炼成的之中级修炼 新　海　著	本书以案例故事的方式,介绍了 HRBP 在实际工作中碰到的问题和挑战	书中的 HR 解决方案讲究因时因地制宜、简单有效的原则,重在启发读者思路,可供各类企业 HRBP 借鉴
	回归本源看绩效 孙　波　著	让绩效回顾"改进工具"的本源,真正为企业所用	确实是来源于实践的思考,有共鸣
	世界 500 强资深培训经理人教你做培训管理 陈　锐　著	从 7 大角度具体细致地讲解了培训管理的核心内容	专业、实用、接地气
	曹子祥教你做激励性薪酬设计 曹子祥　著	以激励性为指导,系统性地介绍了薪酬体系及关键岗位的薪酬设计模式	深入浅出,一本书学会薪酬设计
	曹子祥教你做绩效管理 曹子祥　著	复杂的理论通俗化,专业的知识简单化,企业绩效管理共性问题的解决方案	轻松掌握绩效管理
	把招聘做到极致 远　鸣　著	作为世界 500 强高级招聘经理,作者数十年招聘经验的总结分享	带来职场思考境界的提升和具体招聘方法的学习
	人才评价中心．超级漫画版 邢　雷　著	专业的主题,漫画的形式,只此一本	没想到一本专业的书,能写成这效果
	走出薪酬管理误区 全怀周　著	剖析薪酬管理的 8 大误区,真正发挥好枢纽作用	值得企业深读的实用教案
	集团化人力资源管理实践 李小勇　著	对搭建集团化的企业很有帮助,务实,实用	最大的亮点不是理论,而是结合实际的深入剖析
	我的人力资源咨询笔记 张　伟　著	管理咨询师的视角,思考企业的 HR 管理	通过咨询师的眼睛对比很多企业,有启发
	本土化人力资源管理 8 大思维 周　剑　著	成熟 HR 理论,在本土中小企业实践中的探索和思考	对企业的现实困境有真切体会,有启发
企业文化	**36 个拿来就用的企业文化建设工具** 海融心胜　主编	数十个工具,为了方便拿来就用,每一个工具都严格按照工具属性、操作方法、案例解读划分,实用、好用	企业文化工作者的案头必备书,方法都在里面,简单易操作
	华夏基石方法:企业文化落地本土实践 王祥伍　谭俊峰　著	十年积累、原创方法、一线资料,和盘托出	在文化落地方面真正有洞察,有实操价值的书
	企业文化的逻辑 王祥伍　著	为什么企业之间如此不同,解开绩效背后的文化密码	少有的深刻,有品质,读起来很流畅
	企业文化激活沟通 宋杼宸　安　琪　著	透过新任 HR 总经理的眼睛,揭示出沟通与企业文化的关系	有实际指导作用的文化落地读本
	在组织中绽放自我:从专业化到职业化 朱仁健　王祥伍　著	个人如何融入组织,组织如何助力个人成长	帮助企业员工快速认同并投入到组织中去,为企业发展贡献力量
	企业文化定位·落地一本通 王明胤　著	把高深枯燥的专业理论创建成一套系统化、实操化、简单化的企业文化缔造方法	对企业文化不了解,不会做?有这一本从概念到实操,就够了

续表

生产管理	**精益思维：中国精益如何落地** 刘承元　著	笔者二十余年企业经营和咨询管理的经验总结	中国企业需要灵活运用精益思维，推动经营要素与管理机制的有机结合，推动企业管理向前发展
	300张现场图看懂精益5S管理 乐　涛　编著	5S现场实操详解	案例图解，易懂易学
	高员工流失率下的精益生产 余伟辉　著	中国的精益生产必须面对和解决高员工流失率问题	确实来源于本土的工厂车间，很务实
	车间人员管理那些事儿 岑立聪　著	车间人员管理中处理各种"疑难杂症"的经验和方法	基层车间管理者最闹心、头疼的事，'打包'解决
	1. 欧博心法：好管理靠修行 **2. 欧博心法：好工厂这样管** 曾　伟　著	他是本土最大的制造业管理咨询机构创始人，他从400多个项目、上万家企业实践中锤炼出的欧博心法	中小制造型企业，一定会有很强的共鸣
	欧博工厂案例1：生产计划管控对话录 **欧博工厂案例2：品质技术改善对话录** **欧博工厂案例3：员工执行力提升对话录** 曾　伟　著	最典型的问题、最详尽的解析，工厂管理9大问题27个经典案例	没想到说得这么细，超出想象，案例很典型，照搬都可以了
	工厂管理实战工具 欧博企管　编著	以传统文化为核心的管理工具	适合中国工厂
	苦中得乐：管理者的第一堂必修课 曾　伟　编著	曾伟与师傅大愿法师的对话，佛学与管理实践的碰撞，管理禅的修行之道	用佛学最高智慧看透管理
	比日本工厂更高效1：管理提升无极限 刘承元　著	指出制造型企业管理的六大积弊；颠覆流行的错误认知；掌握精益管理的精髓	每一个企业都有自己不同的问题，管理没有一剑封喉的秘笈，要从现场、现物、现实出发
	比日本工厂更高效2：超强经营力 刘承元　著	企业要获得持续盈利，就要开源和节流，即实现销售最大化，费用最小化	掌握提升工厂效率的全新方法
	比日本工厂更高效3：精益改善力的成功实践 刘承元　著	工厂全面改善系统有其独特的目的取向特征，着眼于企业经营体质（持续竞争力）的建设与提升	用持续改善力来飞速提升工厂的效率，高效率能够带来意想不到的高效益
	3A顾问精益实践1：IE与效率提升 党新民　苏迎斌　蓝旭日　著	系统的阐述了IE技术的来龙去脉以及操作方法	使员工与企业持续获利
	3A顾问精益实践2：JIT与精益改善 肖志军　党新民　著	只在需要的时候，按需要的量，生产所需的产品	提升工厂效率
员工素质提升	**TTT培训师精进三部曲（上）：深度改善现场培训效果** **TTT培训师精进三部曲（中）：构建最有价值的课程内容** **TTT培训师精进三部曲（下）：职业功力沉淀与修为提升** **廖信琳　著**	**从内到外全方位指导企业内训师从专业到卓越**	成为优秀企业内训师/培训师的案头必备书籍

续表

员工素质提升	**手把手教你做专业督导：专卖店、连锁店** 熊亚柱　著	从督导的职能、作用，在工作中需要的专业技能、方法，都提供了详细的解读和训练办法，同时附有大量的表单工具	无论是店铺需要统一培训，还是个人想成为优秀的督导，有这一本就够了
	跟老板“偷师”学创业 吴江萍　余晓雷　著	边学边干，边观察边成长，你也可以当老板	不同于其他类型的创业书，让你在工作中积累创业经验，一举成功
	销售轨迹：一位快消品营销总监的拼搏之路 秦国伟　著	本书讲述了一个普通销售员打拼成为跨国企业营销总监的真实奋斗历程	激励人心，给广大销售员以力量和鼓舞
	在组织中绽放自我：从专业化到职业化 朱仁健　王祥伍　著	个人如何融入组织，组织如何助力个人成长	帮助企业员工快速认同并投入到组织中去，为企业发展贡献力量
	企业员工弟子规：用心做小事，成就大事业 贾同领　著	从传统文化《弟子规》中学习企业中为人处事的办法，从自身做起	点滴小事，修养自身，从自身的改善得到事业的提升
	手把手教你做顶尖企业内训师：TTT培训师宝典 熊亚柱　著	从课程研发到现场把控、个人提升都有涉及，易读易懂，内容丰富全面	想要做企业内训师的员工有福了，本书教你如何抓住关键，从入门到精通

营销类：把客户需求融入企业各环节，提供“客户认为”有价值的东西

	书名．作者	内容/特色	读者价值
营销模式	**精品营销战略** 杜建君　著	以精品理念为核心的精益战略和营销策略	用精品思维赢得高端市场
	变局下的营销模式升级 程绍珊　叶　宁　著	客户驱动模式、技术驱动模式、资源驱动模式	很多行业的营销模式被颠覆，调整的思路有了！
	卖轮子 科克斯【美】	小说版的营销学！营销理念巧妙贯穿其中，贵在既有趣，又有深度	经典、有趣！一个故事读懂营销精髓
	动销操盘：节奏掌控与社群时代新战法 朱志明　著	在社群时代把握好产品生产销售的节奏，解析动销的症结，寻找动销的规律与方法	都是易读易懂的干货！对动销方法的全面解析和操盘
	弱势品牌如何做营销 李政权　著	中小企业虽有品牌但没名气，营销照样能做的有声有色	没有丰富的实操经验，写不出这么具体、详实的案例和步骤，很有启发
	老板如何管营销 史贤龙　著	高段位营销16招，好学好用	老板能看，营销人也能看
	洞察人性的营销战术：沈坤教你28式 沈　坤　著	28个匪夷所思的营销怪招令人拍案叫绝，涉及商业竞争的方方面面，大部分战术可以直接应用到企业营销中	各种谋略得益于作者的横向思维方式，将其操作过的案例结合其中，提供的战术对读者有参考价值
	动销：产品是如何畅销起来的 吴江萍　余晓雷　著	真真切切告诉你，产品究竟怎么才能卖出去	击中痛点，提供方法，你值得拥有
销售	**资深大客户经理：策略准，执行狠** 叶敦明　著	从业务开发、发起攻势、关系培育、职业成长四个方面，详述了大客户营销的精髓	满满的全是干货

续表

销售	**成为资深的销售经理：B2B、工业品** 陆和平　著	围绕"销售管理的六个关键控制点"一一展开，提供销售管理的专业、高效方法	方法和技术接地气，拿来就用，从销售员成长为经理不再犯难
	销售是门专业活：B2B、工业品 陆和平　著	销售流程就应该跟着客户的采购流程和关注点的变化向前推进，将一个完整的销售过程分成十个阶段，提供具体方法	销售不是请客吃饭拉关系，是个专业的活计！方法在手，走遍天下不愁
	向高层销售：与决策者有效打交道 贺兵一　著	一套完整有效的销售策略	有工具，有方法，有案例，通俗易懂
	卖轮子 科克斯　【美】	小说版的营销学！营销理念巧妙贯穿其中，贵在既有趣，又有深度	经典、有趣！一个故事读懂营销精髓
	学话术　卖产品 张小虎　著	分析常见的顾客异议，将优秀的话术模块化	让普通导购员也能成为销售精英
组织和团队	**升级你的营销组织** 程绍珊　吴越舟　著	用"有机性"的营销组织替代"营销能人"，营销团队变成"铁营盘"	营销队伍最难管，程老师不愧是营销第1操盘手，步骤方法都很成熟
	用数字解放营销人 黄润霖　著	通过量化帮助营销人员提高工作效率	作者很用心，很好的常备工具书
	成为优秀的快消品区域经理（升级版） 伯建新　著	用"怎么办"分析区域经理的工作关键点，增加30%全新内容，更贴近环境变化	可以作为区域经理的"速成催化器"
	成为资深的销售经理：B2B、工业品 陆和平　著	围绕"销售管理的六个关键控制点"一一展开，提供销售管理的专业、高效方法	方法和技术接地气，拿来就用，从销售员成长为经理不再犯难
	一位销售经理的工作心得 蒋　军　著	一线营销管理人员想提升业绩却无从下手时，可以看看这本书	一线的真实感悟
	快消品营销：一位销售经理的工作心得2 蒋　军　著	快消品、食品饮料营销的经验之谈，重点突出	来源于实战的精华总结
	销售轨迹：一位快消品营销总监的拼搏之路 秦国伟　著	本书讲述了一个普通销售员打拼成为跨国企业营销总监的真实奋斗历程	激励人心，给广大销售员以力量和鼓舞
	用营销计划锁定胜局：用数字解放营销人2 黄润霖　著	全方位教你怎么做好营销计划，好学好用真简单	照搬套用就行，做营销计划再也不头痛
	快消品营销人的第一本书：从入门到精通 刘　雷　伯建新　著	快消行业必读书，从入门到专业	深入细致，易学易懂
产品	**新产品开发管理，就用IPD** 郭富才　著	10年IPD研发管理咨询总结，国内首部IPD专业著作	一本书掌握IPD管理精髓
	资深项目经理这样做新产品开发管理 秦海林　著	以IPD为思想，系统讲解新产品开管理的细节	提供管理思路和实用工具
	产品炼金术Ⅰ：如何打造畅销产品 史贤龙　著	满足不同阶段、不同体量、不同行业企业对产品的完整需求	必须具备的思维和方法，避免在产品问题上走弯路
	产品炼金术Ⅱ：如何用产品驱动企业成长 史贤龙　著	做好产品、关注产品的品质，就是企业成功的第一步	必须具备的思维和方法，避免在产品问题上走弯路

续表

品牌	**中小企业如何建品牌** 梁小平　著	中小企业建品牌的入门读本，通俗、易懂	对建品牌有了一个整体框架
	采纳方法：破解本土营销8大难题 朱玉童　编著	全面、系统、案例丰富、图文并茂	希望在品牌营销方面有所突破的人，应该看看
	中国品牌营销十三战法 朱玉童　编著	采纳20年来的品牌策划方法，同时配有大量的案例	众包方式写作，丰富案例给人启发，极具价值
	今后这样做品牌：移动互联时代的品牌营销策略 蒋军　著	与移动互联紧密结合，告诉你老方法还能不能用，新方法怎么用	今后这样做品牌就对了
	中小企业如何打造区域强势品牌 吴之　著	帮助区域的中小企业打造自身品牌，如何在强壮自身的基础上往外拓展	梳理误区，系统思考品牌问题，切实符合中小区域品牌的自身特点进行阐述
渠道通路	**快消品营销与渠道管理** 谭长春　著	将快消品标杆企业渠道管理的经验和方法分享出来	可口可乐、华润的一些具体的渠道管理经验，实战
	传统行业如何用网络拿订单 张　进　著	给老板看的第一本网络营销书	适合不懂网络技术的经营决策者看
	采纳方法：化解渠道冲突 朱玉童　编著	系统剖析渠道冲突，21个渠道冲突案例、情景式讲解，37篇讲义	系统、全面
	学话术　卖产品 张小虎　著	分析常见的顾客异议，将优秀的话术模块化	让普通导购员也能成为销售精英
	向高层销售：与决策者有效打交道 贺兵一　著	一套完整有效的销售策略	有工具，有方法，有案例，通俗易懂
	通路精耕操作全解：快消品20年实战精华 周　俊　陈小龙　著	通路精耕的详细全解，每一步的具体操作方法和表单全部无保留提供	康师傅二十年的经验和精华，实践证明的最有效方法，教你如何主宰通路

管理者读的文史哲·生活

	书名．作者	内容/特色	读者价值
思想·文化	**德鲁克管理思想解读** 罗　珉　著	用独特视角和研究方法，对德鲁克的管理理论进行了深度解读与剖析	不仅是摘引和粗浅分析，还是作者多年深入研究的成果，非常可贵
	德鲁克与他的论敌们：马斯洛、戴明、彼得斯 罗　珉　著	几位大师之间的论战和思想碰撞令人受益匪浅	对大师们的观点和著作进行了大量的理论加工，去伪存真、去粗存精，同时有自己独特的体系深度
	德鲁克管理学 张远凤　著	本书以德鲁克管理思想的发展为线索，从一个侧面展示了20世纪管理学的发展历程	通俗易懂，脉络清晰
	自我与世界：以问题为中心的现象学运动研究 陈立胜　著	以问题为中心，对现象学运动中的“意向性”“自我”“他人”“身体”及“世界”各核心议题之思想史背景与内在发展理路进行深入细致的分析	深入了解现象学中的几个主要问题

续表

思想·文化	作为身体哲学的中国古代哲学 张再林　著	上篇为中国古代身体哲学理论体系奠基性部分，下篇对由"上篇"所开出的中国身体哲学理论体系的进一步的阐发和拓展	了解什么是真正原生态意义上的中国哲学，把中国传统哲学与西方传统哲学加以严格区别
	中西哲学的歧异与会通 张再林　著	本书以一种现代解释学的方法，对中国传统哲学内在本质尝试一种全新的和全方位的解读	发掘出掩埋在古老传统形式下的现代特质和活的生命，在此基础上揭示中西哲学"你中有我，我中有你"之旨
	治论：中国古代管理思想 张再林　著	本书主要从儒、法墨三家阐述中国古代管理思想	看人本主义的管理理论如何不留斧痕地克服似乎无法调解的存在于人类社会行为与社会组织中的种种两难和对立
	中国古代政治制度（修订版）上：皇帝制度与中央政府（待出版） 刘文瑞　著	全面论证了古代皇帝制度的形成和演变的历程	有助于读者从政治制度角度了解中国国情的历史渊源
	中国古代政治制度（修订版）下：地方体制与官僚制度（待出版） 刘文瑞　著	全面论证了古代地方政府的发展演变过程	有助于读者从政治制度角度了解中国国情的历史渊源
	通天彻地，九大法则：《尚书·洪范》讲记 史幼波　著	精析"洪范九畴"这一中华传统政治哲学的理论基础	寓渊深义理于通俗口语之中，使现代人也能一睹中华文化原典之精湛奥义
	史幼波大学讲记 史幼波　著	用儒释道的观点阐释大学的深刻思想	一本书读懂传统文化经典
	史幼波《周子通书》《太极图说》讲记 史幼波　著	把形而上的宇宙、天地，与形而下的社会、人生、经济、文化等融合在一起	将儒家的一整套学修系统融合起来
	史幼波中庸讲记（上下册） 史幼波　著	全面、深入浅出地揭示儒家中庸文化的真谛	儒释道三家思想融会贯通
	中国思想文化十八讲（修订版）（待出版） 张茂泽　著	中国古代的宗教思想文化，如对祖先崇拜、儒家天命观、中国古代关于"神"的讨论等	宗教文化和人生信仰或信念紧密相联，在文化转型时期学习和研究中国宗教文化就有特别的现实意义
	每个中国人身上的春秋基因 史贤龙　著	春秋368年（公元前770－公元前403年），每一个中国人都可以在这段时期的历史中找到自己的祖先，看到真实发生的事件，同时也看到自己	长情商、识人心
	内功太极拳训练教程 王铁仁　编著	杨式（内功）太极拳（俗称老六路）的详细介绍及具体修炼方法，身心的一次升华	书中含有大量图解并有相关视频供读者同步学习
	中医治心脏病 马宝琳　著	引用众多真实案例，客观真实地讲述了中西医对于心脏病的认识及治疗方法	看完这本书，能为您节约10万元医药费